Die *parallel debt* bei der Übertragung von Konsortialkreditanteilen

AF733498

Europäische Hochschulschriften

European University Studies

Publications Universitaires Européennes

Reihe II **Rechtswissenschaft**

Series II Law

Série II Droit

Band/ Volume **5674**

Marco Müller

Die *parallel debt* bei der Übertragung von Konsortialkreditanteilen

Zugleich ein Beitrag zur Lehre von der gleichrangigen Zweckgemeinschaft

PL ACADEMIC RESEARCH

Bibliografische Information der Deutschen Nationalbibliothek
Die Deutsche Nationalbibliothek verzeichnet diese Publikation in der Deutschen Nationalbibliografie; detaillierte bibliografische Daten sind im Internet über http://dnb.d-nb.de abrufbar.

Zugl.: Mainz, Univ., Diss., 2014

D 77
ISSN 0531-7312
ISBN 978-3-631-65644-0 (Print)
E-ISBN 978-3-653-04913-8 (E-Book)
DOI 10.3726/978-3-653-04913-8

© Peter Lang GmbH
Internationaler Verlag der Wissenschaften
Frankfurt am Main 2014
Alle Rechte vorbehalten.
PL Academic Research ist ein Imprint der Peter Lang GmbH.
Peter Lang – Frankfurt am Main · Bern · Bruxelles · New York · Oxford · Warszawa · Wien

Das Werk einschließlich aller seiner Teile ist urheberrechtlich geschützt.
Jede Verwertung außerhalb der engen Grenzen des Urheberrechtsgesetzes ist ohne Zustimmung des Verlages unzulässig und strafbar.
Das gilt insbesondere für Vervielfältigungen, Übersetzungen, Mikroverfilmungen und die Einspeicherung und Verarbeitung in elektronischen Systemen.

Diese Publikation wurde begutachtet.

www.peterlang.com

Meinem Großvater

Vorwort

Die hier vorliegende Arbeit wurde im Sommersemester 2014 vom Fachbereich Rechts- und Wirtschaftswissenschaften der Johannes Gutenberg-Universität als Dissertation angenommen. Das Manuskript wurde im Juli 2014 abgeschlossen.

Mein Dank gilt in erster Linie meinem Doktorvater, Herrn Prof. Dr. Urs Gruber, für die Betreuung der Arbeit sowie für wertvolle Anmerkungen, Kritik und Ratschläge. Herrn Prof. Dr. Dirk A. Verse danke ich für die rasche Erstellung des Zweitgutachtens. Im Besonderen bedanke ich mich bei Herrn Jan Wilms, Partner bei Willkie Farr & Gallagher LLP, Frankfurt am Main, für zahlreiche Erläuterungen, sehr hilfreiche Literaturhinweise und seine stete Bereitschaft, seine Erfahrungen aus der Praxis zu vermitteln. Meinen Kollegen, Herrn Tobias Daubert, LL.M. und Herrn Mario Bammann, LL.M. sowie meinem Freund, Herrn Jonas Stallkamp, danke ich für anregende Gespräche zu dieser Arbeit, die mich auf andere Perspektiven und weitere Aspekte hinwiesen.

Ich danke meiner Freundin Svenja Christina für Ihre Unterstützung, vor allem für ihre unerschütterliche Zuversicht und unendliche Geduld während einer nicht selten intensiven Zeit. Meinen Eltern Hiltrud und Gerhard Müller, die mir meine Ausbildung ermöglichten, mich stets in allem unterstützen und immer wieder ermutigten, gilt meine tiefe Dankbarkeit.

Die Arbeit ist meinem Großvater, Herrn Robert Möntnich, in dankbarer Erinnerung gewidmet.

Juli 2014 *Marco Müller*

Inhaltsverzeichnis

Literaturverzeichnis XXIII

Abkürzungsverzeichnis XLV

1. Kapitel Einleitung 1

A. Disponibilität der Kreditbeteiligung und Risikostreuung als typische, von der Vertragsgestaltung zu berücksichtigende Gläubigerinteressen 1
B. Die Parallelverpflichtung als umstrittener Lösungsweg 3
I. Die vertragliche Modellierung der Parallelverpflichtung 5
II. Ihre Funktion als Sicherungsvehikel 5
III. Die Funktion der Parallelverpflichtung beim Handel mit Kreditbeteiligungen 6
IV. Die Parallelverpflichtung im Brennpunkt dogmatischer Fragestellungen 7
C. Fragestellungen des vorliegenden Texts 8
I. Die Parallelverpflichtung im angloamerikanischen und im deutschen Recht 8
II. Der Konsortialkredit als Anwendungsbereich 9
III. Die Übertragung von Kreditforderungen 9
IV. Zulässigkeit der Parallelverpflichtung und ihre dogmatische Einordnung 9
D. Gang der Darstellung 11

2. Kapitel Der Konsortialkredit als Anwendungsbereich der Parallelverpflichtung 13

A. Das Kreditkonsortium als Kreditgeber 15
I. Eigenheiten des Konsortialkredits 15
1. Der Begriff des Kredits 16
2. Mögliche Kreditarten beim Konsortialkredit und ihre Verwendung in der Praxis 17

a) Kontokorrentkredite 18
b) Borrowing-Base-Kredite 19
aa) Begriff und wirtschaftlicher Anwendungsbereich 19
bb) Kreditart 20
cc) Rechtsnatur des Bestimmungsrechts der periodenmäßig geltenden Kreditlinie 21
(1) Keine Potestativbedingung nach § 158 Abs. 1 BGB 22
(2) Wahlschuld nach § 262 BGB 22
(3) Bestimmung der Leistung durch eine Partei, § 315 Abs. 1 BGB 23
dd) Die Kreditlinie als Bezugspunkt des Bestimmungsrechts 24
ee) Pflicht zur regelmäßigen Bestimmung der Kreditlinie 25
ff) Dogmatische Einordnung nach § 315 Abs. 1 BGB 26
c) Avalkredite 27
d) Akkreditiv 28
e) Diskontkredite 29
f) Akzeptkredite 29
II. Nicht syndizierte Kreditverträge und andere Finanzierungsformen 29
B. Das Kreditkonsortium als Rechtsverhältnis 30
I. Eingehung des Konsortiums 30
II. Die Beteiligten des Konsortialkredits und deren Stellung 31
III. Gestaltungsformen eines Konsortialkredites 32
1. Konsortialkredite mit Bareinschusspflicht 32
2. Konsortialkredite ohne Bareinschusspflicht 34
3. Unterscheidung zu anderen Beteiligungsstrukturen 35
a) Die Unterbeteiligung 35
b) Das Meta-Geschäft 36
c) Die Verbriefung (*securization*) 37
4. Echter Konsortialkredit 38
a) Innengesellschaft 39
b) Außengesellschaft 39
(aa) Die Bildung von Gesamthandsvermögen und dessen Umgehung 41
(bb) Auslegung der Klauseln 43
5. Unechter Konsortialkredit 44

3. Kapitel Die Übertragung von Kreditbeteiligungen als Regelungsbereich der Parallelverpflichtung 47

A. Funktionsweise und Gründe für das Konzept einer Parallelverpflichtung vor dem Hintergrund des Handels mit Kreditbeteiligungen 47
I. Die Übertragung von Kreditbeteiligungen als originäres Anwendungsgebiet der Parallelverpflichtung im angloamerikanischen Kontext 47
II. Bedeutung und Funktionsweise der Parallelverpflichtung 47
1. Die Funktion bei Beteiligungsübertragungen im angloamerikanischen Raum 48
a) Die Diskontinuität des Schuldverhältnisses als Problem für bestellte Sicherungsrechte 49
b) Konstellationen, in denen eine Regelung notwendig wird 49
c) Die Parallelverpflichtung als Vehikel zur Implementierung einer Treuhandlösung nach englischem Recht auf Basis des BGB 50
d) Die Funktionsweise der Parallelverpflichtung bei akzessorischen Sicherungsrechten 51
e) Bedeutung der Parallelverpflichtung nur bei gesetzlich vorgegebener Verbindung zwischen Forderung und Sicherungsrecht 52
2. Die Funktion als Instrument zur Vermeidung unerwünschter Effekte der Akzessorietät gesetzlich geregelter Sicherungsrechte 53
a) Administrative Erleichterung der Sicherheitenverwaltung 54
b) Nachhaltige Schaffung akzessorischer Sicherheiten vor Valutierung 54
aa) Abtretung einer künftigen Forderung gemäß § 488 Abs. 1 S. 2 BGB 55
bb) Originärer Erwerb des Kreditanteils ohne Abtretung als Regelfall 56
III. Umsetzung und Vorgaben 56
B. Der Sekundärmarkt für Konsortialkreditbeteiligungen 58
I. Begriff des Sekundärmarkts 58
II. Wirtschaftliche Gründe für die Übertragung von Konsortialkreditanteilen 59

III. Die Entwicklung des Sekundärmarktes für Konsortialkreditbeteiligungen 60
C. Die Übertragung von Konsortialkreditanteilen nach englischem Recht – Die *novation* als Herausforderung für die Vertragspraxis 62
I. Gestaltungsformen der Übertragung von Forderungen und Vertragspositionen 62
II. Das *assignment* als eigentliche Forderungsübertragung 63
III. Das *acknowledgement* als alternative Übertragungsform und die Umdeutung eines unwirksamen *assignment* 66
IV. Unterschiede zwischen *novation* und einer Vertragsänderung (*variation*) 67
V. Der Unterschied zwischen *novation* und *assignment* 68
VI. Die *novation* als Form der gewillkürten Vertragsübernahme aus der Perspektive des deutschen Rechts? 70
1. Merkmale der gewillkürten Vertragsübernahme 71
2. Die novation als zwei Verträge im Sinne des deutschen Rechts 72
D. Die *novation* als gewöhnliche Form der Übertragung von Forderungen im englischen Rechtsraum 74
I. Ungeeignetheit des *assignment* zur Pflichtenübertragung in einem Dauerschuldverhältnis 76
II. Unzulässigkeit der Delegierung vertraglicher Pflichten durch Altkonsorten 77
III. Fazit 77
E. Die Übertragung von Konsortialkreditanteilen nach dem Rechts des US-Bundesstaates New York 78
F. Folgen von *novation* und *assignment* für nach angloamerikanischem Recht bestellte Sicherungsrechte 79
I. Die Auswirkungen eines *assignment* auf bestellte Sicherungsrechte 79
II. Die Folgen einer *novation* nach US-amerikanischem Recht 80
III. Folgen einer *novation* nach englischem Recht 80
IV. Die Folgen einer *novation* für deutschem Recht unterliegende Sicherheiten 81
G. Vertragsgestaltungen zur Vermeidung des Verlusts der Sicherheiten durch eine *novation* 82
I. Rechtssysteme, die eine rechtliche Trennung zwischen Gläubiger der Schuld und Begünstigtem des Sicherungsrechts zulassen 82

II. Rechtssysteme, die zumindest für bestimmte Sicherungsrechte eine Akzessorietät vorsehen ... 83
H. Die Form der Übertragung von Konsortialanteilen und Konsortialkreditanteilen nach deutschem Recht und ihre Bedeutung für den Erhalt akzessorischer Sicherheiten ... 84
I. Die Parallelverpflichtung als Vehikel zur wirtschaftlich sinnvollen Übertragbarkeit von Kreditbeteiligungen ... 84
II. Die Übertragung des Konsortialanteils nach deutschem Recht ... 84
1. Form der Übertragung des Konsortialanteils ... 84
2. Abgrenzung zur Unterbeteiligung ... 86
3. Die Übertragungs- und Beitrittsvereinbarung (transfer certificate) ... 87
III. Die Übertragung des Anteils am Konsortialkredit nach deutschem Recht ... 88
1. Die Abtretung der Zins- und Rückgewähransprüche durch den Kreditgeber ... 89
2. Die Novation ... 91
3. Die Vertragsübernahme ... 91
4. Die Unterbeteiligung ... 92
5. Die Ausgliederung oder Abspaltung nach § 123 UmwG ... 92
6. Das Gemeinschaftsunternehmen ... 93
IV. Der Einfluss des angloamerikanischen Rechts auf die deutschem Recht unterliegende Vertragsgestaltung ... 94
I. Folgen von Schuldneubegründung und Abtretung für die akzessorischen Sicherheiten nach deutschem Recht ... 95
I. Erlöschensakzessorietät zwischen gesicherter Forderung und akzessorischer Sicherheit bei einer Novation nach deutschem Recht ... 95
II. Zwischenfazit ... 98
III. Der Bestand akzessorischer Sicherheiten bei der Übertragung von Forderungen im Wege der Abtretung nach deutschem Recht ... 99
IV. Der Bestand akzessorischer Sicherheiten bei der Übertragung von Schuldverhältnissen im Wege der Vertragsübernahme ... 100

4. Kapitel Die vertragliche Gestalt der Parallelverpflichtung ... 103

A. Der Zweck der Nutzbarmachung akzessorischer Sicherheiten ... 103
I. Regelungsinhalt ... 103

II. Beabsichtigte Konsequenzen ... 104
B. Transfer angloamerikanischer Rechtswirkungen in andere Rechtsordnungen durch die Parallelverpflichtung ... 106
I. Beurteilung der Parallelverpflichtung in der Rechtsprechung außerhalb des angloamerikanischen Rechtsraums ... 106
II. Die Implementierung einer Sicherungstreuhand in einer anderen Rechtsordnung ... 107
C. Gegenmodelle zur Parallelverpflichtung und deren Tauglichkeit ... 109
I. Eine zwischengeschaltete Zweckgesellschaft als Alternativlösung ... 109
1. Übereinstimmungen mit einer Parallelverpflichtung ... 110
2. Vor- und Nachteile dieser Variante ... 111
II. Die Bestellung akzessorischer Sicherheiten für künftige, noch nicht näher benannte Pfandgläubiger (*future pledgee*-Klauseln) ... 111
1. Die vollmachtlose Vertretung des noch nicht existierenden Pfandgläubigers ... 113
2. Keine Haftung des vollmachtlosen Vertreters gemäß § 179 Abs. 1 BGB analog ... 115
3. Die nachträgliche Bestimmung des vollmachtlos Vertretenen ... 117
4. Möglichkeit des Erklärungswiderrufs des Verpfänders bis zur Bestimmung des Vertretenen ... 117
5. Der Zeitpunkt der Wirksamkeit des Vertreterhandelns ... 121
6. Die future pledgee-Klausel und ein dinglicher Vertrag zugunsten Dritter ... 124
7. Die Zulässigkeit der vorbehaltenen Bestimmung des Vertretenen durch den Vertreter bei Verfügungsgeschäften ... 126
8. Die Vorgaben des Bestimmtheitsgrundsatzes an die future pledgee-Konstellation ... 127
a) Kein Verstoß gegen den Bestimmtheitsgrundsatz in Bezug auf eine Rechtszuordnung zwischen konkreten Parteien ... 128
b) Die Folgen der fehlenden Anwendbarkeit des § 184 Abs. 1 BGB im Hinblick auf den Bestimmtheitsgrundsatz ... 129

c) Die Folgen der hier vertretenen Widerruflichkeit der Willenserklärung des Verpfänders für den Bestimmtheitsgrundsatz 130
9. Konformität mit dem Publizitätsgrundsatz 131
10. Einhaltung des Einigungsgrundsatzes 132
11. Fazit zur Eignung der future pledgee-Klausel 133
III. Keine Gesamtgläubigerschaft zwischen Sicherheitenverwalter und Konsorten durch die Parallelverpflichtung – Praktikabilität eines Alternativmodells 133
1. Grundsätzlich keine Gesamtgläubigerschaft bei der Parallelverpflichtung 134
2. Gesamtgläubigerschaft von Sicherheitenverwalter und Konsorten unzweckmäßig 135
IV. Fazit zur Eignung denkbarer Ausweichlösungen zur Parallelverpflichtung 136
D. Textbeispiele von Klauseln zur Begründung einer Parallelverpflichtung 137
I. Ein englischsprachiges Textbeispiel 137
II. Ein deutschsprachiges Textbeispiel 139
III. Kennzeichnende Merkmale der Klauseln 139
E. Die separate Schuld zur Übertragung von Sicherungsrechten 141
F. Alternativlosigkeit gegenüber der Begründung einer Forderung zugunsten des Sicherheitenverwalters 142
I. Schuldanerkenntnis zugunsten des Konsortiums wirkungslos 143
II. Begründung weiterer Forderungen zugunsten des jeweiligen Konsorten ungeeignet 144
III. Untaugliche Gesamtgläubigerschaft von Konsorten und Sicherheitenverwalter 147
G. Das doppelnützige Treuhandverhältnis des Sicherheitenverwalters zu dem Sicherheitengeber und Konsorten 147
H. Die Beschaffenheit der selbstständigen Forderung 148
I. Einwände gegen die Wirksamkeit der Parallelverpflichtung 148
II. Kein Verstoß gegen den Bestimmtheitsgrundsatz 150
1. Bestimmbarkeit der Parallelverpflichtung als Forderung 150
2. Bestimmbarkeit von Höhe und Umfang der Parallelverpflichtung 150
III. Die Durchsetzbarkeit der Parallelverpflichtung 152
IV. Die Fälligkeit der Parallelverpflichtung 153

5. Kapitel Die Parallelverpflichtung als Sicherungsinstrument 157
A. Regulatorischer Ansatz 157
I. Inhalt der Klauseln 157
II. Ziele der Auslegung der Konstruktion und Gang der Darstellung 158
B. Die Parallelverpflichtung als Sicherungsrecht 159
I. Die Parallelverpflichtung als zusätzliches Befriedigungsmittel 160
II. Abhängigkeit als Sicherungsrecht trotz gegenseitiger Angleichung 161
III. Die Parallelverpflichtung als abstraktes Verpflichtungsgeschäft 163
1. Die Parallelverpflichtung als kausales Erfüllungsversprechen nach Willer 163
2. Einwendungen gegen die Lösung eines kausalen Erfüllungsversprechens 163
a) Anderslautender Wortlaut und Dispositionsbefugnis der Parteien 163
b) Von der Grundkonstellation des kausalen Erfüllungsversprechens abweichende Rechtsverhältnisse zwischen den Parteien als nur bedingt taugliche Einwände 165
c) Korrespondierender Untergang des kausalen Erfüllungsversprechens mit der Referenzschuld bei ihrer Übertragung mittels *novation* 168
d) Anforderungen an die Abstraktion und entgegenstehende Einwände *Willers* 170
aa) Der Wille zur Begründung eines eigenständigen Verpflichtungsgrundes 171
bb) Einwendungsdurchgriff als Indiz eines fehlenden Abstraktionswillens? 172
e) Der Rechtsgrund der Parallelverpflichtung 174
C. Vereinbarkeit der Parallelverpflichtung mit dem sachenrechtlichen Typenzwang und dem gesetzlichen Akzessorietätsprinzip 177
I. Grundsätzliche Möglichkeit der Besicherung abstrakter Schuldversprechen 177
II. Einwand der Unvereinbarkeit mit dem Akzessorietätsprinzip gesetzlicher Sicherungsrechte 179
III. Einwand der unzulässigen Forderungsauswechslung 181
D. Zulässigkeit der Verknüpfung von Parallelverpflichtung und Referenzschuld 182

I. Vertraglicher Automatismus der gegenseitigen Anpassung 183
II. Umfang der Verknüpfung von Parallelverpflichtung und Referenzschuld 185
III. Art der Abhängigkeit zwischen Referenzschuld und Sicherheitenträger 187
1. Begriff der Akzessorietät und Verknüpfung der Parallelverpflichtung mit den Kreditverbindlichkeiten 188
2. Grundsätzliche Unmöglichkeit der rechtsgeschäftlichen Schöpfung einer akzessorischen Verbindung 189
a) Übertragung dieser Grundsätze auf die Parallelverpflichtung 190
b) Fehlender Parteiwille zur Schaffung eines immanenten Sicherungszwecks im Übrigen 192
c) Zwischenfazit 194
3. Keine Abhängigkeit in der Rechtszuständigkeit 196
4. Fehlende nur einseitig geltende Wirkungserstreckung 196
5. Keine Akzessorietät im Fortbestand und Untergang im eigentlichen Sinne 198
a) Die allenfalls partiell akzessorische Verbindung 199
b) Die Zweckgemeinschaft von Forderung und akzessorischem Sicherungsrecht 201
c) Der Sicherungsmechanismus der Parallelverpflichtung im Vergleich zur Zweckgemeinschaft zwischen Hauptrecht und akzessorisch verbundenem Nebenrecht 202
d) Konkrete Wahrnehmung von Sicherungsfunktionen durch die Parallelverpflichtung 204
e) Strukturelle Abhängigkeit eines forderungsgebundenen Sicherungsrechts 205
6. Zwischenfazit 208
IV. Gleichrangige Zweckgemeinschaft zwischen Referenzschuld und Parallelverpflichtung als Erklärungsmodell 208
1. Das Sicherungskonzept der gleichrangigen Zweckgemeinschaft als Doppelsicherung nach Heck sowie hiergegen erhobene Einwände unter dem Blickwinkel des Akzessorietätsprinzips 209
2. Die Zweckgemeinschaft als taugliches Modell auch für forderungsgebundene Sicherungen 212

V. Anwendung der gleichrangigen Zweckgemeinschaft auf die partielle Forderungsgebundenheit der Parallelverpflichtung gegenüber der Referenzschuld 213
1. Grundsätzliche Unbedenklichkeit einer gleichrangigen Zweckgemeinschaft jenseits des Anwendungsfeldes akzessorischer Sicherungsrechte 213
a) Die Struktur der Parallelverpflichtung als abweichender Regelungsfall der gleichrangigen Zweckgemeinschaft im Gegensatz zu gesetzlichen Sicherungsrechten 213
b) Die Parallelverpflichtung als Forderung in einer Doppelfunktion 217
c) Die Parallelverpflichtung als Modell zweier nachgeschalteter Zweckgemeinschaften 217
d) Vereinbarkeit mit gesetzlichen Leitbildern von Doppelobligationen 219
e) Zwischenfazit 222
2. Vergleich des gleichstufigen Modells mit der herkömmlichen Führung eines Sicherungsrechts durch ein Hauptrecht 224
a) Eine gleichrangige Zweckgemeinschaft mit einer ihren eigenen Leistungsinhalt festlegenden Parallelverpflichtung als denkbarer Ansatz 225
b) Die wechselseitige Wirkungserstreckung als Problem der ihren eigenen Leistungsinhalt bestimmenden Parallelverpflichtung innerhalb der Zweckgemeinschaft 226
c) Die gleichrangige Zweckgemeinschaft unter der Führung eines verselbstständigten, dritten Elements 227
3. Die wechselseitige Steuerung des Sollenselements der jeweiligen Forderung als vorzuschlagender Deutungsansatz für die Parallelverpflichtungskonstruktion 229
a) Ausgangspunkt: Der Zweck als integraler Bestandteil der Forderung und führendes Element des forderungsgebundenen Sicherungsrechts 229
b) Keine einseitige Führung durch ein Sollenselement der Kreditschuld aufgrund der Gleichrangigkeit von Referenzschuld und Parallelverpflichtung 231

c) Die Parteiabrede der gegenseitigen Anrechnung als Verbindungsglied der Sollenselemente von Referenzschuld und Parallelverpflichtung 232
aa) Technik der Forderungsverknüpfung bei zwei gleichrangigen Sollenselementen der beteiligten Forderungen 233
bb) Partielle Zusammenführung der beiden Forderungszwecke zur Schaffung einer aus der Zweckgemeinschaft entspringenden Leistungserwartung 235
(1) Überformung der Sollenselemente zur Schaffung eines gemeinsamen Leistungsinteresses 237
(2) Disponibilität der Sollenselemente 238
cc) Tilgungsgemeinschaft im weiteren Sinne trotz fehlender Gläubigeridentität 239
dd) Die Leistungserwartung des Kreditgläubigers als maßgebender Zweck der Gemeinschaft zwischen Referenzschuld und Parallelverpflichtung 241
(1) Wirkungsbereiche der Leistungserwartung des Kreditgläubigers im Sollenselement der Referenzschuld und im Treuhandverhältnis 241
(2) Zusammenfassung der Rolle der Leistungserwartung des Kreditgläubigers 243
(3) Das Verfahren zur wechselseitigen Anpassung der Sollenselemente 244
ee) Die konkrete Schaffung der Verbindung der Sollenselemente durch Anrechnungen 245
ff) Die Parallelverpflichtung im Moment der Novation der Referenzschuld 246
4. Fazit 248
E. Entstehungsgleichlauf zwischen Parallelverpflichtung und Referenzschuld 249
I. Die Parallelverpflichtung als abstrakte, vor Entstehung der Darlehensrückzahlungsansprüche begründete Forderung nach *Schnauder* 250

II. Einwendungen gegen die Lösung einer ab Vertragsabschluss entstehenden Parallelverpflichtung nach den gängigen Vereinbarungen 252
III. Die Entstehungsakzessorietät nach der hM 254
IV. Bestellung akzessorischer Sicherheiten zur Sicherung der Parallelverpflichtung als künftige Forderung 255
V. Folgerungen nach dem Modell der nachgeschalteten Zweckgemeinschaften 257
1. Freie Vereinbarkeit des Entstehungszeitpunktes der Parallelverpflichtung 257
2. Vereinbarter Entstehungsgleichlauf statt Entstehungsakzessorietät 258
3. Fazit 260

6. Kapitel Die Folgen einer Insolvenz eines der Beteiligten 261

A. Die Insolvenz des Sicherungsgebers und Schuldners der Parallelverpflichtung 261
I. Grundsätzliche Rechte des Sicherheitenverwalters als Doppeltreuhänder 261
II. Insolvenzfestigkeit des Konzepts der Parallelverpflichtung 262
1. Die Besicherung neu geschaffener Forderungen 263
a) Das Fehlen einer inkongruenten Deckung nach § 131 InsO bei Entstehungsgleichlauf 263
b) Kongruente Deckung auch bei getrennten Entstehungszeitpunkten 265
c) Keine Unentgeltlichkeit gemäß § 134 InsO 265
2. Die Besicherung von Altforderungen 266
B. Die Insolvenz des Sicherheitenverwalters 268
I. Rechte des Schuldners der Parallelverpflichtung und Sicherungsgebers 268
II. Rechte des Sicherungsnehmers und Kreditgebers 270
1. Der eigen- und fremdnützige Sicherheitenverwalter 270
2. Der uneigennützige Sicherheitenverwalter (security agent) 271

7. Kapitel Fazit und Thesen 273

A. These: Die Vertragsbestimmungen sind nicht korrigierend auszulegen 273

B. These: Die Parallelverpflichtung ist ein abstraktes Schuldversprechen 275
C. These: Die Parallelverpflichtung gründet auf einem Konzept nachgeschalteter Zweckgemeinschaften 275
D. Die Parallelverpflichtung als praktikable Lösung zur Isolierung der Sicherungsrechte vor unbeabsichtigten Einwirkungen der Kreditschuld..... 277

Literaturverzeichnis

Ackermann, Thomas: Der Schutz des negativen Interesses, Tübingen 2007; zit.: „*Ackermann*".

Adams, David: Banking and Capital Markets 2009, London 2009, zit.: „*Adams*".

Adelle, Jean-François: Recognition of trust and parallel debt in international finance, newsletter des International Law Office vom 18. November 2011, im Internet verfügbar unter dem Pfad: http://www.internationallawoffice.com/newsletters/detail.aspx?g=ee94cfb3-c162-4584-b166-b4cfd42af6b3; zit.: „*Adelle*, ILO newsletter vom 18. November 2011".

Apfelbaum, Sebastian: Die Verpfändung der Mitgliedschaft in der Aktiengesellschaft, Berlin 2005; zit.: „*Apfelbaum*".

Armbrüster, Christian: Die treuhänderische Beteiligung an Gesellschaften, Köln, Berlin, Bonn, München 2001; zit.: „*Armbrüster*".

Assies, Paul H / Beule, Dirk / Heise, Julia/Strube, Hartmut: Handbuch des Fachanwalts – Bank- und Kapitalmarktrecht, herausgegeben von Paul H. Assies, Dirk Beule, Julia Heise und Hartmut Strube, Gesamtredaktion Patrick Rösler, 2. Aufl., Köln 2010, zit.: „*Bearbeiter/in*, in *Assies/Beule/Heise/Strube*".

Assmann, Heinz-Dieter: Zur Haftung von Konsortien für das rechtsgeschäftliche Handeln ihrer Vertreter – Bemerkungen zum Urteil des BGH vom 9.7.1984 (II ZR 193/83), in ZHR 152 (1988), S. 371–385; zit.: „*Assmann*, ZHR 152 (1988)".

Bamberger, Heinz Georg / Roth, Herbert: Beck'scher Online-Kommentar, BGB, herausgegeben von Heinz-Georg Bamberger und Herbert Roth, Editionsnummer ist jeweils in der Fußnote angegeben; zit.: „*Bearbeiter/in*, in *Bamberger/Roth*, Beck'OK, BGB".

Baumbach, Adolf / Hopt, Klaus J.: Handelsgesetzbuch, Kommentar, begründet von Adolf Baumbach, bearbeitet von Klaus J. Hopt, Hanno Merkt und Markus Roth, 35. Aufl., München 2012,; zit.: „*Bearbeiter*, in *Baumbach/Hopt*".

Baur, Jürgen F. / Stürner, Rolf: Sachenrecht, begründet von Fritz Baur; fortgeführt von Jürgen F. Baur und Rolf Stürner; 18. Aufl., München 2009; zit.: „*Baur/Stürner*, Sachenrecht".

Becker, Christoph: Insolvenzrecht, 3. Aufl. 2010, Köln 2010; zit.: „*Becker*".

Becker-Eberhard, Ekkehard: Die Forderungsgebundenheit der Sicherungsrechte, Bielefeld 1993; zit.: „*Becker-Eberhard*".

Beinert, Dieter / Burmeister, Frank/Tries, Herman-Josef: Mergers and Acquisitions in Germany, München 2009; zit.: „*Beinert/Burmeister/Tries*".

Berger, Christian: Der Zeitpunkt des anfechtungsrechtlichen Wirksamwerdens eines Pfandrechts zur Sicherung künftiger Forderungen nach § 140 InsO, in NZI 2007, S. 566–571; zit.: „*Berger*, NZI 2007".

Boos, Karl-Heinz / Fischer, Reinfrid / Schulte-Mattler, Hermann: Kreditwesengesetz – Kommentar zu KWG und Ausführungsvorschriften, herausgegeben von Karl-Heinz Boos, *Reinfrid* Fischer und Hermann Schulte-Mattler, 4. Aufl., München 2012, zit.: „*Bearbeiter/in*, in *Boos/Fischer/Schulte-Mattler*".

Bourgeois, Nadine: Die Sicherheitentreuhandvereinbarung unter besonderer Berücksichtigung der Stellung der Sicherheitentreuhänderin, in BKR 2011, S. 103–109; zit.: „*Bourgeois*, BKR 2011".

Böttcher, Christina: Das abstrakte Schuldversprechen in der Kreditsicherung, Frankfurt am Main 2007; zit.: „*Böttcher*".

Bork, Reinhard: Die Doppeltreuhand in der Insolvenz, in NZI 1999, S. 337–344; zit.: „*Bork*, NZI 1999".

—: Anmerkung zu BGH, Urteil vom 18.10.2005 – Az.: KZR 36/04, in JZ 2006, 682–685; zit.: „*Bork*, JZ 2006".

Bosak, Jan Michael: Konfusion, in JA 2009, S. 596–600; zit.: „*Bosak*, JA 2009".

Brandt, Sven / Sonnenhol, Jürgen: Verträge für Konsortialkredite, in WM 2001, S. 2329–2337; zit.: „*Brandt/Sonnenhol*, WM 2001".

Braun, Eberhard: Insolvenzordnung, Kommentar, herausgegeben von Eberhard Braun, 4. Aufl., München 2010; zit.: „*Bearbeiter/in*, in *Braun*, InsO".

Brehm, Wolfgang / *Berger, Christian*: Sachenrecht, 2. Auflage, Tübingen 2006, zit.: „*Brehm/Berger*".

Bronson, Jill / Tellefsen, Eirik: Viewpoints: The New Face of Syndicated Financing Deals, in American Banker vom 08.07.2010, Vol. 175, No. 104, S. 8; zit.: „*Bronson*/Tellefsen, American Banker, Vol. 175, No. 104, p. 8".

Bülow, Peter: Verbraucherkreditrecht im BGB, NJW 2002, S. 1145–1150; zit.: „*Bülow*, NJW 2002".

The Common Law Library: The Common Law Library – Chitty on Contracts, Volume 1 – General Principles, thirtieth edition, London 2008, zit.: „*Bearbeiter*, in The Common Law Library, Chitty on Contracts, Vol. 1".

Danielewsky, Mike / Dettmar, Jasmin Isabel: Instrumente der Vertragsgestaltung zur Übertragung akzessorischer Sicherheiten im Rahmen von Konsortialkrediten, in WM 2008, S. 713–718; zit.: „*Danielewsky/Dettmar*, WM 2008".

Delorme, Hermann / Hoessrich, Hans-Joachim: Konsortial- und Emissionsgeschäft, 2. Aufl., Frankfurt am Main 1971; zit.: „*Delorme/Hoessrich*".

Derleder, Peter / Knops, Kai-Oliver/Bamberger, Heinz-Georg: Handbuch zum deutschen und europäischen Bankrecht, herausgegeben von Peter Derleder, Kai-Oliver Knops und Heinz-Georg Bamberger, 2. Aufl., Berlin, Heidelberg 2009; zit.: „*Bearbeiter/in*, in *Derleder/Knops/Bamberger*".

Deutsche Bundesbank: Monatsbericht Mai 2009, 61. Jahrgang, Nr. 5, im Internet verfügbar unter dem Pfad: http://www.bundesbank.de/download/volkswirtschaft/monatsberichte/2009/200905mb_bbk_mh.pdf; zit.: „Monatsbericht der Deutschen Bundesbank vom Mai 2009".

—: Sonderumfrage zum Kreditgeschäft deutscher Banken mit inländischen nichtfinanziellen Unternehmen, Frankfurt am Main, 25. Januar 2011, im Internet verfügbar unter dem Pfad: http://www.bundesbank.de/download/volkswirtschaft/publikationen/ergebnisbericht_sonderumfrage_jan11.pdf; zit.: „Sonderumfrage der Deutschen Bundesbank zum Kreditgeschäft, Stand 25.01.2011".

Dickopf, Christian / Hommel, Ulrich / Knecht, Thomas C.: Workout-Management der kreditgewährenden Banken in Deutschland, in ZKW 2007, S. 656–660; zit.: „*Dickopf*/Hommel/*Knecht*, ZKW 2007".

Dieckmann, Johann Andreas: Zur Struktur und rechtlichen Qualifizierung der in vollstreckbaren „Sicherungsgrundschulden" enthaltenen Rechte, in RNotZ 2008, S. 597–605; zit.: „*Dieckmann*, RNotZ 2008".

Diem, Andreas: Akquisitionsfinanzierungen – Konsortialkredite für Unternehmenskäufe, 3. Aufl., München 2013; zit.: „*Diem*". 2. Aufl. desselben Werks (München 2009) wird zit. als „*Diem*, 2. Aufl."

Domke, Frank / Sperlich, Anika: Verkauf notleidender Kredite – zivilrechtliche und strafrechtliche Fragestellungen, in BB 2008, S. 342–348; zit.: „*Domke/Sperlich*, BB 2008".

Ebenroth, Carsten Thomas / Boujong, Karlheinz / Joost, Detlev / Strohn, Lutz: Handelsgesetzbuch, Kommentar, begründet von Karlheinz Boujong, Carsten Thomas Ebenroth und Detlev Joost, herausgegeben von Detlev Joost und Lutz

Strohn, Band 2, 2. Aufl., München 2009; zit.: „*Bearbeiter/in*, in *Ebenroth/Boujong/Joost/Strohn*, Band 2“.

Ehmann, Erik: Das Schuldanerkenntnis, in WM 2007, S. 329–337; zit.: „*Ehmann*, WM 2007“.

—: Schuldanerkenntnis und Vergleich, München 2005, zit.: „*Ehmann*, Schuldanerkenntnis und Vergleich“.

Eickelberg, Jan: Anmerkung zu BGH: Gesellschaftsschuld und Haftungsverbindlichkeit des Gesellschafters verjähren einheitlich (DNotZ 2010, 623), in DNotZ 2010, 625 - 629; zit.: „*Eickelberg*, DNotZ 2010“.

English Private Law: English Private Law, Volume II, edited by Peter Birks, Oxford 2000, zit.: „*Bearbeiter*, in English Private Law, Vol. II“.

Erman, Walter: Erman, Bürgerliches Gesetzbuch, herausgegeben von Harm Peter Westermann, Band I, 13. Aufl., Köln 2011; zit.: „*Bearbeiter/in*, in *Erman*, BGB, Band I“.

Eyles, Uwe: Beitrag „§ 25 Kreditkonsortien und Sicherheitenpools“, in Münchener Handbuch des Gesellschaftsrechts, herausgegeben von Bodo Riegger und Lutz Weipert, Band 1, BGB-Gesellschaft, Offene Handelsgesellschaft, Partnerschaftgesellschaft, Partenreederei und EWIV, München 1995, zit.: „*Eyles*“.

Fehrenbach, Markus: Die Haftung bei Vertretung einer nicht existierenden Person, in NJW 2009, S. 2173–2177; zit.: „*Fehrenbach*, NJW 2009“.

Fischer, Reinfrid / Klanten, Thomas: Bankrecht – Grundlagen der Rechtspraxis, herausgegeben von Reinfrid Fischer und Thomas Klanten, 4. Aufl., Köln 2010; zit. „*Bearbeiter/in*, in *Fischer/Klanten*“.

Fleischer, Holger: Legal Transplants im deutschen Aktienrecht, NZG 2004, S. 1129–1137; zit.: „*Fleischer*, NZG 2004“.

Flume, Werner: Enzyklopädie der Rechts- und Staatswissenschaften, begründet von Franz von Liszt und Walter Kaskel, herausgegeben von H. Albach, E. Helmstädter, H. Honsell, P. Lerche und D. Nörr, Allgemeiner Teil des Bürgerlichen Rechts, Zweiter Band, Das Rechtsgeschäft, 4. Aufl., Berlin 1992; zit.: „*Flume*, in Enzyklopädie, Allg. Teil des BGB, Band 2“.

—: Gesellschaft und Gesamthand, in ZHR 136 (1972), S. 177–207; zit.: „*Flume*, in ZHR 136 (1972)“.

Förl, Thomas: Die Absicherung von Neukonsorten in Share Pledge Agreements, in RNotZ 2007, S. 433–455; zit.: „*Förl*, RNotZ 2007“.

Froitzheim, Robert / Lotz, Ulrich/Breiteneicher, Jens / Nachtwey, Thomas / Leclaire, Andreas: Non Performing Loans (NPL) in Deutschland – Praxisrelevante Aspekte, Instrumente zur Abgabe von notleidenden Krediten und Bedeutung für die Banksteuerung, Köln 2006; zit.: „*Froitzheim/Lotz/Breiteneicher/Nachtwey/Leclaire*".

Früh, Andreas: Abtretungen, Verpfändungen, Unterbeteiligungen, Verpfändungen und Derivate bei Kreditforderungen vor dem Hintergrund von Bankgeheimnis und Datenschutz, in WM 2000, S. 497–504; zit.: „*Früh*, WM 2000".

Gaab, Matthias: Die Deutsche Bank im mittelständischen Konsortialkreditgeschäft, in ZKW 2004, S. 812–817; zit.: „*Gaab*, ZKW 2004".

Gehrlein, Markus: Der Konsortialkredit als Modell einer Innengesellschaft, DStR 1994, S. 1314–1318; zit. „Gehrlein, DStR 1994".

Gernhuber, Joachim: Handbuch des Schuldrechts, herausgegeben von Joachim Gernhuber, Band 3, Die Erfüllung und ihre Surrogate sowie das Erlöschen der Schuldverhältnisse aus anderen Gründen, 2. Aufl., Tübingen 1994; zit.: „*Gernhuber*, Hb. d. SR., Band 3".

—: Handbuch des Schuldrechts, herausgegeben von Joachim Gernhuber, Band 8, Das Schuldverhältnis – Begründung und Änderung, Pflichten und Strukturen, Drittwirkungen, Tübingen 1989; zit.: „*Gernhuber*, Hb. d. SR., Band 8".

Gottwald, Peter: Insolvenzrechts-Handbuch, 4. Aufl., München 2010, herausgegeben von Peter Gottwald; zit.: „*Bearbeiter/in*, in *Gottwald*, Insolvenzrecht".

Gröschler, Peter: Zur Frage der einvernehmlichen Fortsetzung erloschener Verbindlichkeiten: Wiederherstellung oder Neubegründung?, in NJW 2000, S. 247–251; zit.: „*Gröschler*, NJW 2000".

Gummert, Hans: Münchener Anwaltshandbuch Personengesellschaftsrecht, herausgegeben von Hans Gummert, München 2005, zit.: „*Bearbeiter/in*, in *Gummert*, Münch. AH. Personengesellschaftsrecht".

Haarmeyer, Hans; *Wutzke, Wolfgang*; *Förster, Karsten*: InsO, Kommentar, 2. Aufl., Reck-linghausen 2012, herausgegeben von Hans Haarmeyer, Wolfgang Wutzke und Karsten Förster; zit.: „*Bearbeiter/in*, in *Haarmeyer/Wutzke/Förster*".

Habersack, Mathias: Die Anerkennung der Rechts- und Parteifähigkeit der GbR und der akzessorischen Gesellschafterhaftung durch den BGH, in BB 2001, S. 477–483; zit.: „*Habersack*, BB 2001".

—: Die Akzessorietät – Strukturprinzip der europäischen Zivilrechte und eines künftigen europäischen Grundpfandrechts, in JZ 1997, 857–865; zit.: „*Habersack*, JZ 1997".

Hadding, Walther: Zur Rechtsfähigkeit und Parteifähigkeit der (Außen-)Gesellschaft bürgerlichen Rechts sowie zur Haftung ihrer Gesellschafter für Gesellschaftsverbindlichkeiten – Zugleich Besprechung des Urteils des BGH WM 2001, 408, in ZGR 2001, S. 712–743; zit.: „*Hadding*, ZGR 2001".

— / *Schneider, Uwe H.*: Die Forderungsabtretung, insbesondere zur Kreditsicherung, in ausländischen Rechtsordnungen, herausgegeben von Walther Hadding und Uwe H. Schneider, Berlin 1999; zit.: „*Bearbeiter/in*, in *Hadding/Schneider*".

Hanke, Kerstin / Socher, Oliver: Fachbegriffe aus M & A und Corporate Finance – Syndizierung von Krediten, in NJW 2010, S. 1435–1436; zit.: „*Hanke/Socher*, NJW 2010".

Harpernig, Guido: Die Übertragung akzessorisch besicherter Forderungen im Rahmen von syndicated loans, Berlin 2003; zit.: „*Harperning*".

Heck, Philipp: Grundriß des Sachenrechts, 2. Neudruck der Ausgabe, Tübingen 1930, zit.: „*Heck*".

Heermann, Peter W.: Handbuch des Schuldrechts, herausgegeben von Joachim Gernhuber, Band 10, Geld und Geldgeschäfte, Tübingen 2003; zit.: „*Heermann*, Hb. d. SR., Band 10".

Heidel, Thomas / Schall, Alexander: Handelsgesetzbuch, Handkommentar, herausgegeben von Thomas Heidel und Alexander Schall, Baden-Baden 2011; zit.: „*Bearbeiter/in*, in *Heidel/Schall*".

Heidel, Thomas / Hüßtege, Rainer / Mansel, Heinz-Peter / Noack, Ulrich: BGB Allgemeiner Teil, EGBGB, Band 1, 2. Aufl. Baden-Baden 2012; zit.: „*Bearbeiter/in*, in *Heidel/Hüßtege/Mansel/Noack*, Band 1".

Hellner, Thorwald / Steuer, Stephan: Bankrecht und Bankpraxis, Köln 2003, Band 1 (AGB Geschäftsverbindung, Kreditformen); zit.: „*Bearbeiter/in*, in BuB, Band 1".

Henes, Frank: Zeichen auf Sturm: Der syndizierte Kredit in einer Unternehmenskrise, in Finance – Der Markt für Unternehmen und Finanzen, Ausgabe Juni 2006, S. 46–50; zit.: „*Henes*, Finance 06/2006".

Hey, Felix: BGH: Unterbeteiligung an Gesellschafteranteil und Informationsrecht des Unterbeteiligten – Anmerkung zu BGH, Urteil vom 10.10.1994 (II ZR 285/93), in WiB 1995, 162–163; zit.: „*Hey*, in WiB 1995".

Hochschule für Bankwirtschaft, Frankfurt am Main: Schriftenreihe Hochschule für Bankwirtschaft, Nr. 54, Aktuelle Fragen des Bank- und Kapitalmarktrechts I: Non-Performing Loans/Faule Kredite – Handel, Work-Out, Outsourcing und Securisation, Frankfurt am Main, Juni 2004, von Dietmar Anders, Andreas Binder, Ralf Hesdahl, Christoph Schalast und Thomas Thöne, im Internet abrufbar unter dem Pfad: http://nbn-resolving.de/urn/resolver.pl?urn=urn:nbn:de:101:1-20080724125; zit.: „*Bearbeiter*, in HfB, Nr. 54".

Hoffmann, Guido: Die Verpfändung von Aktien in der Konsortialkreditpraxis, in WM 2007, S. 1547–1554; zit.: „*Hoffmann*, WM 2007".

—: Parallel Debt, in WM 2009, S. 1452–1458; zit.: „*Hoffmann*, WM 2009".

Hohmann, Jörg: Verjährung und Kreditsicherung, in WM 2004, S. 757–766, zit.: „*Hohmann*, WM 2004".

Holden, J. Milnes: The Law and Practice of Banking, Volume 2, Securities for Bankers' Advances; seventh edition, London 1987; zit.: „*Holden*, Vol. 2".

Hopt, Klaus J. / Mülbert, Peter O.: Kreditrecht – Bankkredit und Darlehen im deutschen Recht, Sonderausgabe der Vorbemerkungen zu §§ 607 ff BGB und §§ 607–610 BGB aus J. von Staudingers Kommentar zum Bürgerlichen Gesetzbuch mit Einführungsgesetz und Nebengesetzen 12. Aufl., Berlin 1989; zit.: „*Hopt/Mülbert*".

Hus, Christopher: Kredit auf Lager, in impulse – Das Unternehmermagazin, Ausgabe September 2006, S. 116 Nr. 9; zit.: „*Hus*, impulse 09/2006".

Von Illberg, Philipp / Tschesche, Frank: Rechtliche und steuerliche Betrachtung des Rückkaufs von Schulden (Debt-Buy-Back), in BB 2010, S. 259–264; zit.: „*von Illberg/Tschesche*, BB 2010".

Jahr, Günther: Romanistische Beiträge zur modernen Zivilrechtswissenschaft, in AcP 168 (1968), S. 9–26; zit.: „*Jahr*, AcP 168 (1968)".

Jauernig, Othmar: Bürgerliches Gesetzbuch mit Allgemeinem Gleichbehandlungsgesetz (Auszug), Kommentar, herausgegeben von Othmar Jauernig, 15 Auflage, München 2014; zit.: „*Bearbeiter/in*, in *Jauernig*, BGB".

juris-Praxiskommentar BGB, Saarbrücken Band 2, Schuldrecht, 6. Aufl. 2012; zit.: „*Bearbeiter/in*, in jurisPK-BGB, Band 2."

Kaduk, Hubert: Fragen zur Zulässigkeit von Verfügungen zugunsten eines Dritten, in Festschrift für Karl Larenz zum 80. Geburtstag am 23. April 1983, herausgegeben von Claus Wilhelm Canaris und Uwe Diederichsen, München 1983; zit.: „*Kaduk*, in FS Karl Larenz".

Kandelhard, Ronald: Das Schicksal der Mietsicherheit bei Vertragsübernahme – Zugleich ein Beitrag zur Rechtsnatur der Mietkaution, in NZM 2001, 696–703; zit.: „*Kandelhard*, NZM 2001“.

Kästle, Florian / Dirk Oberbracht: Unternehmenskauf – Share Purchase Agreement, 2. Aufl., München 2010; zit.: „*Kästle/Oberbracht*, Unternehmenskauf“.

Von Kenne, Fritz: Das kanadische einheitliche Sicherungsrecht – Eine rechtsvergleichende Studie zur Reform des Mobiliarsicherungsrechts, Berlin 1981; zit.: „*von Kenne*“.

Kaufhold, Tim: Aktuelle Rechtsprobleme beim Erwerb eines Portfolios notleidender Kredite, in BB 2010, 2207–2212; zit.: „*Kaufhold*, BB 2010“.

Kilgus, Stefan: Auswirkungen der Finanzkrise auf das Konsortialkreditgeschäft, in BKR 2009, S. 181–190; zit.: „*Kilgus*, BKR 2009“.

Kindl, Johann / Meller-Hannich, Caroline / Wolf, Hans-Joachin: Gesamtes Recht der Zwangsvollstreckung, ZPO, ZVG, Nebengesetze, Europäische Regelungen, Kosten, Handkommentar, herausgegeben von Johann Kindl, Caroline Meller-Hannich und Hans-Joachim Wolf, Baden-Baden 2010; zit.: „*Bearbeiter/in*, in *Kindl/Meller-Hannich/Wolf*“.

Klüwer, Arne / Schulz-Wulkow, Christian: Nur Kredite ohne Risiko, in Immobilien Zeitung, Heft 26 von 2011, zit.: *Klüwer/Schulz-Wulkow*, Immobilien Zeitung 26/2011“.

Kolbe, Sebastian: Schweigen auf einseitige Preiserhöhungen, in Betriebsberater 2010, S. 2322 – 2327; zit.: „*Kolbe*, BB 2010“.

Koller, Ingo / Roth, Wulf-Henning / Morck, Winfried: Handelsgesetzbuch, Kommentar, 7. Aufl. München 2011, bearbeitet von Ingo Koller, Wulf-Henning Roth und Winfried Morck; zit.: „*Bearbeiter*, in *Koller/Roth/Morck*, HGB“.

Köndgen, Johannes: Die Entwicklung des Bankrechts in den Jahren 1991–93, in NJW 1994, S. 1508–1518; zit.: „*Köndgen*, NJW 1994“.

Kristen, Sebastian / Kreppel, Ulf: NPL-Transaktionen aus Sicht des Verkäufers, in BKR 2005, S. 123–134; zit.: „*Kristen/Kreppel*, BKR 2005“.

Kümpel, Siegfried / Wittig, Arne: Bank- und Kapitalmarktrecht, begründet von Siegfried Kümpel, herausgegeben von Arne Wittig, 4. Aufl., Köln 2011; zit.: „*Bearbeiter/in*, in *Kümpel/Wittig*“.

Kristen, Sebastian / Tauber, Johannes: Internationales Konsortialkreditgeschäft, in Bank Praktiker 2009, S. 520–527; zit.: „*Kristen/Tauber*, Bank Praktiker 2009“.

Laier, Matthias: „Bad Banks“ – Neue Entlastungsmöglichkeiten für den Finanzsektor, in GWR 2009, 294451; zit.: „*Laier*, GWR 2009“.

Lange, Knut Werner: Rechtsgeschäftliche Vertragsübernahme und Insolvenz, in ZIP 1999, S. 1373 bis 1381; zit.: „*Lange*, ZIP 1999“.

Langenbucher, Katja: Kredithandel nach dem Risikobegrenzungsgesetz, in NJW 2008, S. 3169–3173; zit.: „*Langenbucher*, NJW 2008“.

Larenz, Karl: Lehrbuch des Schuldrechts, Erster Band, Allgemeiner Teil, 14 Aufl., München 1987; zit.: „*Larenz*, SchR, Band I“.

Leuering, Dieter / Simon, Stefan: Die Verpfändung von GmbH-Geschäftsanteilen, in NJW-Spezial 2005, S. 171–172; zit.: „*Leuering/Simon*, NJW-Spezial 2005“.

Litten, Rüdiger / Matthias, Bell: Kreditderivate – Neue Dokumentations-Standards als Reaktion auf die globale Finanzmarktkrise, in WM 2011, S. 1109 – 1117; zit.: „*Litten/Bell*, WM 2011“.

Loan Market Association: The Loan Book, published by the Loan Market Association, London 2011, edited by Nicolas Voisey and Amelie Slocombe; zit.: „*Bearbeiter/in*, in Loan Book“.

Locke, Natania: Aspects of Traditional Securitisation in South African Law, Pretoria 2008; zit.: „*Locke*“.

Lorenz, Markus: Unterbeteiligungen an Krediten im Common Law und im Civil Law, Berlin 1993; zit.: „*Lorenz*“.

Lorz, Rainer / Pfisterer, Benedikt / Gerber, Olaf: Beck'sches Formularbuch GmbH-Recht, München 2010, herausgegeben von Rainer Lorz, Benedikt Pfisterer und Olaf Gerber; zit.: „*Bearbeiter/in*, in *Lorz/Pfisterer/Gerber*, Beck'sches Fb. GmbH-Recht“.

von Lübtow, Ulrich: Die Struktur der Pfandrechte und Reallasten – zugleich ein Beitrag zum Problem der subjektlosen Rechte, in Festschrift für Heinrich Lehmann zum 80. Geburtstag „Das deutsche Privatrecht in der Mitte des 20. Jahrhunderts, Band I, 1956, S. 328–387; zit.: „*von Lübtow*, in FS Lehmann, I“.

Ludwig, Georg: Die Auflassungsvormerkung und der noch zu benennende Dritte, in NJW 1983, S. 2792–2799; zit.: „*Ludwig*, NJW 1983“.

Lwowski, Hans-Jürgen / Fischer, Gero/ Langenbucher, Katja: Das Recht der Kreditsicherung, herausgegeben von Hans-Jürgen Lwowski, Gero Fischer und Katja Langenbucher, 9. Aufl., Berlin 2011, zit.: „*Bearbeiter/in*, in *Lwowski/Fischer/Langenbucher*“.

Maurenbrecher, Benedikt / Frick, Jürgen: Schweizerische Bankrechtstagung 2010, Kreditrecht – Konsortialkredite, Basel 2010, im Internet verfügbar unter dem Pfad: http://www.homburger.ch/fileadmin/publications/Konsortialkredite_01.pdf; zit.: „*Maurenbrecher/Frick*, Konsortialkredite".

Maurer, Tobias: Die Schuldübernahme: Französisches, englisches und deutsches Recht in europäischer Perspektive, Tübingen 2010, zit.: „*Maurer*".

Medicus, Dieter: Durchblick: Die Akzessorietät im Zivilrecht, in JuS 1971, S. 497–504; zit.: *Medicus*, JuS 1971".

De Meo, Francesco: Bankenkonsortien – Eine Untersuchung zum Innen- und Außenrecht von Emissions-, Kredit- und Sanierungskonsortien sowie zu deren Haftung für das Handeln von Konsortialvertretern, München 1994; zit.: „*De Meo*, Bankenkonsortien".

Messerschmidt, Burkhard / Voit, Wolfgang, Privates Baurecht, Kommentar zu §§ 631 ff. BGB; 2. Aufl., München 2012; zit.: „*Messerschmidt/Voit*".

Meyer, Christian A.: Working Capital und Unternehmenswert – Eine Analyse zum Management der Forderungen und Verbindlichkeiten aus Lieferungen und Leistungen, Wiesbaden 2007, Online-Ausgabe Berlin, im Internet verfügbar unter dem Pfad: http://dx.doi.org/10.1007/978-3-8350-9645-5; zit.: „*Meyer*, Working Capital und Unternehmenswert".

Mittendorfer, Roland: Praxishandbuch Akquisitionsfinanzierung – Erfolgsfaktoren fremdfinanzierter Unternehmensübernahmen, Wiesbaden 2007, Online-Ausgabe Berlin, im Internet verfügbar unter dem Pfad: http://dx.doi.org/10.1007/978-3-8349-9247-5; zit.: „*Mittendorfer*, Akquisitionsfinanzierungen".

Motive zu dem Entwurfe eines Bürgerlichen Gesetzbuches

—Motive zu dem Entwurfe eines Bürgerlichen Gesetzbuchs für das Deutsche Reich, Band I, Allgemeiner Theil, Amtliche Ausgabe, 2. Aufl., Berlin 1896; zit.: „Motive, BGB, I".

—Motive zu dem Entwurfe eines Bürgerlichen Gesetzbuches für das Deutsche Reich, Band II, Recht der Schuldverhältnisse, Amtliche Ausgabe, 2. Aufl., Berlin 1896; zit.: „Motive, BGB, II".

—Motive zu dem Entwurfe eines Bürgerlichen Gesetzbuches für das Deutsche Reich, Band III, Sachenrecht, Amtliche Ausgabe, 2. Aufl., Berlin 1896; zit.: „Motive, BGB, III".

Mugasha, Agasha: The Law of Multi-Bank Financing – Syndicated Loans and the Secondary Loan Market, Oxford 2007; zit.: „*Mugasha*, The Law of Multi-Bank Financing".

Münchener Handbuch des Gesellschaftsrechts: Münchener Handbuch des Gesellschaftsrechts, Band 1, BGB-Gesellschaft. Offene Handelsgesellschaft, Partnerschaftsgesellschaft, Partenreederei, EWIV, herausgegeben von Hans Gummert und Lutz Weipert, 3. Aufl., München 2009; zit.: „*Bearbeiter/in*, in Münch. Hb. d. GesR, Band 1".

Münchener Kommentar zum Bürgerlichen Gesetzbuch, herausgegeben von Franz Jürgen Säcker und Roland Rixecker, München,

—Band 1, Allgemeiner Teil, §§ 1 – 240, ProstG, AGG, 6. Aufl. 2012; zit.: „*Bearbeiter/in*, in MünchKomm, BGB, Band 1";

—Band 2, Schuldrecht Allgemeiner Teil, § 241–432, 6. Aufl. 2012; zit.: „*Bearbeiter/in*, in MünchKomm, BGB, Band 2";

—Band 3, Schuldrecht, Besonderer Teil, §§ 433–610, 6. Aufl. 2012; zit.: „*Bearbeiter/in*, in MünchKomm, BGB, Band 3";

—Band 5, Schuldrecht Besonderer Teil III, §§ 705–853, 5. Aufl. 2009; zit.: „*Bearbeiter*, in MünchKomm, BGB, Band 5";

—Band 6, Sachenrecht, §§ 854–1296, Wohnungseigentumsgesetz – Erbbaugesetz, 6. Aufl. 2013; zit.: „*Bearbeiter/in*, in MünchKomm, BGB, Band 6".

Münchener Kommentar zum Handelsgesetzbuch

—Band 3 – Zweites Buch – Handelsgesellschaften und stille Gesellschaft; Zweiter Abschnitt – Kommanditgesellschaft; Dritter Abschnitt – Stille Gesellschaft, §§ 167–237; Konzernrecht der Personengesellschaften, 3. Aufl., München 2012, herausgegeben von Karsten Schmidt; zit.: „*Bearbeiter/in*, in MünchKomm, HGB, Band 3".

Münchener Kommentar zur Insolvenzordnung

—Band 1, §§ 1–102, 3. Aufl., München 2013, zit.: „*Bearbeiter/in*, in MünchKomm, InsO, Band 1";

—Band 3, §§ 217–359, 3. Aufl., München 2014, zit.: „*Bearbeiter/in* in MünchKomm, InsO, Band 3".

Münchener Kommentar zum Versicherungsvertragsgesetz

—Band 1, Systematische Darstellungen und Erläuterungen zum EGVVG, §§ 1–99 VVG, München 2010; zit.: „*Bearbeiter/in*, in MünchKomm, VVG, Band 1“.

Münchener Kommentar zur Zivilprozessordnung

—Band 2, §§ 511–945, 4. Aufl., München 2012; zit.: „*Bearbeiter/in*, in MünchKomm, ZPO, Band 2“.

Musielak, Hans-Joachim: Kommentar zur Zivilprozessordnung, herausgegeben von Hans-Joachim Musielak, 11. Aufl., München 2014; zit.: „*Bearbeiter/in*, in Musielak, ZPO“.

Nerlich, Jörg, Römermann, Volker: Insolvenzordnung, Kommentar, herausgegeben von Jörg Nerlich und Volker Römermann, München, Stand August 2012 (24. Ergänzungslieferung); zit.: „*Bearbeiter/in*, in *Nerlich/Römermann*, InsO“.

Nörr, Knut Wolfgang / Scheyhing, Robert / Pöggeler, Wolfgang: Handbuch des Schuldrechts, Band 2, Sukzessionen, Vertragsübernahme, Schuldübernahme, herausgegeben von Joachim Gernhuber, 2. Aufl. 1999; zit.: „*Bearbeiter*, in *Nörr/Scheyhing/Pöggeler*, Hb. d. SR, Band 2“.

Obermüller, Walter / Obermüller, Manfred: Die Unterbeteiligung im Bankgeschäft – Eine Übersicht für die Praxis, in Festschrift für Winfried Werner zum 65. Geburtstag am 17. Oktober 1984 – Handelsrecht und Wirtschaftsrecht in der Bankpraxis, herausgegeben von Walther Hadding, Ulrich Immenga, Hans-Joachim Mertens, Klemens Pleyer und Uwe H. Schneider, Berlin 1984, S. 608–638; zit.: „*Obermüller/Obermüller*, in FS Winfried Werner“.

Obermüller, Manfred: Bestellung von Kreditsicherheiten an einen Treuhänder, in DB 1973, S. 1833–1839; zit: „*Obermüller*, DB 1973“.

—: Insolvenzrecht in der Bankpraxis, 8. Aufl., Köln 2011; zit.: „*Obermüller*, Insolvenzrecht in der Bankpraxis“.

Ohler, Christoph: Bankensanierung als staatliche Aufgabe, in WiVerw 2010, Vierteljahresbeilage zum Gewerbearchiv, Heft 1, S. 47–60; zit.: „*Ohler*, WiVerw 2010/1“.

Olzen, Dirk: Die Zwangsvollstreckung in Dispositionskredite, ZZP Band 97 (Jahrgang 1984), S. 1–32; zit.: „*Olzen*, ZZP 97, (1984)“.

Palandt, Otto: Palandt, Bürgerliches Gesetzbuch, Kommentar, 73. Aufl., München 2014; zit.: „*Bearbeiter/in*, in *Palandt*, BGB“.

Paulus, Gotthard: Kreditsicherung durch Übertragung von Eigentum und Anwartschaften – Teil II der Abhandlung „Probleme und Möglichkeiten der institutionellen Ausformung der Sicherungsübereignung“; in JZ 1957, S. 41–48; zit.: „*Paulus*, JZ 1957“.

Peel, Edwin: The Law of Contract, twelfth edition, London 2007; zit.: „*Peel*, The Law of Contract“.

Petri, Gustav Adolf: Akzessorietät bei der Sicherungsübereignung, Gießen 1991; zit.: „*Petri*“.

Pieper, Helmut: Vertragsübernahme und Vertragsbeitritt, zugleich ein Beitrag zur Lehre vom Vertragsverhältnis, Köln 1963; zit.: „*Pieper*“.

Pöggeler, Wolfgang: Die Akzessorietät im Zivilrecht: Irrtümer und Wahrheiten, in JA 2001, S. 65–70.

Pointier, Jean-Norbert: Global Finance Alert – Up-to-date developments in global finance, newsletter von Nixon Peabody LLP vom 9. November 2011, im Internet verfügbar unter dem Pfad: http://www.nixonpeabody.com/services_pubdetail.asp?ID=4114&SID=138; zit.: „*Pointier*, Global Finance Alert, newsletter Nixon Peabody LLP vom 9. November 2011“.

Preve, Lorenzo / Sarria-Allende, Virginia: Working Capital Management, 2010, published to Oxford Scholarship Online: http://dx.doi.org/10.1093/acprof:oso/9780199737413.001.0001.

Prütting, Hanns / Wegen, Gerhard / Weinreich, Gerd: BGB Kommentar, herausgegeben von Hanns Prütting, Gerhard Wegen und Gerd Weinreich, 9. Aufl., Köln 2014, zit.: „*Bearbeiter/in*, in *Prütting/Wegen/Weinreich*“.

Reichel, Hans: Die Schuldübernahme (Kumulative Schuldübernahme), München 1909; zit.: „*Reichel*“.

Reichsgerichtsrätekommentar zum Bürgerlichen Gesetzbuch: Das Bürgerliche Gesetzbuch mit besonderer Berücksichtigung der Rechtsprechung des Reichsgerichts und des Bundesgerichtshofs, Kommentar, 12. Aufl., Berlin,

—Band I, §§ 1–240, bearbeitet von Kurt Herbert Johannsen, Wilhelm Kregel, Gerda Krüger-Nieland, Henning Piper und Erich Steffen, 1982; zit.: „*Bearbeiter/in*, in BGB – RGRK, Band I“;

—Band II, 1. Teil, §§ 241–413, bearbeitet von Richard Alff, Werner Ballhaus und Reinhold Weber, 1976; zit.: „Bearbeiter, in BGB – RGRK, Band II, 1. Teil“.

Reinicke, Dietrich / Tiedtke, Klaus: Kreditsicherung, 5. Aufl., Neuwied 2006; zit.: „Reinicke/*Tiedtke*, Kreditsicherung“.

Reuter, Alexander: Wie insolvenzfest sind Sicherheiten bei konsortialen (Projekt)Finanzierungen und deren Refinanzierung?, in NZI 2010, S. 167–173; zit.: „*Reuter*, NZI 2010“.

—: Projektfinanzierung und Kapitalmarkt, in WM 2009, S. 2057–2063; zit.: „*Reuter*, WM 2009“.

—: / *Buschmann, Marco*: Sanierungsverhandlungen mit Krediterwerbern: Strategien „alternativer“ Investoren auf dem rechtlichen Prüfstand, in ZIP 2008, S. 1003–1011; zit.: „*Reuter/Buschmann*, ZIP 2008“.

Rhodes, Tony: Syndicated Lending – Practice and Documentation, Fifth edition, London 2009, herausgegeben und verfasst von Tony Rhodes als general editor und author sowie bearbeitet von Keith Clark and Mark Campbell als co-authors; zit.: „*Rhodes*".

Rieble, Volker / Gutfried, Michael: Spezifikationskauf und BGB-Schuldrecht, in JZ 2008, S. 593–602; zit.: „*Rieble/Gutfried*, JZ 2008“.

Riggert, Rainer: Neue Anforderungen an Raumsicherungsübereignungen?, in NZI 2009, S. 137–140; zit.: „*Riggert*, NZI 2009“.

Römermann, Volker / Funke, Sabrina: „Doppelnützige Treuhand“: Ein regelmäßig rechtswidriges Modell mit nichtigen Verträgen, in NZI 2012, 481–488; zit.: „*Römermann/Funke*, NZI 2012“.

Roth, Günter H. / Altmeppen, Holger: GmbHG, Kommentar, 7. Aufl., München 2012; zit.: „*Bearbeiter*, in *Roth/Altmeppen*“.

Rudolph, Bernd / Hofmann, Bernd/Schaber, Albert / Schäfer, Klaus: Kreditrisikotransfer – Moderne Instrumente und Methoden, Berlin, Heidelberg 2007; zit.: „*Rudolph/Hofmann/Schaber/Schäfer*“.

Rümelin, Max: Das Handeln im fremden Namen im bürgerlichen Gesetzbuch, in AvP 93 (1902), S. 121–308; zit.: „*Rümelin*, AcP 93 (1902)“.

—: Zur Lehre von den Schuldversprechen und Schuldanerkenntnis des BGB, Tübingen 1906, zit.: „*Rümelin*“.

Rusch, Linda J.: Novation or Modification (a/k/a renewal)?, in The Transactional Lawyer (A Publication of the Commercial Law Center), Vol. 1 (February 2011), p. 3–4; im Internet verfügbar unter dem Pfad: http://www.law.gonzaga.edu/centers-programs/files/clc/transactional_lawyer_2011-021.pdf; zit.: „*Rusch*, The Transactional Lawyer, Vol. 1 (February 2011)“.

Saenger, Ingo / Aderhold, Lutz / Lenkaitis, Karlheinz / Speckmann, Gerhard: Handels- und *Gesellschaftsrecht*, Praxishandbuch, 2. Aufl., Baden-Baden 2011, zit.: „*Bearbeiter/in*, in *Saenger/Aderhold/Lenkaitis/Speckmann*“.

Schalast, Christoph: Veräußerung von Einzelforderungen (Single Names) und Portfolios notleidender Kredite – Markttrends und Entwicklungen, in BKR 2006, S. 193–198; zit.: „*Schalast*, BKR 2006".

—: Deutsche Vertragsstandards für Kredittransaktionen?, in ZKW 2011, S. 136–141; zit.: „*Schalast*, ZKW 2011".

Scharpf, Hans: Risiken des Handels mit notleidenden Krediten – Von non performing loans zu non existing loans, in NJW 2009, S. 3476–3480; zit.: *Scharpf*, NJW 2009".

Schilmar, Boris / Breiteneicher, Jens / Wiedenhofer, Marco: Veräußerung notleidender Kredite – Aktuelle rechtliche Aspekte bei Transaktionen von Non-Performing-Loans, in DB 2005, S. 1367–1373; zit.: „*Schilmar/Breiteneicher/Wiedenhofer*, DB 2005".

Schimansky, Herbert / Bunte, Hermann-Josef / Lwowski, Hans-Jürgen: Bankrecht-Handbuch, herausgegeben von Herbert Schimansky, Hermann-Josef Bunte, Hans-Jürgen Lwowski, 3. Aufl., München 2007; zit.: „*Bearbeiter/in*, in *Schimansky/Bunte/Lwowski*, Band (I oder II), 3. Aufl.".

—: Bankrecht-Handbuch, herausgegeben von Herbert Schimansky, Hermann-Josef Bunte, Hans-Jürgen Lwowski, 4. Aufl., München 2011; zit.: „*Bearbeiter/in*, in *Schimansky/Bunte/Lwowski*, Band (I oder II), 4. Aufl.".

Schmidt, Christoph: Die sogenannte Akzessorietät der Bürgschaft – Ein Beitrag zur Lehre vom Rechtsgrund beim Verpflichtungsgeschäft, Berlin 2001; zit.: „*Chr. Schmidt*".

Schmidt, Karsten: Die BGB-Außengesellschaft: rechts- und parteifähig-Besprechung des Grundlagenurteils II ZR 331/00 vom 29.1.2001, in NJW 2001, S. 993–1003; zit.: „*Schmidt*, NJW 2001".

Schmidt, Maike / Schrader, Julia: Leistungsversprechen und Leistungsbestimmungsrechte unter Berücksichtigung des neuen Schuldverschreibungsgesetzes, in BKR 2009, S. 397–404; zit.: „*Schmidt/Schrader*, BKR 2009".

—: Gesellschaftsrecht, 4. Aufl., Köln, Berlin, Bonn, München 2002; zit.: „*K. Schmidt*, Gesellschaftsrecht".

—: Offene Stellvertretung – Der „Offenkundigkeitsgrundsatz" als Teil der allgemeinen Rechtsgeschäftslehre, in JuS 1987, S. 425–433; zit.: „*K. Schmidt*, JuS 1987".

Schlitt, Michael / Kasten, Roman A.: Börsennotierte Anleihen mittelständischer Unternehmen – ein Überblick über die neuen Anleihesegmente, in Corporate Finance law, Heft 2 vom 21.03.2011, S. 97–103; zit.: „*Schlitt/Kasten*, Corporate Finance law 02/2011".

Schnauder, Franz: Die Parallelverpflichtung als Sicherungsinstrument der Konsortialkreditpraxis, NJOZ 2010, S. 1663–1670; zit.: „*Schnauder*, NJOZ 2010".

Scholze, Herbert: Das Konsortialgeschäft der deutschen Banken, Berlin 1973, Erster Halbband; zit.: „*Scholze*, Konsortialgeschäft I".

Schorling, Tom Oliver / Niedner, Clemens: In der Unternehmensfinanzierung sind klare Trends erkennbar; laufzeitgebundene Betriebsmittelfinanzierung auf dem Vormarsch, in der Börsen-Zeitung vom 16.03.2011; zit.: „*Schorling/ Niedner*, Artikel „*In der Unternehmensfinanzierung sind klare Trends erkennbar*" in der Börsen-Zeitung vom 16.03.2011".

Scholl, Bernd: Die Pfändung des Kontokorrentkredits, in DZWIR 2005, S. 352–364; zit.: „*Scholl*, DZWIR 2005".

Schrell, Thomas K. / Kirchner, Andreas: Akquisitionsfinanzierung mit Hilfe eines Vertreters ohne Vertretungsmacht, in ZBB 2002, S. 230–232; zit.: „*Schrell/ Kirchner*, ZBB 2002".

Schürnbrand, Jan: Der Schuldbeitritt zwischen Gesamtschuld und Akzessorietät, Berlin 2003; zit.: „*Schürnbrand*".

Schütze, Rolf A. / Weipert, Lutz: Münchener Vertragshandbuch, Band 2, Wirtschaftsrecht I, herausgegeben von Rolf A. Schütze und Lutz Weipert, 6. Aufl., München 2009; zit.: „*Bearbeiter/in*, in Münchener Vertragshandbuch, Band 2, WR I".

Schulze, Reiner: Bürgerliches Gesetzbuch – Handkommentar, 7. Aufl., Baden-Baden 2012, Schriftleitung Reiner Schulze; zit.: „*Bearbeiter/in*, in *Schulze*, BGB".

Schwintowski, Hans-Peter / Schäfer, Frank A.: Bankrecht, Commercial Banking – Investment Banking, 2. Aufl., München 2004; zit.: "*Bearbeiter/in*, in *Schwintowski/Schäfer*".

Schwintowski, Hans-Peter / Schantz, Peter: Grenzen der Abtretbarkeit grundpfandrechtlich gesicherter Darlehensforderungen, in NJW 2008, 472–476; zit.: „*Schwintowski/Schantz*, NJW 2008".

Semler, Johannes / Stengel, Arndt: Umwandlungsgesetz mit Spruchverfahrensgesetz, 3. Aufl., München 2012; zit.: „*Bearbeiter/in*, in *Semler/Stengel*".

Siber, Heinrich: Schuldrecht, Leipzig 1931, zit.: „*Siber*".

Siedler, Nina-Luisa: MBO-Finanzierung; Heuschrecken als Vorbild: ABL-Finanzierungen sind auch für mittelständische Managementteams eine Alternative, in Finance – Der Markt für Unternehmen und Finanzen, Ausgabe Oktober 2008, S. 26–27; zit.: „*Siedler*, Finance 10/2008".

Sittmann, Jörg W.: Kreditunterbeteiligungen von Banken – Eine Untersuchung zum Innenrecht der Unterbeteiligung, in WM 1996, S. 469–475; zit.: „*Sittmann*, WM 1996".

Soergel, Hans Theodor: Bürgerliches Gesetzbuch mit Einführungsgesetz und Nebengesetzen, Kommentar, begründet von Hans Theodor Soergel, Stuttgart,

—Band 2, Allgemeiner Teil, §§ 104–240, 13. Aufl. 1999, bearbeitet von Wolfgang Hefermehl, Manfred Wolf, Ulrich Leptien, Werner Niederführ und Hermann Fahse; zit.: „*Bearbeiter*, in *Soergel*, Band 2";

—Band 5/3, Schuldrecht 3/3, 13. Aufl. 2009, bearbeitet von Walther Hadding, Walther Lindacher, Thomas Lobinger, Thomas Pfeiffer, Klaus Schreiber und Martin Gebauer; zit.: „*Bearbeiter*, in *Soergel*, Band 5/3";

—Band 8, Schuldrecht 6, §§ 535–610, 13. Aufl. 2007, bearbeitet von Walther Heintzmann, Hans-Werner Eckert und Michael Matthiessen; zit.: „*Bearbeiter*, in *Soergel*, Band 8";

—Band 14, Sachenrecht 1, §§ 854–984, 13. Aufl. 2002, bearbeitet von Astrid Stadler, Rolf Stürner, Jürgen Baur und Martin Henssler; zit.: Bearbeiter/in, in Soergel, Band 14".

—Band 16, Sachenrecht 3, §§ 1018–1296, 13. Aufl., 2001, bearbeitet von Rolf Stürner, Horst Konzen und Mathias Habersack; zit.: Bearbeiter, in Soergel, Band 16".

Stadler, Astrid: Gestaltungsfreiheit und Verkehrsschutz durch Abstraktion, Tübingen 1996; zit.: „*Stadler*".

Stauder, Bernd: Der bankgeschäftliche Krediteröffnungsvertrag nach deutschem Recht unter Berücksichtigung der in der Schweiz und in Frankreich vertretenen Theorien zu seiner rechtlichen Qualifikation, Bethel bei Bielefeld 1968; zit.: „*Stauder*".

von Staudinger, Julius: Julius von Staudingers Kommentar zum Bürgerlichen Gesetzbuch mit Einführungsgesetz und Nebengesetzen, Berlin,

—Buch 1 – Allgemeiner Teil, §§ 139–163 (Allgemeiner Teil 4 b), Neubearbeitung 2010 von Reinhard Bork und Herbert Roth; zit.: „*Bearbeiter*, in *Staudinger* (2010)";

—Buch 1 – Allgemeiner Teil, §§ 164–240 (Allgemeiner Teil 5), Neubearbeitung 2009 von Karl-Heinz Gursky, Florian Jacoby, Frank Peters, Tilman Repgen und Eberhard Schilken; zit.: „*Bearbeiter*, in *Staudinger* (2009)";

—Buch 2 – Recht der Schuldverhältnisse, Einleitung zu zum Schuldrecht; §§ 241–243 (Treu und Glauben), Neubearbeitung 2009 von Dirk Looschelders, Dirk Olzen und Gottfried Schiemann; zit.: „*Bearbeiter*“, in *Staudinger* (2009)“;

—Buch 2 – Recht der Schuldverhältnisse, §§ 255–304 (Leistungsstörungsrecht 1), Neubearbeitung 2009 von Claudia Bittner, Georg Caspers, Cornelia Feldmann, Manfred Löwisch, Hansjörg Otto und Roland Schwarze; zit.: „*Bearbeiter/in*, in *Staudinger* (2009)“;

—Buch 2 – Recht der Schuldverhältnisse, §§ 315–326 (Leistungsstörungsrecht 2), Neubearbeitung 2009 von Hansjörg Otto, Volker Rieble und Roland Schwarze; zit.: „*Bearbeiter*, in *Staudinger* (2009)“;

—Buch 2 – Recht der Schuldverhältnisse, §§ 328–345 (Vertrag zugunsten Dritter, Draufgabe, Vertragsstrafe), Neubearbeitung 2009 von Rainer Jagmann und Volker Rieble; zit.: „*Bearbeiter*, in *Staudinger* (2009)“;

—Buch 2 – Recht der Schuldverhältnisse, §§ 362–396 (Erfüllung, Hinterlegung, Aufrechnung), Neubearbeitung 2011 von Karl-Heinz Gursky und Dirk Olzen; zit.: „*Bearbeiter*, in *Staudinger* (2011)“;

—Buch 2 – Recht der Schuldverhältnisse, §§ 397–432 (Erlass, Abtretung, Schuldübernahme, Mehrheit von Schuldnern und Gläubigern), Neubearbeitung 2012 von Jan Busche, Dirk Looschelders und Volker Rieble; zit.: „*Bearbeiter*, in *Staudinger* (2012)“;

—Buch 2 – Recht der Schuldverhältnisse, §§ 488–490; 607–609 (Darlehensrecht), Neubearbeitung 2011 von Robert Freitag und Peter O. Mülbert; zit.: „*Bearbeiter*, in *Staudinger* (2011)“;

—Buch 2 – Recht der Schuldverhältnisse, §§ 705–740 (Gesellschaftsrecht), dreizehnte Bearbeitung 2003 von Stefan Habermeier; zit.: „*Habermeier*, in *Staudinger* (2003)“;

—Buch 2 – Recht der Schuldverhältnisse, §§ 779–811 (Vergleich, Schuldversprechen, Anweisung, Schuldverschreibung), Neubearbeitung 2009 von Peter Marburger; zit.: „*Marburger*, in *Staudinger* (2009)“;

—Buch 3 – Sachenrecht, §§ 925–984, Anhang zu §§ 929 ff.: Sonderformen der Übereignung, Neubearbeitung 2011 von Karl-Heinz Gursky, Axel Pfeifer und Wolfgang Wiegand; zit.: „*Bearbeiter*, in *Staudinger* (2011)“;

—Buch 3 – Sachenrecht, §§ 1204–1296; SchiffsRG (Pfandrecht), Neubearbeitung 2009 von Hans-Heinrich Nöll, Daniel Wiegand und Wolfgang Wiegand; zit.: „*Bearbeiter*, in *Staudinger* (2009)“.

—: Julius von Staudinger, Kommentar zum Bürgerlichen Gesetzbuch mit Einführungsgesetz und Nebengesetzen, Eckpfeiler des Zivilrechts, Berlin, Neubearbeitung 2012; zit.: „*Bearbeiter/in*, in *Staudinger*, Eckpfeiler".

Stoll, Ralf: Die Abtretbarkeit von Darlehensforderungen durch eine Bank bzw. Sparkasse vor dem Hintergrund des Bankgeheimnisses und der §§ 134 BGB, 203 Abs. 2 Satz 1 Nr. 2 StGB, in DZWIR 2010, S. 139–144; zit.: „*Stoll*, DZWIR 2010".

Stürner, Rolf: Der vollstreckungs- und insolvenzrechtliche Schutz der Konsortialbank bei treuhänderisch gehaltenen Grundschulden des Konsortialführers, in KTS 2004, S. 259–274; zit.: „*Stürner*, KTS 2004".

Sudhoff, Heinrich: GmbH & Co. KG, begründet von Heinrich Sudhoff, bearbeitet von Jochem Reichert, Anja Breitfeld, Alexander Düll, Martin Eberhard, Hans-Christoph Ihrig, Axel Jäger, Thomas Liebscher, Michael Salger und Michael Schlitt, 6. Aufl., München 2005, zit.: „*Bearbeiter/in*, in *Sudhoff*".

Swiecicki, Peter / Stawecki, Tomasz / Kycia, Grzegorz / Szwedowski, Macjej: Security for Parallel Debt Questioned by Poland's Supreme Court, in Squire, Sanders & Dempsey LLP – Poland Law Art, November 2009, im Internet verfügbar unter dem Pfad: http://www.squiresanders.com/files/Publication/cbb943f7-541d-48e3-b0d8-8aa688880516/Presentation/PublicationAttachment/be331887-d039-40fe-8b17-be4808813aba/Security_for_Parallel_Debt_Questioned_by_Polish_Supreme_Court.pdf; zit.: „*Swiecicki/Stawecki/Kycia/Szwedowski*, Poland Law Alert, November 2009".

Tashiro, Annerose / Ehret, Patrick / Tschentscher, Frank: Trust, Parallel Debt Mechanism und N. Y. Law Are Now Recognized in French Insolvency Law, in ABI Journal, February 2012, S. 30, 31, 65, im Internet verfügbar unter dem Pfad: http://journal.abi.org/sites/default/files/2011/december/european.pdf; zit.: „*Tashiro/Ehret/Tschentscher*, ABI Journal, February 2012".

Von Thur, Andreas: Der Allgemeine Teil des Deutschen Bürgerlichen Rechts, Erster Band – Allgemeine Lehren und Personenrecht, Leipzig 1910; zit.: „*von Thur*, AT, I".

—: Der Allgemeine Teil des Deutschen Bürgerlichen Rechts, Zweiter Band, Zweite Hälfte, München und Leipzig 1918; zit.: „*von Thur*, AT II/2".

Uhlenbruck, Wilhelm: Insolvenzordnung, 13. Aufl., München 2010; zit.: „*Bearbeiter/in*, in *Uhlenbruck*, InsO".

Ulmer, Peter: Die höchstrichterlich „enträtselte" Gesellschaft bürgerlichen Rechts, in ZIP 2001, S. 585–599; zit.: „*Ulmer*, ZIP 2001".

Vater, Hendrik: Der „Borrowing-Base-Kredit“ als Instrument der Working Capital Finanzierung, in Der Betrieb 2010, S. 1545–1550; zit.: „*Vater*, DB 2010“.

Vieweg, Klaus / Werner, Almuth: Sachenrecht, 5. Aufl., Köln, München 2011; zit.: „*Vieweg/ Werner*“.

Wacke, Andreas: Erzwingt eine Novation den Verlust bestehender Sicherheiten? Für eine Forderungsauswechselung auch beim Mobiliarpfandrecht, in DNotZ 2000, S. 615–635; zit.: „*Wacke*, DNotZ 2000“.

Walz, Robert: Beck'sches Formularbuch Zivil- Wirtschafts- und Unternehmensrecht Deutsch – Englisch, herausgegeben von Robert Walz, 2. Aufl., München 2010; zit.: „*Bearbeiter/in*, in *Walz*, Beck'sches Fb. Zivil-, Wirtschafts- und Unternehmensrecht“.

Weber, Helmut / Rauscher, Mario: Die Kollision von Vermieterpfandrecht und Sicherungseigentum im Konkurs des Mieters, in NJW 1988, S. 1571–1574; zit.: „*Weber/Rauscher*, NJW 1988“.

Weitnauer, Wolfgang: Covenants und AGB-Kontrolle, in ZIP 2005, S. 1443–1448; zit.: „*Weitnauer*, ZIP 2005“.

Wenzel, Jens: Rechtsfragen internationaler Konsortialkreditverträge, Baden-Baden 2006; zit.: „*Wenzel*“.

Westerkamp, Wilhelm: Bürgschaft und Schuldbeitritt, Berlin 1908, zit.: „*Westerkamp*.

Westermann, Harm Peter: Das Emissionsgeschäft als Beispiel der gesellschaftlichen Typendehnung, in AG 1967, S. 285–291; zit.: „*Westermann*, AG 1967“.

— */ Gursky, Karl-Heinz / Eickmann, Dieter*: Sachenrecht, begründet von Harry Westermann und fortgeführt von Harm Peter Westermann, Karl-Heinz Gursky und Dieter Eickmann, 8. Aufl., Heidelberg, München, Landsberg, Frechen, Hamburg 2011; zit.: „*Westermann/Gursky/Eickmann*“.

Wieacker, Franz: Grundzüge der Rechts- und Wirtschaftswissenschaft, Bodenrecht, Hamburg 1938, zit.: „*Wieacker*“.

Wieling, Hans Josef: Sachenrecht, Band 1 (Sachen, Besitz und Rechte an beweglichen Sachen), 2. Aufl., Heidelberg 2006; zit.: „*Wieling*“.

Wilhelm, Jan: Sachenrecht, 4. Aufl., Berlin 2010; zit.: „*Wilhelm*“.

Willer, Ralf: Die parallel debt als Sicherheitenträger, AcP 209 (2009), S. 807–839; zit.: „*Willer*, AcP 209 (2009)“.

Windscheid, Bernhard / Kipp, Theodor: Lehrbuch des Pandektenrechts, Zweiter Band, 9. Aufl., Frankfurt am Main 1906; zit.: „*Windscheid/Kipp*, Pandektenrecht II".

Wolf, Manfred: Anmerkung zu BGH, Urteil vom 22.09.1965 – VIII ZR 265/63 – Verknüpfung der abgetretenen mit der zu sichernden Forderung, in NJW 1966, S. 107; zit.: „*Wolf*, NJW 1966".

Wolfers, Benedikt / Rau, Markus: Finanzmarktstabilisierung, 3. Akt: „Bad Banks" zur Entlastung der Bilanzen, NJW 2009, S. 2401–2406; zit.: „*Wolfers/Rau*, NJW 2009".

Wood, Philip R: Law and Practice of International Finance, Vol. 3, International Loans, Bonds, Guarantees, Legal Opinions, second edition, London 2007; zit.: „*Wood*, International Loans, Bonds, Guarantees, Legal Opinions".

—: Law and Practice of International Finance, University Edition, London 2008; zit.: „*Wood*, Law and Practice of International Finance".

Wright, Sue: Finance and Capital Markets – International Loan Documentation, Houndmills, Basingstoke, Hampshire und New York 2006; zit.: „*Wright*, International Loan Documentation".

Zerey, Jean-Claude: Finanzderivate, Rechtshandbuch, 2. Auflage, herausgegeben von Jean-Claude Zerey, Baden-Baden 2010; zit.: „*Bearbeiter/in*, in *Zerey*, Finanzderivate".

Sonstige Quellen

www.realdealdocs.com wurde im Hinblick auf Formulierungsbeispiele von Parallelverpflichtungsklauseln in englischsprachigen Vertragswerken genutzt. Die entsprechenden Zitate sind an der betreffenden Stelle mit dem jeweiligen Internet-Pfad versehen.

Abkürzungsverzeichnis

a. A.	andere Ansicht
aaO.	am angegeben Ort
ABI	American Bankruptcy Institute
ABl.	Amtsblatt
Abs.	Absatz
AcP	Archiv für civilistische Praxis
a. F.	alte Fassung
AG	Aktiengesellschaft – Die Zeitschrift für das gesamte Aktienwesen
AGB	Allgemeine Geschäftsbedingungen
AGG	Allgemeines Gleichbehandlungsgesetz
AH.	Anwaltshandbuch
Alt.	Alternative
Anh.	Anhang
Art.	Artikel
Aufl.	Auflage
Az.	Aktenzeichen
BAGE	Entscheidungen des Bundesarbeitsgerichts
BankR	Bankrecht
BayOblGZ	Entscheidungen des Bayerischen Obersten Landesgerichts in Zivilsachen
BB	Betriebsberater
BC	Zeitschrift für Bilanzierung, Rechnungswesen und Controlling
Beck'OK	Beck'scher Online-Kommentar
BGB	Bürgerliches Gesetzbuch
BGBl.	Bundesgesetzblatt

BGH	Bundesgerichtshof
BGHZ	Entscheidungen des Bundesgerichtshofs in Zivilsachen
BKR	Zeitschrift für Bank- und Kapitalmarktrecht
bspw.	beispielsweise
BT-Drucks.	Drucksachen – Deutscher Bundestag
BuB	Bankrecht und Bankpraxis
bzw.	beziehungsweise
CDS	credit default swap
CISG	United Nations Convention on Contracts for the International Sale of Goods/ Übereinkommen der Vereinten Nationen über Verträge über den internationalen Warenkauf vom 11. April 1980
CLN	credit linked note
DB	Der Betrieb
ders.	derselbe
DNotZ	Deutsche Notar-Zeitschrift, Verkündigungsblatt der Bundesnotarkammer
DStR	Deutsches Steuerrecht
DZWIR	Deutsche Zeitschrift für Wirtschafts- und Insolvenzrecht
EG	Europäische Gemeinschaft
EGBGB	Einführungsgesetz zum Bürgerlichen Gesetzbuche
Einf.	Einführung
Einf. v.	Einführung vor
Einl.	Einleitung
EUR	Euro
EWG	Europäische Wirtschaftsgemeinschaft
EZB	Europäische Zentralbank
f.	folgend
Fb.	Formularbuch

ff.	fortfolgend
FMStFG	Gesetz zur Errichtung eines Finanzmarktstabilisierungsfonds, vom 17.10.2008, BGBl 2008 – I, 1982
Fn	Fußnote
GbR	Gesellschaft bürgerlichen Rechts
Ggf.	gegebenenfalls
GmbH & Co. KG	Gesellschaft mit beschränkter Haftung & Compagnie Kommanditgesellschaft
GWR	Gesellschafts- und Wirtschaftsrecht
Hb. d. GesR.	Handbuch des Gesellschaftsrechts
Hb. d. SR.	Handbuch des Schuldrechts
HfB	Hochschule für Bankwirtschaft
HGB	Handelsgesetzbuch
hM	herrschende Meinung
insb.	insbesondere
ILO	International Law Office (www.internationallawoffice.com)
IPR	Internationales Privatrecht
JA	Juristische Arbeitsblätter
jurisPK	juris-Praxiskommentar
JuS	Juristische Schulung
JZ	Juristenzeitung
Kap.	Kapitel
KWG	Kreditwesengesetz
LLP	Limited Liability Partnership
LMA	Loan Market Association
M & A	Mergers & Acquisitions
Münch.	Münchener
MünchKomm	Münchener Kommentar
Mrd.	Milliarden
m. w. N.	mit weiteren Nachweisen

NJOZ	Neue Juristische Online-Zeitschrift
NJW	Neue Juristische Wochenschrift
NJW-RR	Neue Juristische Wochenschrift – Rechtsprechungsreport
No.	number
NPL	non performing loans
Nr.	Nummer
NZI	Neue Zeitschrift für das Recht der Insolvenz und Sanierung
NZM	Neue Zeitschrift für Miet- und Wohnungsrecht
NZV	Neue Zeitschrift für Verkehrsrecht
OLG	Oberlandesgericht
ProstG	Gesetz zur Regelung der Rechtsverhältnisse der Prostituierten
RGRK	Reichsgerichtsrätekommentar zum Bürgerlichen Gesetzbuch
RGZ	Entscheidungen des Reichsgerichts in Zivilsachen
Rn	Randnummer
RNotZ	Rheinische Notar-Zeitschrift
S.	Seite
SchiffsRG	Gesetz über Rechte an eingetragenen Schiffen und Schiffsbauwerken
SchR	Schuldrecht
SolvV	Verordnung über die angemessene Eigenkapitalausstattung von Instituten, Institutsgruppen und Finanzholding-Gruppen
Tz	Textzeichen
u. a.	und andere
Überbl. v.	Überblick vor
UmwG	Umwandlungsgesetz
USA	United States of America

VersR	Versicherungsrecht – Juristische Rundschau für die Individualversicherung
VO	Verordnung
Vorb.	Vorbemerkung
Vgl.	Vergleichen Sie
Vol.	volume
VVG	Versicherungsvertragsgesetz
WG	Wechselgesetz
WiB	Wirtschaftsrechtliche Beratung – Zeitschrift für Wirtschaftsanwälte und Unternehmensjuristen
WiVerw	Gewerbearchiv, Zeitschrift für Wirtschaftsverwaltungsrecht
WM	Wertpapiermitteilungen – Zeitschrift für Wirtschafts- und Bankrecht
WR	Wirtschaftsrecht
z. B.	zum Beispiel
ZBB	Zeitschrift für Bankrecht und Bankwirtschaft
ZGR	Zeitschrift für Unternehmens- und Gesellschaftsrecht
ZHR	Zeitschrift für das gesamte Handelsrecht und Wirtschaftsrecht
zit.	zitiert als
ZKW	Zeitschrift für das gesamte Kreditwesen
ZPO	Zivilprozessordnung
ZZP	Zeitschrift für Zivilprozess

1. Kapitel Einleitung

"If you would know the value of money, go and try to borrow some."

Benjamin Franklin

Die Wahrheit dieser Aussage Benjamin Franklins zeigt sich bekanntlich nicht nur darin, ob überhaupt einem Interessenten ein Kredit gewährt wird, sondern auch, im Falle einer Einigung über eine Kreditvergabe, unter welchen Bedingungen dies geschieht. Der konkrete Umfang und die Ausgestaltung von gläubigerschützenden Instrumentarien in Kreditverträgen sind stets auch Spiegelungen der finanziellen Lage des Kreditnehmers und Reaktionen auf die Situation des Marktumfeldes. Kreditverträge im unternehmerischen Rahmen, die je nach Größenordnung auf Gläubigerseite von einem Konsortium von Banken geschlossen werden, verfügen über verschiedene Mechanismen zum Schutz von Gläubigerinteressen, die über den Bereich der reinen Besicherung der Rückzahlungsansprüche hinausgehen.

A. Disponibilität der Kreditbeteiligung und Risikostreuung als typische, von der Vertragsgestaltung zu berücksichtigende Gläubigerinteressen

Die Absicherung vor dem Ausfallrisiko des Kreditschuldners ist dabei natürlich die zentrale Absicht des Kreditgebers. Daneben soll aber auch eine möglichst flexible Handelbarkeit der Kreditbeteiligung in Syndizierungsprozessen im Kreditvertrag angelegt werden. Dies erfordert eine Gestaltungspraxis, die den Gläubiger vertraglich nicht nur berechtigt, zumindest unter gewissen Voraussetzungen über seinen Kreditanteil zu verfügen. Eine solche Übertragung des Anteils muss auch wirtschaftlich sinnvoll sein.

Hierfür muss eine vertragliche Situation geschaffen werden, die es dem Gläubiger ermöglicht, seinen Katalog an Rechten und Pflichten möglichst bestandswahrend an einen Neugläubiger zu übertragen. Nur in dem Fall kann ein Neukonsorte etwa Pfandrechte an Gesellschaftsanteilen als Sicherheiten für Rückzahlungsansprüche aus dem Kreditverhältnis mit gleichem Rang wie der ursprüngliche, erste Kreditgläubiger erwerben. Nur bei Vorliegen dieser Voraussetzung ist eine wirtschaftlich lukrative Handelbarkeit der Konsortialkreditanteile denkbar. Insofern entscheiden die Möglichkeiten der rechtlichen

Ausgestaltung der Beteiligung an Sicherungsrechten aus wirtschaftlicher Sicht über die Übertragungsfähigkeit von Kreditbeteiligungen am Sekundärmarkt.[1] Die Anforderungen an die rechtliche Lösung dieser Fragen werden darüber hinaus noch komplexer, da Kreditbeteiligungen nicht nur im nationalen Rahmen, sondern auch an international bedeutenden Handelsplätzen übertragbar sein sollen und insb. auf Einwirkungen des angloamerikanischen Rechts zu achten ist.

Neben der Disponibilität des Vermögenswerts „Kreditbeteiligung“ sind Konsortialkreditgeber an einer Streuung von Ausfallrisiken und an einer einfachen Form der Verwaltung und Verwertung von Sicherheiten interessiert. Dazu nutzen Kreditkonsortien regelmäßig Sicherheitenpools, wobei die für die Gesamtkreditsumme zu bestellenden Sicherheiten nur einem einzigen Sicherheitenverwalter gewährt werden, der sie treuhänderisch für die übrigen Mitglieder des Konsortiums mitverwaltet.[2]

Probleme ergeben sich in diesem Zusammenhang bei Konsortialkrediten, die regelmäßig mit einer Poolung von Sicherheiten in der Hand eines (häufig) dritten Treuhänders einhergehen. Konsortialkreditgeber haben dort nicht nur ein Interesse an eigenen, separaten Kreditforderungen gegenüber ihrem Kreditnehmer bei Ausschluss eines Gesamthandsvermögens des Konsortiums,[3] sondern eben auch an einer breiten Streuung des Ausfallrisikos. Entsprechend wird vereinbart, dass die einzelnen Mitglieder des Konsortiums die ihnen gewährten Sicherheiten nachträglich in einen Sicherheitenpool dergestalt einbringen, dass einem Treuhänder die Sicherungsrechte übertragen werden.[4] Da es sich aber beim Sicherheitenpool im Regelfall um eine GbR handelt und deshalb eine gesamthänderische Bindung existiert, können die Sicherungsgeber ihre Rechte nicht mehr im eigenen Namen geltend machen. Die Verwaltung des Pools obliegt einem Treuhänder, für den ggf. noch nachträglich zu gewährende Sicherheiten bestellt werden.[5] Ein Nachteil einer nachträglichen Poolung von Sicherheiten ist, dass akzessorische Sicherungsrechte, wie etwa ein Pfandrecht an einem Gesellschaftsanteil bei Akquisitionsfinanzierungen, nicht ohne Übertragung des Hauptrechts an den Treuhänder einbringbar ist.[6]

---

1 Vgl. dazu S. 53 ff.
2 *Schaffelhuber/Sölch*, in Münch. Hb. d. GesR, Band 1, § 31, Rn 2 ff.
3 Vgl. dazu S. 29 ff. und S. 37 ff.
4 *Willer*, AcP 209 (2009), 807, 811.
5 *Ganter*, in *Schimansky/Bunte/Lwowski*, Band II, 4. Aufl., § 90, Rn 170.
6 *Hoffmann*, WM 2007, 1547, 1551 f.; *Willer*, AcP 209 (2009), 807, 811.

B. Die Parallelverpflichtung als umstrittener Lösungsweg

In beiden Problemkreisen – also bei der Handelbarkeit von Kreditbeteiligungen im internationalen Rahmen und bei der Besicherung – soll das Vertragskonstrukt der *parallel debt* (im Folgenden stets „Parallelverpflichtung“[7]) im Rechtsverkehr zwischen dem angloamerikanischen Rechtsraum und (unter anderem) der deutschen Rechtsordnung Abhilfe schaffen.

Sie soll zunächst die wirtschaftlich sinnvolle Handelbarkeit von Kreditbeteiligungen auch an internationalen Handelsplätzen sicherstellen. Ihr Zweck kommt zum Tragen, wenn zur Sicherung von Rückzahlungsansprüchen aus Kreditverträgen, die englischem Recht unterliegen, Sicherungsrechte zu bestellen sind, für die anderes Recht gilt. Sie soll angloamerikanische Gepflogenheiten bei der Übertragung von Kreditbeteiligungen und bei der Bestellung und Übertragung von Kreditsicherheiten in andere Rechtsordnungen implementieren.

Sie gewinnt ebenso im rein innerdeutschen Raum als Sicherungsvehikel bei der Schaffung von Sicherheitenpools an Bedeutung. Die Parallelverpflichtung ist eine parallel zu den Kreditforderungen schaffende und den Sicherheitenverwalter berechtigende Schuld. Formal werden zu ihrer Sicherung Sicherungsrechte zugunsten des Sicherheitenverwalters bestellt, die wirtschaftlich betrachtet aber der Sicherung der Rückzahlungsansprüche aus dem Kreditvertrag dienen. Denn den Konsortialkreditgebern stehen im Innenverhältnis zum Sicherheitenverwalter aufgrund einer Treuhandvereinbarung die Erlöse einer Liquidation dieser Sicherheiten zu.

Dieses Instrument wird in der Vertragspraxis seit vielen Jahren regelmäßig angewendet und fand deshalb eine bemerkenswerte Aufmerksamkeit in der Literatur des deutschen Rechtsraums.[8] Kreiert wurde diese Schuld durch die angloamerikanische Rechtspraxis, die in anderen Rechtsordnungen nicht die ihr gewohnten Instrumente zur Arrangierung einer zentralen Sicherheitenverwaltung vorfand. Die Parallelverpflichtung gestattet eine zentrale Sicherheitenverwaltung

---

7 Das Vertragsinstitut der Parallelverpflichtung oder auch Parallelschuld bzw.-verbindlichkeit wird in englischen Vertragstexten als „parallel debt“, „guarantee“ oder teilweise auch „covenant to pay“ (wobei Letzteres zumeist als Verpflichtung zur Zahlung nach Aufforderung verstanden wird und sich somit nicht als Parallelverpflichtung verstehen lässt) bezeichnet. Zur covenant to pay bei einer Sicherheitentreuhand vgl. S. 75 f.

8 Vgl. insb. nur *Apfelbaum*, S. 249 ff.; *Böttcher*, S. 199; *Danielewsky/Dettmar*, WM 2008, 713 ff.; *Freitag*, in *Staudinger* (2011), § 488, Rn 177 ff.; *Förl*, RNotZ 2007, 433, 449 ff.; *Hoffmann*, WM 2009, 1452 ff., *Schnauder*, NJOZ 2010, 1663 ff.; *Willer*, AcP 209 (2009), 807 ff.

eines rechtlich durch die Sicherungsrechte selbst berechtigten Sicherheitenverwalters. In Rechtsordnungen,[9] die für bestimmte Sicherungsrechte eine Verknüpfung von Sicherungsrecht und in Bezug genommener Forderung verlangen (wie das BGB hinsichtlich akzessorischer Sicherungsrechte), fungiert sie als zu sichernde Hauptforderung. Hierdurch wird im Grunde die Zulässigkeit einer solchen Übertragung von Sicherungsrechten auf einen Sicherheitenverwalter, der nicht Inhaber des eigentlich zu sichernden Rechts ist, fingiert.[10] Dies ist nicht nur im Zusammenhang mit der Übertragung von Kreditbeteiligungen bedeutend, für die selbst angloamerikanisches Recht gilt, die aber mit Sicherungsrechten anderer Rechtsordnungen besichert sind. Auch die deutsche Praxis nutzt die Vorteile einer parallelen Schuld, um ungewollte Folgen des Akzessorietätsprinzips auszuschalten.[11]

Die wirtschaftliche Relevanz der Parallelverpflichtung als Sicherungsvehikel in Konsortialkreditverträgen kann wohl kaum überschätzt werden. Konsortialkredite werden in Europa ab einer bestimmten Größenordnung nur noch in London, dem zentralen europäischen Finanzmarktplatz, syndiziert, weshalb entsprechend generell englisches Recht für solche Kreditverträge zur Anwendung kommt. Von der Anerkennung der Parallelverpflichtung im deutschen Recht hängt nicht weniger als die Wirksamkeit der Kreditsicherung ab. Deutschem Recht unterliegende, akzessorische Sicherheiten finden in der Parallelverpflichtung in diesen Fällen ihre zu sichernde Hauptforderung. Dabei wird die Parallelverpflichtung in der Praxis englischem oder deutschem Recht unterstellt.

Aufgrund ihrer hohen wirtschaftlichen Bedeutung als Sicherheitenvehikel sowohl in transnationalen Kreditbeziehungen als auch im nationalen Kontext erscheinen Rechtssicherheit schaffende Entscheidungen deutscher Obergerichte umso notwendiger. Während in wenigen anderen europäischen Ländern eine nach angloamerikanischem Recht erzeugte Parallelverpflichtung als grundsätzlich nach nationalem Recht „besicherbare" Forderung gewertet wurde,[12] fehlt bisher eine klärende Einschätzung der Rechtsprechung in Deutschland. Diese wäre gerade angesichts des breiten Spektrums an Meinungen in der deutschen Literatur über die Zulässigkeit des Modells der Parallelverpflichtung sowie über korrigierende Auslegungen sehr wünschenswert. Die Schaffung einer parallelen Schuld gehört im deutschen Raum, also unter dem Regime des BGB, zum

9 Vgl. zu Rechtsordnungen, die solche Voraussetzungen aufweisen, Fn 358.
10 *Wright*, International Loan Documentation, S. 200.
11 Vgl. S. 48 ff.
12 Vgl. dazu S. 96 f.

Standard bei Vertragsdokumentationen und stellt einige Anfragen an die Dogmatik, die sich aus ihrer ungewöhnlichen Gestalt ergeben.[13]

I. Die vertragliche Modellierung der Parallelverpflichtung

Bei der Parallelverpflichtung soll es sich nach einschlägigen Regelungen in Kredit- oder Pfandverträgen um ein abstraktes Schuldversprechen handeln, das nicht mit den Kreditgebern, sondern direkt mit dem Sicherheitenverwalter vereinbart wird. Der Schuldner der Parallelverpflichtung – der im Regelfall, aber nicht zwingend gleichzeitig auch Kreditnehmer ist – verpflichtet sich gegenüber dem Sicherheitenverwalter, diesem genau den Betrag, den er nach dem Kreditvertrag aktuell dem Kreditgeber insgesamt zu zahlen hat, zusätzlich auf Grundlage einer parallelen Forderung zu schulden. Diese selbstständige Forderung des Sicherheitenverwalters soll den jeweils aktuellen Bestand der in Bezug genommenen Kreditschuld spiegeln und auf deren Veränderungen reagieren können. Zahlungen des Kreditnehmers auf die Kreditschuld sollen in gleicher Weise auch den Umfang der Parallelverpflichtung reduzieren. Der Umfang der Parallelverpflichtung soll sich andererseits auch mit der Kreditschuld erhöhen, wenn eine weitere Tranche ausgegeben oder ein revolvierender Kredit erneut valutiert wird. In umgekehrter Richtung sehen viele Vereinbarungen vor, dass Zahlungen auf die Parallelverpflichtung ebenso den Bestand der Kreditschuld entsprechend schmälern können. Zahlungen zur Erfüllung der Parallelverpflichtung erscheinen zwar im Regelfall ausgeschlossen, da deren Schuldner regelmäßig die ihn auch treffende Kreditverbindlichkeit durch Leistungen schmälern will. Sie kommen aber dann in Betracht, wenn etwa ein Drittsicherungsgeber ausschließlich Schuldner der Parallelverpflichtung ist.

II. Ihre Funktion als Sicherungsvehikel

Diese Parallelverpflichtung bildet dann die Grundlage für die Sicherheitenbestellung. Im Hinblick auf nicht akzessorische Sicherungsrechte bietet sie an sich keinen Nutzen, da solche Rechte ohnehin für den Sicherheitenverwalter bestellt werden können, auch wenn er nicht Inhaber der Hauptforderung ist. Der Zweck der Parallelverpflichtung erschließt sich bei akzessorischen Sicherheiten in den vorstehend beschriebenen Regelungsbereichen.

Die Parallelverpflichtung bildet die Hauptforderung für die akzessorischen Sicherheiten. Diese werden nicht zur Sicherung der Kreditschuld bestellt,

13 *Hoffmann*, WM 2009, 1452, 1453 veranschaulicht die Konstruktion als „*amorphes Gebilde*“.

sondern zur Sicherung der Parallelverpflichtung selbst. Der Sicherheitenverwalter ist als Inhaber der Hauptschuld der Berechtigte der mit ihr akzessorisch verknüpften Nebenrechte. Im Regelfall handelt es sich um Pfandrechte an Rechten, insb. an Gesellschaftsanteilen. Die parallele Schuld soll nach dem Parteiwillen zum Zeitpunkt der Begründung der Kreditschuld entstehen (also mit Valutierung), deren jeweiligen Bestand abbilden und mit Erfüllung der Kreditschuld ebenfalls erlöschen.

III. Die Funktion der Parallelverpflichtung beim Handel mit Kreditbeteiligungen

In Bezug auf den Handel mit Kreditbeteiligungen kommt der Parallelverpflichtung eine wesentliche Bedeutung zu. Das Widerspiegeln von Veränderungen der Kreditschuld findet jedoch eine entscheidende Ausnahme: Einwirkungen auf die Kreditschuld, die durch deren Novierung entstehen, sollen gerade nicht in der Parallelverpflichtung abgebildet werden. Die Parallelverpflichtung soll dann und nur dann von Veränderungen der Kreditschuld unberührt bleiben, wenn das die Kreditschuld erzeugende Schuldverhältnis zwischen Kreditgeber und Kreditnehmer im Wege einer Novierung auf einen neu hinzutretenden Konsortialkreditgeber übertragen wird. Zwar ist eine Novation eines Schuldverhältnisses zwischen drei Parteien nach deutschem Recht unüblich, da dort die Vertragsübernahme als vorteilhaftere Alternative zur Verfügung steht. Im Gegensatz zur Novation des Schuldverhältnisses[14] lässt sie nämlich den Bestand akzessorischer Sicherungsrechte unberührt[15] und ermöglicht dem Erwerber des an ihn übertragenen Schuldverhältnisses den Erhalt einer unveränderten Vertragsposition. Er erlangt den Rang von zur Sicherung des Rückzahlungsanspruchs bestellten Sicherheiten, der vorher dem Übertragenden zuteilwurde.

Im angloamerikanischen Recht können dabei ganze Schuldverhältnisse lediglich mittels einer *novation* übertragen werden,[16] die der Novation des deutschen Rechts gleicht.[17] Zudem hat die Übertragung von Rechten mittels einer solchen Schuldumschaffung steuerliche Vorteile, die dadurch ausgelöst werden, dass keine eigentliche Übertragung von Rechten, sondern deren Neubegründung vereinbart wird. Aus diesem Grunde wird versucht, Instrumente zu schaffen, die eine Handelbarkeit der Kreditbeteiligungen im internationalen

14 Vgl. S. 87 ff.

15 Vgl. dazu S. 92 f.

16 *Rhodes*, S. 584.

17 Vgl. dazu S. 64 ff.

Kontext gewährleisten.[18] Die angloamerikanische Rechtspraxis begründet deshalb separate Forderungen, die als Sicherheitenträger durch die *novation* der Kreditbeteiligung nicht berührt werden. Diese Sicherheiten ereilt dann nicht das Schicksal des Untergangs und der Neubegründung, das die *novation* beim zu übertragenden Kreditverhältnis verursacht. Vielmehr bleiben die Sicherheiten weiter zugunsten eines Sicherheitenverwalters (*security agent*) bestehen, der im Innenverhältnis dem neuen Kreditgeber gegenüber die Verwaltung der Sicherheiten übernimmt.

IV. Die Parallelverpflichtung im Brennpunkt dogmatischer Fragestellungen

Die deutsche Literatur hat sich mehrfach der Frage gewidmet, ob diese Parallelverpflichtung eine taugliche Sicherheitenträgerin für deutschem Recht unterliegende Sicherheiten sein kann. Dennoch ist diese Parallelverpflichtung nicht lediglich in angloamerikanischen Verträgen zu finden, sondern wird auch nach deutschem Recht gebildet. Die deutsche Praxis hat dieses Instrument in gleicher Weise aufgegriffen, um sich alleine im deutsch-rechtlichen Kontext ergebende Vorteile dieses Konzepts nutzbar zu machen.[19] Die Parallelverpflichtung ist ein Instrumentarium, das in unterschiedlichen Rechtsordnungen sehr ähnliche Zwecke erfüllt, allerdings auf unterschiedliche Weise.

Es beeindruckt dabei, wie viele Fragen, diametrale Standpunkte und unterschiedliche Auslegungsansätze eine einzelne Vertragsklausel hervorbringen kann, deren kürzeste Variante aus einem einzigen Satz besteht. Der Grund dafür ist ihre besondere Funktion. Sie ist eine Art Mittlerin zwischen Kreditschuld und den diese mittelbar sichernden Sicherungsrechten, die auf der Parallelverpflichtung als „sicherer Plattform platziert sind“. Sie scheint die Vorteile akzessorischer Sicherungsrechte mit der Unabhängigkeit abstrakter Forderungen verknüpfen zu können. Des Weiteren verhält sie sich im Verhältnis zur Kreditschuld wie ein akzessorisches Nebenrecht, das den Bestand der Hauptschuld infolge seiner Abhängigkeit nachvollzieht. Trotzdem soll sie bei ihrer eigenen Erfüllung diese vermeintliche Hauptschuld verändern können, wie sie selbst von dieser verändert werden kann. Hinzu tritt, dass sie abermals selbst die Rolle des führenden Hauptrechts im Verhältnis zu den für sie bestellten, akzessorischen Sicherungsrechten übernimmt, obwohl sie selbst auch geführt werden soll.

---

18 Vgl. zu Anteilsübertragungen nach angloamerikanischem Muster S. 56 ff.

19 Vgl. dazu S. 48 ff.

So verwundert es wenig, dass die Wirksamkeit des Konzepts der Parallelverpflichtung ebenso umstritten ist wie ihre Einordnung als abstrakte Schuld. Während manche Autoren bereits durch die Begründung der Parallelverpflichtung als Sicherheitenträger unter anderem das gesetzliche Akzessorietätsprinzip verletzt sehen,[20] sehen andere in der Gemeinschaft zwischen Kreditschuld und Parallelverpflichtung eine Gesamtschuld.[21]

C. Fragestellungen des vorliegenden Texts

I. Die Parallelverpflichtung im angloamerikanischen und im deutschen Recht

Die sich hier stellenden Fragen betreffen voneinander zu unterscheidende Themenkomplexe. Die Parallelverpflichtung ist zunächst im Ausgangspunkt der angloamerikanischen Rechtspraxis entlehntes Instrument. Parallelverpflichtungen in angloamerikanischem Recht unterliegenden Kreditverträgen können nur dann taugliche Hauptforderungen akzessorischer Sicherheiten deutschen Rechts sein, wenn sie gesetzliche Anforderungen erfüllen. Dies ist bereits Gegenstand einer vielfältigen Darstellung in der Literatur gewesen und soll dennoch im Folgenden aufgearbeitet werden, da die dogmatische Einordnung der Parallelverpflichtung für die Frage ihrer Wirksamkeit wesentlich ist.

Ein darüber aber hinausgehender theoretischer Ausgangspunkt der Untersuchung muss die Fragestellung sein, ob die Parallelverpflichtung in einem rein innerdeutschen Kontext als Vertragsmechanismus zu bestimmten Sicherungszwecken zulässig ist und die ihr angedachten Sicherungszwecke zu erfüllen vermag. Dabei stellt sich weniger die Frage, ob eine vornehmlich auf Grundlage eines anderen Rechtssystems geschaffene Vertragsgestaltung auch deutschem Recht unterliegenden Vereinbarungen zugrunde gelegt werden kann. Denn nach dem BGB werden Kreditbeteiligungen nicht durch eine Novation, sondern im Wege einer Vertragsübernahme auf einen Neugläubiger übertragen. Zu klären ist, ob eine auf Grundlage des BGB geformte Parallelverpflichtung ebenso die rechtliche Anerkennung finden kann, die ihr in Klauseln in angloamerikanischen Vertragstexten zuteilwird.

Da kein Typenzwang im Bereich schuldrechtlicher Vereinbarungen existiert, ist nicht das grundsätzliche „ob“ der Zulässigkeit der Begründung einer weiteren Forderung zu hinterfragen. Bedeutender ist die tatsächliche Eignung der Parallelverpflichtung als sicherbare Forderung. Es ist zu untersuchen, ob der

20 *Harperning*, S. 135 ff.
21 *Böttcher*, S. 204.

der Parallelverpflichtung beigelegte Mechanismus rechtlich auch in dieser Weise „funktionieren" kann.

II. Der Konsortialkredit als Anwendungsbereich

Es soll zunächst der Konsortialkredit als solcher wie auch verschiedene Möglichkeiten der Syndizierung auf Basis des deutschen Rechts dargestellt werden.[22] Hierbei ist im Besonderen auf die Rechtsbeziehungen der einzelnen Kreditgeber und die Ausgestaltung der Beteiligung am Gesamtkredit einzugehen. Nur wenn eine separate Forderung eines einzelnen Kreditgebers erzeugt wird, muss gewährleistet werden, dass bei ihrer Übertragung Sicherheiten möglichst bestand- und rangwahrend auf den Empfänger übergehen. Dieser Teil erfolgt als Hinführung zum zweiten Komplex, der sich mit der Übertragung von Konsortialkreditforderungen beschäftigt.

III. Die Übertragung von Kreditforderungen

Der Schwerpunkt dieser Darstellung liegt in der Gegenüberstellung der angloamerikanischen Rechtspraxis und deren Übertragungsformen gegenüber der im deutschen Recht geläufigen Vertragsübernahme. Dabei sollen im Besonderen die Folgen einer Übertragung von Kreditforderungen für vormals bestellte Sicherheiten beleuchtet werden. Da die Parallelverpflichtung auch als nach deutschem Recht begründete Forderung unabhängig von einer Novation der Kreditforderung Bedeutung erlangen kann,[23] sollen auch verschiedene Übertragungs- und Beteiligungsmethoden des deutschen Rechts und deren jeweilige Konsequenzen für bestellte Sicherheiten aufgezeigt werden.

IV. Zulässigkeit der Parallelverpflichtung und ihre dogmatische Einordnung

Die Frage nach der Zulässigkeit der Parallelverpflichtung als ein Sicherheitenvehikel ist vielschichtig. Die Parallelverpflichtung als Trägerin nach deutschem Recht bestellten Sicherungsrechten vor dem Hintergrund der Übertragung von Kreditforderungen nach angloamerikanischem Recht ist der erste Untersuchungsgegenstand. Daran muss sich jedoch die Ermittlung einer dogmatischen Qualifikation der Parallelverpflichtung, die alleine deutschem Recht unterliegt, anschließen. Soll das Konzept der Parallelverpflichtung im deutschen Recht

---

22 Vgl. S. 13 ff.
23 Vgl. S. 48 ff.

implementiert werden, geht es nicht alleine um die Frage, ob deutschem Recht folgende Sicherungsrechte zur Sicherung einer angloamerikanischen Forderung bestellt werden können. Zu untersuchen ist vielmehr die Übertragbarkeit dieses Konzepts in das deutsche Recht. Die Parallelverpflichtung kann nur nach dem BGB begründet werden und ihre Funktion als Sicherheitenvehikel ausüben, wenn das deutsche Recht überhaupt Instrumente bereitstellt und solche Bedingungen bietet, um eine Verpflanzung eines Rechtsprinzips einer ausländischen Rechtsordnung zu bewerkstelligen. Eine nach deutschem Recht gebildete Parallelverpflichtung ist nicht bereits dann zulässig, wenn sie eine taugliche Trägerin von Sicherheiten sein kann. Insoweit stellt diese Methode zur Schaffung einer einheitlichen Sicherheitenverwaltung noch keine Anfragen an die Dogmatik, da abstrakte Forderungen – wenn die Parallelverpflichtung als solche angesehen wird – als Sicherheitenvehikel anerkannt sind.

Dass die Parallelverpflichtung mithilfe der Instrumente der deutschen Rechtsordnung die Möglichkeit einer Sicherheitenverwaltung mittels Vollrechtsübertragung an einen Verwalter quasi fingiert, ist problematisch. Darüber hinaus ist die Frage von wesentlicher Bedeutung, ob die automatische Spiegelung der Höhe der Gesamtverbindlichkeiten aus dem Kreditverhältnis in der Parallelverpflichtung zulässig und vertraglich darstellbar ist oder nicht.

Angesichts seiner beträchtlichen wirtschaftlichen Bedeutung sind die mit dem Modell der Parallelverpflichtung verbundenen Rechtsunsicherheiten eklatant. Vorherige Abhandlungen über die Parallelverpflichtung im deutschen Raum beschäftigen sich überwiegend (und teils kritisch) mit ihrer Vereinbarkeit mit sachenrechtlichen Prinzipien und mit ihrer Eigenschaft als abstrakte Forderung. Dagegen ist die Bezugnahme der Parallelverpflichtung auf die von ihr zu spiegelnde Kreditschuld seltener Gegenstand der Betrachtung. Die wenigen Beiträge, die diese Reflexbeziehung betrachten, halten die von den Parteien beabsichtigte Gestalt der Parallelverpflichtung für rechtlich nicht umsetzbar. Die sich dabei stellenden Fragen verlangen eine nähere Beleuchtung der Rechtsprinzipien von Abstraktion und Akzessorietät. Sie verdichten sich in der Frage, ob eine abstrakte Schuld geschaffen werden kann, deren Besicherung ungewollte Folgen des Akzessorietätsprinzips auszuschalten imstande ist.

Der hier zu beschreitende Weg soll deshalb von der Maßgabe geprägt sein, dass auf Grundlage des artikulierten Parteiwillens ein Erklärungsmodell geschaffen und dessen dogmatische Zulässigkeit sowie Umsetzbarkeit geprüft wird. Dabei soll die durch Parteiwillen zu schaffende Verbindung zwischen den beiden Forderungen in den Blickpunkt rücken. Es ist zu fragen, ob diese Verknüpfung auch nur zum Teil überhaupt als akzessorisch aufgefasst werden kann.

D. Gang der Darstellung

Der Gang der Darstellung des nachfolgenden Textes soll zunächst im folgenden 2. Kapitel den Fokus auf den Konsortialkredit als Anwendungsgebiet der Parallelverpflichtung legen. Dabei sollen deskriptiv typische Kreditformen bei Konsortialkrediten skizziert werden. Danach wird sich die Arbeit mit dem Kreditkonsortium als Rechtsverhältnis beschäftigen und auf verschiedene Erscheinungsformen und Beteiligungsstrukturen eingehen.

Das 3. Kapitel soll zunächst die Funktionsweise der Parallelverpflichtung und deren Zwecksetzung veranschaulichen, um danach vertieft die gängigen Formen der Übertragung von Kreditanteilen zu beschreiben. Da die Parallelverpflichtung ein Mechanismus ist, um die Übertragung von Kreditbeteiligungen im angloamerikanischen Rechtsraum attraktiver zu machen, soll nicht nur auf den Sekundärmarkt und die grundsätzlichen Möglichkeiten einer Übertragung eingegangen werden. Auch die Praxis des Beteiligungstransfers nach angloamerikanischem Recht muss demnach beleuchtet werden. Besonders berücksichtigt werden muss dort das Schicksal der zur Sicherung der Kreditschuld bestellten Sicherheiten aus der Perspektive des angloamerikanischen und des deutschen Rechts.

Das 4. Kapitel geht zunächst auf eine in der Praxis genutzte Alternative zur Parallelverpflichtung, das sogenannte *future pledgee*-Konzept, ein sowie dann auf weitere jedoch untaugliche, Varianten. Danach soll die Struktur der Parallelverpflichtung näher beleuchtet werden und Fragen der Bestimmtheit, der Durchsetzbarkeit und der Fälligkeit der Parallelverpflichtung im Vordergrund stehen.

Das sich anschließende 5. Kapitel beschäftigt sich mit den zentralen Fragen, die den Diskurs über die Parallelverpflichtung entscheidend prägen. Ihre mögliche Eigenart als abstrakt begründetes Recht wird näher beleuchtet und auf die Kritik, die Parallelverpflichtung widerspreche Grundsätzen des sachenrechtlichen Typenzwangs, eingegangen. Danach folgt eine Erörterung des vermeintlich akzessorischen oder zumindest partiell akzessorischen Charakters der Parallelverpflichtung. Im Anschluss soll die Möglichkeit beschrieben werden, das Verhältnis zwischen Kreditschuld und Parallelverpflichtung als Zweckgemeinschaft zweier gleichrangiger Forderungen zu fassen. Das Kapitel endet mit der Thematik des Entstehungsgleichlaufs der beiden Forderungen.

Das 6. Kapitel skizziert kurz die Folgen einer Insolvenz des Kreditgebers und des Sicherheitenverwalters als Gläubiger der Parallelverpflichtung.

Das 7. Kapitel fasst abschließend die hier vertretenen Standpunkte in Thesen zusammen.

2. Kapitel Der Konsortialkredit als Anwendungsbereich der Parallelverpflichtung

Die Parallelverpflichtung ist regelmäßiger Bestandteil von Konsortialkreditverträgen.[24] Diese werden gerade auch aufgrund der Verbreitung von Vertragsmustern der in London ansässigen Loan Market Association[25] (im Folgenden „LMA") standardisiert.[26] Die LMA hat im europäischen Bereich mit den von ihr veröffentlichten Vertragsmustern große Akzeptanz gefunden und zu einer erheblichen Vereinheitlichung der Konsortialkreditvertragsdokumentationen beigetragen. Dazu gehören mittlerweile neben den auf Basis des englischen Rechts erarbeiteten Dokumentationen auch Vertragsmuster an, die anderen europäischen Rechtssystemen angepasst sind.[27] Hierdurch hat der Einfluss des angloamerikanischen Rechtssystems auf Vertragsverhältnisse zugenommen, die grundsätzlich nur dem deutschen Recht unterliegen.[28] Dies schafft das Bedürfnis, auch deutsch-rechtliche Verträge an die Erfordernisse internationaler Standards anzupassen.

Auf wirtschaftlicher Ebene ist die Standardisierung der Konsortialkreditverträge eine unabdingbare Voraussetzung für Handelbarkeit der Kreditforderungen

---

24 Vgl. hierzu das Vertragsmuster bei *De Meo/Th. Hoffmann*, in *Schütze/Weipert*, Münchener Vertragshandbuch, Band 2, WR I, III.14, S. 409.

25 Bei der Loan Market Association handelt es sich um eine im Dezember 1996 von führenden, im Bereich der syndizierten Kredite operierenden Banken gegründete Organisation, die für die Wirtschaftsräume West- und Osteuropa, Mittlerer Osten und Afrika Vertragsstandards schaffen soll. Ihr Ziel ist Vereinfachung von Handelsbedingungen und die Schaffung von hoher Liquidität auf dem Primär- und Sekundärmarkt durch die Entwicklung von Mustervertragsdokumentationen und von für die Praxis notwendigen Regelwerken, die im Idealfall weitgehend von den Marktbeteiligten übernommen und ihren Verträgen zugrunde gelegt werden. Mitglieder der Loan Market Association sind vor allem am Markt agierende Banken, Investoren und Kanzleien. Vgl. hierzu Loan Book, S. 3 (introduction); *Schalast*, ZKW 2011, 136 ff.

26 Im Internet zu finden unter: http://www.loan-market-assoc.com.

27 Eine Auflistung der Standardmuster bietet: http://www.loan-market-assoc.com/documents.aspx.

28 Vertiefend dazu *Wenzel*, S. 42 f.; auch etwa *Freitag*, in *Staudinger* (2011), § 488, Rn 17; *Weitnauer*, ZIP 2005, 1443, 1444.

auf dem Sekundärmarkt. Gerade auch in Zeiten knapper Liquidität sind nicht nur die Kreditgeber mit Zahlungsausfällen ihrer in Not geratenen Schuldner konfrontiert, sondern auch Kreditnehmer darauf angewiesen, dass ihre Gläubiger ihnen zuverlässig die vereinbarten Mittel zur Verfügung stellen können, um die in Krisenzeiten erforderlichen Maßnahmen zu treffen. Können vereinbarte Tranchen – etwa auch wegen einer ausgefallenen Refinanzierung – nicht ausbezahlt werden, setzen sich Krisensituationen auf der Ebene der wirtschaftenden Unternehmen fort.[29]

Zur Finanzierung von Großprojekten und Bildung großer Darlehenssummen schließen sich in der Praxis häufig mehrere Kreditgeber zu einem Konsortium zusammen. Konsortien ermöglichen Kreditinstituten durch Bündelung ihrer einzelnen Finanzierungskapazitäten auch am Markt für Großkredite zu partizipieren, der den einzelnen Gliedern des Konsortiums jeweils alleine verschlossen bliebe.[30] Deshalb werden Konsortialkredite überwiegend mit größeren

---

29 In Anbetracht der am Sekundärmarkt nicht selten unter ihrem Nennwert angebotenen Kreditforderungen hat es sich für wirtschaftlich gesunde Kreditnehmer so als eine lukrative Option erwiesen, die gegen sie selbst gerichteten Kreditforderungen unter deren Nennwert zu erwerben und somit die Verbindlichkeit abzulösen; vgl. hierzu *Bronson/Tellefsen*, American Banker, Vol. 175, No. 104, S. 8. Die Folgen des Schuldrückkaufs durch den Kreditnehmer oder eines mit ihm verbundenen Unternehmens können für die verbleibenden Konsortialkreditgeber gravierend sein, wenn etwa hiermit zumindest mittelbar die Beschlussfassung im Konsortium beeinflusst werden kann, etwa wenn Gesellschafter, Investoren oder Tochterunternehmen des Kreditnehmers zu dessen Mitgliedern werden. Auf diese Entwicklung ist vonseiten der LMA mit der Aufnahme von diesen Fall regelnden Klauseln reagiert worden. So begründen die Klauseln 7.4 und 7.5 des LMA Senior Credit Agreement-Musters die grundsätzliche Voraussetzung, dass ein wirksamer Schuldrückerwerb durch den Kreditnehmer, dessen Investor oder eines mit letzterem verbundenen Unternehmens die Zustimmung eines jeden Kreditgebers verlangt. Weitere Bestimmungen schränken – nach erfolgtem Beitritt eines Investors oder eines mit diesem verbundenen Unternehmens – dessen Möglichkeiten der Einflussnahme im Konsortium ein. Darüber hinaus sieht das LMA-Muster zum Leveraged Finance Facility Agreement ebenso Regelungen zum Schuldrückkauf vor, vgl. näher dazu *von Illberg/Tschesche*, BB 2010, 259, 260.

30 Die Begrenzung der Finanzkraft eines Kreditinstituts hinsichtlich der Gewährung größerer Darlehensvolumina kann sich aus rechtlicher Sicht bereits aus einer Überforderung des Eigenkapitals ergeben; hierzu näher *Hadding/Häuser*, in *Schimansky/Bunte/Lwowski*, Band I, 3. Aufl., § 87, Rn 4. Auch kann die unternehmerische Entscheidung, das vorhandene Eigenkapital nur begrenzt für die Kreditgewährung einzusetzen, ein Beweggrund für die Bildung von Konsortien sein.

Volumina gegenüber großen Unternehmen gewährt.[31] Durch die Bildung eines Kreditkonsortiums kann des Weiteren eine Streuung des Ausfallrisikos erreicht werden,[32] die unter den Voraussetzungen der §§ 13, 13 a, 13 b KWG erforderlich sein kann.[33] Für deutsche Geldinstitute sehen diese Vorschriften für den Vertragsschluss und für Krediterhöhungen Eigenkapitalvoraussetzungen vor, die etwa durch die Aufteilung des Gesamtvolumens vermieden werden können.

Ebenso lassen sich durch Kreditkonsortien strategische Entscheidungen der beteiligten Banken verwirklichen. Nicht nur eine Risikoaufteilung zwischen den Konsortialbanken kann erzielt werden, sondern auch eine Tätigkeit der Banken auf verschiedenen Geschäftsfeldern. Insbesondere wenn der Kreditnehmer nicht nur eine Hausbank hat, die gewöhnlich alleine die Kredite vergibt, eröffnet ein Konsortialkredit den Konsorten die Möglichkeit, sich dem bisher unbekannten Kreditnehmer zu empfehlen. Im Vergleich zu mehreren Kleinkrediten bei einem von einem Konsortium gewährten Großkredit kann der Kreditnehmer die jeweils anteilig anfallenden Kosten für die Bereitstellung und laufende Verwaltung dieser Geschäftsverbindung geringer gehalten werden.

A. Das Kreditkonsortium als Kreditgeber

I. Eigenheiten des Konsortialkredits

Die Bezeichnung des Konsortialkredites umschreibt nicht eine besondere Form des Kreditvertrages im Sinne eines vom gewöhnlichen Modell des § 488 Abs. 1 BGB abweichenden Rechtsverhältnisses. Seine Eigenarten erlangt der Konsortialkredit überwiegend aus der internen Beziehung der Kreditgeber untereinander. Der Konsortialkredit bezeichnet eine äußere Form für eine gemeinschaftliche Kreditgewährung mehrerer Banken und kann in verschiedenen Arten auftreten.[34] An der Gestalt eines Kreditgeschäftes im weitesten Sinne ändert die Beteiligung eines Konsortiums nichts.

---

31 Sonderumfrage der Deutschen Bundesbank zum Kreditgeschäft, Stand 25.01.2011, S. 12.

32 *De Meo/Th. Hoffmann*, in *Schütze/Weipert*, Münchener Vertragshandbuch, Band 2, WR I, III. 14, S. 406; *Willer*, AcP 209 (2009), 807, 809.

33 *Gehrlein*, DStR 1994, 314, 314; *Hadding/Häuser*, in *Schimansky/Bunte/Lwowski*, Band I, 3. Aufl., § 87, Rn 4 m. w. N. zu dieser weiterführenden Frage.

34 *Scholze*, Konsortialgeschäft I, S. 102.

1. Der Begriff des Kredits

Ein einheitlicher und mit inhaltlichen Konturen ausgestatteter Rechtsbegriff des Kredits besteht nicht.[35] Der umfänglichste Kreditbegriff im gesetzlichen Zusammenhang ist der des § 19 Abs. 1 KWG. Er nimmt aus aufsichtsrechtlicher Perspektive eine möglichst weit gefasste Bestimmung vor und erfasst deshalb fast alle Risiken, die einem Adressaten zugeschrieben werden können,[36] da in dessen Anwendungsbereich von Großkrediten die erheblichsten Ausfälle drohen.[37] Hingegen ist die Kreditdefinition in § 1 Abs. 11 KWG enger zu verstehen.[38] Die Spaltung des Kreditbegriffs innerhalb des KWG ist auf eine eigene Definition des Großkreditbegriffs in der EG-Großkreditrichtlinie[39] zurückzuführen, die durch die 5. KWG-Novelle in das KWG implementiert wurde.[40]

Das Verständnis des Kredits in der Literatur als entgeltliche Überlassung von Kaufkraft zur vorgezogenen Verwendung[41] in dem Vertrauen auf spätere Rückzahlung[42] findet zwar im BGB gesetzliche keine Erwähnung. Der Kredit kennzeichnet nach ganz überwiegender Betrachtung alle Vertragstypen, die eine vorgezogene Verwendung von Kaufkraft zum Gegenstand haben, unabhängig davon, ob eine tatsächliche Vermögensverschiebung eintritt oder die Kreditbasis des Kreditnehmers etwa im Falle eines Haftungskredites erweitert wird.[43] Da ein einheitlicher Kreditbegriff als solcher nicht existiert,[44] ist der Kreditvertrag entsprechend auch kein eigener Vertragstypus. Nach dem BGH kennzeichnet ein Kredit eine wirtschaftliche Situation, die es einer Vertragspartei ermöglicht, über finanzielle Mittel (zu einem bestimmten Zeitpunkt) zu verfügen, die ohne

---

35 *Hopt/Mülbert*, Vorb. zu § 607, Rn 15; *Wenzel*, S. 50.

36 *Bock*, in *Boos/Fischer/Schulte-Mattler*, § 18, Rn 9.

37 Die sog. Großkredit- und Millionenverordnung vom 14.12.2006, BGBl. I, S. 3065 konkretisiert den Kreditbegriff weiter, vgl. hierzu *Fischer*, in *Fischer/Klanten*, Rn 2.381.

38 *Bock*, in *Boos/Fischer/Schulte-Mattler*, § 18, Rn 9.

39 Richtlinie des Rates über die Überwachung und Kontrolle der Großkredite von Kreditinstituten vom 22. 12. 1992, 92/121/EWG, ABl. Nr. L 29, S. 1.

40 *Fischer*, in *Fischer/Klanten*, Rn 2.378.

41 *Heermann*, Hb. d. SR, Band 10, § 16, Rn 2 m. w. N.

42 Das (weitere) Erfordernis des Vertrauens auf Rückerstattung nennt bspw. *Kern*, in *Fischer/Klanten*, Rn 9.3.

43 *K.P. Berger*, in MünchKomm, BGB, Band 3, Vorb. § 488, Rn 38; *Heermann*, Hb. d. SR, Band 10, § 16, Rn 3; *Kern*, in *Fischer/Klanten*, Rn 9.3.

44 *Hopt/Mülbert*, Vorb. zu §§ 607 ff., Rn 15; *Wunderlich*, in *Schimansky/Bunte/Lwowski*, Band I, 4. Aufl., § 75, Rn 7; *Thessinga*, in *Ebenroth/Boujong/Joost/Strohn*, Band 2, BankR IV, Rn IV 2.

die gesonderte Absprache jener Vertragspartei nicht zugestanden hätten.[45] So werden auch mitunter alle Vertragstypen als Kreditverträge eingeordnet, die den (wohl den Vertragstypus aber nicht zwingend prägenden) Charakter eines Darlehens, eines Zahlungsaufschubes oder einer sonstigen Finanzierungshilfe aufweisen.[46] Nicht nur Darlehen, sondern auch Zahlungsaufschübe, die Geschäftsbesorgung oder sonstige Finanzierungshilfen fallen unter den Kreditvertragsbegriff.[47]

Die Rechtsnatur des Kreditgeschäfts ist immer nach jeweiligen Merkmalen der Vereinbarung zu ergründen,[48] sodass die Frage, ob jener Vertragstypus auch gleichzeitig einen Kreditvertrag darstellt von untergeordneter Bedeutung ist. Entscheidend ist, dass jeder Vertragstyp – etwa mit der Gewährung einer Stundung – mit einem Kreditelement angereichert werden kann,[49] sodass also die abredeweise erfolgte Modifikation der Erbringung der Hauptleistungspflicht jenes Vorleistungsmerkmal darstellen kann. So taugt die rein wirtschaftliche Einordnung einer Vereinbarung als Kreditgeschäft aufgrund der so unterschiedlichen Leistungspflichten der in Betracht kommenden Verträge nicht zur Gewinnung rechtlicher Konsequenzen durch die Bildung eines Oberbegriffs.[50]

2. *Mögliche Kreditarten beim Konsortialkredit und ihre Verwendung in der Praxis*

Es können sämtliche Kreditarten sowohl als Einzel- als auch als Konsortialkredite gewährt werden, wobei die Laufzeit dabei irrelevant ist.[51] Neben dem Barkredit – etwa in Form eines Kontokorrentkredites[52] – kommen im Besonderen

45 BGH NJW 1996, 457, 458; *Schwintowski*, in *Schwintowski/Schäfer*, § 14, Rn 2.

46 So *Bülow*, NJW 2002, 1145, 1146.

47 Nähere Auflistung der einzelnen, in Betracht kommenden Typen etwa bei *Heermann*, Hb. d. SR, Band 10, § 16, Rn 16 f. oder bei *Hopt/Mülbert*, Vorb. zu §§ 607 ff., Rn 12 ff.

48 *K.P. Berger*, in MünchKomm, BGB, Band 3, Vorb. § 488, Rn 38; *Wenzel*, S. 50.

49 *Wenzel*, S. 50.

50 A. A. wohl *Heermann*, Hb. d. SR, Band 10, § 16, Rn 7 f.

51 *Delorme/Hoessrich*, S. 36.

52 *Möller*, in *Bamberger/Roth*, Beck'OK BGB, Ed. 25, § 491, Rn 37. Bei diesen wird der Kredit über ein im Kontokorrent geführtes Konto abgewickelt, welches sich dadurch auszeichnet, dass hier der Kreditrahmen zur Verfügung gestellt wird und beliebig in Anspruch genommen werden kann, *Thessinga*, in *Ebenroth/Boujong/Joost/Strohn*, Band 2, BankR IV, Rn IV 265.

der Aval[53] – Akzept[54] – und Diskontkredit[55] als Haftungskredite infrage.[56] Wird davon ausgegangen, dass die Kreditvolumen bei Konsortialkrediten im Regelfall sehr hoch sind und meist zu Projektfinanzierungen oder großen Investitionen genutzt werden, ist der Barkredit die häufigste Vertragsform.[57] Gleiches gilt im Falle eines kurzfristigen Warenumschlages des Kreditnehmers.[58] Insofern erweist sich der Barkredit im Akquisitions- und Investitionsbereich als eine Finanzierungsalternative zu Unternehmensanleihen, denen jedoch wachsende Bedeutung zukommt.[59]

a) Kontokorrentkredite

Ein Kontokorrentkredit[60] ist ein revolvierender Kredit, der bis zu einer festgesetzten Kreditlinie reichen darf. Die laufende Inanspruchnahme unter Verrechnung der Zahlungseingänge und Abhebungen sind kennzeichnende Merkmale dieses Kredits.[61] Es handelt sich dabei um einen Krediteröffnungsvertrag.[62] Sein Abschluss kann für Unternehmen auch bei dynamischen Zinsanpassungen

---

53 Bei einem Avalkredit besteht die Zurverfügungstellung von Kaufkraft nicht in der Valutierung, sondern in einer Haftungsübernahme in Form einer Garantie oder Bürgschaft, *Sprau*, in *Palandt*, BGB, § 675, Rn 10. Die Bürgschaftsübernahme kann durch eine Wechselbürgschaft nach Art. 30 ff. WG oder durch Indossierung geschehen.

54 Der Akzeptkredit ist wie der Avalkredit ein Haftungskredit. Hierbei akzeptieren die Konsorten entsprechend ihres Anteils am Gesamtvolumen einen vom Kreditnehmer ausgestellten Wechsel, wodurch sie gegenüber Dritten, denen der Wechsel vom Kreditnehmer weitergereicht wurde, zur Einlösung verpflichtet sind. Gewöhnlich muss der Kreditnehmer allerdings bis zum Verfall des Wechsels Deckung verschaffen, *Hopt*, in *Baumbach/Hopt*, Bankgeschäfte (7), V, Rn G/25.

55 Bei einem Diskontkredit oder Diskontgeschäft nimmt eine Bank auf Grundlage einer Rahmenvereinbarung einen Wechsel vor dessen Fälligkeit vom Kunden an und schreibt diesem den Nennbetrag des Wechsels unter Abzug des Diskontzinses gut, *Kern*, in *Fischer/Klanten*, Rn 9.13.

56 *De Meo*, Bankenkonsortien, Kap. 1, Rn 24; *Scholze*, Konsortialgeschäft I, S. 102.

57 *Scholze*, Konsortialgeschäft I, S. 102.

58 *Delorme/Hoessrich*, S. 36.

59 *Schorling/Niedner*, Artikel *„In der Unternehmensfinanzierung sind klare Trends erkennbar"* in der Börsen-Zeitung vom 16.03.2011.

60 Hier wird dem Kreditnehmer ein Einlagenkonto bei dem kreditgewährenden Institut eingerichtet, das er innerhalb des vorgegebenen Rahmens bis zum Ende der Laufzeit beliebig oft in Anspruch nehmen darf, *Hopt*, in *Baumbach/Hopt*, 2. Teil, Bankgeschäfte (7), Rn G/20.

61 So *von Plehwe*, in *Derleder/Knops/Bamberger*, § 19, Rn 7.

62 *Thessinga*, in *Ebenroth/Boujong/Joost/Strohn*, Band 2, BankR IV, Rn IV 265.

gerade auch in Zeiten geringen Zinsniveaus[63] lukrativ sein, um die vereinbarte Valuta zu einem späteren Zeitpunkt in Anspruch zu nehmen, wenn eine Fremdmittelfinanzierung mit einer höheren Zinslast verbunden wäre. Diese Nutzung der Kredite als sogenannte *Back-up*-Fazilität[64] hat zur Folge, dass sie häufig letztlich gar nicht gezogen werden, da sie dem Kreditnehmer nur eine langfristige und flexible Finanzierungsperspektive sichern sollen. Kontokorrentkredite sind demzufolge taugliche Kredite für die Geschäftsführungsfinanzierung, da regelmäßig keine Zweckbindung für die Nutzung der Valuta besteht. Deshalb sind sie in der Praxis auch oftmals als Brückendarlehen zur Zwischenfinanzierung des *Working capital*-Bedarfs oder zu allgemeinen Zwecken anzutreffen. Sie sind in diesem Bereich gegenüber sonstigen Kreditarten überlegen, weil der Kreditnehmer hier entsprechend seines aktuellen Finanzierungsbedarfs seine Kreditverpflichtungen selbst bestimmt.

Eine bedeutende Ausprägung haben revolvierende Kredite im Bereich syndizierter Kredite als einzelner Teil eines meist umfänglichen Finanzierungspakets in der Form von *overdraft facilities* bei Projektfinanzierungen und im Bereich des *working capital management* erlangt. Eine *overdraft facility* ist ein gewöhnlicher revolvierender Kreditvertrag, der es dem Kreditnehmer ermöglicht innerhalb einer gesetzten Periode Summen in Anspruch zu nehmen und zurück zu zahlen. Im hiesigen Kontext vereinbaren die beteiligten Banken jedoch gewöhnlich, dass nur eine Bank diesen Kredit durchführt, sodass der Kreditnehmer auch nur von dieser Bank den Kredit zur Verfügung gestellt bekommt. Im Innenverhältnis vereinbaren die Banken dann einen gemeinsamen Ausgleich der entstandenen Verbindlichkeiten.[65]

b) Borrowing-Base-Kredite

aa) Begriff und wirtschaftlicher Anwendungsbereich

Eine vertiefte Betrachtung soll einer auf dem deutschen Markt eher jüngeren Finanzierungsform zuteilwerden, die sich im Besonderen als Betriebsmittelfinanzierung eignet. Die *Borrowing-Base*-Finanzierung als Instrument des

63 Jenes kann sich auch durch eine positivere Bewertung der Kreditwürdigkeit durch eine Rating-Agentur ergeben, vgl. etwa den Artikel in der Financial Times Deutschland vom 11.03.2011 „*Gerresheimer beschafft sich neue Darlehen*".

64 Hierzu und zu den praktischen Konsequenzen bei Vertragsverhandlungen der Artikel „*Kein Mangel an Konsortialkrediten*" in Der Treasurer, Ausgabe 05/2011, S. 1, 3.

65 Zu diesem Abschnitt und weiterführend *Mugasha*, The Law of Multi-Bank Financing, Rn 4.08.

working-capital-management[66] überwindet die starren Vorgaben eines Kontokorrentkredits an die Kreditlinie. Ein *Borrowing-Base*-Kredit zeichnet sich dadurch aus, dass die Kreditlinie flexibel durch den jeweils momentanen Bestand der Sicherungsmittel bestimmt wird. Ihm liegt das Konzept des *asset backed lending* zugrunde, nachdem nicht die Bonität oder ein festes Immobiliarvermögen des Kreditnehmers die eingeforderte Sicherheit für das Kreditgeschäft gibt, sondern der Umfang des besicherbaren Waren- und Forderungsbestandes eines Unternehmens.[67]

Die Ausnutzung der Kreditlinie richtet sich deswegen nach dem aktuellen Bestandswert des Umlaufvermögens.[68] Auf Basis dieser Besicherung wird die notwendige Liquidität durch die Bank (oder das Konsortium) zur Verfügung bestellt. Das Volumen der abrufbaren Kreditlinie ergibt sich durch die Entwicklung des Umlaufvermögens als Summe aller Vermögensgegenstände, die nicht zum Anlagevermögen gezählt werden und die sich voraussichtlich innerhalb eines Jahres oder im üblichen Geschäftszyklus wieder in liquide Mittel umwandeln.[69] Hinsichtlich des *working capital* ermöglicht der *Borrowing-Base*-Kredit eine fristenkongruente Finanzierung, da der Kreditrahmen in dem Umfang des vorzufinanzierenden Umlaufvermögens wächst.[70] Der aktuelle Wert des Vorratsvermögens und der bestehenden Forderungen wird zumeist in vierzehntägigen Abständen auf Grundlage vertraglich festgelegter Maßstäbe bestimmt.[71] Hierbei wird hinsichtlich des Warenbestandes der zu erwartende Wiederverkaufserlös als Grundlage des Netto-Warenwertes angesetzt.[72]

bb) Kreditart

Die Folge dieser Finanzierungsmethode ist eine variable, sich an das jeweilige Umlaufvermögen anpassende Kreditlinie. So „atmet" die Kreditlinie mit dem Geschäftsvolumen[73] und bietet sich gerade Unternehmen mit schwankenden

---

66 Das working capital wird mitunter als Differenz von "current assets - current liabilities" verstanden; so *Preve/Sarria-Allende*, Working Capital Management, S. 15. Das working capital beinhaltet etwa das durch den Lagerbestand und die noch offenen Kundenforderungen gebundene Kapital, wobei die Verbindlichkeiten gegenüber Lieferanten abgezogen werden, vgl. BC 2011, 144, 144.

67 *Siedler*, Finance 10/2008, S. 26.

68 *Riggert*, NZI 2009, 137, 137, Fn 2.

69 *Meyer*, Working Capital und Unternehmenswert, S. 23.

70 *Vater*, DB 2010, 1545, 1547.

71 *Vater*, DB 2010, 1545, 1546.

72 *Vater*, DB 2010, 1545, 1547 f.

73 *Henes*, Finance 06/2006, S. 46, 47f.; *Vater*, DB 2010, 1545, 1547.

Umlaufvermögen, das etwa produktions- und vertriebsbedingt mit dem Finanzbedarf steigt,[74] an. Durch die bewegliche Kreditlinie weicht diese Finanzierungsform vom herkömmlichen Kontokorrentkredit ab; die Kreditzusage basiert im Wesentlichen auf den Sicherungsgrundlagen. Auch wenn hier keine klassische Form des Kontokorrentkredits[75] vorliegt, weil eine feste, kontinuierlich geltende Kreditlinie fehlt, ist die *Borrowing-Base*-Finanzierung als eine Ausgestaltung des Kontokorrentkredits (wohl regelmäßig in der Gestalt eines Dispositionskredits) einzustufen. Auch im Falle der *Borrowing-Base*-Finanzierung wird ein Rahmenvertrag zwischen den Parteien geschlossen, der eine (hier maximale) Kreditlinie festlegt und somit eine Rechtsgrundlage für die Inanspruchnahme der Leistungen begründet (Krediteröffnungsvertrag).[76] Er ist durch die mangelnde gesetzliche Ausgestaltung für Entwicklungen der Vertragspraxis offen.[77] Auch ändert die Verknüpfung der Kreditlinie mit dem Umfang des Sicherheitenbestands nichts am Charakter der Ziehung des Kredits durch den Kreditnehmer. Die Ziehung ist auch hier ein den Anspruch auf Auszahlung aktualisierendes, einseitiges Rechtsgeschäft, wie es beim Kontokorrentkredit überwiegend angenommen wird.[78]

cc) Rechtsnatur des Bestimmungsrechts der periodenmäßig geltenden Kreditlinie

Die Ermächtigung des Kreditgebers, in turnusmäßigen Abständen die Kreditlinie dem Umlaufvermögen anzupassen und dabei die Bemessungsgrundlagen

---

74 Dies könnte etwa ein Unternehmen treffen, dessen Eigenkapital für ein Wachstum nicht mehr ausreicht und sich fremdfinanzieren muss, um weitere Aufträge erfüllen zu können. Ein anschauliches Praxisbeispiel schildert *Hus*, impulse 09/2006, S. 116, Nr. 9. Weitere Anwendungsgebiete der Borrowing-Base-Finanzierung bei *Vater*, DB 2010, 1545, 1547.

75 Üblicherweise wird der Kontokorrentkredit nicht als Aktivposten auf einem Konto gewährt, sondern mittels einer Kreditrahmenvereinbarung mit dem Kreditnehmer getroffen, wobei dieser girokontengebundene Kredit auch als Dispositionskredit bezeichnet wird, *Mülbert*, in *Staudinger* (2011), § 488, Rn 465. Dazu auch *K. P. Berger*, in MünchKomm, BGB, Band 3, Vorb. § 488, Rn 52.

76 Für den Kontokorrentkredit *Mülbert*, in *Staudinger* (2011), § 488, Rn 466; *Schürnbrand*, in MünchKomm, BGB, Band 3, § 491, Rn 50.

77 *Rossbach*, in *Kümpel/Wittig*, Rn 11.10.

78 BGHZ 157, 350, 355; *Hopt*, in *Baumbach/Hopt*, 2. Teil, Bankgeschäfte (7), Rn G/3; *Wunderlich*, in *Schimansky/Bunte/Lwowski*, Band I, 4. Aufl., § 77, Rn 15; *von Plehwe*, in *Derleder/Knops/Bamberger*, § 19, Rn 3; *Rossbach*, in *Kümpel/Wittig*, Rn 11.10; *Scholl*, DZWIR 2005, 352, 353; *Schürnbrand*, in MünchKomm, BGB, Band 3, § 491, Rn 50; *Stauder*, S. 81, der es als ein „ausfüllendes Gestaltungsrecht" bezeichnet. A. A. *Olzen*, ZZP 97 (1984), 1, 11, Fn 38, der aber übereinstimmend mit der hM einen Auszahlungsanspruch erst mit der Rechtsausübung als entstanden ansieht.

des Vertrages zu berücksichtigen, ist im Ausgangspunkt eine vertragliche Befugnis zur Rechtsausübung.

(1) Keine Potestativbedingung nach § 158 Abs. 1 BGB

Dieses Bestimmungsrecht ist keine Potestativbedingung gemäß § 158 Abs. 1 BGB, bei der die Wirkungen eines Rechtsgeschäfts an ein Verhalten einer Partei geknüpft sind, wobei die Wirkung selbst nicht vom Willen dieser Partei abhängig ist.[79] Eine Potestativbedingung ist nur eine Bedingung im Sinne des § 158 Abs. 1 BGB, wenn nicht die Entstehung des Rechtsgeschäfts, sondern nur seine Wirksamkeit von einer noch ungewissen Entschließung eines Beteiligten abhängt.[80] Durch die Ausübung des Rechts, die Kreditlinie entsprechend dem momentanen Sicherheitenbestand an die Geschäftsentwicklung des Kreditnehmers anzugleichen, wird keine Wirksamkeit eines Rechtsgeschäfts erzeugt oder vernichtet. Der Krediteröffnungsvertrag bleibt mit all seinen Abreden unberührt, lediglich der Umfang der Leistungspflichten wird modifiziert. Eine Bedingung im Rechtssinne fehlt jedoch dann, wenn nicht Rechtswirkungen des Geschäfts von der Bedingung abhängig sind, sondern inhaltliche Punkte des Geschäfts ungeklärt bleiben und einer ergänzenden Parteivereinbarung zugänglich sind. Gleiches gilt, wenn einzelne Regelungsbereiche noch einer Umsetzung bedürfen.[81] Es wird auch keine Wirksamkeitsbedingung durch die Ermächtigung des Kreditgebers begründet, sondern vielmehr vorgreiflich das Volumen des Einzelkreditvertrages, der durch den Abruf des Kreditnehmers entsteht, festgelegt. Diese Befugnis des Kreditgebers hat somit keine kassatorische, sondern eine modifizierende Wirkung.

(2) Wahlschuld nach § 262 BGB

Wahlschulden sind alle Schulden, die mehrere Leistungen zum Gegenstand haben, wobei der Schuldner nur einem Leistungsgebot unterliegt.[82] Der Schuldinhalt ist somit begrenzt unbestimmt, aber durch Auflösung einer zumindest zweigliedrigen Alternative bestimmbar.[83] Das Bestimmungsrecht der *Borrowing-Base*-Finanzierung bezieht sich nicht auf eine im Voraus bestimmbare

---

79 *Bork*, in *Staudinger* (2010), § 158, Rn 16; *Brinkmann*, in *Prütting/Wegen/Weinreich*, § 158, Rn 6; *Jauernig*, in *Jauernig*, BGB, § 158, Rn 3.; *Wolf*, in *Soergel*, Band 2, Vor § 158, Rn 23 ff.

80 *Steffen*, in BGB – RGRK, Band I, Vor § 158, Rn 5.

81 BAGE 125, 147, 162; *Bork*, in *Staudinger* (2010), § 158, Rn 6.

82 *Bittner*, in *Staudinger* (2009), § 262, Rn 2; *Stadler*, in *Jauernig*, BGB, § 262, Rn 1.

83 *Gernhuber*, Hb. d. SR., Band 8, S. 254.

Leistungsalternative, sondern überhaupt nur auf eine Leistungsmöglichkeit, die allerdings erst durch die Festlegung des Kreditrahmens bestimmt wird. Eine aus verschiedenen Leistungen bestehende Schuld, die durch das Erbringen einer Leistung erfüllt werden kann,[84] liegt deshalb nicht vor.

(3) Bestimmung der Leistung durch eine Partei, § 315 Abs. 1 BGB

Hingegen kommt eine Qualifizierung des vertraglich vereinbarten Rechts auf Anpassung der Kreditlinie durch den Kreditgeber als ein Gestaltungsrecht[85] nach § 315 Abs. 1 BGB in Betracht. Die Vorschrift ist anwendbar, wenn dem Kreditgeber rechtsgeschäftlich ein Leistungsbestimmungsrecht eingeräumt werden soll, nachdem er durch eine einseitige Willenserklärung den Inhalt einer Vertragsleistung bestimmen kann.[86] § 315 Abs. 1 BGB lässt es als Sonderregelung zu § 154 BGB für die Wirksamkeit des Vertrages ausreichen, wenn die geschuldete Leistung durch eine Partei nach Vertragsschluss festgelegt wird. Zwar ist die Leistung bei Vertragsschluss noch nicht bestimmt, jedoch ist die hinreichende Bestimmbarkeit durch das einseitige Bestimmungsrecht gegeben.[87] Das Erfordernis der Bestimmtheit des Leistungsversprechens ist erfüllt, wenn zunächst die Leistung mittelbar bestimmt, aber nach dem Vertragsinhalt bestimmbar ist.[88] Die Ausübung des Leistungsbestimmungsrechts begründet selbst kein neues Schuldverhältnis, sondern ändert ein bestehendes.[89] Die Art der Vornahme, die Person des Bestimmungsberechtigten und die Form der Ausübung stehen zur Disposition der Parteien.[90] Über den Wortlaut hinaus wird angenommen, dass die Dispositionsbefugnis der Partei im Sinne des § 315 Abs. 1 BGB auch zu einer Vertragsanpassung an veränderte Umstände[91] oder an die Feststellung von Anspruchsvoraussetzungen befähigt.[92] Der Kreditgeber der *Borrowing-Base*-Finanzierung erlangt durch die vertragliche Abrede ein Recht auf periodisch erfolgende, einseitige Vertragsgestaltung, die – wie es § 315 Abs. 1 BGB auch

---

84 So die Wahlschuld definierend etwa *Grüneberg*, in *Palandt*, BGB, § 262, Rn 1.

85 Diese Rechtsnatur ist unstreitig, vgl. etwa OLG München NZV 2003, 141, 141; *Gottwald*, in MünchKomm, BGB, Band 2, § 315, Rn 34; *Rieble*, in *Staudinger* (2009), § 315, Rn 93.

86 BGH WM 2009, 1180, 1183, Tz 33; *Grüneberg*, in *Palandt*, BGB, § 315, Rn 1, 4.

87 *Völzmann-Stickelbrock*, in jurisPK-BGB, Band 2, § 315, Rn 2.

88 Motive, BGB, II, S. 191.

89 *Huber*, in *Staudinger*, Eckpfeiler, D, Rn 22.

90 BGH NJW-RR 1986, 164, 165.

91 BGH DB 1976, 669, 670, m. w. N.: Mietzinsanpassung aufgrund eines Leistungsvorbehalts.

92 *Grüneberg*, in *Palandt*, BGB, § 315, Rn 2.

verlangt[93] – nicht der Willkür des Schuldners unterliegt. Für die Anwendbarkeit des § 315 Abs. 1 BGB spricht auch ein Vergleich mit der Lage bei den sogenannten „*market disruption clauses*“[94] als Optionen zur Margenanpassung für den Fall erschwerter Kapitalbeschaffung[95] in *commitments* oder *syndication letters*.[96] Sie erlauben dem Arrangeur eines zu syndizierenden Kredits, die Konditionen der intendierten Kredite zu ändern, wenn er dies für eine erfolgreiche Syndizierung für erforderlich hält. Diese Befugnis wird als Leistungsbestimmungsrecht gemäß § 315 Abs. 1 BGB qualifiziert, da hier vertraglich Vorgaben für die Ausübung des Rechts auf Vertragsanpassung erschaffen werden.[97]

dd) Die Kreditlinie als Bezugspunkt des Bestimmungsrechts

Durch das Leistungsbestimmungsrecht nach § 315 Abs. 1 BGB können beide Hauptleistungspflichten geändert werden.[98] Der Kreditgeber gestaltet durch die Festlegung der jeweils geltenden Kreditlinie den Anspruch des Kreditnehmers auf Kreditgewährung innerhalb der vorgegebenen maximalen Kreditlinie. Zum anderen gestaltet er gleichzeitig in Bezug auf die Bereitstellung eines abrufbaren Kreditvolumens den Umfang der eigenen Leistungspflicht, auch wenn er hierzu vertraglich entsprechend den Bemessungsgrundlagen verpflichtet ist. Gegenstand des Bestimmungsrechts ist im vorliegenden Fall eine temporäre Regelung der beidseitigen Hauptleistungspflichten auf Grundlage vertraglich festgelegter Bemessungsgrundlagen. Allerdings ist die Reichweite der Regelungsbefugnis auf die Angleichung an die Entwicklung des Umlaufvermögens begrenzt. Aus

---

93 *Würdinger*, in MünchKomm, BGB, Band 2, § 315, Rn 1a.

94 Diese Klauseln sind ursprünglich im Anleihenmarkt der frühen achtziger Jahren des 20. Jahrhunderts entstanden und wurden Ende der 1990er Jahre vermehrt auch in syndizierte Kreditverträge (dies bereits auf der Ebene des term sheet) aufgenommen, da das Bedürfnis auf Seite der Kreditgeber stieg, sich für unvorhergesehene Marktentwicklungen zu wappnen, vgl. *Voisey/Slocombe*, in Loan Book, S. 29.

95 Hierzu knapp *Klüwer/Schulz-Wulkow*, Immobilien Zeitung 26/2011, S. 13.

96 Ein commitment letter wird im Rahmen von Akquisitionsfinanzierungen vonseiten der Bank gegenüber dem Kreditnehmer abgegeben und beinhaltet die Verpflichtung, die Finanzierung zu arrangieren und eventuell darüber hinaus auch Darlehensmittel (teilweise) auszureichen („underwriting“), *Kästle/Oberbracht*, Unternehmenskauf, B., III., 6., 13. Erläuterungen zu Ziffer 6.1. Ein syndication letter regelt – wenn dies nicht schon im commitment letter oder im Kreditvertrag niedergelegt ist – die Rechte und Pflichten der Parteien im Zusammenhang mit dem Syndizierungsprozess, *Diem*, § 2, Rn 35. Auch *Hanke/Socher*, NJW 2010, 1435, 1436.

97 Hierzu näher *Diem*, § 2, Rn 3.

98 BGH NJW 1986, 845, 845; *Rieble*, in *Staudinger* (2009), § 315, Rn 132.

anderen Gründen (etwa zur Sanktionierung von Rückzahlungsausfällen) muss eine Kreditlinienreduzierung des Kreditgebers, welche de facto dann einer grundsätzlich zulässigen Teilkündigung des Kontokorrentkredits[99] gleichkäme, in diesem Sinne aber unzulässig sein, da sonst die Voraussetzungen etwa der §§ 490 Abs. 1, 313 Abs. 3, 314 BGB zugunsten des Kreditgebers umgangen werden könnten. Eine derartige Koppelung der an den Kreditgeber delegierten Rechtsmacht an sein Sicherungsinteresse ist eine hinreichende Konkretisierung des einseitigen Gestaltungsrechts auf Basis des Vertragszwecks. Durch sie wird des Weiteren die gesetzlich geforderte Bindung an den Maßstab des billigen Ermessens bereits parteiintern konkretisiert und nur auf das dingliche Sicherungsinteresse des Kreditgebers zurückgeführt.

ee) Pflicht zur regelmäßigen Bestimmung der Kreditlinie

§ 315 Abs. 1 BGB erfordert eine vertragliche Vereinbarung, welche einer Partei eine gewillkürte Rechtsmacht[100] einräumt, die es ihr ermöglicht, eine zumindest bestimmbare Leistung einseitig festzustellen. Das delegierte Recht erfordert einen prinzipiellen Ermessensspielraum des Ausübenden. Ein Leistungsbestimmungsrecht im genannten Sinne liegt vor, wenn etwa ein Vertrag zur Entgeltfestlegung auf externe, feste Tarife verweist. Daneben ist es gegeben, wenn Berechnungsfaktoren so bestimmt sind, dass bei der Änderung des Preisniveaus kein Spielraum besteht, etwa wenn der Tarifpreis bei Vertragsabschluss feststeht.[101]

Aus dem Vertragszweck des *Borrowing-Base*-Kredits folgt, dass der Kreditgeber nicht nur berechtigt ist, das Gestaltungsrecht zu seinen Gunsten (Verringerung des zur Verfügung gestellten Kreditbetrages) auszuüben, sondern dazu verpflichtet ist, wenn das aktuelle Umlaufvermögen dies zulässt. Sie ist eine Nebenleistungspflicht, wenn diese als eine selbstständige Leistungspflicht mit einer dienenden Funktion bestimmt wird,[102] Eine Pflicht zur Ausübung des

---

99 Eine Teilkündigung eines Kontokorrentkredits wird – als Ausnahme zum allgemeinen Prinzip, wonach eine Teilkündigung von Dauerschuldverhältnissen nicht im Sinne eines grundsätzlichen Rechts besteht – als zulässig erachtet, da eine betragsmäßige Teilbarkeit möglich ist, vgl. BGH NJW 1999, 2269, 2270; *Häuser*, in *Schimansky/Bunte/Lwowski*, Band I, 3. Aufl., § 83, Rn 151a; auch *Kießling/Becker*, WM 2002, 578, 579.

100 *Rieble*, in *Staudinger* (2009), § 315, Rn 96.

101 BGHZ 171, 374, 378, 380 f. So besteht auch kein Leistungsbestimmungsrecht, wenn der Preis etwa bei Vertragsschluss feststeht, die nachträgliche Anpassung aber auf für den Kunden uneinsehbaren Kalkulationen des Netzbetreibers beruht, *Bork*, JZ 2006, 682, 683.

102 So *Gernhuber*, Hb. d. SR., Band 8, S. 18.

Leistungsbestimmungsrechts wird anerkannt,[103] wofür die betreffenden Motive des historischen Gesetzgebers sprechen.[104] Selbst wenn das BGB keine eigene Pflicht zur Vornahme der Leistungsbestimmung bei Vorliegen besonderer Umstände kennt,[105] kann die verzögerte oder unwirksame Leistungsbestimmung Schadensersatzansprüche des durch die Bestimmung Betroffenen auslösen.[106]

Bestünde beim *Borrowing-Base*-Kredit keine Pflicht, bei ansteigendem Umlaufvermögen die Kreditlinie zum nächsten Bewertungszeitpunkt zu erhöhen, entspräche die Wirkung der Nichtanpassung der zeitweiligen Wirkung einer Teilkündigung soweit der nach dem Bestand des Umlaufvermögens geschuldete Betrag den vorherigen übersteigt.

ff) Dogmatische Einordnung nach § 315 Abs. 1 BGB

Die Leistungsbestimmung des *Borrowing-Base*-Kredits unterscheidet sich vom gewöhnlichen des § 315 Abs. 1 BGB dergestalt, dass auch ohne deren periodische Ausübung die wesentlichen Strukturmerkmale eines Kontokorrentkredits erfüllt sind, wenn nur einmal die Kreditlinie festgelegt wurde. Ein weiterer Unterschied ergibt sich zudem auch dadurch, dass mit der Festlegung der Kreditlinie zwar der Umfang einer potenziellen Leistungspflicht bestimmt wurde, deren Entstehen aber erst durch den Abruf des zur Verfügung gestellten Darlehensbetrages durch den Kreditnehmer generiert wird.

Die Vereinbarung der Vertragsparteien zur regelmäßigen Neufestlegung der Kreditlinie ist eine in periodischen Abständen neu entstehende Leistungsbestimmungspflicht des Kreditgebers. Dem Kreditgeber ist die Bestimmung der

---

103 *Würdinger*, in MünchKomm, BGB, Band 2, § 315, Rn 39; *Rieble*, in *Staudinger* (2009), § 315, Rn 380 f.; *ders./Gutfried*, JZ 2008, 593, 597. Entsprechend ist eine Pflicht zur Weitergabe von Kostensenkungen gegenüber Tarifkunden gegeben, wenn eine gesetzliche Bindung des allgemeinen Tarifs an den Maßstab der Billigkeit besteht, BGHZ 176, 244, 253; auch BGHZ 172, 315, 320 ff.

104 So wird unter Motive, BGB, II, S. 192 formuliert: „*Der zur Abgabe der Bestimmung berechtigte Kontrahent hat an der endgültigen Erledigung der Sache durch die Bestimmung des anderen meist ein dringendes Interesse. Man kann ihn für den Fall, dass Letzterer die Bestimmung verzögert, nicht auf die allgemeinen Grundsätze verweisen, dergestalt, daß schließlich die prozessrechtlichen Vorschriften […] Platz griffen. […] Durch diese Vorschrift* [gemeint ist § 353 Abs. 3 BGB a. F.] *ist dem klageberechtigen Kontrahenten sein Recht, gegen den Säumigen sein Interesse nach den allgemeinen Normen zu verfolgen, selbstverständlich nicht benommen.*" Hierzu *Rieble*, in *Staudinger* (2009), § 315, Rn 380 f.; *ders./Gutfried*, JZ 2008, 593, 597.

105 *Kolbe*, BB 2010, 2322, 2323.

106 *Rieble*, in *Staudinger* (2009), § 315, Rn 104.

Leistung überlassen, was nach den Motiven des historischen Gesetzgebers maßgeblich für eine vertragliche Verpflichtung zur Ausübung des Bestimmungsrechts ist.[107] Es kann keinen Unterschied machen, ob das Bestimmungsrecht nur einmalig eingeräumt oder im Rahmen eines Dauerschuldverhältnisses wiederkehrend auszuüben ist. Preisanpassungs- oder Wertsicherungsklauseln belegen darüber hinaus, dass Leistungsbestimmungsrechte bei Dauerschuldverhältnissen nicht unbekannt sind.[108] So kann ein Leistungsbestimmungsrecht gerade auch bei nachträglich entstehenden Ungewissheiten im Rahmen von Wiederkehrschuldverhältnissen eingeräumt werden. Dies kann in Form automatisch in Kraft tretender Regelungen durch Klauseln oder durch eine Leistungsanpassung gemäß § 315 Abs. 1 BGB geschehen.[109]

c) Avalkredite

Avalkredite sind neben dem Bereich der Außenhandelsfinanzierung[110] als Variante für den Fall denkbar, dass der Kreditnehmer laufende oder unvorhergesehene Geschäftsverpflichtungen mit dem zur Verfügung gestellten Kreditrahmen abdecken will. Hier kann sich die Vereinbarung anbieten, dass zwar eine Bank als Konsortialführerin die technische Abwicklung des Kredits übernimmt, einzelne Konsorten im Außenverhältnis aber als Avalkreditgeber auftreten können. Der Kreditnehmer kann bspw. bei Auslandsgeschäften eventuell nur mit einer dort ansässigen Bank in Kontakt treten und hierdurch eine Erleichterung der Kreditziehung ermöglichen.[111]

Die Bank (bzw. das Bankenkonsortium) übernimmt gegen Zahlung einer Provision eine Bürgschaft, eine Garantie oder andere Gewährleistungen gegenüber dem Gläubiger des Bankkunden.[112] Gewöhnlich wird die Garantie oder die Bürgschaftsurkunde bei syndizierten Avalkrediten von der Konsortialführerin alleine abgegeben, die sich dann im Innenverhältnis von den anderen beteiligten

---

107 Motive, BGB, II, S. 192, wo es heißt: „*Derjenige Kontrahent, welchem hiernach die Bestimmung der Leistung anheimgegeben worden, ist dazu durch den Vertrag verpflichtet.*“

108 *Würdinger*, in MünchKomm, BGB, Band 2, § 315, Rn 16 f.

109 *Völzmann-Stickelbrock*, in jurisPK-BGB, Band 2, § 315, Rn 15.

110 Üblicherweise müssen Exporteure Garantien stellen, wobei die Garantieurkunde zumeist dann von der Konsortialführerin alleine unterzeichnet wird; näher *Delorme/Hoessrich*, S. 38.

111 Zu diesem Modell der Artikel der Börsen-Zeitung vom 22.12.2004 „*Hochtief schafft Flickenteppich bei Avalen ab; ein dreijähriger syndizierter Avalkredit über 1,65 Mrd. Euro statt kurzfristiger bilateraler Verträge*“.

112 *Wunderlich*, in *Schimansky/Bunte/Lwowski*, Band I, 4. Aufl., § 75, Rn 38.

Banken eigens nach den jeweiligen Beteiligungsquoten Bürgschaftserklärungen ausstellen lässt.[113]

d) Akkreditiv

Ein selten im Bereich syndizierter Kredite anzutreffendes[114] Modell des im Außenhandelsgeschäft geläufigen Akkreditivs ist die aus dem angloamerikanischen Rechtsraum stammende Praxis einer Verpflichtungserklärung der ausreichenden Bank (*Fronting Bank*) eines Kreditkonsortiums gegenüber Dritten (*letter of credit* oder auch *documentary credit*). Im genannten Kontext bspw. gibt die Bank auf Anfrage des Importeurs gegenüber dem Exporteur die Erklärung ab, dass die Bank die Zahlung der Waren gegenüber dem Exporteur sicherstellt.[115] Es handelt sich aber um keine Garantie nach deutschem Recht und ist auch kein Vertrag zum Schutz des Dritten vor Nicht- oder nicht ordnungsgemäßer Erfüllung eines mit dem Kunden geschlossenen Vertrags.[116] Sie dient hier der Sicherung von Forderungen aus Lieferantenverhältnissen, Werk- und Dienstverträgen. Die Vereinbarung ist ein Schuldversprechen der Bank gegenüber ihrem Kunden, indem sie sich verpflichtet, Zahlungen an Dritte (zumeist Verkäufer oder Zulieferer des Bankkunden) zu leisten, wenn die Akkreditivbedingungen erfüllt sind.[117] Er gilt als besondere Form des Akkreditivgeschäfts, das als selbstständiges Zahlungsversprechen gemäß § 780 BGB zu verstehen ist, welches die Bank auf Anweisung ihres Auftraggebers dem Dritten gegenüber abgibt und sich gegen Vorlage bestimmter Dokumente zur Zahlung verpflichtet.[118] Davon abzugrenzen ist der *standby letter of credit*, im Rahmen dessen die Bank das Vorliegen des Garantiefalls nicht prüft.[119]

---

113 *Delorme/Hoessrich*, S. 38; *Hadding/Häuser*, in *Schimansky/Bunte/Lwowski*, Band I, 3. Aufl., § 87, Rn 12.

114 Einer Syndizierung der documentary credits steht grundsätzlich aus praktischer Sicht der Umstand entgegen, dass ein solches Schuldversprechen nur dann für den begünstigten Dritten akzeptabel ist, wenn die ausgebende Bank solvent ist, Hierzu bietet sich eine Ausgabe durch einen finanziell starken Kreditgeber mit einer anschließenden Unterbeteiligung an, näher *Mugasha*, The Law of Multi-Bank Financing, Rn 4.11.

115 *Mugasha*, The Law of Multi-Bank Financing, Rn 4.09.

116 In diesem Sinne *Noble*, in *Schimansky/Bunte/Lwowski*, Band II, 4. Aufl., § 92, Rn 1 ff.

117 Hierzu, insb. zum Recht der Rückversicherungen: *Schwepcke*, in MünchKomm, VVG, Band 1, 1. Hauptteil, Rückversicherungsvertragsrecht, Rn 312.

118 *Freitag*, in *Derleder/Knops/Bamberger*, § 62, Rn 28; *Hopt*, in *Baumbach/Hopt*, 2. Teil, Bankgeschäfte (7), K/1.

119 *Nobbe*, in *Schimansky/Bunte/Lwowski*, Band II, 4. Aufl., § 92, Rn 31. Weiterführend *T. Fischer*, in *Schimansky/Bunte/Lwowski*, Band II, 4. Aufl., § 121, Rn 267 ff.

Bei den konsortialiter strukturierten Akkreditivgeschäften im Sinne des Instituts des *letter of credit* werden im Regelfall nicht jeweils eigene Bürgschaftserklärungen durch die Konsortialbanken unterzeichnet oder gar eine Vertretung der anderen Banken durch die Konsortialführerin vorgenommen.[120] Stattdessen gibt die *Fronting Bank* als Konsortialführerin diese alleine gegenüber dem Dritten ab und wird somit im Außenverhältnis alleine in Anspruch genommen. Im Innenverhältnis hingegen werden die Kosten der Inanspruchnahme durch den begünstigten Dritten (*fronting fee*) unter den teilnehmenden Banken folglich pro rata verteilt.

e) Diskontkredite

Daneben sind Konsortialdiskontkredite, denen nach wie vor im Bereich der Exportfinanzierung Bedeutung beizumessen ist,[121] als Konsortialkredite möglich.

f) Akzeptkredite

Eine weitere denkbare Form ist ein Akzeptkredit, der allerdings als Konsortialkredit selten anzutreffen ist.[122] Obwohl Akzeptkredite sich als kurzfristige und gegenüber einem Überziehungskredit oft lukrativere Finanzierungsmöglichkeit auszeichnen, wird deren geringe Bedeutung für das Konsortialgeschäft darauf zurückzuführen sein, dass sich damit eher nur verhältnismäßig geringe Beträge akquirieren lassen. Auch sind die regelmäßigen Laufzeiten zu kurz und die Ziehung der Wechsel auf die Quoten der Konsorten erscheint des Weiteren umständlich. Vor allem muss zudem die Bonität des Kreditnehmers als ausgezeichnet feststehen, sodass gerade der letzte Punkt – läge er denn vor – die Syndizierung in vielen Fällen praktisch obsolet macht, da deren wesentlicher Zweck die Allokation von Ausfallrisiken ist.

II. Nicht syndizierte Kreditverträge und andere Finanzierungsformen

Aufgrund ihres bilateralen Charakters nicht in die Kategorie der Konsortialkreditverträge gehören sogenannte Zusatz- oder Nebenkreditverträge einer oder mehrerer der syndizierten Banken gegenüber dem Konsortialkreditnehmer, die zusätzlich zum eigentlichen Hauptkreditvertrag abgeschlossen werden (*ancillary facilities*). Jene werden nicht pro rata auf alle Konsorten aufgeteilt, sondern

120 *Scholze*, Konsortialgeschäft I, S. 104.

121 *Delorme/Hoessrich*, S. 37; *Hadding/Häuser*, in *Schimansky/Bunte/Lwowski*, Band I, 3. Aufl., § 87, Rn 10.

122 *Delorme/Hoessrich*, S. 37.

nur von einem der Genannten meist zur Erreichung eines speziellen Zwecks abgeschlossen. Sie stehen mit dem zwischen den Parteien schon geschlossenen Konsortialkreditvertrag in keinem rechtlichen, sondern allenfalls in einem räumlichen und zeitlichen Zusammenhang. Nebenkreditverträge unterscheiden sich hingegen von einem unechten Konsortialkredit, bei dem auch kein einheitlicher Kreditvertrag besteht.[123] Eine Abwicklung der Leistungsbeziehungen über den Agenten ist demnach nicht vorgesehen.

B. Das Kreditkonsortium als Rechtsverhältnis

Der Begriff des Konsortialkredits kennzeichnet gegenüber dem allgemeinen Kreditbegriff zusätzlich nur durch die Form des Zusammenschlusses, nicht aber die des Kredits.

I. Eingehung des Konsortiums

Wenn eine Bank als *underwriter* die Verpflichtung gegenüber dem Kreditnehmer eingeht, das vereinbarte Kreditvolumen selbst vollständig zu übernehmen und dies auch unabhängig davon, ob ihr eine spätere Beteiligung anderer Konsorten noch gelingt,[124] so liegt ein Fall der klassischen Syndizierung vor. Dagegen liegt ein *club deal* vor, wenn sich von vorneherein ein fester Kreis von potenziellen Konsortialbanken bildet, der nicht die Absicht hat, eine weitere Syndizierung von Quotenanteilen vorzunehmen, die nicht schon den anfänglichen Konsorten zugeteilt wurden.[125] Hiervon gänzlich zu unterscheiden sind

---

123 *Diem*, § 30, Rn 13.

124 Dieses Syndizierungsrisiko übernimmt bei Konsortialkrediten im Regelfall der mandated lead arranger, dessen Position die Bank einnimmt, die sich für die Syndizierung verantwortlich zeigt, vgl. *Hanke/Socher*, NJW 2010, 1435, 1435 f.

125 *Diem*, § 30, Rn 3; *Reuter*, WM 2009, 2057, 2061; nach *Kilgus*, BKR 2009, 181, 187 zeigen Krisenzeiten, dass Banken dann die Form des club deal bevorzugen, um die Übernahme des Syndizierungsrisikos durch das underwriting zu vermeiden, zu letzterem *Wenzel*, S. 115 ff. Für einen club deal mag außerdem sprechen, dass die Kreditkonditionen gegenüber den originären Konsorten von vorneherein variabel gestaltet werden können. So wird in diesem Zusammenhang bspw. zwischen einer Bank und dem Kreditnehmer ein Rahmenkreditvertrag geschlossen und sich weitere Banken an dieser Vereinbarung unter Zugrundelegung individuell mit dem Kreditnehmer ausgehandelter Konditionen beteiligen können. Dieses Modell enthält somit Elemente des bilateralen wie auch eines syndizierten Kreditvertrags, vgl. etwa dazu den Artikel aus Creditreform – Das Unternehmermagazin, 07/2008, S. 73: *„Dresdner Bank: Zinsvielfalt mit „Club Deal“*.

unabhängig voneinander gewährte Kredite verschiedener Kreditinstitute, die untereinander keine Konsortialbestimmungen getroffen haben und folglich und losgelöst voneinander bestehen.

II. Die Beteiligten des Konsortialkredits und deren Stellung

Wie bereits des Öfteren angedeutet, sind den Konsorten verschiedene funktionale Rollen bei der Anbahnung und Abwicklung des Konsortialkredits zugedacht, die zwecks begrifflicher Klärung dargestellt werden sollen. Die Kreditgeber untereinander werden im Grundsatz bei syndizierten Kreditvergaben gleichbehandelt, haben die gleichen Stimmrechte und das Konsortium handelt nach dem Willen der Mehrheit, deren Vorliegen meist eigens definiert wird.[126]

Als *mandated lead arranger* wird die von dem künftigen Kreditnehmer als Konsortialführerin beauftragte Bank bezeichnet.[127] Der *mandated lead arranger* (im Folgenden „*Arranger*") ist für die Strukturierung der Finanzierung ebenso zuständig wie für die Errichtung des Kreditkonsortiums.[128] Hierzu lädt der *Arranger* nach einer eigenen Vorstrukturierung der intendierten Finanzierung interessierte Banken ein, um sie für das Vorhaben mit entsprechenden Beteiligungsquoten zu gewinnen. Verpflichtet sich der *Arranger* nicht, den Kreditvertrag in Bezug auf den gesamten oder teilweisen Kreditbetrag selbst abzuschließen, wenn eine Syndizierung keinen Erfolg hat (*underwriting*), besteht seine Verpflichtung nur darin, sich nach besten Kräften um die Bildung eines Konsortiums zu bemühen (*Best-Efforts*-Transaktion).[129] Dies erfolgt jedoch ohne Übernahme eines Syndizierungsrisikos. Als *bookrunner* wird herkömmlich die Bank bezeichnet, die den Syndizierungsprozess sowie die Quotenverteilung übernommen hat.[130] Die Bezeichnung des *documentation agent* wird für das Institut verwendet, das für die Initiierung und Erstellung des *term sheet*[131] und der sich anschließenden Vertragsdokumentation verantwortlich ist. Die Bestellung des *Arrangers* mündet üblicherweise in eine Ernennung zum sogenannten *facility agent* (auch nur „*agent*" oder – und so

---

126 *Wright*, International Loan Documentation, S. 47.

127 *Hanke/Socher*, NJW 2010, 1435, 1435; *Rossbach*, in *Kümpel/Wittig*, Rn 11.186.

128 *Diem*, § 2, Rn 2.

129 *Diem*, § 2, Rn 22; *Rossbach*, in *Kümpek/Wittig*, Rn 11.188.

130 *Rossbach*, in *Kümpel/Wittig*, Rn 11.187.

131 Das term sheet enthält als Arbeitsgrundlage für den weiteren Finanzierungsprozess die wesentlichen Kennzahlen und Rahmenbedingungen sowie die Beteiligten des Finanzierungsprozesses, vgl. hierzu *Diem*, § 2, Rn 32.

auch im Folgenden – „Konsortialführerin").[132] Der Konsortialführerin ist die Organisation der Abwicklung des Kreditverhältnisses übertragen, das bspw. das Vertreten des Konsortiums nach außen, aber auch die zentrale Abwicklung der Zahlungsvorgänge umfasst sowie die interne Weiterleitung der Zahlungen. Gleiches gilt für die Anpassung der Verträge an sonstige, sich während des Dauerschuldverhältnisses abzeichnende Umstände, wie etwa Stundungen. Die Konsortialführerin wird von den anderen Konsorten ernannt.[133] Der Sicherheitenverwalter hingegen ist oft identisch mit der Konsortialführerin. Ihm ist die Verwaltung der nicht akzessorischen Sicherheiten übertragen[134] und zu dessen Gunsten wird eine Parallelverpflichtung als Fundament für etwaig zu bestellende, akzessorische Sicherheiten begründet.

III. Gestaltungsformen eines Konsortialkredites

1. Konsortialkredite mit Bareinschusspflicht

Vorab zu differenzieren ist zwischen echten (zentralisierten) und unechten (dezentralisierten) Konsortialkrediten (letztere werden mitunter als „Parallelkredit" bezeichnet[135]).[136] Unstreitig kennzeichnendes Merkmal eines jeden Konsortialkredits ist die einheitliche Auszahlung der Valuta durch die Konsortialführerin. Gemeinsam ist beiden Modellen nach der wohl überwiegenden Meinung außerdem die Eigenschaft, dass sich das Konsortium als eine Gesellschaft bürgerlichen Rechts organisiert. Dies kann als eine im Rechtsverkehr auch als solche auftretende Außengesellschaft geschehen oder als eine Innengesellschaft, die eine rein interne Rechtsbeziehung unterhält und nur die Konsortialführerin im eigenen Namen nach außen auftreten lässt. Zwar mag hiergegen sprechen, dass die Banken regelmäßig eine gesamtschuldnerische Haftung ausschließen, jede Bank nur

---

132 Im Folgenden soll der Einfachheit wegen davon ausgegangen werden, dass jeweils nur eine Bank die beschriebene Funktion ausfüllt. In der Praxis bspw. werden auch nicht selten mehrere Konsortialführerinnen bestellt, vgl. *Schaffelhuber/Sölch*, in Münch. Hd. d. GesR, Band 1, § 31, Rn 29.

133 Ein Gestaltungsbeispiel dazu findet sich bei *Reppenthien*, in *Walz*, Beck'sches Fb. Zivil-, Wirtschafts- und Unternehmensrecht, Rn R 1–13.

134 *Rossbach*, in *Kümpel/Wittig*, Rn 11.191.

135 *Gehrlein*, DStR 1994, 1314, 1314; *Scholze*, Konsortialgeschäft I, S. 104. Nach *Wenzel*, S. 58 soll dieser Begriff nur für Fälle benutzt werden, in denen kein Schuldverhältnis zwischen den Kreditgebern besteht. So auch *Hoffmann*, in *Derleder/Knops/Bamberger*, § 22, Rn 72.

136 *Scholze*, Konsortialgeschäft I, S. 104 f.; *Schaffelhuber/Sölch*, in Münch. Hd. d. GesR, Band 1, § 31, Rn 13.

auf eigene Rechnung tätig wird und Vertragsbestimmungen vorgeben und eigenständig ihre Rechte aus dem Vertrag geltend machen darf.[137] Jedoch schließt diese Übereinkunft das Vorliegen einer (Innen-)Gesellschaft weder bei einem echten noch bei einem unechten Konsortialkredit zwingend aus. Diese Schlussfolgerung resultiert aus dem Umstand, dass die §§ 705 ff. BGB als dispositive Vorschriften anzusehen sind, die zwar einen konstitutiven Gesellschaftszweck verlangen, sich aber nach Maßgabe jenes Zwecks abbedingen lassen. Besteht der Gesellschaftszweck des Kreditkonsortiums aus der Mitwirkung an der Gewährung und der Valutierung des Gesamtkredits und sind demnach auch Gelegenheitsverbände als mögliche Ausgestaltungen einer (Innen-)Gesellschaft zu erachten,[138] so stellt sich das Problem der „Typendehnung" an sich nicht. Es wirft die Frage auf, was von der Gesellschaft bürgerlichen Rechts noch übrig bliebe, wenn derartige Zusammenschlüsse auch unter die §§ 705 ff. BGB fallen würden und ob hieraus die gesellschaftsrechtliche Einordnung als solche in Zweifel zu ziehen ist.[139]

Die ganz überwiegende Ansicht sieht demgegenüber zurecht in Kreditkonsortien regelmäßig Gelegenheitsgesellschaften. Deren (insoweit hinreichender) Zweck erschöpfe sich in der Durchführung von einem oder mehreren Einzelgeschäften. Gerade die Beschränkung auf Einzelgeschäfte sei das Unterscheidungskriterium gegenüber einer auf Dauer angelegten Handelsgesellschaft.[140]

Vertragliche Abreden zur Begründung eigener Rechte eines einzelnen Konsorten oder zum Ausschluss einer Einstandspflicht führen nicht zu einem völligen Ausschluss einer gemeinschaftlichen Bindung hinsichtlich der Durchsetzung von Rechten. Im Regelfall wird gerade auch in sich an Standardmustern orientierenden Kreditverträgen der Passus aufgenommen, dass das Recht auf vorzeitige Fälligstellung des Darlehens wie die Vollstreckung in Sicherheiten des Konsenses der Mehrheit der Konsorten bedarf. Auch finden sich in diesem Zusammenhang Abreden, nach denen die Kreditgeber auf das Recht verzichten, selbstständig während der Vertragslaufzeit Schritte zur Kündigung des Kredites

137 *Heise*, in *Assies/Beule/Heise/Strube*, 4. Kap., Rn 1716; hierzu auch *Assmann*, in ZHR 152 (1988), 371, 377.

138 So *H. P. Westermann*, in *Erman*, BGB, Band I, Vor § 705, Rn 48.

139 Diesen Zusammenhang stellt *Assmann*, in ZHR 152 (1988), 371, 377 her. Dazu auch im Hinblick auf Emissionskonsortien *H. P. Westermann*, AG 1967, 285, 287 f.

140 *Hoffmann*, in in *Derleder/Knops/Bamberger*, § 22, Rn 64; *Hopt*, in *Baumbach/Hopt*, Vor § 105, Rn 14; *Schöne*, in *Bamberger/Roth*, Beck'OK, BGB, Ed. 25, § 705, Rn 185; *Ulmer*, in MünchKomm, BGB, Band 5, Vorb. §§ 705 ff., Rn 58, 87; H. *P. Westermann*, in *Erman*, BGB, Band I, Vor § 705, Rn 48.

zu unternehmen.[141] Darüber hinaus ist es einem Konsorten nicht möglich, seine Beteiligung am Kredit durch eine unabhängige und nur insoweit wirkende Kündigung zu realisieren, was abermals das Prinzip der Gleichberechtigung der Konsorten unterstreicht.[142] Dies spricht gleichfalls für die Haltung der hM, die für das Vorliegen einer Gesellschaft bürgerlichen Rechts plädiert, was durch den Umstand unterstrichen wird, dass der Zusammenschluss zu einer Gesellschaft der gemeinsamen Zweckverfolgung dienlich sein soll, nicht aber unbedingt mit der Begründung von Rechten der Gesellschaft einhergehen muss. Konstitutiv für die Begründung einer GbR ist zum einen eine vertragliche Dauerbeziehung,[143] die zu einer während der Vertragsdauer anhaltenden Pflichtenstellung führt.[144] Zum anderen sind die Vergemeinschaftung eines Zwecks und hierauf bezogene Förderungspflichten notwendig.[145] Eine Zweckförderung ist insbesondere in solchen Vereinbarungen zu erkennen, die zumindest ein mehrheitliches Vorgehen der Konsorten erlangt, wenn die Zweckerreichung (Ausreichung der Valuta und die anschließende Abwicklung des Kreditverhältnisses) nicht mehr erfolgen bzw. vorzeitig beendet werden soll.

2. *Konsortialkredite ohne Bareinschusspflicht*

Ein Konsortialkredit muss jedoch nicht zwangsläufig zu einer zentralen Zusammenführung und Bereitstellung der Darlehensvaluta wie im Falle eines echten Konsortialkredits oder einer einzelnen Zurverfügungstellung nach dem Modell des unechten Konsortialkredits führen. Von einem konsortialiter gewährten Kredit kann auch dann gesprochen werden, wenn die Bereitstellung des Kreditbetrages nur durch eine Bank erfolgt, die andere Banken am Risiko anteilig

141 Ein derartiges Beispiel findet sich bei *Reppenthien*, in *Walz*, Beck'sches Fb. Zivil-, Wirtschafts- und Unternehmensrecht, R 2, (3).

142 *Wright*, International Loan Documentation, S. 57 f., die sich hierbei auf Vertragsmuster der LMA bezieht.

143 Nach der Rechtsprechung reicht hier die Verfolgung eines sich nicht wiederholenden Zwecks, vgl. BGH NJW-RR 1991, 1186, 1187 (Bauherrengemeinschaft); OLG Hamburg OLGZ 33, 119 (Führen eines Rechtsstreits); BGH NJW 1983, 1188, 1188 (Herstellung und Vervielfältigung eines Werkes).

144 So *Ulmer*, in MünchKomm, BGB, Band 5, Vorb. §§ 705 ff., Rn 5.

145 *Habermeier*, in *Staudinger* (2003), § 705, Rn 17; *Ulmer*, in MünchKomm, BGB, Band 5, Vorb. §§ 705 ff., Rn 6; *Schöne*, in *Bamberger/Roth*, Beck'OK, BGB, Ed. 25, § 705, Rn 63. Ferner wird dabei auch die personale Struktur als konstitutives Wesensmerkmal der GbR genannt, vgl. *von Ditfurth*, in *Prütting/Wegen/Weinreich*, § 705, Rn 2.

beteiligt (Konsortialkredit ohne Bareinschuss).[146] Eine *Fronting Bank* erhält bspw. im Rahmen eines Akkreditivgeschäfts erst dann von den anderen Konsorten aufgrund der Einstandsvereinbarungen Beträge entsprechend ihrer Beteiligungen ausgezahlt, wenn und soweit sich Ausfallrisiken realisieren. Dies hat zur Konsequenz, dass nur die *Fronting Bank* Mittel selbstständig aufnimmt und nur sie muss den Kreditbetrag als Forderung ausweisen, wohingegen den Konsorten nur Eventualverbindlichkeiten entstehen.[147]

3. *Unterscheidung zu anderen Beteiligungsstrukturen*

a) Die Unterbeteiligung

Hiervon abzugrenzen ist die Unterbeteiligung, die zwar eine Form gemeinsamer Kreditgewährung darstellt, jedoch tritt das Kreditinstitut, das auf der Ebene der Unterbeteiligung an der Kreditstruktur partizipiert, nicht in eine vertragliche Verbindung zum Kreditnehmer.[148] Diese bilaterale Beziehung schließt jeden Einfluss des Unterbeteiligten an der Syndizierung und der Konstituierung der Konsortialkredite aus. Der Unterbeteiligte vereinbart mit dem eigentlichen Kreditgeber, dass er einen Anteil des von diesem Hauptbeteiligten gewährten Kredits im Innenverhältnis übernimmt.[149] Eine Unterbeteiligung kann in Form einer Refinanzierung durch Zahlung des übernommenen Anteils (*funded participation*) oder einer Risikoübernahme (*risk participation*) für den Fall des Zahlungsausfalls des Kreditnehmers erfolgen.[150] Er partizipiert deshalb auch nicht unmittelbar an den Konsorten eingeräumten Sicherheiten, sondern ist auf weitere Vereinbarungen mit dem Hauptbeteiligten angewiesen. Der Kreditunterbeteiligung liegt dann die schuldrechtliche Vereinbarung zugrunde, dass die Rückzahlung der darlehensweisen Überlassung des Unterbeteiligungsbetrages nur verlangt werden kann, wenn der Hauptbeteiligte seinerseits vom Kreditnehmer entsprechende Zahlungen erlangt hat.[151] Der Vergleich jener Form der Risikoallokation, insbesondere mit dem echten Konsortialkredit zeigt, dass die Unterbeteiligung nicht zu einer (nachträglichen) Syndizierung führt. Die Beteiligung wird stattdessen nur durch den Hauptbeteiligten vermittelt. Die Rechtsbeziehungen zwischen den Haupt- und Unterbeteiligten werden von der hM als

---

146 *Rossbach*, in *Kümpel/Wittig*, Rn 11.201.

147 *Schaffelhuber/Sölch*, Münch. Hb. d. GesR., Band 1, § 31, Rn 14.

148 *Wenzel*, S. 60.

149 *Hadding/Häuser*, in *Schimansky/Bunte/Lwowski*, Band I, 3. Aufl., § 87, Rn 13.

150 *Mülbert*, in *Staudinger* (2011), § 488, Rn 267; *Wenzel*, S. 61.

151 *Rossbach*, in *Kümpel/Wittig*, Rn 11.203.

eine Innengesellschaft angesehen.[152] Gewöhnlich werden Zustimmungs- oder Weisungsrechte des Unterbeteiligten bei wichtigen Entscheidungen, etwa bei Vertragsänderungen, eingeräumt. Aber diese sind regelmäßig auf das Verhältnis des Hauptbeteiligten zum Unterbeteiligtem beschränkt.[153] Der Konsorte und Hauptbeteiligte kann hingegen im Außenverhältnis zu dem Kreditnehmer Maßnahmen treffen, die zum einen den Konsortialkredit betreffen. Solche Handlungen können jedoch ebenso auf die Unterbeteiligung Wirkungen erzeugen, da der Hauptbeteiligte im eigenen Namen und auf Rechnung des Unterbeteiligten handeln kann.[154] Der Hauptbeteiligte verfügt in Ansehung der Unterbeteiligungsgesellschaft über ein nicht entziehbares Geschäftsführungsrecht. Handlungen im Zusammenhang mit den Konsortialkreditverträgen verursachen im Regelfall[155] aufgrund der Vertretungsbefugnis auch rechtliche Wirkungen gegenüber dem Unterbeteiligten und binden diesen entsprechend. Da die Unterbeteiligung somit weder den Kreditnehmer noch die anderen Konsorten betrifft, muss sie nicht offen gelegt werden.[156]

b) Das Meta-Geschäft

Von einer Beteiligung an einem Konsortialkredit ist auch das sogenannte Meta-Geschäft abzugrenzen. Es liegt vor, wenn sich mehrere zur Ausführung von Anschaffungsgeschäften auf gemeinsame Rechnung zusammenschließen, die Geschäfte allerdings nach außen jeweils im eigenen Namen, hingegen im Innenverhältnis auf gemeinsame Rechnung abgeschlossen werden.[157] Auch das Meta-Geschäft ist eine Innengesellschaft ohne Gesamthandsvermögen[158]

---

152 BGHZ 59, 316, 320.

153 *Gehrlein*, DStR 1994, 1314, 1315; *Sittmann*, WM 1996, 469, 471.

154 *De Meo*, Bankenkonsortien, Kap. 1, Rn 91; *Hadding/Häuser*, in *Schimansky/Bunte/Lwowski*, Band I, 3. Aufl., § 87, Rn 15.

155 Der Hauptbeteiligte erlangt eine umfängliche Vertretungsbefugnis, die es ihm ermöglicht, Rechtshandlungen auch ohne Zustimmung des Unterbeteiligten mit Wirkung für die Innengesellschaft vorzunehmen, BGH WM 1965, 458, 459. Dennoch wird überwiegend die Möglichkeit der Einschränkung der Vertretungsmacht anerkannt, wenn der Hauptbeteiligte nicht im Rahmen einer ordnungsgemäßen Durchführung des Kreditvertrages handelt, so *Obermüller/Obermüller*, FS Winfried Werner, S. 620; *Sittmann*, WM 1996, 469, 471.

156 *Rossbach*, in *Kümpel/Wittig*, Rn 11.204. Diese stille Unterbeteiligung herrscht in der Praxis vor.

157 *De Meo*, Bankenkonsortien, Kap. 1, Rn 93; *Hadding/Häuser*, in *Schimansky/Bunte/Lwowski*, Band I, 3. Aufl., § 87, Rn 17; *Scholze*, Konsortialgeschäft I, S. 26.

158 *Schücking*, in Münch. Hb. d. GesR, Band 1, § 4, Rn 34.

und zeichnet sich durch eine Zusammenfassung und entsprechende Verteilung von Geschäftsergebnissen aus.[159] Des Weiteren unterscheidet sich das Meta-Geschäft gegenüber dem Konsortium durch das Auftreten der Verbundmitglieder im eigenen Namen, was gewöhnlich beim Kreditkonsortium fehlt. Bei einem Kreditkonsortium tritt gewöhnlich die Konsortialführerin alleine im Rechtsverkehr auf und schließt den Kreditvertrag. Darüber hinaus wird die Meta-Geschäftsverbindung zumeist von den Mitgliedern als langfristige Verbindung begriffen, wohingegen der Konsortialkredit auf Zeit geschlossen ist.[160] So ist bei einem Konsortialkredit im Außenverhältnis ein Kreditnehmer als Partei vorhanden, sodass auch insoweit ein die Konsorten gemeinsam betreffendes Rechtsverhältnis besteht. Bei einem Meta-Geschäft dominieren demgegenüber die internen Verhaltensregeln und die Beziehung zu Externen betrifft zumindest rechtlich nur den tatsächlich handelnden Metisten. Von der soeben beschriebenen Unterbeteiligung weicht ein Meta-Geschäft dadurch ab, dass es bei Letzterem keinen Unterbeteiligten gibt, der nach außen nicht für die Gesellschaft auftreten darf. [161]

c) Die Verbriefung *(securization)*

Eine weitere Form der Beteiligung Dritter an den Risiken eines Kreditgeschäft ist – neben der darüber hinaus noch bestehenden Möglichkeit einer derivativen Lösung etwa in Gestalt eines *credit default swap* („CDS") oder einer *credit linked note* („CLN")[162] – abschließend noch die *securization* zu

---

159 *Hadding/Häuser*, in *Schimansky/Bunte/Lwowski*, Band I, 3. Aufl., § 87, Rn 17.

160 *Hadding/Häuser*, in *Schimansky/Bunte/Lwowski*, Band I, 3. Aufl., § 87, Rn 18.

161 *Hadding/Häuser*, in *Schimansky/Bunte/Lwowski*, Band I, 3. Aufl., § 87, Rn 18.

162 Bei den credit linked notes handelt es sich um strukturierte Anleihen, die ein Kreditderivat als Risikotransfervehikel nutzen und es damit dem Kreditgeber ermöglichen, Inhaber der Forderungen zu bleiben und dennoch gewisse Vorzüge des asset backed securities-Konzepts in Anspruch zu nehmen. Von credit default swaps unterscheiden sie sich dadurch, dass der Anleihegläubiger und Sicherungsverkäufer dem Anleiheschuldner und Sicherungskäufer zu Beginn der Laufzeit zu verzinsendes Kapital zur Verfügung stellt, was besagten swaps fehlt. Insofern tragen die Gläubiger von CLN auf Grund dieser Kapitalüberlassung neben dem Kreditrisiko des Referenzschuldners auch noch das Ausfallrisiko des Emittenten (*Litten/Bell*, WM 2011, 1109, 1111). Wie auch bei den asset backed securities findet an sich ein Kreditrisikotransfer statt, allerdings ohne Zwischenschaltung einer Zweckgesellschaft. Im Gegensatz zu dem „echten" asset backed securities-Prinzip, bei dem einer eigens gegründeten Zweckgesellschaft die Forderungen des Kreditgebers aus dem Kreditgeschäft verkauft und abgetreten werden und die Zweckgesellschaft

nennen. Bei dieser werden in der geläufigsten Form der *asset backed securities* die Forderungen aus dem Kreditgeschäft vonseiten des Kreditgebers auf eine eigene Zweckgesellschaft übertragen, die daraufhin am Kapitalmarkt Wertpapiere emittiert. Die Zahlungsansprüche aus den festverzinslichen Wertpapieren oder Schuldscheindarlehen werden durch einen Bestand an Forderungen gedeckt, die auf die Zweckgesellschaft übertragen worden sind und den Inhabern der Wertpapiere als Haftungsgrundlage dienen.[163] Werden diese Anleihen, die generell als *collateralized debt obligations* zu bezeichnen sind, ausschließlich mit den aus dem Kreditgeschäft erworbenen Forderungen unterlegt, liegen *collateralized loan obligations* vor.[164] Besteht das Portfolio hingegen ausschließlich aus Anleihen, wird von *collateralized bond obligations* gesprochen. Ziel dieser Transaktion ist die Übertragung von Kreditrisiken mittels Schaffung einer Zweckgesellschaft, der das Portfolio vonseiten der Bank verkauft wird. Die Zweckgesellschaft fasst wiederum die erworbenen Kredite in einen Pool zusammen und tranchiert ihn in heterogenen Anleihen mit unterschiedlichen Risikoprofilen, wobei die Anleihegläubiger in der Reihenfolge des Rangs der Anleihe durch die Zahlungen des Referenzschuldners befriedigt werden. Der üblicherweise ebenfalls eingerichteten Eigenkapitaltranche wird hierbei der letzte Rang zugewiesen.[165]

4. *Echter Konsortialkredit*

Bei einem echten oder zentralen Konsortialkredit wird der Darlehensbetrag durch die Konsortialführerin an den Darlehensnehmer ausgezahlt. Die Konsorten zahlen ihren Beitrag zur Gesamtvaluta an die Konsortialführerin als Verwaltungsstelle.[166] Der Konsortialkredit tritt in den Erscheinungsformen der Innen- oder Außengesellschaft auf, für deren Unterscheidung die Ausgestaltung der Darlehensvergabe durch das Konsortium entscheidend ist.

---

wiederum (zumeist) kurzfristige Schuldtitel begibt, die durch die gekauften Forderungen als Sicherheiten gedeckt sind, ist die rechtliche Ausgestaltung der Forderungsinhaberschaft hier eine andere.

163 *Brandt/Sonnenhol*, WM 2001, 2329, 2330; näher dazu auch *Rudolph/Hofmann/Schaber/Schäfer*, S. 40 f. Handelt es sich hingegen um sonstige Schuldverpflichtungen, etwa aus unter anderem Anleihen, spricht man allgemein von collateralized debt obligations.

164 *Jahn*, in *Schimansky/Bunte/Lwowski*, Band II, 4. Aufl., § 114, Rn 11.

165 Zu diesem Abschnitt *Schüwer/Steffen*, in *Zerey*, Finanzderivate, S. 53 f.

166 *Heise*, in *Assies/Beule/Heise/Strube*, 4. Kap., Rn 1707.

a) Innengesellschaft

Bei dem erstgenannten Konsortialkredit können sich die beteiligten Banken dazu entscheiden, eine Gesellschaft bürgerlichen Rechts in Form einer Innengesellschaft zu bilden, sodass lediglich zwischen der Konsortialführerin und dem Kreditnehmer eine direkte vertragliche Bindung entsteht.[167] Hierbei handelt es sich um ein über die Konsortialführerin zentral gesteuertes Verhältnis, wobei nur diese nach außen in Erscheinung tritt. Zwar handelt die Konsortialführerin auch hier für die anderen Konsorten, jedoch wird das interne Verhältnis der Konsorten alleine durch den Konsortialvertrag geregelt.[168] Dann stellt nur diese, im eigenen Namen handelnde Konsortialführerin als alleinige Vertragspartnerin des Kreditnehmers im Außenverhältnis den Kredit gegenüber Selbigem zur Verfügung.[169] Sie fordert die beanspruchten Beträge in Höhe der jeweiligen Quote von den anderen Konsorten im Innenverhältnis nach den §§ 705, 706 BGB ein. Auch Provisionen und Zinsen rechnet sie zentral ab.[170] Der somit erlangte Gesamtbetrag wird daraufhin von der Konsortialführerin an den Kreditnehmer weitergeleitet, der wiederum die Tilgungsraten zentral an die Konsortialführerin zahlt. Aufgrund der daraus folgenden Anwendbarkeit der §§ 705 ff. BGB ist die Konsortialführerin für das Konsortium geschäftsführungs- und vertretungsbefugt (§§ 710, 714 BGB).[171] Eine Ausfallhaftung der jeweils anderen Konsorten gegenüber dem Kreditnehmer hinsichtlich des Nichterbringens der Beitragsleistung wird im Regelfall ausgeschlossen[172] und ein Gesamthandsvermögen nicht gebildet.

b) Außengesellschaft

Möglich ist allerdings auch die Bildung einer Gesellschaft bürgerlichen Rechts in Form einer Außengesellschaft, wenn die Konsortialführerin sowohl für sich selbst wie auch für das Konsortium in offener Stellvertretung handelt und demnach für den Kreditnehmer erkennbar wird, dass mehrere Konsorten bestimmte Quoten übernehmen wollen.[173] Als Folge tritt das Konsortium selbst

167 *Rossbach*, in *Kümpel/Wittig*, Rn 11.195.

168 *Heise*, in *Assies/Beule/Heise/Strube*, Kap. 4, Rn 1708.

169 *Diem*, § 30, Rn 7 f.; *Gehrlein*, DStR 1994, 1314, 1314.

170 *De Meo*, Bankenkonsortien, Kap. 1, Rn 26.

171 *Schaffelhuber/Sölch*, in Münch. Hd. d. GesR, Band 1, § 31, Rn 13.

172 *Diem*, § 30, Rn 9.

173 *Hadding/Häuser*, in *Schimansky/Bunte/Lwowski*, Band I, 3. Aufl., § 87, Rn 27; *Rossbach*, in *Kümpel/Wittig*, Rn 11.196; *Schaffelhuber/Sölch*, in Münch. Hb. d. GesR, Band 1, § 31, Rn 10.

im Rechtsverkehr zwecks Abschluss des Kreditvertrages auf, schafft somit die Voraussetzungen für das Entstehen einer rechtsfähigen Außengesellschaft[174] und wird als Gesellschaft selbst Vertragspartei. Die Gesellschaft wird aufgrund ihres „Gelegenheitscharakters“ nicht als offene Handelsgesellschaft gemäß § 105 HGB eingeordnet, da sich ihr Zweck nicht auf eine dauerhafte Geschäftsverbindung, sondern nur auf die einmalige Vergabe von Darlehen bezieht.[175] Sie wiederum ist Adressatin des Valutierungsanspruchs des Kreditnehmers, wobei die Konsorten gemäß § 128 S. 1 HGB[176] analog akzessorisch für die Gesellschaftsschulden haften,[177] und sie ist entsprechend auch Inhaberin des Rückzahlungsanspruchs nach § 488 Abs. 1 S. 2 BGB.

---

174 Nach BGHZ 146, 341, 344 ff. verfügen alle Außengesellschaften über Rechtsfähigkeit, was mitunter in der Literatur nur auf die Gesellschaften beschränkt werden soll, die sich auf eine unternehmenstragende, rechtsgeschäftliche Tätigkeit am Markt beziehen, die ihrerseits selbstständig und planmäßig erfolgt, so *Schmidt*, NJW 2001, 993, 1001. *Ulmer* schlägt in diesem Zusammenhang vor, organisatorische Strukturen zur Begründung der Rechtsfähigkeit zu fordern, die eine gewisse identitätsstiftende Wirkung erzeugten. Die Bildung eines Gesamthandsvermögens sei hierzu nicht notwendig, ZIP 2001, 585, 594. Hierzu auch *von Unger/Friel*, in *Gummert*, Münch. AH. Personengesellschaftsrecht, § 5, Rn 20 ff. Legt man die Notwendigkeit einer zweckgemäß dauerhaften Verbindung der Konsorten als (kumulativ) erforderliches Kriterium für die Begründung der Rechtsfähigkeit zugrunde, kann man die Rechtsfähigkeit des Konsortiums durchaus verneinen. Jedoch entspricht diese Prämisse nicht der ganz überwiegenden Ansicht und der Umsetzung in der Praxis, wobei auch nicht erkennbar ist, dass die abweichende Ansicht die unternehmenstragende Eigenschaft alleine an die Dauerhaftigkeit des Verbundes anknüpft, sondern an die Frage, ob ein „Mehr“ als eine Vermögensgemeinschaft vorliegt, *Schmidt*, NJW 2001, 993, 1002. Die nunmehr ganz hM nimmt die Rechtsfähigkeit des Kreditkonsortiums als Außengesellschaft an, vgl. *Diem*, § 30, Rn 11; *Hadding/Häuser*, in *Schimansky/Bunte/Lwowski*, Band I, 3. Aufl., § 87, Rn 26; *Hoffmann*, in *Derleder/Knops/Bamberger*, § 22, Rn 66; *Wenzel*, S. 56; *Rossbach*, in *Kümpel/Wittig*, Rn 11.196.

175 *De Meo*, Bankenkonsortien, Kap. 1, Rn 61; *Freitag*, in *Staudinger* (2011), § 488, Rn 79; *Ulmer*, in MünchKomm, BGB, Band 5, Vorb. §§ 705 ff., Rn 51.

176 BGHZ 146, 341, 358; hierzu etwa *Habersack*, BB 2001, 477, 482; *Hadding*, ZGR 2001, 712, 735 ff.

177 Jene akzessorische Haftung der Konsorten gegenüber dem Kreditnehmer (nicht gegenüber Dritten, *Rossbach*, in *Kümpel/Wittig*, Rn 11.200) kann allerdings ausgeschlossen werden (*Ulmer/Schäfer*, in MünchKomm, BGB, Band 5, § 714, Rn 66); wie auch einen Gesamtschuldnerausgleich nach § 426 Abs. 1 S. 2 BGB (*Gebauer*, in *Soergel*, Band 5/3, § 426, Rn 4), die es dem Kreditnehmer sonst ermöglicht, die gesamte Valutierung von jedem Konsorten zu verlangen.

(aa) *Die Bildung von Gesamthandsvermögen und dessen Umgehung*

Die Außengesellschaft bildet nach einer Ansicht mit der Darlehensforderung und den Zins- und Rückzahlungsansprüchen im Gegensatz zu dem Fall der Innengesellschaft ein Gesellschaftsvermögen.[178] Insofern ist das Konsortium zunächst die Inhaberin der Forderungen. Nach einer anderen Auffassung hingegen stehen den Konsorten die Ansprüche auf Zinsen und Tilgung jeweils alleine zu, sodass diese nicht ein Gesamthandsvermögen der Gesellschaft bilden.[179] Die Konsequenz dieser Ansicht liegt ohne Zweifel im Interesse der beteiligten Banken, die eine unmittelbare Erfüllung ihrer Anteilsforderungen erstreben statt der Begründung eines Anspruchs gemäß § 426 Abs. 1 BGB. Jedoch kann dieses Ergebnis nur unter Einhaltung bestimmter, konsortialvertraglicher Regelungen tatsächlich erzielt werden, wenn die Konsortialführerin für das Konsortium handelt. Zwar ist die Bildung von Gesamthandsvermögen nicht konstitutive oder zwangsläufige Voraussetzung für die Entstehung einer Außengesellschaft.[180] Damit ist aber nicht erwiesen, dass trotz Rechtsfähigkeit der Außengesellschaft infolge der Abwicklung des Kreditvertrags kein Gesamthandsvermögen entsteht. Vielmehr bedarf es hierzu bei Drittgeschäften einer gesonderten Vereinbarung mit dem Vertragspartner der Gesellschaft, dass das zu Erwerbende nicht einer gesamthänderischen Bindung unterfallen soll, sondern den Mitgliedern in Bruchteilen unmittelbar zustehen soll. Eine interne Abrede genügt nach überwiegender Ansicht nicht.[181] Der Erwerb zu Gesamthandsvermögen erfolgt durch die Begründung von Forderungen und Rechten im Namen der Gesellschaft oder durch Verfügung an die Gesamthand.[182] Demnach stellt sich nicht die Frage, ob eine

---

178 *Diem*, § 30, Rn 11, 18; *Hoffmann*, in *Derleder/Knops/Bamberger*, § 22, Rn 66. Auch *Rossbach*, in *Kümpel/Wittig*, Rn 11.196 geht davon aus, dass ein Gesellschaftsvermögen gebildet wird.

179 *Hadding/Häuser*, in *Schimansky/Bunte/Lwowski*, Band I, 3. Aufl., § 87, Rn 38; *Eyles* Rn 38 verneint kategorisch das Entstehen eines Gesamthandsvermögens; dies jedoch vor der Entscheidung BGHZ 146, 341, 344 ff.

180 Vgl. etwa *H. P. Westermann*, AG 1967, 285, 291; so ebenfalls *Schaffelhuber/Sölch*, in Münch. Hb. d. GesR, § 31, Rn 10, der jedoch darin einen Widerspruch zur Schlussfolgerung von *Hoffmann*, in *Derleder/Knops/Bamberger*, § 22, Rn 66 sieht, der nach Anerkennung der Rechtsfähigkeit der Außengesellschaft die Bildung von Gesamthandsvermögen grundsätzlich annimmt.

181 *Flume*, ZHR 136 (1972), 177, 184; *Ulmer/Schäfer*, in MünchKomm, BGB, Band 5, § 718, Rn 11 sowie *Ulmer*, in MünchKomm, BGB, Band 5, § 705, Rn 267.

182 *Schöne*, in *Bamberger/Roth*, Beck'OK, BGB, Ed. 25, § 705, Rn 136.

Teilgläubigerschaft der Konsorten möglich, sondern unter welchen Voraussetzungen sie anzunehmen ist.[183]

Wenn Ansprüche gegen den Kreditnehmer als Individualansprüche der Konsorten in dem Kreditvertrag ausgestaltet werden und jeder Konsorte im Sinne einer Teilgläubigerschaft nach § 420 BGB seine Quote anteilig von dem Kreditnehmer verlangen kann,[184] ist die letztgenannte Ansicht zutreffend. Durch den Kreditvertrag (also den Außenvertrag) ist dies umsetzbar, der insoweit Regelungen eines echten Vertrages zugunsten der Konsorten beinhaltet.[185]

Sie ist auch dann richtig, wenn der nur unter den Konsorten geschlossene Konsortialvertrag selbst eine Regelung enthält, der eine antizipierte Abtretung der Anteilsansprüche vorsehen würde. Gleiches gilt, wenn die Zahlungen des Kreditnehmers an die Konsortialführerin zugunsten derselben und der übrigen Konsorten geleistet werden und die Leistungen schuldbefreiende Wirkung nach §§ 362 Abs. 2, 185 BGB haben. Unter dieser Vorgabe ist eine Zuteilung der Quoten möglich, wenn die Zahlungen von der Konsortialführerin an die Konsorten anteilig durch Verbuchungen auf die Konsortialanteilskonten und durch die quotenmäßige Überweisung der Teilbeträge an die anderen Konsorten weitergeleitet werden. Diese Schlussfolgerung ist dadurch zu rechtfertigen, dass in der vollständigen Leistung des Kreditnehmers die Absicht erkannt wird, dass er sämtliche fällige Forderungen erfüllen will und somit eine den Quoten entsprechende Tilgungsbestimmung trifft.[186]

Soweit die eingehende Zahlung hingegen nicht alle fälligen Forderungen der Konsorten begleichen kann, ist die Konsortialführerin üblicherweise vertraglich dazu ermächtigt, statt des Kreditnehmers eigens eine konkrete Tilgungsbestimmung zu treffen. Diese durch die Konsortialführerin getroffene Tilgungsbestimmung erzeugt dann eine schuldbefreiende Wirkung, wenn die Konsortialführerin eine derartige Tilgungsbestimmung synchron mit der Eingangsverbuchung auf dem Konsortialkonto trifft und entsprechend die Anteile

---

183 Ähnlich *Freitag*, in *Staudinger* (2011), § 488, Rn 79, der aufzeigt, dass in der Regel mit dem Kreditnehmer vereinbart würde, dass *„jedes Kreditverhältnis grundsätzlich rechtlich selbstständig wie eine isolierte eigenständige Darlehensgewährung zu behandeln* [sei]". Als Folge hiervon stehe der Anspruch aus § 488 Abs. 1 S. 2 BGB entgegen § 432 BGB jedem Konsorten in Bezug auf seine Tranche eigenständig zu (aaO.).

184 *De Meo*, Bankenkonsortien, Kap. 3, Rn 119, Kap. 2, Rn 289 ff. nimmt dies noch als Regelfall an.

185 *Hoffmann*, in *Derleder/Knops/Bamberger*, § 22, Rn 66.

186 Zu diesem Abschnitt *De Meo/Hoffmann*, in *Schütze/Weipert*, Münchener Vertragshandbuch, Band 2, WR I, III. 15, S. 426.

auf den jeweiligen Konsortialanteilskonten der Konsorten verbucht. Nach dieser Konzeption ist die Entstehung eines zwischenzeitlichen Gesamthandsvermögens vermieden worden und den Sicherungsinteressen der einzelnen Mitglieder des Konsortiums genügt.[187]

(bb) Auslegung der Klauseln
Die benannte Ermächtigung der Konsortialführerin zur Ausübung der Tilgungsbestimmung stößt in diesem Zusammenhang auf keine Bedenken. Die Tilgungsbestimmung ist als eine Willenserklärung des zahlenden Schuldners einzuordnen, sodass bei deren Ausübung eine Stellvertretung möglich ist.[188] Die Parteien können ebenso wirksam vereinbaren, dass die Gläubigerseite selbst (zu der hier die Konsortialführerin unter anderem gehört) das Bestimmungsrecht ausüben kann, indem der Schuldner eine Anrechnung des Gläubigers widerspruchslos hinnimmt.[189]

Hingegen könnte zunächst gegen den vereinbarten Zeitpunkt der Tilgungsbestimmung eingewendet werden, dass die Ermächtigung der Konsortialführerin zur Tilgungsbestimmung im Zeitpunkt des Eingangs des Zahlungsbetrages auf dem Konsortialkonto erst den Zeitpunkt der Leistungsbewirkung, nicht aber die Vornahme der Leistungshandlung betrifft. Die Entscheidung des Schuldners, welche Verbindlichkeit mit der Leistung erfüllt werden soll, ist jedoch bei Vornahme der Leistungshandlung zu treffen. Das ist aus dem Wortlaut des § 366 Abs. 1 BGB („bei der Leistung") zu schließen[190] und ergibt sich auch aus der Überlegung, dass eine Erfüllungswirkung notwendig die Bestimmung der zu tilgenden Forderung voraussetzt. Dennoch ist die vertragliche Abrede der Ermächtigung der Konsortialführerin zur mit dem Zahlungseingang zeitlich synchronen Tilgungsbestimmung als eine nachträgliche Tilgungsbestimmung aufzufassen, die kraft Parteivereinbarung in der Form fixiert wurde. In einem solchen Falle bedarf es keiner weiteren Erklärung des Schuldners mehr, denn aufgrund der Abrede ist die Zweckrichtung der Leistung zwischen den Parteien hinreichend geklärt. Eine Parteivereinbarung kann dem Schuldner deshalb einen späteren

187 *De Meo/Hoffmann*, in *Schütze/Weipert*, Münchener Vertragshandbuch, Band 2, WR I, III. 15, S. 426 f.

188 OLG Düsseldorf NJW-RR 2004, 563, 564; *Schreiber*, in *Soergel*, Band 5/3, § 366, Rn 7.

189 BGH NJW-RR 1995, 1257, 1257; *Pfeiffer*, in *Prütting/Wegen/Weinreich*, § 366, Rn 19.

190 *Schwab*, in MünchKomm, BGB, Band 5, § 812, Rn 232.

Bestimmungszeitpunkt vorbehalten.[191] Gleiches gilt beispielsweise auch, wenn der Schuldner bei Zahlung einseitig einen Vorbehalt – etwa in Form eines Verrechnungsvorbehalts – erklärt. Denn hier ist diese Erklärung als Angebot zum Abschluss eines Vertrages zu werten, der den Zahlungsempfänger nach Erhalt der Leistungen dazu ermächtigt zu entscheiden, auf welche Forderungen die Zahlungen angerechnet werden.[192] Die letztgenannte Überlegung trifft in hiesiger Konstellation zwar nicht zu, weil hier nicht nur an die Konsortialführerin als alleinige Gläubigerin geleistet werden soll, sondern sie unter anderem auch als Zahlstelle zugunsten der übrigen Konsorten auftritt. Allerdings kombiniert die gegenständliche Abrede, wonach der Konsortialführerin die Tilgungsbestimmung selbst wie auch deren Ausübung nach der Leistungshandlung des Kreditnehmers überlassen wird, zulässigerweise die Möglichkeit der Rechtsausübung des Gläubigers kraft Parteivereinbarung mit der nachträglichen Ausübung der Bestimmung. Die Konsortialführerin ist als Gläubigerin selbst nach dem Vertrag ermächtigt, für den Kreditnehmer die Tilgungsbestimmung vorzunehmen. Die übrigen Konsorten kommen ihrerseits als vertraglich bestimmungsberechtigte Gläubiger in Betracht, jedoch bevollmächtigten sie konkludent mit Abschluss des Konsortialkredit- wie auch des Konsortialvertrages[193] – die Konsortialführerin, die Tilgungsbestimmung global, aber entsprechend der Beteiligungsquoten auszuüben.

5. *Unechter Konsortialkredit*

Bei dieser nicht zentralisierten Form der Kreditvergabe kommen jeweils einzelne Kreditverträge zwischen den Banken und dem Kreditnehmer zustande und jede einzelne Bank stellt jeweils die Valuta in Höhe der ihr zufallenden Quote am Gesamtbetrag zur Verfügung. Das Konsortium tritt nicht als Außengesellschaft

---

191 BGHZ 51, 157, 162 lässt die Zulässigkeit einer rückwirkenden Tilgungsbestimmung offen. BGH NJW-RR 2009, 1053, 1058 lässt hingegen eine spätere Tilgungsbestimmung zu, wenn sie ausdrücklich oder konkludent vorbehalten wurde. Eine Bestimmung nach Erbringung der Leistung halten darüber hinaus für zulässig: *Dennhardt*, in *Bamberger/Roth*, Beck'OK, BGB, Ed. 25, § 366, Rn 7; *Grüneberg*, in *Palandt*, BGB, § 366, Rn 7; *Olzen*, in *Staudinger* (2011), § 366, Rn 32; *Pfeiffer*, in *Prütting/Wegen/Weinreich*, § 366, Rn 18; *Wenzel*, in MünchKomm, BGB, Band 2, § 366, Rn 9.

192 OLG Frankfurt am Main VersR 1971, 186, 186.

193 In der Praxis werden der Kreditvertrag und der die gesellschaftlichen Beziehungen zwischen den Konsorten regelnde Konsortialvertrag in einer Vertragsurkunde zusammengefasst.

im Rechtsverkehr auf.[194] Der Unterschied zum unechten Konsortialkredit wird vor allem in der Stellung des Konsortialführers deutlich, der im Gegensatz zum echten Konsortialkredit eine Geschäftsführungsbefugnis nur insoweit innehat, als der Abruf des Kredits und die quotenentsprechende, buchungstechnische Abwicklung der Rückzahlungen betroffen sind.[195] Der Kreditnehmer hat nur einen Anspruch gegen den jeweiligen Kreditgeber auf Auszahlung des auf ihn entfallenden Betrages, aber nicht auf den Gesamtbetrag, da die Banken keine Gesamtschuldnerinnen nach § 421 BGB sind.[196] Gleichfalls entfällt hier eine akzessorische Haftung bezüglich einer Gesellschaftsverpflichtung, da die Konsorten jeweils einzeln die Verträge mit dem Kreditnehmer abschließen.[197] Die Verbindung der Kreditverträge im Verhältnis zum Kreditnehmer erschöpft sich meist in der räumlichen Verbindung in einer Urkunde.[198] Im Verhältnis der Konsorten untereinander besteht allerdings eine vertragliche Vereinbarung, nach der etwa der Konsortialführerin die Funktion der zentralen Zahlstelle zugeteilt wird.[199] Ihr kommt in dieser Konstellation grundsätzlich nur eine Kontrollfunktion über die quotale Zuteilung von Abruf und Rückzahlung des Kredits zu.[200]

---

194 *Hadding/Häuser*, in *Schimansky/Bunte/Lwowski*, Band I, 3. Aufl., § 87, Rn 23; *Rossbach*, in *Kümpel/Wittig*, Rn 11.197; *Schaffelhuber/Sölch*, in Münch. Hb. d. GesR, Band 1, § 31, Rn 13; *Ulmer*, in MünchKomm, BGB, Band 5, Vorb. §§ 705 ff., Rn 58.

195 *Schaffelhuber/Sölch*, in Münch. Hb. d. GesR., Band 1, § 31, Rn 13.

196 *Diem*, § 30, Rn 13. Dagegen *Wenzel*, S. 57, der den Unterschied zwischen dem zentralen und dezentralen Konsortialkredit maßgeblich in der buchungstechnischen Abwicklung sieht.

197 *Rossbach*, in *Kümpel/Wittig*, Rn 11.200.

198 So *Diem*, § 30, Rn 13.

199 *Rossbach*, in *Kümpel/Wittig*, Rn 11.198.

200 *De Meo*, Bankenkonsortien, Kap. 1, Rn 28; *Scholze*, Konsortialgeschäft I, S. 104 f.

3. Kapitel Die Übertragung von Kreditbeteiligungen als Regelungsbereich der Parallelverpflichtung

A. Funktionsweise und Gründe für das Konzept einer Parallelverpflichtung vor dem Hintergrund des Handels mit Kreditbeteiligungen

I. Die Übertragung von Kreditbeteiligungen als originäres Anwendungsgebiet der Parallelverpflichtung im angloamerikanischen Kontext

Der im vorstehenden Kapitel beschriebene Konsortialkredit ist der bisher einzig bekannte Anwendungsbereich der im 5. Kapitel[201] eingehend darzustellenden Parallelverpflichtung. Sie schafft einen Mechanismus, der im Falle einer Übertragung einer einzelnen Kreditforderung auf einen Neugläubiger eine Trennung der Sicherheiten von der übertragenen Forderung erzeugt. Die Sicherheiten ereilt infolge ihrer Bestellung zur Sicherung der Parallelverpflichtung nicht dasselbe Schicksal wie die übertragene Kreditforderung.

II. Bedeutung und Funktionsweise der Parallelverpflichtung[202]

Die Parallelverpflichtung dient, wenn auch in unterschiedlichen Zusammenhängen wirkend, nur einem Zweck, nämlich dem Schutz des Bestands von Sicherheiten, die vor einem Syndizierungsverfahren bestellt werden. Der Sicherungsgeber verspricht dabei zusätzlich zu seiner Schuld gegenüber dem Kreditgeber, dem Sicherheitenverwalter als selbstständige Verbindlichkeit den Betrag zu schulden, den er dem Kreditgeber unter dem Kreditvertrag als Summe all seiner daraus entstehenden Verpflichtungen schuldet.[203] Gleichzeitig wird regelmäßig bestimmt, dass die Höhe der Kreditschuld stets denselben Betrag aufweist wie die Parallelverpflichtung. Zahlungen jeweils auf die eine Forderung veranlassen

201 S. 145 ff.

202 Vgl. zu den Konsequenzen zur Trägerfunktion für akzessorische Sicherungsrechte noch S. 93 ff.

203 *Hoffmann*, WM 2009, 1452, 1453.

eine entsprechende Reduktion der anderen Schuld.[204] In gleicher Weise kann die Erhöhung der Kreditschuld (etwa bei einer Auszahlung bei einem revolvierenden Darlehen) auch durch die Parallelverpflichtung reflektiert werden.

Sie erfüllt diesen Zweck im Kontext verschiedener Rechtsgebiete jedoch auf unterschiedliche Weise. Während sie vor dem Hintergrund des angloamerikanischen Rechts bestellte Sicherheiten gegenüber Folgen einer regelmäßig gewählten Form der Kreditbeteiligungsübertragung isolieren soll, wird sie im rein innerdeutschen Kontext zur Vermeidung bestimmter ungewollter Auswirkungen des Akzessorietätsprinzips genutzt. Die *novation* ist mittlerweile ein gängiger Bestandteil der Vertragsmuster der LMA.[205]

1. *Die Funktion bei Beteiligungsübertragungen im angloamerikanischen Raum*

Die Parallelverpflichtung ist in ihrem Ursprung eine Reaktion der Konsortialkreditpraxis auf Besonderheiten des angloamerikanischen Rechts zur Forderungsübertragung.[206] Im Zusammenhang mit den angloamerikanischen Rechtssystemen, in denen die Parallelverpflichtung ihren Ursprung fand, schützt sie Kreditsicherheiten vor den Folgen einer Übertragung von Kreditbeteiligungen mittels Novierung des gesamten Schuldverhältnisses. Ihre Entstehung ist dem Umstand geschuldet, dass in der international agierenden Konsortialkreditpraxis gewöhnlich besicherte Kreditforderungen nicht wie unter dem Regime der §§ 398 ff. BGB unter Wahrung ihrer Identität abgetreten werden. Vielmehr erfolgt die Übertragung durch eine Novierung von Schuldverhältnissen, die Auswirkungen auf bestellte Sicherungsrechte hat.

Sonstige Beteiligungen Dritter an Kreditforderungen, denen keine Übertragung einer Kreditforderung von einem Alt- auf einen Neugläubiger zugrunde liegt, erfordern von vorneherein kein Sicherheitenvehikel, um Sicherungsrechte vor Einwirkungen des Schicksals der Kreditforderung zu isolieren. Durch Unterbeteiligungen oder durch Erstreckung von Rechten auf beitretende Gläubiger wird weder der Bestand der Sicherheiten noch deren jeweilige Inhaberschaft tangiert. Ebenso wäre eine Parallelverpflichtung neben einer Kreditforderung in dem sehr atypischen Fall nicht notwendig, wenn und soweit nur eine einzige Kreditforderung zugunsten eines Konsortialführers bestellt würde und im Verhältnis zu den übrigen beteiligten Banken lediglich eine Innengesellschaft

204 Dazu *Willer*, AcP 209 (2009), 807, 813.

205 *Wright*, International Loan Documentation, S. 188.

206 *Schnauder*, NJOZ 2010, 1663, 1664.

existierte.[207] Wechselte lediglich ein Gesellschafter und bliebe die einzelne Forderung gegenüber dem Kreditnehmer zugunsten der Konsortialführerin bestehen, bliebe eine Forderungsübertragung aus. Entfällt sie, können die Sicherheiten direkt zur Sicherung der Kreditforderung bestellt werden. Da der Kreditnehmer jedoch im Regelfall die Rückzahlung des Kredits und die Zahlung der Zinsen sowie von Kosten und Gebühren gegenüber einer jeden einzelnen Konsortialbank direkt und individuell schuldet,[208] ist die Übertragung von Kreditforderungen der praktisch wichtigere Fall.

a) Die Diskontinuität des Schuldverhältnisses als Problem für bestellte Sicherungsrechte

Wie noch nachstehend detailliert darzustellen ist, werden Kreditbeteiligungen nach englischem Recht regelmäßig im Wege einer Schuldneubegründung (im Folgenden, stets nur das Institut des angloamerikanischen Rechts betreffend: „*novation*“) übertragen.[209] Das Schuldverhältnis zwischen Kreditgeber und Kreditnehmer geht unter und wird anschließend neu zwischen anderen Parteien begründet. Die Folge dieser *novation* ist der Untergang von auf Kreditforderungen bestellten Sicherheiten und Garantien.[210] Die angloamerikanische Vertragspraxis reagierte auf diese ungünstige Rechtsfolge der *novation* mit der Übertragung der Sicherungsrechte auf einen Treuhänder.[211] Der Treuhänder verwaltet diese Sicherheiten und hält Nutzungen sowie etwaige Erlöse sowohl für ursprünglich am Konsortium beteiligte wie auch für künftig dem Konsortium noch beitretende Banken.[212]

b) Konstellationen, in denen eine Regelung notwendig wird

Dieses Charakteristikum des englischen Rechts hat wesentliche Folgen sowohl für den Handel mit Kreditbeteiligungen wie auch für Bestellung von Sicherheiten,

---

207 Das Konsortium ist regelmäßig als ein Verbund von einzelnen Gläubigern ausgestaltet, da die Konsorten grundsätzlich jeweils an eigenen Rechtsverhältnissen zum Kreditnehmer interessiert sind und nicht Insolvenzrisiken anderer Konsortialbanken tragen wollen, vgl. *Freitag*, in *Staudinger* (2011), § 488, Rn 79.

208 *De Meo*, Bankenkonsortien, S. 102 ff., *Diem*, § 31, Rn 14; *Hadding/Häuser*, in *Schimansky/Bunte/Lwowski*, Band I, 3. Aufl., § 87, Rn 38.

209 Vgl. dazu näher S. 56 ff.

210 *Wood*, International Loans, Bonds, Guarantees, Legal Opinions, Rn 9–056. Vgl. nachstehend S. 75.

211 *Mugasha*, The Law of Multi-Bank Financing, Rn 8.15.

212 *Mugasha*, The Law of Multi-Bank Financing, Rn 8.15; *Wood*, International Loans, Bonds, Guarantees, Legal Opinions, Rn 9–056; *Wright*, International Loan Documentation, S. 197.

die ihrerseits etwa deutschem Recht unterliegen. Ab einem bestimmten Kreditvolumen werden Konsortialkredite regelmäßig an großen Finanzplätzen, wie für Europa in London, syndiziert, und unterliegen dementsprechend dem dort maßgeblichen Recht. Sind beispielsweise für eine englischem Recht unterliegende Kreditforderung Sicherheiten nach deutschem Recht bestellt worden und soll das diese Forderung schaffende Kreditverhältnis im Wege einer *novation* übertragen werden, kann nur die Nutzung einer Parallelverpflichtung den Sicherheitenbestand wahren. Wenn ein dem deutschen Recht unterliegendes, akzessorisches Sicherungsrecht zur Sicherung einer Kreditforderung bestellt würde, fiele mit der *novation* des Rechtsverhältnisses die für jenes Sicherungsrecht konstitutive Hauptforderung für einen logischen Moment weg. Das Sicherungsrecht müsste für den Neugläubiger mit Rangverlust neu bestellt werden. Die zur Vermeidung dieser Folge geschaffene Parallelverpflichtung wird in der Praxis von den Parteien teilweise dem englischen, teilweise aber auch direkt dem deutschen Recht unterstellt.[213]

Gleichzeitig können auch die Gepflogenheiten der Übertragung von Kreditbeteiligungen im Wege einer *novation* an den relevanten Märkten auf die deutsche Vertragsgestaltung ausstrahlen. Dies bedeutete eine vertragliche Zulassung dieser Übertragungsform der *novation*, um die Handelbarkeit von deutschem Recht unterliegenden Beteiligungen an internationalen Finanzplätzen zu erhöhen.[214] Auch in dem Fall kann mit der Parallelverpflichtung eine Isolierung der Sicherungsrechte vor den Folgen der Novierung des Kreditvertrags eingerichtet werden.

c) Die Parallelverpflichtung als Vehikel zur Implementierung einer Treuhandlösung nach englischem Recht auf Basis des BGB

In dieser zuletzt beschriebenen Fallkonstellation ist die Parallelverpflichtung Bestandteil eines deutschem Recht unterfallenden Kreditvertrags. Sie ist dann ein deutsch-rechtliches Instrument zur Implementierung gewisser rechtlicher Rahmenbedingungen einer ausländischen Rechtsordnung im deutschen Recht. Sie schafft eine Konstellation, in der nach deutschem Recht bestellte Sicherungsrechte nicht in gleicher Weise durch eine *novation* der Kreditbeteiligung betroffen werden, wie es der Fall wäre, wenn die Sicherheiten nach englischem Recht auf einen *trustee* übertragen worden wären. Da im Gegensatz zum angloamerikanischen

---

213 *Hoffmann*, WM 2009, 1452, 1454.
214 So *Willer*, AcP 209 (2009), 807, 809 f.

Recht[215] eine Trennung zwischen der Stellung als Gläubiger und als Begünstigter von bestellten Sicherungsrechten bei akzessorischen Rechten im BGB nicht vorgesehen ist, wird dieser Zustand mittels Parallelverpflichtung fingiert. Sie trennt künstlich zwischen Forderungsberechtigung und Sicherungsbegünstigung und schafft damit die gleiche Situation, wie sie das englische Recht bereits ohne die Verwendung einer gesonderten Sicherheitenträgerin anbietet: nämlich die Übertragung von Sicherungsrechten auf einen separaten Treuhänder.[216]

d) Die Funktionsweise der Parallelverpflichtung bei akzessorischen Sicherungsrechten

Maßgeblich wird die Parallelverpflichtung demnach, wenn (z. B. dem deutschen Recht unterliegende) akzessorische Sicherungsrechte bestellt werden sollen. Sie ist aus der Perspektive des englischen Rechts eine Methode für Parteien, die durch ihre jeweilige Rechtsordnung vorgegebene Parallelität zwischen Gläubigerstellung und Inhaberschaft an Sicherungsrechten aushebeln möchten.[217]

Während nicht akzessorische Sicherheiten von vorneherein ohne Probleme für den Sicherheitenverwalter bestellt werden können, eignen sich akzessorische Sicherheiten an sich nicht für eine treuhänderische Verwaltung. Sie sind vom Bestehen einer Hauptschuld abhängig und können nicht von einem Dritten, der nicht eigens Gläubiger der Hauptschuld ist, gehalten werden. Berechtigter der Hauptforderung und Inhaber des Nebenrechts müssen personenidentisch sein. Bei akzessorischen Sicherheiten ist es dabei nicht unüblich, dass sie nicht nur für den Sicherheitenverwalter, sondern auch für ursprüngliche Kreditgeber bestellt werden, um jenen ebenso ein wirksames Sicherungsrecht zu verschaffen.[218] Dies hat jedoch mindestens zur Folge, dass im Falle einer Übertragung der Kreditbeteiligung mittels *novation* deren akzessorische Sicherungsrechte erlöschen, wenn für die Wirksamkeit dieses Vorgehens die notwendige Teilung der akzessorischen Sicherungsrechte auf bestimmte Einzelforderungen umgesetzt wurde. Eine Teilung der Berechtigung erfordert eine gesonderte Bestellung von Sicherungsrechten für jeweilige Teilforderungen.[219]

Da sich die eigentlichen Rückzahlungsansprüche oder sonstigen Kreditverbindlichkeiten als die – akzessorische Sicherheiten tragenden – Hauptschulden

---

215 Vgl. vorstehend S. 75 f.

216 Zur grundsätzlichen Zulässigkeit der „Verpflanzung" von Rechtsinstrumenten aus ausländischen Rechtssystemen vgl. nachstehend S. 97 f.

217 *Wright*, International Loan Documentation, S. 198.

218 *Bourgeois*, BKR 2011, 103, 105.

219 *Hoffmann*, WM 2007, 1547, 1552; *Willer*, AcP 209 (2009), 807, 812.

nicht eignen, wird eine Parallelverpflichtung als weitere selbstständige Verbindlichkeit geschaffen. Die Parallelverpflichtung erfüllt somit die Funktion eines Vehikels, wenn für die Wirksamkeit einer Bestellung akzessorischer Sicherheiten zugunsten eines Sicherheitenverwalters bspw. nach den §§ 1204 ff. BGB eine Hauptforderung bestehen muss. Diese separate Schuld bleibt im Gegensatz zur novierten Kreditforderung bestehen, sodass die für sie bestellten, akzessorischen Sicherheiten von der Novierung der Kreditbeteiligung unberührt bleiben. Die Sicherheiten sollen vor dem Hintergrund der Novierung von Vertragsverhältnissen vor den Folgen nachträglicher Veränderungen der Kreditverbindlichkeiten durch Übertragungen geschützt werden, um nachträglich beitretenden Neukonsorten zumindest mittelbar im selben Rang zuzustehen wie dem ursprünglichen Gläubiger.

Besteht ein solcher Mechanismus einer parallelen Schuld, ist auch die Rechtsform der Übertragung einer Kreditbeteiligung ohne Belang. Ein einzelner Kreditgeber ist nicht gehalten, die Vertragsübernahme nach deutschem Recht überhaupt als Übertragungsform zu wählen. Wenn die Kreditforderungen keine Hauptforderungen von mit ihr verbundenen Sicherungsrechten sind, können die sie begründenden Rechtsverhältnisse noviert werden, ohne Sicherheitenbestände zu gefährden. Verwendeten die Parteien hingegen keine Parallelverpflichtung, sind sie gehalten, zumindest die akzessorischen Sicherheiten zur Sicherung einer einzelnen Kreditforderung des jeweiligen Teilgläubigers zu bestellen. Eine einheitliche Bestellung akzessorischer Sicherheiten für eine Gesamtkreditforderung ist hingegen nicht möglich.[220] Die Parallelverpflichtung bildet dagegen eine die aktuelle Gesamtkreditsumme spiegelnde eigenständige Forderung und bietet sich als taugliche Hauptforderung für sämtliche zu bestellenden Sicherungsrechte an. Sie bleibt von Übertragungen der einzelnen Kreditforderungen unberührt.

e) Bedeutung der Parallelverpflichtung nur bei gesetzlich vorgegebener Verbindung zwischen Forderung und Sicherungsrecht

Die Parallelverpflichtung wird aus diesem Grunde deshalb vornehmlich als Schutzinstrument vor den Folgen der Novierung einer Kreditbeteiligung als Form des Austauschs eines Gläubigers dargestellt.[221] Für den Rechtsverkehr, der

220 *De Meo*, Bankenkonsortien, S. 15 zieht daraus die Konsequenz, dass sich akzessorische Rechte für die Sicherung syndizierter Kredite nicht eignen. So auch *Hadding/Häuser* in *Schimansky/Bunte/Lwowski*, Band I, 3. Aufl., § 87, Rn 51.

221 Vgl. dazu etwa *Hoffmann*, WM 2009, 1452, 1453; *Schnauder*, NJOZ 2010, 1663, 1664; dazu auch *Apfelbaum*, S. 257.

eine Berührung mit angloamerikanischen Rechtssystemen aufweist, ist diese Schlussfolgerung richtig.[222] Wenn Rechtssysteme, denen eine Treuhand, bei der ein Treuhänder zugunsten eines Konsortiums Sicherheiten hält, fremd ist, mit der angloamerikanischen Rechtspraxis interagieren, muss die Parallelverpflichtung genutzt werden.[223] Besteht nämlich eine gesetzlich vorgegebene Verknüpfung zwischen Forderung und Sicherungsrecht, würde die Novierung der Forderung das Sicherungsrecht auch einer Novierung unterziehen, was nur mit einer Parallelverpflichtung als Sicherheitenträgerin vermieden werden kann. Dies ist gerade im deutschen Recht in Ansehung akzessorischer Sicherungsrechte der Fall. Durch die Nutzung der Parallelverpflichtung als zu besichernde Hauptforderung werden die nicht zu übertragende Forderung und das Sicherungsrecht zusammengeführt. Die Form der Übertragung der eigentlichen Kreditforderung ist für den Bestand der Sicherungsrechte irrelevant, da nur die Kreditforderung und nicht die Parallelverpflichtung der *novation* unterfallen soll.[224]

Andererseits ist ein solches, gewissermaßen zwischen Kreditforderung und Sicherungsrecht geschobenes Sicherheitenvehikel nicht notwendig, wenn bereits das geltende Rechtssystem eine Trennung von Sicherungsrechten und der zu sichernden Forderung zulässt. Sieht etwa die für die Sicherungsrechte maßgebliche Rechtsordnung – wie die englische – die Möglichkeit vor, dass Sicherungsrechte gegenüber einem Treuhänder eingeräumt werden können, die zur Sicherung von Forderungen eines Dritten dienen sollen, ist die Parallelverpflichtung überflüssig. Der durch die Parallelverpflichtung zu erzeugende Zustand ist vielmehr bereits durch die Rechtsordnung zugelassen und muss nicht mittels eines Vehikels bewirkt werden.

2. Die Funktion als Instrument zur Vermeidung unerwünschter Effekte der Akzessorietät gesetzlich geregelter Sicherungsrechte

Doch die Verwendung der Parallelverpflichtung ist nicht nur zweckmäßig, wenn für den Kreditvertrag englisches Recht gilt, wobei die Parallelverpflichtung selbst Hauptforderung für Sicherungsrechte ist, die bspw. deutschem Recht folgen. Ihre Funktion wird ohne Berührung mit angloamerikanischem Recht deutlich, wenn eine Reaktion auf die Folgen einer Novierung des Vertragsverhältnisses wegen der Nutzung einer Vertragsübernahme nicht notwendig ist.

---

222 Zur Bedeutung der Parallelverpflichtung im innerdeutschen Kontext vgl. S. 48 ff.

223 *Wright*, International Loan Documentation, S. 198.

224 *Wright*, International Loan Documentation, S. 200.

a) Administrative Erleichterung der Sicherheitenverwaltung

So schafft die Parallelverpflichtung die Möglichkeit einer zentralen Verwaltung der Sicherheiten für einzelne Teilgläubiger, deren einzelne Forderung gegen den Kreditnehmer entsprechend nicht eigens zu besichern ist. Gläubiger der Parallelverpflichtung ist alleine der Sicherheitenverwalter. Diese weitere Forderung soll letztlich durch eine automatisch erfolgende Anpassung an den Bestand der in Bezug genommenen Kreditverbindlichkeiten deren Höhe stets spiegeln. Somit wirken sich Wechsel von Konsortialkreditgebern nicht aus, da die mittelbare Sicherung der einzelnen Gläubiger sich aus ihrer Rechtsbeziehung zum Sicherheitenverwalter ergibt. Diese wird erst mit dem Eintritt in das Konsortium erzeugt und folgt nicht unmittelbar aus der Übertragung der Kreditbeteiligung als solcher. Der Mechanismus bewirkt, dass für die Parallelverpflichtung bestellte Sicherheiten sich so entwickeln, als wenn sie direkt zur Sicherung der Kreditschuld bestellt worden wären. Dies gilt nur soweit, als das Schicksal der Kreditschuld durch eine Valutierung oder durch eine Erfüllung beeinflusst worden ist. In anderen vorbestimmten Fällen gehen Kreditschuld und Parallelverpflichtung getrennte Wege.

b) Nachhaltige Schaffung akzessorischer Sicherheiten vor Valutierung

Ein weiterer, im deutschen Recht entstehender Anlass für die Aufnahme der Parallelverpflichtung in Konsortialkreditverträge gründet sich in den Folgen der Akzessorietät bestimmter Sicherheiten, wenn sie auf künftige Hauptforderungen zu bestellen sind. Die Parallelverpflichtung gestattet eine Bestellung akzessorischer Sicherheiten vor Abtretung des Konsortialkreditanteils als künftige Forderung, also vor Valutierung. Sie isoliert Sicherheiten auch bei einer Übertragung des Kreditanteils dergestalt, dass die eigentliche Kreditschuld erst originär beim Neukonsorten durch dessen Auszahlung des Kreditbetrags entsteht. Würde hingegen – ohne Nutzung einer Parallelverpflichtung als Hauptforderung – ein akzessorisches Sicherungsrecht zur Sicherung einer erst in der Zukunft entstehenden Forderung bestellt, ergeben sich Probleme, wenn diese Kreditforderung als künftige Forderung, also vor Valutierung abgetreten würde [vgl. nachstehend unter aa)]. Gleiches gilt beim originären Erwerb des Kreditanteils ohne Abtretung und infolge der Auszahlung des Kreditbetrags [vgl. nachstehend unter bb)].

Diese Aspekte werden insbesondere zu Beginn eines Syndizierungsprozesses oder bei einem revolvierenden Kredit relevant. Ist deutsches Recht anwendbar und erfolgt deshalb eine Forderungsübertragung nicht mittels Novation, sind vertragliche Lösungen notwendig. Die Vertragsparteien begegnen dieser Situation zum einen mit der Schaffung einer Parallelverpflichtung oder mit dem noch darzustellenden, seinerseits durchaus problembehafteten Konzept eines *future pledgee*.[225]

aa) Abtretung einer künftigen Forderung gemäß § 488 Abs. 1 S. 2 BGB

Wird eine mit einem Pfandrecht an einem Recht besicherte, künftige Forderung (Anspruch aus § 488 Abs. 1 S. 2 BGB vor Valutierung) im Wege der Abtretung übertragen, entsteht das Pfandrecht bei jenen künftigen Forderungen gemäß §§ 1204 Abs. 2, 1209, 1273 Abs. 2 BGB schon mit seiner Bestellung.[226] Bei revolvierenden Krediten erlangt der Übernehmer des Kreditanteils – wie auch selbstverständlich der originäre Kreditgeber selbst – das dem Pfandrecht innewohnende Verwertungsrecht erst bei Valutierung der entsprechenden Kreditlinie. Wird hingegen eine künftige, noch nicht entstandene Forderung gemäß § 398 BGB abgetreten, geht das akzessorische Sicherungsrecht aufgrund mangelnder Entstehung nicht nach § 401 Abs. 1 BGB auf den Zessionar über. Eine künftige, nach ihrer Abtretung erst wirksam werdende Forderung wird direkt vom Zessionar erworben. Sie durchläuft keinen Durchgangserwerb über den Zedenten hinweg. Entsprechend erzeugt die Bestellung eines Pfandrechts zugunsten des Zedenten einer künftigen Forderung keine Wirkungen ab dem Zeitpunkt der Wirksamkeit der Abtretung. Der Zedent war nämlich dann zu keinem Zeitpunkt Inhaber einer gesicherten Forderung und entsprechend fehlt eine Voraussetzung für das Entstehen des Pfandrechts. Vielmehr fällt durch die Abtretung der künftigen Forderung der Bezugspunkt der Pfandrechtsbestellung zwischen dem Pfandgeber und dem späteren Zedenten weg: Eine Identität zwischen Pfandgläubiger und Inhaber der Forderung ist durch die Zession nicht mehr herstellbar. Da aus § 1250 BGB folgt, dass Forderung und Pfandrecht stets in einer Hand vereinigt sein müssen, kann andererseits ein Pfandrecht auch nicht ohne Forderung zugunsten eines Dritten bestellt werden, der nicht Inhaber einer Forderung gegenüber dem Verpfänder ist.[227]

Ähnliche Probleme stellen sich bei der Bürgschaft.[228] Wirtschaftlich gesehen könnten die Wirkungen des § 401 Abs. 1 BGB auch dadurch erzeugt werden, dass der Bürge zeitgleich mit der Zession der künftigen Forderung gegenüber dem Zessionar mit Letztgenanntem eine Bürgschaftsvereinbarung schließt.

---

225 Vgl. dazu noch S. 101 ff.

226 Vgl. *Bendtsen*, in *Kindl/Meller-Hannich/Wolf*, § 829, Rn 23; *Wiegand*, in *Staudinger* (2009), § 1204, Rn 26. Dazu auch BGHZ 86, 340, 340; abweichend *Damrau*, in MünchKomm, BGB, Band 6, § 1204, Rn 22.

227 Vgl. dazu BGHZ 23, 293 ff.; *Wiegand*, in *Staudinger* (2009), § 1204, Rn 28.

228 Vgl. allgemein Gläubigeridentität bei der Bürgschaft BGH NJW 1991, 3025 ff.

Wenn allerdings der Bürge sich für einen namentlich genannten Hauptschuldner gegenüber dem späteren Zedenten verbürgte, kann diese Erklärung nicht als Bürgschaft zugunsten eines Dritten oder als „Geschäft für den, den es angeht" verstanden werden.[229]

bb) Originärer Erwerb des Kreditanteils ohne Abtretung als Regelfall

Eine Übertragung eines Kreditanteils erfolgt zumeist nicht mittels Verkauf und Abtretung einer künftigen Forderung in Höhe des Konsortialanteils an den Beitretenden, da der übertragende Kreditgeber dem beitretenden Kreditgeber gegenüber nicht für das künftige Entstehen der Forderung haften will.[230] Insofern zahlt der Neukonsorte dann auch keinen Kaufpreis für den Erwerb einer künftigen Forderung, sondern zahlt lediglich den von ihm zur Verfügung zu stellenden Kreditbetrag direkt an den Kreditschuldner aus. Folglich bewirkt die Übernahme des Konsortialkreditanteils vor Auszahlung der Valuta durch den Neukonsorten nur einen teilweisen Übergang der Rechte und Pflichten, da Rückzahlungsansprüche originär erst beim Neukonsorten durch Valutierung entstehen. Das heißt, dass gar keine Forderungen, also auch keine künftigen, übertragen werden. Die Folge ist, dass akzessorische Sicherheiten gemäß §§ 401 Abs. 1, 1250 Abs. 1 BGB bereits nicht übertragbar sind.[231] Insofern gewährleistet die Parallelverpflichtung die nachträgliche Beteiligung an Sicherheiten. Sie erübrigt auch hier die Übertragung akzessorischer Sicherheiten infolge einer Forderungsübertragung.

III. Umsetzung und Vorgaben

Ihre mehrfache Funktionalität lässt die Parallelverpflichtung nicht nur in einem internationalen Kontext als Mechanismus für Syndizierungen attraktiv werden. Auch im rein innerdeutschen Rahmen bietet sie Vorteile bei der Bestellung akzessorischer Sicherheiten vor Valutierung. Daneben lässt sie eine zentrale Sicherheitenverwaltung durch einen Sicherheitenverwalter zu, da sie den Bestand des jeweils aktuellen Kreditvolumens als eine einzige Forderung reflektiert. Ihre Vehikelfunktion dient auf Basis des BGB ebenso der Überwindung bestimmter Schwächen akzessorischer Sicherungsrechte.

Die Parallelverpflichtung als Instrument in Konsortialkreditverträgen ist somit zwar eine essenzielle Regelung im zugrunde liegenden Schuldverhältnis

229 BGHZ 163, 59, 62; *Füller*, in *Ebenroth/Boujong/Joost/Strohn*, Band 2, BankR IV, Rn IV 518.

230 *Diem*, § 55, Rn 8; *Kilgus*, BKR 2009, 181, 185.

231 *Diem*, § 55, Rn 8 f.

zwischen Konsortium und Schuldner. Sie ist darüber hinaus auch als ein Verknüpfungsglied zwischen dem Kreditvertrag und dem meist separat geschlossenen Sicherungsvertrag.[232] Jedoch erschließt sich der Zweck der Parallelverpflichtung erst durch die Betrachtung der Geschäftsinteressen der beteiligten Banken. Sie ist ein Vertragsmechanismus, der von Anbeginn in das Schuldverhältnis eingebettet wird, um die spätere (teilweise) Übertragung jenes Schuldverhältnisses an eintretende Konsorten zwar nicht rechtlich erst zu ermöglichen, wohl aber wirtschaftlich attraktiv auszugestalten. Für den internen Regelungsbedarf zwischen Konsortium und Kreditnehmer ist sie nicht erforderlich, da die Sicherheiten selbst dann zentral von einem der Konsorten verwaltet werden könnten, wenn sie akzessorischer Natur wären. Eine Einräumung der Rechtsinhaberschaft gegenüber dem Sicherheitenverwalter für dessen Verwaltungs- und ggf. Verwertungstätigkeit ist dabei nicht zwingend, sondern könnte mittels dessen Bevollmächtigung realisiert werden. Die effektive Übertragbarkeit des Kreditanteils an Dritte ist aber unabdingbare Voraussetzung für einen lebendigen Handel mit Kreditbeteiligungen, der sich wiederum auf die Motivation der syndizierenden Banken niederschlägt, überhaupt bei Syndizierungsprozessen teilzunehmen.

Dem Erwerber eines Kreditanteils kann vonseiten des Veräußerers angeboten werden, ohne Rangverlust hinsichtlich bestellter Sicherheiten in die Position des ursprünglichen Konsorten einzurücken. Die Parallelverpflichtung als Plattform für akzessorische Sicherheiten wäre unnötig, wenn (auch künftig noch entstehende) Forderungen wie die synchronen Verpflichtungen aus dem Konsortialkreditverhältnis durch Transfermechanismen übertragen werden könnten, die dem Erwerber eine identische Besicherung seiner Forderungen gewährten.

Eine Implementierung der Parallelverpflichtung in das deutsche Recht setzt die Bewahrung ihrer Grundprinzipien voraus. Entscheidend ist, wie deren Qualifizierung und Implementierung in das hiesige System des Schuldrechts erfolgen können und welche Konsequenzen sich daraus ihrer ergeben.

Bevor allerdings ihre dogmatische Begründbarkeit auf Basis des deutschen Rechts in den Blickpunkt rücken kann, muss geklärt sein, wie sich die ihr zugeschriebene Funktion konkret auszuwirken hat. Wie beschrieben[233] kommt die Parallelverpflichtung gerade bei Kreditbeteiligungstransaktionen – sowohl nach angloamerikanischem als auch nach deutschem Recht – zur Geltung. Dafür sollen im Anschluss an eine kurze Skizzierung der wirtschaftlichen Bedeutung

232 Denkbar ist allerdings auch die Aufnahme der Klausel über eine Parallelverpflichtung im Sicherungsvertrag.

233 Vgl. vorstehend unter S. 42 ff.

des Handels mit Kreditbeteiligungen die rechtlich denkbaren wie tatsächlich genutzten Übertragungsformen für den Übergang von Kreditbeteiligungen nach beiden zu betrachtenden Rechtssystemen dargestellt werden. Danach sind die durch die Praxis der Parallelverpflichtung zugeschriebenen Wirkungsweisen auf ihre rechtliche Umsetzbarkeit zu überprüfen.

B. Der Sekundärmarkt für Konsortialkreditbeteiligungen

I. Begriff des Sekundärmarkts

Konsortialkreditbeteiligungen werden am sogenannten Sekundärmarkt gehandelt, wobei der Begriff des Sekundärmarkts der Abgrenzung zur initialen Syndizierung dient. Konsortialverträge und Konsortialkreditverträge beinhalten regelmäßig Bestimmungen für eine nachträgliche Syndizierung. Hierbei handelt es sich nicht nur um eine Allokation von Kreditrisiken eines Konsortialführers, der sich verpflichtete, auch für den Fall einer erfolglosen Syndizierung, den vollen Kreditbetrag auszuzahlen (*underwriting*[234]), sondern auch um die Übertragung von Konsortialkreditbeteiligungen nach abgeschlossener Primärsyndizierung. Die bloße Beteiligung am Kreditrisiko im Rahmen einer Unterbeteiligung gilt nicht als Handeln auf dem Sekundärmarkt. Die maßgebliche Unterscheidung zu den am Sekundärmarkt erfolgenden Rechtsgeschäften ergibt sich bei der Unterbeteiligung aus dem Umstand, dass sie die bei Syndizierung erzeugten Rechtsverhältnisse nicht berührt. Deshalb verwirklicht sich der Grund für die Schaffung der Parallelverpflichtung nicht, da kein Kreditgläubiger ausgewechselt wird.[235]

Entscheidend für die Abgrenzung der ursprünglichen und nachträglichen Syndizierung sind der Vertragsabschluss und die damit verbundene, zumindest vorläufige Verpflichtung der Konsorten als Parteien des Konsortialkreditvertrages. Die nachträgliche Aufnahme von in das Konsortium eintretenden Konsorten, die einen Kreditanteil übernehmen, ist deshalb als eine Übertragung einer bereits existierenden Kreditgeber- wie auch Konsortenstellung zu verstehen, die eben im Wege einer Novation oder einer Vertragsübernahme vollzogen werden kann.[236] Eine Kombination des Primär- und Sekundärmarktes kann bei einer

---

234 Prägnant hierzu *Hanke/Socher*, NJW 2010, 1435, 1436; ausführlich *Diem*, § 2, Rn 23 ff.

235 Vgl. dazu S. 42 f.

236 *Wenzel*, S. 59. Dagegen und auf die Valutierung als Zeitpunkt der Abgrenzung hingegen abstellend: *Wunderlich*, in *Schimansky/Bunte/Lwowski*, Band I, 4. Aufl., § 76, Rn 150. Ähnliches vertritt *Früh*, in WM 2000, 497, 498 wie *ders.* auch in *Hellner/*

Erhöhung des bestehenden Kreditanteils durch Übernahme einer zusätzlichen Beteiligung entstehen.[237]

II. Wirtschaftliche Gründe für die Übertragung von Konsortialkreditanteilen

Die konkreten Gründe für eine nachträgliche Übertragung von Kreditanteilen[238] sind im Einzelfall sehr verschieden und können infolgedessen nur allgemein skizziert werden. Strategische Neuorientierungen mögen die an der Syndizierung beteiligten Banken zur Veräußerung veranlassen wie Befreiungen von Eigenkapitalerfordernissen, um neue Darlehen zu gewähren. Daneben kommen Restrukturierungsinteressen der Banken in Betracht. Denkbar ist auch, dass Primärsyndizierungen aus Vertraulichkeitsgründen nicht zustande kommen konnten. Auch die Diversifizierung des eigenen Portfolios durch die Übertragung von Kreditanteilen an eigene Tochterunternehmen können Beweggründe für eine

---

Steuer, BuB, Band 1, Rn 3/339a, wenn er darauf abstellt, dass eine Ausplatzierung auf dem Sekundärmarkt bei Kreditrisiken gegeben ist, die schon länger im Bestand der Bank weilen, während eine Syndizierung noch gegeben ist, wenn das Kreditrisiko bei einem Neukredit bei der Kreditgewährung oder in ihrem unmittelbaren Anschluss auf weitere Banken verteilt wird. In diesem Sinne wohl auch *Brandt/Sonnenhol*, 2329, 2330. Gleichwohl erscheint eine an einem konkreten Rechtsakt sich orientierende Unterscheidung nicht nur einfacher, sondern hier auch angemessen. Es werden hierdurch keine abweichenden Rechtsfolgen verursacht, sondern nur eine schärfere Trennung der Marktsegmente ermöglicht. Würde hingegen auf die geplante Syndizierung abgestellt, ist ein taugliches Abgrenzungsmerkmal zwischen Primär- und Sekundärmarkt damit angesichts der nun gängigen, standardisierten Vertragstexte nicht gefunden. Solche Vertragstexte beinhalten regelmäßig Bestimmungen zur Beteiligungsübertragung, sodass streng genommen die nach der Gegenmeinung nötige Veräußerungsabsicht schon – vertraglich belegt – in der Syndizierungsphase vermutet werden kann. Demzufolge existierte ein Sekundärmarkt von vorneherein nicht. Im hier zugrunde liegenden Sinne kennzeichnet auch *Rhodes*, S. 581 den Sekundärmarkt, wenn er auf den Vertragsabschluss rekurriert: *"The term 'secondary market', in contrast to the term 'primary market' signifies any sale or transfer made after the syndication of the loan has been concluded through the arranging bank(s)."* Rechtliche Konsequenzen für den konkreten Verkaufsakt ergeben sich aus der Einordnung Primärmarkt/Sekundärmarkt freilich nicht.

237 *Wenzel*, S. 59 f.

238 Legt man die soeben gefundene Abgrenzung zwischen ursprünglicher und nachträglicher Syndizierung zu Grunde, so wird man für die hiesige Übertragung von Kreditanteilen auch den Fall annehmen müssen, wenn aus rein zeitlichen Gründen eine Syndizierung vor Abschluss des Kreditvertrages nicht mehr erfolgte.

Übertragung bilden.[239] Auch kann der Kredit selbst den Anlass zur Veräußerung eines Anteils geben, wenn die Verwaltung notleidender Kredite in externe Hände gegeben werden soll. Krisenzeiten verdeutlichen auch das Bedürfnis zur Übertragung von Kreditbeteiligungen auf staatliche Institutionen oder Zentralbanken, um hiermit den Kreditgeber notleidender Kredite zu stützen.[240]

III. Die Entwicklung des Sekundärmarktes für Konsortialkreditbeteiligungen

Der Handel mit Kreditbeteiligungen war freilich keine Neuheit auf den Märkten des ausgehenden 20. Jahrhunderts. Jedoch wurde in diesem Zeitraum der Handel mit Kreditbeteiligungen durch verschiedene Faktoren besonders begünstigt. Zum einen traten wirtschaftliche Umstände in Erscheinung, die neben einer (internen oder externen) Bewirtschaftung der bestehenden Kreditbeziehungen einen Verkauf problembelasteter Kreditbeteiligungen als bessere Lösung nahelegten. Auch durch die Standardisierung der vertraglichen Grundlagen wurden Bedingungen geschaffen, die den Verkauf der Kreditbeteiligungen als probates Mittel des Kreditgeschäfts der Banken haben reifen lassen. Die Standardisierung der Dokumentation hat unter diesem Gesichtspunkt die Handelbarkeit von Kreditbeteiligungen deutlich bestärkt. So verkaufen Banken ihre Beteiligungen aus Profit- oder Liquiditätsgründen und kaufen sie auf der anderen Seite, um sich in neuen Geschäftsbereichen oder bei neuen Kunden zu positionieren. Merkmal dieser Entwicklung ist das hiermit erstmals deutlich zum Vorschein

---

239 Zu diesem Abschnitt *Wood*, International Loans, Bonds, Guarantees, Legal opinions, Rn 9–002 mit weiteren Beispielen.

240 Zu dem Anstaltsmodell und in diesem Zusammenhang zu dem Gesetz zur Fortentwicklung der Finanzmarktstabilisierung vom 17.07.2009 (BGBl. 2009 I, S. 1980) *Laier*, GWR 2009, 294451. Die durch jenes FMStFG gefundene Trennung zwischen dem Zweckgesellschaftsmodell und dem Anstaltsmodell geht mit einer unterschiedlichen Ausgestaltung der Übertragungsgegenstände einher. Während im Zweckgesellschaftsmodell ausschließlich „strukturierte Wertpapiere" und damit verbundene Absicherungsgeschäfte gemäß § 6a Abs. 1 S. 1 Hs. 1 FMStFG zur Übertragung zugelassen sind und demnach nicht verbriefte Kredite dieser Kategorie nicht unterfallen (*Wolfers/Rau*, NJW 2009, 2401, 2402 unter Verweis auf den Monatsbericht der Deutschen Bundesbank vom Mai 2009, S. 57, wonach „einfache Buchkredite" nicht in wertgeminderte finanzielle Aktiva einbezogen seien. Im Unterschied dazu können nach § 8a Abs. 1 S. 1 FMStFG hingegen im Anstaltsmodell mehr Vermögensgegenstände übertragen werden, nämlich Risikopositionen und nicht notwendige Geschäftsbereiche, dazu auch *Ohler*, WiVerw 2010/1, S. 47, 55; *Wolfers/Rau*, NJW 2009, 2401, 2403 f.

tretende aktive Portfolio-Management von Investoren und Banken, das zu einer gesteigerten Präsenz von Konsortialkreditanteilen am Kapitalmarkt führte. Es trug dazu bei, dass neben Banken nunmehr ebenso Hedgefonds, Pensions- oder Investmentfonds und Versicherungsgesellschaften als Akteure am Handel partizipieren,[241] wie aber gerade auch durch Kreditgeber gegründete Zweckgesellschaften im Rahmen derivativer Beteiligungsstrukturen.[242] Diese weiteren Methoden der Risikoübertragung durch die Platzierung von Anleihen auf dem Kapitalmarkt hat das vorher schon bestehende Spektrum der Risikobeteiligung in der Gestalt von Unterbeteiligungen um eine neue Form erweitert. Regelmäßige Intension des Kreditgebers ist es, sich die Veräußerung der Beteiligung offen zu halten. Das erfordert eine Reduzierung von potenziellen Transferhemmnissen, wie etwa Einwendungen des Kreditnehmers, eine komplexe Struktur einer Finanzierung sowie deren passgenaue und kaum vorhandene Standardisierung.[243]

Während die Syndizierung von Krediten selbst der Aufteilung von Risiken dient, kann sich der Sekundärmarkt neben Kreditausfallgarantien jedweder Art als zusätzliche Option des Risikotransfers anbieten. Der Sekundärmarkt für Konsortialkreditbeteiligungen speist sein Volumen aber nicht nur durch Beteiligungsveräußerungen, die bereits im Zeitpunkt des Vertragsschlusses intendiert waren, sondern auch durch einen regen Handel mit Kreditbeteiligungen bei schon fortgeschrittener Kreditlaufzeit. Naturgemäß richtet sich der Sekundärmarkt nach den gleichen Einflüssen und Eruptionen wie der Primärmarkt, der ja auch erst die Beteiligungen schafft, die auf dem Sekundärmarkt gehandelt werden.[244] Nicht zuletzt können – wie schon bei der Frage der Kreditgewährung selbst – gesetzliche Vorgaben an die Eigenkapitalquote hinsichtlich der bestehenden Kreditverbindlichkeiten ein Handeln auf dem Sekundärmarkt zur Entlastung des Eigenkapitals im Zusammenhang mit § 10 KWG erfordern.[245]

241 *Johnstone*, in Loan Book, S. 38; *Wunderlich*, in *Schimansky/Bunte/Lwowski*, Band I, 4. Aufl., § 76, Rn 146 ff., insb. 158.

242 *Mugasha*, The Law of Multi-Bank Financing, Rn 8.01.

243 Hierzu und zu Beteiligungstransfers: *Mugasha*, The Law of Multi-Bank Financing, Rn 8.04.

244 *Noisser, Snizek, Bennett*, in Loan Book, S. 94.

245 Hierzu gehören die Anforderungen der sich nach den bestehenden Risiken richtenden Eigenkapitalunterlegung, wie sie Basel II vorsieht; *Schalast*, BKR 2006, 193, 194. Dazu auch *Brandt/Sonnenhol*, WM 2001, 2329, 2331.

C. Die Übertragung von Konsortialkreditanteilen nach englischem Recht – Die *novation* als Herausforderung für die Vertragspraxis

I. Gestaltungsformen der Übertragung von Forderungen und Vertragspositionen

Originär ist die Schaffung der Parallelverpflichtung eine Reaktion auf die Eigenarten des angloamerikanischen Rechts in Bezug auf die Übertragung einer Vertragsposition auf eine neu hinzutretende Partei. Wie noch zu zeigen sein wird, bestehen im angloamerikanischen Rechtsraum mehrere Möglichkeiten der Forderungsübertragung. Entweder werden weiter existierende Forderungen abgetreten (*assignments*) oder das ihnen zugrunde liegende Schuldverhältnis wird aufgehoben und anschließend neu begründet.[246] Allerdings besteht nur mit der noch näher darzustellenden *novation*[247] ein Instrument zur Übertragung einer gesamten Rechte-und Pflichtenposition.

Davon zu unterscheiden sind Risikounterbeteiligungen, die keine Liquiditätsbeteiligung im Innenverhältnis zwischen Dritten und Konsorten vorsehen, sondern lediglich gegen eine Prämie Kreditausfallrisiken absichern (*credit default swap*).[248] Daneben wird auch eine Beteiligung in Form einer *credit linked note* praktiziert, die sich als eine Schuldverschreibung kennzeichnen lässt und vonseiten des Emittenten aus den Erträgen des abzusichernden Kreditgeschäfts bedient wird. Sie bietet damit dem Dritten eine Partizipation an den Rückzahlungen des Schuldners in Bezug auf den Kredit als Referenzschuld.[249]

Diese beiden Optionen unterscheiden sich indes gegenüber der *novation* dadurch, dass bei ihnen keine vertragliche Beziehung zum Darlehensnehmer geschaffen wird, sondern nur zu einem Konsorten. Nur dem Konsorten stehen vertragliche Rechte gegenüber dem Darlehensnehmer zu und nicht dem hinzutretenden Dritten. Die hier im Weiteren zu betrachtenden Vertragsdokumentationen behandeln generell nur die beiden Übertragungsformen des *assignment* und der *novation*, da nur sie den Darlehensnehmer betreffen können.[250]

---

246 Die folgende Darstellung beschränkt sich auf die Vorgaben des englischen Rechts und des Rechts des Bundesstaates New York. Nicht behandelt wird die Übertragung von Anteilen am Konsortium selbst.

247 Vgl. S. 64 ff.

248 *Wenzel*, S. 344. Hierzu näher *Achtelik*, in *Boos/Fischer/Schulte-Mattler*, KWG, SolvV § 165, Rn 3.

249 *Brandt/Sonnenhol*, WM 2001, 2329, 2333.

250 Zu diesem Abschnitt *Wright*, International Loan Documentation, S. 187.

Das *assignment* entspricht einer Zession der Forderung im Sinne des deutschen Rechtsverständnisses. Der Zessionar tritt aufgrund einer Verfügung zwischen den Parteien über die Forderung an die Stelle des Zedenten. Die *novation* ist hingegen ein Vertrag zwischen dem Schuldner, dem Gläubiger und einem Dritten, nach dem die Schuld des Schuldners fortan dem Dritten geschuldet wird. Bei ihr tritt kein Übergang eines fortwährenden Rechts ein, sondern ein Untergang mit einer anschließenden Neubegründung. Wie auch im deutschen Recht im Rahmen des § 362 Abs. 2 BGB ist von einem *assignment*, also einer Forderungsübertragung, eine *authority to pay* zu unterscheiden, wo der Gläubiger den Schuldner anweist, mit befreiender Wirkung statt an ihn selbst an einen Dritten zu leisten. Das *assignment* selbst kann durch Vertrag zwischen dem *assignor* und dem *assignee* geschlossen werden oder durch Aufforderung gegenüber dem Schuldner, die Schuld nunmehr gegenüber dem *assignee* zu erbringen, dem wiederum dieser Vorgang anzuzeigen ist.[251]

Wie im deutschen Recht ist auch nach englischem Recht eine nachträgliche Umwandlung der Stellung der Vertragsparteien nicht möglich. So kann ein Vollmachtgeber nach Abschluss des Vertrags durch den Vertreter in seinem Namen nicht etwa mit dem Vertreter mittels Erklärung die Rollen tauschen. Möglich ist es aber, dass eine Bank als verdeckte Stellvertreterin für andere Banken einen Kreditvertrag abschließt, wenn diese die den Vertrag abschließende Bank hierzu vorher ermächtigt haben.[252]

II. Das *assignment* als eigentliche Forderungsübertragung

Das *assignment* ist ein Vorgang zur Übertragung eines Rechts ohne die Zustimmung des Schuldners. Durch das *assignment* wird nur das einzelne Recht von dem *assignor* auf den *assignee* übertragen, nicht das ihm zugrunde liegende Schuldverhältnis. Im Fall der Übertragung von Kreditbeteiligungen erwirbt der *assignee* sämtliche Rechte gegenüber dem Kreditnehmer unmittelbar, wie auch etwa in Bezug auf Anpassungsklauseln oder ggf. im Kreditvertrag eingeräumte Stimmrechte.[253] Nach heutigem Rechtsverständnis kann alles mittels *assignment* übertragen werden, was durch die Rechtsordnung als Recht oder Inhaberschaft angesehen wird, es sei denn, es wäre durch Gesetz oder sonstige Vorschriften ausgeschlossen.[254]

---

251 *Treitel*, in English Private Law, Vol. II, Rn 8.331.

252 *Wood*, International Loans, Bonds, Guarantees, Legal Opinions, Rn 9–008.

253 *Wood*, Law and Practice of International Finance, Rn 10–14.

254 *Mugasha*, The Law of Multi-Bank Financing, Rn 8.16.

Das englische Recht sieht wie das deutsche Recht keine Rechtsübertragung vor, die ohne das Einverständnis des Gläubigers die Verpflichtung auf einen anderen Schuldner überzuleiten vermag.[255] Dieser Vorgang der Rechtsübertragung kann seinerseits nach *section* 136 (1) des englischen *Law of Property Act* von 1925 in ein *statutory assignment* und ein *equitable assignment* unterteilt werden.[256] Die beiden Formen unterscheiden sich dadurch, dass ein *statutory assignee* im Gegensatz zu einem *equitable assignee* den Schuldner ohne eine Prozessbeteiligung des *assignor* verklagen kann.[257] Diese Differenzierung ist auf die Rechtsentwicklung zurückzuführen, die von dem Gedanken getragen war, dass bei *equitable assignments* nur unter Einhaltung gewisser Voraussetzungen ein eigenes Klagerecht des *assignee* entstehen kann. Die Geltendmachung dieses Klagerechts ist nicht von einer Beteiligung des *assignor* am Prozess des *assignee* gegen den Schuldner als *co-claimant* oder *co-defendant* abhängig. Letzteres wäre etwa dann der Fall, wenn der *assignor* die Wirksamkeit der Rechtsübertragung auf den *assignee* bestreitet.[258] Diese Entwicklung fand allerdings zunächst im Bereich des Billigkeitsrechts (*equity*) statt. Das *common law* selbst stellte demgegenüber drei Rechtsübertragungsformen als Varianten zum *assignment* zur Verfügung: die besagte *novation*, das unten noch zu skizzierende *acknowledgement* und die Bevollmächtigung eines Dritten durch den Gläubiger, in seinem Namen die Forderung einzuklagen.[259] Das *equity* hingegen sah die Möglichkeit der Übertragung bestimmter Rechte mittels *assignment* vor. Im *common law* waren allerdings auch manche Rechte und Verträge bereits während des 19. Jahrhunderts per Gesetz übertragbar. Die Verschmelzung von *common-law-* und *equity-*Gerichten weitete den Anwendungsbereich des *assignment* als Übertragungsform aus, da die begrenzte Rechtsanwendungsbefugnis mit der Zusammenlegung der Gerichtsformen beseitigt wurde.[260]

Das *statutory assignment* ist gemäß *section* 136 (1) des englischen *Law of Property Act* von 1925 nur als ein solches wirksam und wird dann als *absolute assignment* bezeichnet, wenn es selbst schriftlich und mit einer schriftlichen Anzeige gegenüber dem Schuldner erfolgt. Die Folge ist die Berechtigung des Forderungsempfängers den Schuldner im eigenen Namen und alleine ohne

---

255 *Treitel*, in English Private Law, Vol. II, Rn 8.346.

256 Zu der maßgebenden Vorschrift *Carl*, in *Hadding/Schneider*, S. 202 f.

257 *A. S. Burrows*, in The Common Law Library, Chitty on Contracts, Vol. 1, Rn 19–005.

258 Zu diesem Abschnitt *Peel*, The Law of Contract, Rn 15–007.

259 *Peel*, The Law of Contract, Rn 15–002 ff.; *Treitel*, in English Private Law, Vol. II, Rn 8.325.

260 *Peel*, The Law of Contract, Rn 15–009.

jedwede Beteiligung des Abtretenden in Anspruch zu nehmen und verklagen zu können.[261] Entspricht jedoch ein *assignment* den gesetzlichen Vorgaben dieser Kodifizierung, wie etwa Formvorschriften oder einer schriftlichen Anzeige gegenüber dem Schuldner[262] nicht, ist es nicht automatisch unwirksam, sondern kann als *equitable assignment*, also im Bereich des *equity*, Geltung beanspruchen.[263] Jenes Billigkeitsrecht setzt nur voraus, dass die Forderung eindeutig bestimmbar ist. Die Abtretung kann sogar mitunter ohne Mitwirkung des Zessionars durch die bloße Anweisung des Zedenten an den Drittschuldner vollzogen werden, auf den Zessionar *funds* zu übertragen.[264] Ein solches *equitable assignment* würde also in Betracht kommen, wenn die Forderungsabtretung, wie etwa im Falle eines verlängerten Eigentumsvorbehalts im deutschen Recht geläufig, dem Dritten nicht bekannt gegeben werden soll. Da im Rahmen eines *equitable assignment* eine Anzeige an den Schuldner nicht erforderlich ist und zukünftige Forderungen nur mittels eines *equitable assignment* übertragbar sind, werden im englischen Recht oftmals Forderungen nach dem Billigkeitsrecht und nicht im Wege des *legal assignment* übertragen.[265]

Die Anwendung des *equitable assignment* hat zur Folge, dass ein Zessionar eines *statutory assignment* den Schuldner verklagen kann, ohne den Zedenten als Partei des Aktes der Forderungsübertragung einzubinden, wohingegen dies einem Zessionar eines *equitable assignment* häufig nicht möglich ist.[266] Hinzu kommt, dass bei einer Forderungsübertragung mittels eines *assignment*, wie auch sonst bei der schriftlich fixierten Übertragung von Eigentum, nach der englischen Rechtslage die Stempelsteuer fällig wird.[267] Diese Regelungen Großbritanniens zur *stamp duty* oder *stamp duty reserve tax* (SDRT) sind nur einschlägig, wenn existierende Rechte übertragen werden. Diese Steuern fallen nicht an, wenn eine Übertragung in der Form der *novation* erfolgt oder eine

---

261 *Peel*, The Law of Contract, Rn 15-010; *Treitel*, in English Private Law, Vol. II, Rn 8.329.

262 Zu diesen Vorgaben von section 136 (1) of the Law of Property Act 1925 näher *Treitel*, in English Private Law, Vol. II, Rn 8.328.

263 *A. S. Burrows*, in The Common Law Library, Chitty on Contracts, Vol. 1, Rn 19-004; *Carl*, in *Hadding/Schneider*, S. 202 f.; *Peel*, The Law of Contract, Rn 15-010, 15-016-

264 Vgl. *von Kenne*, S. 79 zu der Rechtslage in Kanada.

265 *Locke*, S. 132; auch *Holden*, Vol. 2, S. 328.

266 *A. S. Burrows*, in The Common Law Library, Chitty on Contracts, Vol. 1, Rn 19-005. Das equitable assignment eröffnet keine selbstständige Aktivlegitimation in einem Prozess, *Willer*, AcP 209 (2009), 807, 810.

267 *Willer*, AcP 209 (2009), 807, 810; *Lorenz*, S. 178.

Unterbeteiligung eingeräumt wird.[268] Eine derartige Steuer würde im Rahmen der *novation* nur anfallen, wenn der zuzuwendende Vermögensvorteil mit gewissen Sonderrechten (bspw. Vorkaufsrechten) ausgestattet ist.[269]

III. Das *acknowledgement* als alternative Übertragungsform und die Umdeutung eines unwirksamen *assignment*

Der Übertragungsform des *assignment* nicht unähnlich ist das sogenannte *acknowledgement*, ein im 19. Jahrhundert in Großbritannien gebräuchliches Institut, nach dem eine Partei, die für eine andere Partei Gelder hält, von der anderen Partei angehalten wird, diese Mittel an einen Dritten auszuzahlen. Gleichzeitig wird dem Dritten im Wege der Anzeige durch die erstgenannte Partei eine (nach dem deutschen Recht wohl so zu bezeichnende) Aktivlegitimation zuteil, die ebenfalls ein eigenständiges Klagerecht des Dritten begründet.[270] Der Anwendungsbereich des *acknowledgement* ist durch die Anerkennung weiterer Vertragsbeziehungen wie auch des *assignment* im *common law* seit dem Erlass der maßgeblichen Gerichtsentscheidungen zum *acknowledgement* gegen Mitte des 19. Jahrhunderts bedeutend geschrumpft.[271]

Parteien können des Weiteren ein Treuhandverhältnis für bestimmte Vermögenswerte begründen. Davon abgesehen kann ein Gericht ein unwirksames *assignment* in Bezug auf die Übertragung von Vermögen als Begründung eines Treuhandverhältnisses zugunsten des *assignee* deuten, wenn der Wille der Vertragsparteien, zumindest ein Treuhandverhältnis zu begründen, offen zutage tritt.[272]

---

268 *Adams*, S. 137; *Rhodes*, S. 593; *Wood*, International Loans, Bonds, Guarantees, Legal Opinions; Rn 9–010.

269 *Adams*, S. 137 f.

270 *A. S. Burrows*, in The Common Law Library, Chitty on Contracts, Vol. 1, Rn 19–089.

271 So könnten heute unter Beachtung weiterer Voraussetzungen Rechtsstreitigkeiten, die einschlägigen Entscheidungen in den wesentlichen Punkten entsprechen, nach dem Contracts Act von 1999 beurteilt werden, *Peel*, The Law of Contract, Rn 15–004. So wird der Doktrin des acknowledgement letztlich auch nur noch in dem Bereich der Erbringung einer Geldleistung Geltungskraft zugewiesen, nicht aber bei der Übertragung einer Verbindlichkeit, *A. S. Burrows*, in The Common Law Library, Chitty on Contracts, Vol. 1, Rn 19–089.

272 *Mugasha*, The Law of Multi-Bank Financing, Rn 8.34 ff.

IV. Unterschiede zwischen ***novation*** und einer Vertragsänderung (***variation***)

Die Übertragungsformen des *assignment* und der *novation* sind von Möglichkeiten der bestandswahrenden Änderung bestehender Schuldverhältnisse abzugrenzen. Eine derartige Abänderung der Schuld, die nicht die Identität oder die Existenz der Schuld berührt, wird als *variation* bezeichnet. Sie ist im fortwährenden Zweipersonenverhältnis denkbar, eignet sich jedoch nicht als Form der Übertragung eines Schuldverhältnisses auf einen Dritten. Abgrenzungsschwierigkeiten können deshalb nur im Zweipersonenverhältnis auftreten, in dem sowohl eine *variation* als auch eine *novation* durchführbar ist.

Während dagegen ein *assignment* das der abzutretenden Forderung zugrunde liegende Schuldverhältnis unberührt lässt, ist es jedoch sowohl im Falle der *novation* wie auch einer Erneuerung/Veränderung kraft Parteiwillens (*variation*) der Bezugspunkt des Parteihandelns. Die Frage, wie eine Vertragsauflösung (*rescission*), als elementarer Bestandteil und erster Schritt der *novation*,[273] von einer nachträglichen Veränderung (*variation*) des insoweit aber bestehen bleibenden Vertrags abzugrenzen ist, bestimmt sich anhand des Ausmaßes der Änderung. Wenn die Änderungen nicht den Kern des Vertrages betreffen, spricht mehr für die Annahme einer *variation* statt einer *novation*.[274]

In Bezug auf US-amerikanisches Recht wurde beispielsweise von Insolvenzgerichten des Bundesstaates Illinois in sehr ähnlicher Weise zur Abgrenzung zwischen einer *novation* und einer sogenannten *modification* entschieden. Entscheidend für die Abgrenzung einer Vertragssubstituierung von einer bloßen Änderung eines fortbestehenden Vertrags sei der Grad, mit dem das ursprüngliche Rechtsverhältnis geändert wird.[275] Obwohl der Parteiwillen für die Einordnung als Schuldneubegründung maßgeblich ist, sind bestimmte Folgen ungeklärt. So ist bisher ungewiss, ob die Parteien auf Grundlage dieser Rechtsprechung trotz Änderung wesentlicher Bedingungen des Schuldverhältnisses wirksam eine *modification* statt einer *novation* vereinbaren können. Die Beurteilung der Frage, ob das ursprüngliche Schuldverhältnis identitätswahrend bestehen bleibt oder doch

---

273 *A. S. Burrows*, in The Common Law Library, Chitty on Contracts, Vol. 1, Rn 22-031.

274 *A. S. Burrows*, in The Common Law Library, Chitty on Contracts, Vol. 1, Rn 22-034.

275 United States Bankruptcy Court Central District of Illinois, 1997, opinion, *in re Dennis E. Nash & Debra A. Nash*, Case 97-70956, vom 17. Juni 1997, S. 2 mit weiteren Nachweisen. Dazu auch United States Bankruptcy Court Southern District of Illinois, 2010, opinion *in re Benjamin & Elisa Naumann*, Case 09-32092, vom 8. Juni 2010, S. 4.

zwischenzeitlich wegfällt, ist deshalb eher faktischer Natur und richtet sich nach dem Grad der vereinbarten Veränderungen.[276]

Diese Modifizierung der Schuld, die sich auf den Bestand der Sicherheiten nicht auswirkt, ist allerdings keine Option zur Übertragung von Forderungen oder ganzen Rechtsverhältnissen, da hierdurch keine Übertragung derselben auf einen Dritten vollzogen werden kann. Deshalb können im Grunde nur die *novation* und das *assignment* infrage kommen.

V. Der Unterschied zwischen *novation* und *assignment*

Der hierdurch relevant werdende Unterschied zwischen *novation* und *assignment* besteht neben unterschiedlichen historischen Ursprüngen materiell darin, dass für die *novation* die Zustimmung aller drei Parteien, also auch die des Schuldners, für das Zustandekommen dieser Vereinbarung notwendig ist. Die Schuld an sich wird nicht übertragen, sondern das Recht des Dritten auf Zahlung gegenüber dem Schuldner geht aus dem neuen Vertrag selbst hervor. Die Forderung wird deshalb auch nicht im engeren Sinne übertragen.[277] Sie entsteht aufgrund des Vertrags zwischen Altgläubiger, Neugläubiger und Drittschuldner zugunsten des Neugläubigers in der Form und Gestalt neu, wie sie als Forderung des Altgläubigers untergeht. Das maßgebliche Unterscheidungsmerkmal liegt in dem Umstand des Zustimmungserfordernisses der drei Beteiligten und nicht nur zwischen Zedent und Zessionar[278] wie auch in dem Schicksal der gegenständlichen Forderung gegen den Drittschuldner. In Falle der *novation* wird der ursprüngliche Vertrag zwischen Gläubiger und Schuldner durch einen neuen Vertrag substituiert, wobei das existierende Rechtsverhältnis erlischt.[279] Anstelle des bisherigen Schuldverhältnisses zwischen dem Gläubiger und dem Schuldner tritt ein neues Schuldverhältnis mit gleichem Inhalt, aber eben mit anderen Beteiligten.[280] Die *novation* bietet im Gegensatz zum *assignment* die Möglichkeit, sowohl die Verpflichtungen und Rechte der ausscheidenden Partei auf die eintretende Partei zu übertragen, sodass die Erstgenannte damit vollständig von sämtlichen Verpflichtungen freigestellt wird.[281] Die Unmöglichkeit

---

276 *Rusch,* The Transactional Lawyer, Vol. 1 (February 2011), S. 4.

277 *Peel,* The Law of Contract, Rn 15-003.

278 *A. S. Burrows,* in The Common Law Library, Chitty on Contracts, Vol. 1, Rn 19-086.

279 United States Bankruptcy Court Southern District of Illinois, 2010, opinion *in re Benjamin & Elisa Naumann,* Case 09-32092, vom 8. Juni 2010, S. 4.

280 *A. S. Burrows,* in The Common Law Library, Chitty on Contracts, Vol. 1, Rn 19-088; *Johnstone,* in Loan Book, S. 41.

281 *Mugasha,* The Law of Multi-Bank Financing, Rn 8.15; dazu auch *Rhodes,* S. 584 f.

der Übertragung von Verpflichtungen des Kreditgebers im Wege des *assignment* wirkt sich infolgedessen gerade bei revolvierenden Krediten in Bezug auf noch nicht ausgeschöpfte Ansprüche auf Valutierung aus.[282] Es ist im *common law* auch die einzige Möglichkeit mittels Vereinbarung mit dem Gläubiger dessen Rechtsposition gegenüber dem ursprünglichen Schuldner zu entziehen.[283] Daneben kann die Zustimmung auf Abschluss des substituierenden Vertrags der eintretenden Partei nicht aufgezwungen werden; sie muss entweder in ihre Berufung als neue Partei einwilligen oder sie später genehmigen.[284]

Aufgrund eines anschließenden Neubegründungsvertrags zwischen dem verbleibenden Schuldner und dem neuen Gläubiger wird das Schuldverhältnis inhaltsgleich neu erschaffen.[285] Die beiden Verträge sind verbunden und können in einem einheitlichen Vorgang abgeschlossen werden. Dies bietet der neuen Partei auch im Gegensatz zu einem *assignment* die Möglichkeit, bessere Konditionen durch das neu begründete Schuldverhältnis zu erlangen, als sie die ausscheidende Partei innehatte.[286] Die *novation* unterscheidet sich auch von einer Garantieerklärung, nach der etwa der Hinzutretende erklärt, er hafte für die Verpflichtung des Konsorten, denn der bisherige Konsorte wird von seinen Verbindlichkeiten vollumfänglich durch den Aufhebungsvertrag frei.

Die wirksame Substituierung des bisherigen Schuldverhältnisses durch ein neues Schuldverhältnis mittels einer *novation* erfordert die Erfüllung von vier Voraussetzungen, die von der Partei zu beweisen sind, die sich auf die wirksame Begründung eines ersetzenden Schuldverhältnisses durch eine *novation* beruft. Notwendig ist (1) das Bestehen einer vorherigen, wirksamen Verbindlichkeit, (2) ein sich dem anschließender Vertrag zwischen allen Beteiligten, der (3) das alte Schuldverhältnis aufhebt und (4) ein wirksames neues begründet.[287] In Konsortialkreditverträgen sind oft Klauseln enthalten, nach denen der Kreditnehmer bereits antizipiert die Zustimmung zu einer eventuellen Übertragung des Anteils

---

282 *Wood*, Law and Practice of International Finance, Rn 10–15.

283 *Treitel*, in English Private Law, Vol. II, Rn 8.346.

284 *A. S. Burrows*, in The Common Law Library, Chitty on Contracts, Vol. 1, Rn 22-031.

285 Hierdurch kann festgelegt werden, dass auch keine Verbindlichkeiten des alten Gläubigers erlöschen und etwa nicht bspw. dann zum Tragen kommen, wenn der Neugläubiger seiner Verpflichtung zur Bereitstellung der Valuta nicht nachkommt, vgl. *Woods*, Law and Practice of International Finance, Rn 10–30.

286 *Mugasha*, The Law of Multi-Bank Financing, Rn 8.15.

287 United States Bankruptcy Court Southern District of Illinois, 2010, opinion *in re Benjamin & Elisa Naumann*, Case 09-32092, vom 8. Juni 2010, S. 4 ff.; *Rusch*, The Transactional Lawyer, Vol. 1 (February 2011), S. 3 f.

an eine noch zu bestimmende dritte Partei erklärt.[288] Diese Vorgehensweise erleichtert nicht nur den späteren Übertragungsakt an den Neuerwerber, sondern nimmt dem Kreditnehmer die Möglichkeit, die Zustimmungserklärung zum Zeitpunkt der Vornahme der Übertragung zu verzögern. Denkbar ist allerdings eine Regelung, die Bedingungen für ein Verfahren der Übertragung an einer Beteiligung aufstellt und nach der ein Kreditnehmer die Zustimmung zu einem *assignment* oder einer sonstigen Übertragung nicht unbillig verweigern oder verzögern darf.[289]

VI. Die *novation* als Form der gewillkürten Vertragsübernahme aus der Perspektive des deutschen Rechts?

An das deutsche Recht wird die *novation* unter Beteiligung von Gläubiger, Schuldner und neuem Schuldner als gewillkürte Vertragsübernahme durch Ersetzung der vertraglichen Verpflichtungen eines bisherigen Vertragspartners durch einen neuen adaptiert.[290] In der Tat gibt es wesentliche Übereinstimmungen in Bezug auf den Vollzug des Rechtsgeschäfts.[291] Gleichwohl ist zu bedenken, dass die *novation* keine Übertragung von Rechten und Pflichten aus dem Schuldverhältnis auf den neuen Schuldner bewirkt,[292] die eine identitätswahrende Beibehaltung der Forderung als solcher vorsieht.

Zweifelsfrei ist die *novation* keine Schuldübernahme nach dem BGB, da sie gerade keine Überleitung einer einzelnen konkreten Forderung im Sinne des Schuldverhältnisses im engeren Sinne ist. Die *novation* bewirkt, wenn auch nur für einen gedachten Moment, die Entziehung des Gläubigerrechts durch das Erlöschen der Forderung.[293] Die *novation* kennzeichnet sich als die Schaffung eines

---

288 *Wenzel*, S. 346.

289 So der dargestellte Vertragstext bei *Mugasha*, The Law of Multi-Bank Financing, S. 560.

290 *Harpering*, S. 55, 60; *Willer*, AcP 209 (2009), 807, 810.

291 Wie bei der novation liegt der gewillkürten Vertragsübernahme an sich kein einheitliches, sondern ein verbundenes Rechtsgeschäft zugrunde, das sich entweder durch einen zwei- oder mehrseitigen Vertrag (also gleich unter Beteiligung der übernehmenden Partei) oder durch einen Vertrag zwischen der ausscheidenden und der eintretenden Partei verstehen lässt, dem die verbleibende Partei zustimmt, *Rohe*, in *Bamberger/Roth*, Beck'OK, BGB, Ed. 25, § 415, Rn 27 sowie hierzu auch BGH NJW 1999, 2664, 2666; OLG Karlsruhe NZG 2001, 371, 372.

292 Die Rechteübertragung ist nach dem BGH der Unterschied zum Schuldbeitritt, BGHZ 133, 71, 74.

293 *Birks*, in English Private Law, Vol. II, Rn 8.346.

neuen Vertrages aus, bei dem eine bisherige Vertragspartei durch eine andere ersetzt wird.[294] Ebenso steht die Zulässigkeit der gewillkürten Vertragsübernahme nach nunmehr einhelliger Ansicht außer Frage.[295]

1. *Merkmale der gewillkürten Vertragsübernahme*

Die Forderungsentstehung zugunsten des Gläubigers ist im Rahmen der *novation* die Konsequenz des neuen, zwischen dem Gläubiger und dem neuen Schuldner geschlossenen Vertrags.[296] Die Wirkung der *novation* ist nicht die Abtretung oder der Übergang von Rechten oder Verbindlichkeiten, sondern das gewillkürte Erlöschen des ursprünglichen Vertrags und dessen Ersetzung durch einen neuen.[297] Dennoch geht das Schuldverhältnis selbst für einen gedachten Moment unter. So wird denn auch die Leistung auf die Forderung aufgrund des neuen Vertrags erbracht.[298] Der aus seiner Schuld entlassene Schuldner erbringt eine „Gegenleistung"[299] für den Erlass seiner Schuld aus dem Vertragsverhältnis zum Gläubiger als er gegenüber dem neuen Schuldner etwas (in welcher Art auch immer) leistet. Der Gläubiger hingegen stimmt dem Erlass der Schuld gegenüber dem Altschuldner als „Gegenleistung" für das Versprechen des neuen Schuldners, ihm gegenüber die Schuld zu erfüllen, zu.[300] Wenn jedoch die Verpflichtungen aus dem neuen Vertrag entspringen sollen, widerspricht dies der Annahme einer Übertragung der Rechte und Pflichten auf eine andere Person.

---

294 Queen's Bench Division (Admiralty Court) *The Tychy (No. 2)*, Lloyd's Law Reports, [2001], Vol. 1, S. 10, 24; *A. S. Burrows*, in The Common Law Library, Chitty on Contracts, Vol. 1, Rn 22–031.

295 Vgl. nur BGHZ 95, 88, 94 ff.; 96, 302, 308 ff.; 129, 371, 375; *Nörr*, in *Nörr/Scheyhing/Pöggeler*, Hb. d. SR, Band 2, S. 183; *Pieper*, S. 115 ff.; *Rieble*, in *Staudinger* (2012), § 414, Rn 97.

296 So ausdrücklich *Peel*, The Law of Contract, Rn 15–003 unter Bezugnahme auf den Fall *Rasbora Ltd. v JCL Marine Ltd. [1977] 1 Lloyd's Rep. 645*, wo entschieden wurde, dass der neue Schuldner mittels novation dieselbe vertragliche Position erlangte wie der aus seiner Schuld entlassene Schuldner. Hieraus wird geschlossen, dass bei der novation eine Schuldidentität bewahrt bleibt und dabei eine Funktion der Schuldübernahme erfüllt wird, vgl. *Maurer*, S. 180 f.

297 *A. S. Burrows*, in The Common Law Library, Chitty on Contracts, Vol. 1, Rn 19-088.

298 *Peel*, The Law of Contract, Rn 15–003.

299 Der Begriff der „Gegenleistung" soll hier im weiten Sinne und nicht synallagmatisch verstanden werden.

300 So das Beispiel von *A. S. Burrows*, in The Common Law Library, Chitty on Contracts, Vol. 1, Rn 19–088.

Anders wäre die Situation theoretisch nur zu beurteilen, wenn die gewillkürte Vertragsübernahme so ausgestaltet werden könnte, dass der Vertrag zwischen den ursprünglichen Parteien als Rahmen bestehen bliebe und er letztlich vonseiten des neuen Schuldners „neu" übernommen wird, wohingegen die aus dem Vertrag sich ergebenden vertraglichen Verpflichtungen eigens neu begründet würden. Dieses Verständnis der Vertragsübernahme sieht das Gesetz aber nicht vor. Die Ausgestaltung der *novation* deutet im angloamerikanischen Recht auf eine solche Möglichkeit nicht hin, die womöglich nach deutschem Recht zu einer anderen Bewertung des Vorgangs hätte führen können.[301]

2. *Die* novation *als zwei Verträge im Sinne des deutschen Rechts*

Wenn demgegenüber zwei unterschiedliche Verträge geschlossen werden, wobei der eine zur Folge hat, dass eine Partei aus ihrer Pflicht entlassen wird und die andere (neue) Partei ein weiteres Vertragsverhältnis mit der verbleibenden Partei begründet, liegt keine Vertragsübernahme im engeren Sinne vor.[302] Diese Wertung ist dann anzunehmen, wenn bei der Vertragsübernahme ein einheitliches Rechtsgeschäft gefordert wird[303] und sie beim Vorliegen unterschiedlicher, keinen Bezug aufeinander aufweisender Verträge ausgeschlossen wird. So wird auch die Vertragsauflösung mit anschließender Neubegründung des Schuldverhältnisses, das an die Stelle des alten tritt (Novation im Sinne des deutschen

301 Im Zweifel ist von einer Vertragsübernahme, statt von einem Neuabschluss des gegenständlichen Vertrags auszugehen, wenn die Beteiligten primär den Austausch einer Partei bezwecken, *Nörr*, in *Nörr/Scheyhing/Pöggeler*, Hb. d. SR, Band 2, S. 184; *Rieble*, in *Staudinger* (2012), § 414, Rn 106. Doch auf diese Auslegungsregel kommt es nicht an, wenn eine novation nach angloamerikanischem Recht vollzogen wird, für deren Vorliegen eben Maßstäbe und Auslegungskriterien jenes Rechtssystems herangezogen werden müssen. Diese von der hM kreierte Auslegungsregel für das deutsche Recht greift ein, wenn deutsches Recht anwendbar wäre und auf dessen Grundlage eine Übertragung der Darlehensverhältnisse (und damit keine Zession) erfolgten. Würde dabei von den Beteiligten nicht ausdrücklich darauf hingewiesen oder ansonsten erkennbar dargelegt, dass der Austausch des Konsortialgläubigers auf Grundlage eines Neuabschlusses geschehen soll, so wäre Raum für eine Auslegung und die Anwendung der Vertragsübernahme statt einer Novation. Dies wird in der Praxis allerdings nicht vorkommen.

302 *Lange*, in ZIP 1999, 1373, 1374.

303 Hierzu etwa *Rohe*, in *Bamberger/Roth*, Beck'OK, BGB, Ed. 25, § 415, Rn 27.

Zivilrechts[304]), von der Vertragsübernahme unterschieden. Letztere wird als Sukzession, die die Identität des Schuldverhältnisses wahrt, bezeichnet, wobei die Novation die Identität durch den Neuabschluss zerstöre.[305] Sie tritt in den Arten der kausalen und abstrakten Novation in Erscheinung, wobei die kausale Novation eine Schuldumschaffung der alten Verbindlichkeit dergestalt ist, dass die Entstehung der neuen Schuld vom Bestand der alten, ersetzten Schuld abhängt.[306] Dem gegenüber kennzeichnet die abstrakte Novation (Schuldneuschaffung) ihre Unabhängigkeit von der Wirksamkeit der aufgehobenen Verpflichtung, was den Schuldner auf die Kondiktion nach § 812 Abs. 2 BGB oder die Bereicherungseinrede gemäß § 821 BGB verweist, wenn er sich gegen die Inanspruchnahme aus der so erschaffenen Forderung wenden will.[307]

Werden vorstehende Kriterien auch bei der Beurteilung des betreffenden Instituts des *common law* nach den Maßstäben des deutschen bürgerlichen Rechts zugrunde gelegt, so ist die *novation* ebenfalls als ein aus zwei Verträgen bestehender Vorgang zu begreifen und nicht als Sukzession eines im Übrigen unverändert bleibenden Vertragsverhältnisses.

Der augenscheinliche Unterschied zwischen der *novation* im Sinne des *common law* und der (nicht gesetzlich geregelten, aber als zulässig erachteten[308]) Novation nach deutschem bürgerlichem Recht ist nicht zwingend die notwendige Anzahl der Parteien. Es ist eher der sich entwickelte Anwendungsbereich. Eine Novation wird als Schuldersetzung im Verhältnis zweier Parteien in Frage kommen, da es aufgrund der Existenz der gewillkürten Vertragsübernahme bereits ein taugliches Instrument im deutschen Recht gibt, um Rechtsverhältnisse zu übertragen. Die *novation* des *common law* findet hingegen im Regelfall zwischen drei Parteien Anwendung, obwohl sie wie die Novation auch nur im Zweipersonenverhältnis vollzogen werden kann. Sie ist seit jeher eine Variante der an sich früher noch rechtspolitisch ungewollten, identitätswahrenden Forderungsabtretung und setzt die Beteiligung von allen drei Parteien voraus. Im hier allerdings

---

304 Die Novation als Institut des deutschen bürgerlichen Rechts wird in diesem Text durch die Schreibweise (großer Anfangsbuchstabe und keine Kursivschrift) von der novation des common law abgegrenzt.

305 *Rieble*, in *Staudinger* (2012), § 414, Rn 106.

306 Der Schuldner kann sich auf das Nichtbestehen der ersetzten Verbindlichkeit berufen, BGHZ 28, 164, 166; *Emmerich*, in MünchKomm, BGB, Band 2, § 311, Rn 15; *Gehrlein/Sutschet*, in *Bamberger/Roth*, Beck'OK, BGB, Ed. 25, § 311, Rn 36.

307 *Emmerich*, in MünchKomm, BGB, Band 2, § 311, Rn 15; *Gehrlein/Sutschet*, in *Bamberger/Roth*, Beck'OK, BGB, Ed. 22, § 311, Rn 36.

308 RGZ 119, 21, 24; *Ballhaus*, in BGB – RGRK, Band II, 1. Teil, § 305, Rn 11.

relevanten Punkt der Schaffung einer neuen Verpflichtung durch Substituierung des bisherigen Vertragsverhältnisses mit einem inhaltsgleichen sind die *novation* und die Novation vergleichbar, auch wenn das neue Vertragsverhältnis im angloamerikanischen Recht zumindest in der Regel zwischen anderen Parteien geschlossen wird.

Die Neubegründung des Vertrags nach Aufhebung des zu ersetzenden und der Weg der Vertragsübernahme schließen sich gegenseitig aus.[309] Ob nun eine Neubegründung des Vertrages unter Schaffung eines anderen Vertragsverhältnisses gewollt ist oder ein bestehender Vertrag übernommen werden soll, ergibt die Auslegung der Erklärungen und des Parteiwillens.[310]

Die *novation* entspricht deswegen nicht einer Vertragsübernahme nach deutschem Recht. Die ursprüngliche Schuld des Gläubigers geht nicht identitätswahrend auf die eintretende Partei über, sondern wird als inhaltsgleiche, neue Schuld begründet. Es handelt sich um zwei miteinander verbundene Vorgänge. Dieses Verständnis von der Einordnung der *novation* hat nicht unwesentliche Folgen bei der Einordnung des Schicksals von akzessorischen Sicherheiten, denn bei einer Sukzession der Verbindlichkeiten bedürfte es keiner eigenständigen „Plattform" in Form einer Parallelverpflichtung.[311]

D. Die *novation* als gewöhnliche Form der Übertragung von Forderungen im englischen Rechtsraum

Während ein *assignment* von Rechten der Kreditgebers in der Rechtspraxis des US-Bundesstaats New York einen Teil der Gesamttransaktion (*assignment and assumption*) bildet, ist es im englischen Recht weniger geläufig. Obwohl sich das *assignment* prinzipiell zur Übertragung jedweder Rechtsposition eignet und sich bei Kreditverträgen zur Übertragung von Rückzahlungsansprüchen anbieten würde, wird die Novierung des gesamten Schuldverhältnisses meist im englischen Rechtsraum vorgezogen.[312] Dies gilt auch dann, wenn lediglich eine Forderung übertragen werden soll und nicht eine ganze Vertragsposition

309 *Pieper*, S. 120. In diesem Sinne entscheidet auch *Hoffmann*, WM 2009, 1452, 1453, wenn ein Erhalt der bestellten Sicherheiten nur bei einer Abtretung oder bei einer Vertragsübernahme zu gewährleisten sei, was aber durch die übliche Anwendung der novation nicht gegeben wäre.

310 *Pieper*, S. 124; *Rieble*, in *Staudinger* (2012), § 414, Rn 107.

311 In diesem Sinne auch *Freitag*, in *Staudinger* (2011), § 488, Rn 177.

312 *Mugasha*, The Law of Multi-Bank Financing, Rn 8.17.

einer Vertragspartei.[313] Die Parteien können mit der Verwendung der *novation* vermeiden, die Voraussetzungen eines wirksamen *legal assignments*, nämlich das Schriftformerfordernis und die Anzeigepflicht gegenüber dem Schuldner, erfüllen zu müssen. Die Vorteile gelten naturgemäß nicht bei der Nutzung des *equitable assignment*, das keine Anzeigepflicht statuiert, zumal eine *novation* ebenfalls die Einbindung des Schuldners verlangt. Insbesondere *disstressed debts* werden mittels *equitable assignments* übertragen, da in diesem Bereich eine Anzeige gegenüber dem Schuldner wenig wünschenswert erscheint.[314] Trotz mangelnder Beliebtheit des *assignments* gegenüber der *novation* sehen die Konsortialkreditverträge regelmäßig Bestimmungen zu beiden Varianten vor.[315]

Wie gesehen veranlasst die *novation* weder eine Pflicht zur Erbringung der besagten *stamp duty* noch der *stamp duty reserve tax*.[316] Daneben wird zur Begründung für die häufigere Nutzung der *novation* darauf hingewiesen, dass bei einem *assignment* die Übertragung von Teilforderungen nicht möglich sei, was ebenfalls die Eignung des *assignment* im Bereich der Konsortialkreditpraxis schmälere.[317] Dies bedeutet genau genommen aber nur, dass ein *assignment* einer Teilforderung kein *absolute assignment* bildet, wohl aber als ein *equitable assignment* gültig sein kann. Bei einer Klage des *assignee* gegen den Schuldner ist aufgrund der Teilforderung der *assignor* am Prozess zu beteiligen.[318] Um dies zu gewährleisten, ist der ursprüngliche Darlehensgeber gehalten, die Übertragung der Forderung an den eintretenden, neuen Darlehensgeber dem Schuldner gegenüber anzuzeigen (*notice*).[319] Infolgedessen werden vor allem der erschwerte Vollzug und die hierbei begründete Rechtsstellung des *assignee* im Hinblick auf die Interessenwahrung der Beteiligten *assignments* von Teilforderungen als unzweckmäßig erscheinen lassen. Die *novation* ist dann für die Übertragung eines

---

313 *Danielewsky/Dettmar*, WM 2008, 713, 713f.; *Hoffmann*, WM 2007, 1547, 1551; *ders.*, WM 2009, 1452, 1453; *Schnauder*, NJOZ 2010, 1663, 1664; *Willer*, AcP 209 (2009), 807, 810. Für die englische Rechtspraxis *Mugasha*, The Law of Multi-Bank Financing, Rn 8.14.

314 *Mugasha*, The Law of Multi-Bank Financing, Rn 8.17.

315 *Kristen/Tauber*, Bank Praktiker 2009, 520, 523.

316 *Bosak*, JA 2009, 596, 598; *Hoffmann*, WM 2007, 1547, 1551; *Schrell/Kirchner*, ZBB 2002, 230, 230; *Willer*, AcP 209 (2009), 807, 810 benennen diesen Umstand als Grund für die Anwendung der novation.

317 *Willer*, AcP 209 (2009), 807, 810.

318 *A. S. Burrows*, in The Common Law Library, Chitty on Contracts, Vol. 1, Rn 19-014; *Wright*, International Loan Documentation, S. 191.

319 *Wright*, International Loan Documentation, S. 191.

gesicherten Kreditanteils ungeeignet, wenn und soweit die Sicherheit durch die Substitution des Vertrages frei wird.[320]

I. Ungeeignetheit des *assignment* zur Pflichtenübertragung in einem Dauerschuldverhältnis

Die *novation* ist die einzige Möglichkeit, Verpflichtungen des ursprünglichen Darlehensgebers aus dem Schuldverhältnis an den Nachfolger zu übertragen.[321] Deshalb kann etwa die Pflicht, weitere Tranchen des zur Verfügung gestellten Kredits auszuzahlen, nicht mittels *assignment* übertragen werden.[322] Ein *assignment* hätte zur Folge, dass die Pflichten eines Darlehensgebers beim ursprünglichen Konsorten verblieben, wohingegen der Erwerber lediglich Inhaber der betreffenden Rechte würde. Das gleiche Problem stellt sich im Bereich der Verpflichtungen der Konsorten untereinander, die ebenfalls nicht im Wege eines *assignment* auf den Erwerber übergehen können.[323] Ein *assignment* ist deshalb insbesondere bei revolvierenden oder noch nicht vollzogenen Krediten ungeeignet, da hier die nach wie vor bestehenden Pflichten des Kreditgebers zur Auszahlung nicht auf den Erwerber übergehen können.[324]

Daneben ermöglicht die *novation* im Gegensatz zu einem *assignment*, dass der Neuerwerber des Schuldverhältnisses, also der neue Kreditgeber, in der Lage ist, die Konditionen des mit dem Schuldner neu zu schaffenden Kreditvertrags neu aushandeln kann. Da die *novation* ein neues Schuldverhältnis zwischen Schuldner und ersetzendem Gläubiger erzeugt, kann dieser neue Vertrag andere Bedingungen enthalten als der substituierte Vertrag. Bei einem *assignment* erlangt der *assignee* hingegen dieselben Rechte, die ihm der *assignor* überträgt.[325]

Da die Konsortialkredite jedoch häufig keine einmalige Ausschüttung der Valuta beinhalten und über eine gewisse Dauer ausgestaltet sind.

---

320 *Mugasha*, The Law of Multi-Bank Financing, Rn 8.15.

321 *Rhodes*, S. 584, *Wenzel*, S. 344 f.

322 *Wright*, International Loan Documentation, S. 192.

323 *Harpering*, S. 58, *Wenzel*, S. 345. Letzterer erwähnt bspw. die Teilungsklausel, die die Konsorten untereinander verpflichtet, Ausgleichszahlungen bei unverhältnismäßigen Unterschieden von Tilgungszahlungen an die verschiedenen Konsorten zur gleichmäßigen Verteilung der Rückzahlungen des Schuldners zu leisten, dazu *Wenzel*, S. 313 f., 345.

324 *Wenzel*, S. 345; *Wright*, International Loan Documentation, S. 192.

325 *Mugasha*, The Law of Multi-Bank Financing, Rn 8.15.

II. Unzulässigkeit der Delegierung vertraglicher Pflichten durch Altkonsorten

Als Alternative zur Übertragung von Pflichten aus dem Schuldverhältnis im weiteren Sinne zwischen dem den Kredit gewährenden Konsorten und dem Kreditnehmer böte sich grundsätzlich auch eine Delegierung dieser Pflichten an. Theoretisch bedeutete dies, dass Rechte aus dem Kreditverhältnis vom *assignor* auf einen *assignee* übertragen würden und der *assignor* auch rechtlich im Verhältnis zum Kreditnehmer der Kreditgeber bliebe. Die Pflicht zur Erfüllung der Verbindlichkeiten aus dem Kreditvertrag übertrüge der *assignor* allerdings auf den *assignee.* Eine derartige Delegierung von Pflichten, die sonst bei nicht höchstpersönlichen Pflichten im englischen Recht in Betracht kommt, ist im Falle eines Darlehensgebers aber ausgeschlossen. Diese Regelung dient dem Schutz des Kreditnehmers, der sich für die Erbringung der Pflichten aus dem Kreditvertrag einen bestimmten Kreditgeber ausgesucht hat. Die Auswahlentscheidung des Kreditnehmers hat sich unter anderem auch an der Stellung des Kreditgebers orientiert und deshalb den eine Delegierung ausschließenden persönlichen Charakter der Pflicht. Die Erfüllung von Verbindlichkeiten kann im englischen Vertragsrecht nur delegiert werden, wenn diese personenunabhängig durch den Verpflichteten erfüllbar sind. Eine Erfüllung von Verbindlichkeiten darf nicht von besonderen Kenntnissen und Fähigkeiten des Verpflichteten abhängen, die die Auswahl des speziellen Schuldners veranlassten.[326]

III. Fazit

Die *novation* ist wie gesehen das wichtigste Instrument zur Übertragung von Forderungen und Schuldverhältnissen im angloamerikanischen Rechtsverkehr. Sie schafft die Notwendigkeit, die Rechtsbeziehungen zwischen den Beteiligten und potenziell hinzutretenden Dritten auf eine Novierung der Vertragsverhältnisse auszurichten. Dies gilt im Besonderen auch für Sicherungsrechte, die ebenfalls von einer *novation* der Kreditbeteiligung betroffen werden.

---

326 *Wright*, International Loan Documentation, S. 192.

E. Die Übertragung von Konsortialkreditanteilen nach dem Rechts des US-Bundesstaates New York[327]

Die vorstehenden Prinzipien des englischen Rechts gelten in grundsätzlich wenig abgewandelter Form auch für das Rechtssystem des nicht minder bedeutenden Handelsplatzes New York. Die Gestaltungsform der Übertragung eines Konsortialkreditanteils unterscheidet sich zwischen dem soeben skizzierten englischen Recht und dem Recht des Bundesstaates New York. Die vorstehend skizzierte Ausgestaltung der *novation* findet sich ebenfalls im New Yorker Recht wieder, wobei Kredittransfers üblicherweise dort mittels eines *assignment* oder einer *participation* erfolgen.[328] Das häufig genutzte Mittel des *assignment* überträgt dem Neukonsorten die Rechte aus dem Kreditvertrag, die aus ihm erwachsenden Rechte werden hingegen vertraglich delegiert.[329] *Assignments* in diesem Sinne ähneln den unter dem LMA-Standard begründeten *assignment and assumption/acceptance agreements*.[330] Nach jenen Vereinbarungen werden die bestehenden Rechte des Kreditgebers im Wege des *assignment* an die übernehmende Partei abgetreten. Darüber hinaus vereinbart der Neugläubiger mit dem Kreditnehmer, dass der Neugläubiger bisherige Verpflichtungen des Altgläubigers selbst erfüllen wird, soweit diese mit dem übertragenden Anteil verbunden sind. *Assignments* existierender Rechte auf künftige Zahlung eines Schuldners setzen nach New Yorker Recht keine Zustimmung einer weiteren Partei voraus. Der Schuldner kann allerdings solange an den *assignor* schuldbefreiend leisten, bis ihm das assignment angezeigt wurde.[331]

Des Weiteren erklärt der Kreditnehmer, dass er den aus dem Konsortium ausscheidenden, bisherigen Kreditgeber hinsichtlich dieser Pflichten nicht mehr in Anspruch nehmen wird.

Dieser Vertrag entspricht in seiner Wirkung einer *novation* und setzt wie diese eine Beteiligung der drei Parteien voraus.[332] Nach der hierfür bestimmten Parteivereinbarung überträgt der Verkäufer des Konsortialkreditanteils also sämtliche gegenständlichen Rechte, wobei der Käufer die für die Annahme der Übertragung notwendigen Erklärungen abgibt.

---

327 Unterschieden zu weiteren Rechtsordnungen anderer Bundesstaaten wird im Folgenden nicht nachgegangen.

328 *Rhodes*, S. 594 f.

329 *Rhodes*, S. 595.

330 *Wright*, International Loan Documentation, S. 190.

331 *Rhodes*, S. 594 f.

332 *Mugasha*, The Law of Multi-Bank Financing, Rn 8.29, Fn 29; *Wright*, International Loan Documentation, S. 192 ff.

Ziel dieser Vereinbarung ist die vollständige Überleitung der Kreditgeberpflichten. Dies geschieht zunächst mittels Ausweitung der Pflichten des bisherigen Kreditgebers auf den neuen Kreditgeber. Dies gestattet dem Zessionar, die an ihn abgetretenen Rechte gegenüber dem Kreditnehmer durchzusetzen. Im Gegenzug erlangt der Kreditnehmer ein eigenständiges Recht zur Durchsetzung seiner Ansprüche gegen den neuen Kreditgeber. Weder der neue Kreditgeber noch der Kreditnehmer sind zur gerichtlichen Geltendmachung ihrer jeweiligen Ansprüche auf eine Beteiligung des ausgeschiedenen Kreditgebers angewiesen.[333] Darüber hinaus verpflichtet sich der Letztgenannte die gegenständlichen Verbindlichkeiten zu erfüllen, wobei zuweilen auch gewisse, nach Abschluss des Übertragungsvorganges fortbestehende Pflichten des Verkäufers vertraglich festgelegt werden.[334]

F. Folgen von *novation* und *assignment* für nach angloamerikanischem Recht bestellte Sicherungsrechte

Die Konsequenzen, die eine *novation* durch die Aufhebung des alten Schuldverhältnisses für bestellte Sicherheiten verursacht, richten sich nach dem Recht, das auf den jeweiligen Bestand der Sicherheiten anzuwenden ist. Gleichwohl sind ähnliche Folgen einer Novierung des Schuldverhältnisses in den zu betrachtenden Rechtsordnungen zu erkennen.[335] Die *novation* im englischen und im New Yorker Recht hat die gleichen Voraussetzungen[336] und – wie nachstehend beschrieben – die gleichen Konsequenzen für Sicherungsrechte.

I. Die Auswirkungen eines *assignment* auf bestellte Sicherungsrechte

Ein *assignment* wirkt sich auf bestellte Sicherheiten nicht aus. Da die Schuld unverändert mit einem *assignment* auf den neuen Gläubiger übergeht, bleiben bestellte Sicherungsrechte unberührt.[337] Sicherungsrechte und Garantien zur Sicherung der Schuld folgen der zu übertragenden Forderung, sofern sie in der Form übertragbar sind.[338]

333 *Rhodes*, S. 595.
334 *Mugasha*, The Law of Multi-Bank Financing, Rn 8.10.
335 Zu den Konsequenzen nach deutschem Recht vgl. nachstehend S. 87.
336 *Rhodes*, S. 595.
337 *Wright*, International Loan Documentation, S. 192.
338 *Wood*, International Loans, Bonds, Guarantees, Legal Opinions, Rn 9–033.

II. Die Folgen einer *novation* nach US-amerikanischem Recht[339]

Nach US-amerikanischen Recht kann infolge der *novation* und ihrer Aufhebung und Neubegründung von Schuldverhältnissen der Bestand von Sicherungsrechten wie auch die Stellung der eintretenden Konsorten gegenüber Drittgläubigern betroffen werden.[340] So kann eine *novation* auch nach US-amerikanischem Recht einen Rangverlust erwirken, selbst wenn das durch die *novation* geschaffene Schuldverhältnis seinerseits ein gesichertes Darlehen ist.[341] Eine *novation* vereitelt im Gegensatz zu einer *modification* einer noch weiter bestehenden Forderung den Fortbestand von auf die bisherige Forderung bestellten Sicherheiten. Die Sicherheiten bleiben nur erhalten, wenn die ursprüngliche Forderung fortbesteht.[342] Dies hat zur Folge, dass die *novation* an sich für die Übertragung von Beteiligungen an gesicherten Darlehen ungeeignet ist, da die Substituierung des ursprünglichen Vertrags einen Verfall der Sicherheiten bewirken kann. Die Praxis hat sich deshalb für eine Bestellung der Sicherheiten zugunsten eines Sicherheitenverwalters entschieden.[343] Auch im angloamerikanischen Recht kann eine Übertragung des Vertragsverhältnisses auf einen neuen Kreditgeber im Wege der *novation* einen Rangverlust bei den ursprünglich bestellten Sicherheiten bewirken, wenn das neu begründete Vertragsverhältnis ebenfalls besichert sein soll. Diese Folge tritt nur bei einer *modification* des Schuldverhältnisses nicht ein,[344] die allerdings nicht zur Übertragung des Vertragsverhältnisses taugt.

III. Folgen einer *novation* nach englischem Recht

Das gleiche Ergebnis ist im englischen Recht wiederzufinden. Um Sicherheiten auf einen neu eintretenden Konsorten zu übertragen, muss zwischen diesem und dem ausscheidenden Kreditgeber ein *assignment* der betreffenden Sicherheiten oder Garantien stattfinden, sofern sie in dieser Form übertragbar sind.[345]

---

339 Die Folgen einer novation treten bei einer Übertragung eines Kreditverhältnisses nicht ein, wenn diese – wie im Regelfall – durch ein assignment and assumption agreement erfolgt.

340 *Wenzel*, S. 346.

341 *Rusch*, The Transactional Lawyer, Vol. 1 (February 2011), S. 3, 4.

342 United States Bankruptcy Appellate Panel for the First Circuit, 434 B. R. 193, 2010, *in re Motta*, entschieden am 10. August 2010.

343 *Mugasha*, The Law of Multi-Bank Financing, Rn 8.15.

344 *Rusch*, The Transactional Lawyer, Vol. 1 (February 2011), S. 4.

345 *Wood*, International Loans, Bonds, Guarantees, Legal Opinions, Rn 9–033. Für den Fall des assignment einer besicherten Forderung belegt *Carl*, in *Hadding/Schneider*, S. 203 f. im Grunde die gleiche Folge, wenn er darauf hinweist, dass mangels

Da die *novation* als Schuldneubegründung zugunsten eines neuen Kreditgebers wirkt, der einst nicht als Partei des Kreditvertrags beteiligt war, erlöschen die eingeräumten Sicherheiten und Garantien.[346] Diese Problematik wird durch das Einräumen der Sicherheiten gegenüber einem Sicherheitentreuhänder aufgelöst. Der Sicherheitentreuhänder verwaltet die Sicherheiten dann für bestehende wie auch künftig noch hinzutretende Konsorten, da es das angloamerikanische Recht zulässt, auch für noch unbestimmte Personen Sicherheiten zu halten, wenn sie nur dann bestimmt werden können, sobald das Treuhandvermögen auf sie übergeht.[347]

IV. Die Folgen einer *novation* für deutschem Recht unterliegende Sicherheiten

Eine Verknüpfung einer nach deutschem Recht bestellten Sicherheit mit einer ausländischem Recht unterliegenden Forderung ist zulässig, da das Forderungsstatut für die kollisionsrechtliche Anknüpfung unerheblich ist.[348] Die Bestellung akzessorischer Sicherheiten unterliegt dem Sachstatut, das auch über den Umfang der Akzessorietät entscheidet. Das Entstehen der gesicherten Forderung wird dabei selbstständig angeknüpft, auch wenn das Sicherungsrecht akzessorisch ausgestaltet ist.[349] Auch die weitere Entwicklung der gesicherten Forderung richtet sich alleine nach dem Forderungsstatut, wobei das geltende Sachstatut vorgibt, welche jeweiligen Konsequenzen die Übertragung oder das Erlöschen der Forderung für den Bestand des Sicherungsrechts hervorruft.[350]

Ordnet das englische Recht bei einer Übertragung eines Schuldverhältnisses (englischen oder deutschen Rechts) mittels *novation* den Untergang einer

---

ausdrücklicher Regelung zumindest das wirtschaftliche Eigentum an der Sicherheit nach den rules of equity auf den assignee des assignment dergestalt übergehe, dass der assignor ab diesem Zeitpunkt den Rechtstitel treuhänderisch für den assignee halte. Andererseits empfiehlt er, die Sicherheiten neben der Forderung auch an den Zessionar zu übertragen. Gewöhnlich werden Vereinbarungen zu assignments von Gläubigerrechten in der Weise ausgelegt, dass die Sicherungsrechte mitübertragen werden sollen, vgl. *Wood*, aaO.

346 *Mugasha*, The Law of Multi-Bank Financing, Rn 8.15; *Wood*, International Loans, Bonds, Guarantees, Legal Opinions, Rn 9-056.

347 aaO.

348 *Hoffmann*, WM 2009, 1452, 1454.

349 *Thorn*, in *Palandt*, BGB, Art. 43 EGBGB, Rn 3; *Wendehorst*, in MünchKomm, BGB, Band 11, Art. 43 EGBGB, Rn 84.

350 *Wendehorst*, in MünchKomm, BGB, Band 11, Art. 43 EGBGB, Rn 84, 86.

gesicherten, durch das Schuldverhältnis begründeten Forderung an und ist diese Forderung mit einem dem deutschen Recht folgenden, akzessorischen Sicherungsrecht verbunden, geht dieses Sicherungsrecht unter. Es müsste deshalb zugunsten des jeweiligen ersetzenden Gläubigers erneut bestellt werden, wenn es zur Sicherung der novierten Kreditforderung und nicht zur Sicherung einer Parallelverpflichtung bestellt wurde. Im Verkehr mit Rechtsordnungen, die eine Bestellung von Sicherungsrechten für künftige Forderungen zulassen, aber keine Rangsicherung gewährleisten, ist eine Parallelverpflichtung erforderlich,[351] wenn nicht ein Treuhänder zugunsten eines Dritten Sicherheiten halten kann, ohne selbst Forderungsinhaber zu sein. Dies gilt auch für das deutsche Recht, da diesem eine Bestellung von Pfandrechten für noch unbekannte Gläubiger, die etwa infolge einer *novation* Neugläubiger, aber nicht Zessionare sind, nicht zulässig ist.[352]

G. Vertragsgestaltungen zur Vermeidung des Verlusts der Sicherheiten durch eine *novation*

I. Rechtssysteme, die eine rechtliche Trennung zwischen Gläubiger der Schuld und Begünstigtem des Sicherungsrechts zulassen

Gehen entsprechend bestellte Sicherungsrechte mit der *novation* des Schuldverhältnisses unter, ist eine direkte Besicherung der Kreditschuld wenig sinnvoll. Im angloamerikanischen Rechtsraum werden deshalb die Sicherungsrechte einem Treuhänder eingeräumt, der die Sicherheiten für die Kreditgläubiger verwaltet. Diese Sicherheiten werden allerdings nicht für eine Parallelverpflichtung bestellt, sondern zur Sicherung einer *covenant to pay*. Sie unterscheidet sich von einer Parallelverpflichtung dadurch, dass mit ihr keine unmittelbare Schuld begründet wird, sondern eine bloße Verpflichtung des Kreditnehmers zur Zahlung auf Aufforderung.[353] Der Kreditnehmer verpflichtet sich hiermit, gegenüber dem Sicherheitenverwalter jeweils den gleichen Betrag zu schulden, den er zum jeweiligen Zeitpunkt aus dem Kreditverhältnis schuldet. Darüber hinaus bestellt er die Sicherheiten zugunsten des Sicherheitenverwalters.[354] Der Sicherheitenverwalter

---

351 *Wright*, International Loan Documentation, S. 189.

352 Vgl. zum Weg einer Pfandrechtbestellung für einen vollmachtlos vertretenen future pledgee S. 103 ff.

353 *Wright*, International Loan Documentation, S. 196.

354 *Wood*, International Loans, Bonds, Guarantees, Legal Opinions, Rn 9–056; *Wright*, International Loan Documentation, S 197.

fungiert als Treuhänder für die originären Konsortialkreditgeber und für jedweden künftigen Kreditgeber, der in das Konsortium in der Zukunft aufgenommen wird. Nicht selten werden die zu bestellenden Sicherheiten auch sowohl zugunsten der beteiligten Banken als auch für den Sicherheitenverwalter bestellt.[355]

Statt der Berufung eines Treuhänders können die Sicherungsrechte auch nur dem *agent* eingeräumt werden, der diese für die anderen Konsorten hält. Auch diese Strukturierung setzt voraus, dass Sicherungsrechte einer Person eingeräumt werden können, die zur Sicherung einer Forderung bestellt werden, die einer anderen Person zusteht.[356] In diesem Fall ist gewährleisten, dass die Sicherheiten stets auch die jeweiligen (künftigen) Forderungen umfassen, die nach einer *novation* einer Beteiligung in der Person des neuen Kreditgebers entstehen.[357]

II. Rechtssysteme, die zumindest für bestimmte Sicherungsrechte eine Akzessorietät vorsehen

Rechtsordnungen, die weder das vorstehende Treuhandmodell akzeptieren, noch eine zentrale Verwaltung aller Sicherheiten durch die Konsortialführerin zulassen, veranlassen die Vertragspraxis zur Schaffung von Parallelverpflichtungen. Der Kreditschuldner hat bekanntlich eine selbstständige und eigene Forderung gegenüber dem Sicherheitenverwalter zu akzeptieren, die in der Summe den aktuellen Stand der Kreditforderungen reflektiert. Sind die von der Hauptforderung abhängigen Sicherheiten auf eine separate Forderung bestellt, werden sie durch eine Übertragung der Kreditbeteiligung nach englischem Recht mittels *novation* nicht tangiert.[358]

---

355 aaO.

356 *Wright*, International Loan Documentation, S 197.

357 aaO.

358 Diese rechtlichen Vorgaben gelten laut eines Reports von Wolf Theiss aus dem Jahr 2010 neben dem deutschen Rechtssystem bspw. auch für die Rechtsordnungen in Russland, den Niederlanden, Albanien, Bulgarien, Österreich, Bosnien & Herzegowina, Kroatien, Serbien, Tschechien, Slowakai, Ungarn, Rumänien, Slovenien und in der Ukraine, vgl. http://www.wolftheiss.com/tl_files/wolftheiss/CSC/Guides/Lessons_Learned_%E2%80%93_Restructuring_Loans_and_Enforcement_of_Security.pdf.

H. Die Form der Übertragung von Konsortialanteilen und Konsortialkreditanteilen nach deutschem Recht und ihre Bedeutung für den Erhalt akzessorischer Sicherheiten

I. Die Parallelverpflichtung als Vehikel zur wirtschaftlich sinnvollen Übertragbarkeit von Kreditbeteiligungen

Nach deutschem Recht begründete Konsortialkreditverträge können sich an angloamerikanische Standards in der Weise angleichen, dass sie an großen Finanzplätzen gängige Übertragungsmodalitäten selbst implementieren.[359] Demzufolge wäre die Handelbarkeit von Beteiligungen in der Weise erleichtert, als eine Novierung der deutschem Recht unterliegenden Schuldverhältnisse im Rahmen einer Syndizierung vertraglich zugelassen wird.

Relevanter wird wohl der Fall sein, dass nach deutschem Recht begründete Kreditbeteiligungen auch nach deutschem Recht übertragen werden. Dies wird auch dann gelten, wenn sie auf einen Neugläubiger übergehen, dessen Sitz im Ausland liegt. Die Parallelverpflichtung erfüllt dann die erwähnten administrativen Funktionen unter dem deutschen Recht.[360]

Die Übertragung einer Kreditbeteiligung spaltet sich auf Grundlage gängiger Vertragsdokumentation in eine Übertragung des Konsortialanteils, also der Stellung als Konsorte innerhalb des Konsortiums, und eine Übertragung der Kreditbeteiligung als solcher auf.

II. Die Übertragung des Konsortialanteils nach deutschem Recht

Ein Wechsel eines Teilgläubigers und Konsorten erfordert nicht nur eine Übertragung der Rechtsstellung aus dem Kreditverhältnis. Der neue Konsorte muss auch in das Konsortium aufgenommen werden. Ihm ist also ebenfalls der Konsortialanteil selbst zu übertragen. Die Übertragung von Beteiligungen an Konsortialkrediten sowie der Anteil am Konsortium erfolgt in der Praxis des deutschen Rechts in unterschiedlicher Weise.

1. Form der Übertragung des Konsortialanteils

Im Hinblick auf den Konsortialanteil richtet sich die Übertragung jenes Mitgliedschaftsrechts in Bezug auf das Konsortium als Innengesellschaft nach den

359 *Willer*, AcP 209 (2009), 807, 809.

360 Vgl. dazu vorstehend die S. 42 ff.

§§ 398, 413 BGB. Dabei ist ein Vertrag des Erwerbers (der selbstverständlich auch schon selbst Konsorte sein kann) mit dem Übertragenden erforderlich sowie die Zustimmung aller übrigen Konsorten.[361] Zumeist erfordern Konsortialverträge einen einstimmigen Beschluss der Konsorten; sofern eine Regelung hierzu fehlt, kommt die Vorschrift des § 717 BGB mit entsprechendem Inhalt zur Geltung.[362] Die Zustimmung zu einer Übertragung eines Anteils kann auch antizipiert durch eine Erklärung im Konsortialvertrag erfolgen oder durch die Ermächtigung des Konsortialführers, die Zustimmung im Namen der Konsorten zu erklären,[363] abgebildet werden. Für den Fall, dass eine notwendige Zustimmung[364] nicht einholbar ist und gesellschaftsvertragliche Regelungen nicht entgegen sprechen, kann eine stille Unterbeteiligung des Erwerbers oder eine treuhänderische Verwaltung zu dessen Gunsten dergestalt infrage kommen,

---

361 *Wenzel*, S. 347. Hierzu auch *Rohe*, in *Bamberger/Roth*, Beck'OK, BGB, Ed. 25, § 413, Rn 1.

362 *Kristen/Kreppel*, BKR 2005, 123, 126; *Mutter*, in Münch. AH. Personengesellschaftsrecht, § 6, Rn 295; *Schlitt*, in *Sudhoff*, GmbH & Co. KG, § 39, Rn 7. Eine Verfügung über Gesellschafterrechte ohne die erforderliche Zustimmung der Gesellschafter ist schwebend unwirksam (aaO). Ein Beispiel bietet das Vertragsmuster von *Reppenthien*, in *Walz*, Beck'sches Fb. Zivil-, Wirtschafts- und Unternehmensrecht, Rn R-2.

363 So das Vertragsmuster bei *De Meo/Th. Hoffmann*, in *Schütze/Weipert*, Münchener Vertragshandbuch, Band 2, WR I, III. 15, S. 418, 429 f.

364 Von der Zustimmungserklärung der anderen Konsorten als Gesellschafter einer GbR im Hinblick auf die Übertragung des Anteils am Konsortium ist eine etwaige Zustimmungserklärung des Kreditnehmers zur Forderungsveräußerung oder dessen Mitwirkung an einer Übertragung des Schuldverhältnisses mittels Novation kategorisch zu unterscheiden. Da bis zu der Entscheidung des BGH (BGHZ 171, 181, 183 ff.) in der Praxis über die Wirksamkeit einer Abtretung von Darlehensforderungen Unsicherheit bestand, behalf man sich des Öfteren mit Unterbeteiligungen an Kreditforderungen (näher zu diesen *Freitag*, in *Staudinger* (2011), § 488, Rn 267), um die Inhaberschaft an der Forderung zu erhalten, *De Meo/Th. Hoffmann*, in *Schütze/Weipert*, Münchener Vertragshandbuch, Band 2, WR I, III. 15, S. 429; *Schalast*, BKR 2006, 193, 197. Nach dem BGH (BGHZ 171, 181, 184) ergibt sich aus dem Bankgeheimnis kein stillschweigend vereinbartes, dinglich wirkendes Abtretungsverbot nach § 399 Alt. 2 BGB, noch sei § 134 BGB bei Verstößen gegen das Bundesdatenschutzgesetz anwendbar (aaO., 187 f.). Ein Verstoß gegen das vertraglich zu Grunde gelegte Bankgeheimnis hat somit nur schuldrechtliche Folgen. Uneinigkeit besteht allerdings bei der Frage, ob § 32 KWG einer Abtretung an eine Nichtbank entgegensteht (dafür *Schwintowski/Schantz*, NJW 2008, 472. 472 ff.; dagegen *Grüneberg*, in *Palandt*, BGB, § 399, Rn 8; *Reuter/Buschmann*, ZIP 2008, 1003, 1005).

dass der Verkäufer die Beteiligung an dem Konsortium für den Erwerber (treuhänderisch) hält. Eine fehlende Zustimmung der anderen Konsorten hat folglich aufgrund der verbleibenden Gesellschafterzusammensetzung im Konsortium keine Auswirkung.[365]

2. Abgrenzung zur Unterbeteiligung

Diese Form ist gänzlich von einer Unterbeteiligung an einzelnen Kreditforderungen zu unterscheiden, die keinen Bezug zu dem Konsortium hat und deshalb auch keiner näheren Bestimmung im Konsortialvertrag bedarf. Die Unterbeteiligung ist ihrerseits als eine Innengesellschaft anzusehen.[366] Sie entsteht dann, wenn zwischen Haupt- und Unterbeteiligten zur gemeinsamen Zweckerreichung ein Gesellschaftsvertrag geschlossen wird, wobei keine Bildung von Gesellschaftsvermögen, wohl aber die Leistung einer Einlage und eine Gewinnbeteiligung des Unterbeteiligten Gegenstand der Vereinbarung sind.[367] Sie wird im Rahmen von Gesellschaftsanteilen in Abgrenzung zu einer Verwaltungstreuhand mitunter dann angenommen, wenn der Hauptbeteiligte nicht vollumfänglich für den anderen den Gesellschaftsanteil hält. Denn im Falle einer Unterbeteiligung müsste ein diese Innengesellschaft begründender Zweck vorhanden sein, der aber fehle, wenn der Hauptbeteiligte nicht zumindest auch einen Teil seines Gesellschaftsanteils in eigenem Interesse halte. Handele der Hauptbeteiligte deshalb allein treuhänderisch zugunsten des anderen Beteiligten, so bestimme sich deren Innenverhältnis allein nach dem Auftragsrecht.[368] Eine trennscharfe Unterscheidung zwischen Treuhand und (insb. atypischer) Unterbeteiligung wird dagegen aber von anderen als nicht durchführbar angesehen, da eine beiderseitige Teilhabe kein notwendiges Unterscheidungsmerkmal darstelle.[369]

Hiervon ausgehend werden in dem beschriebenen Fall der (vermittelten) Beteiligung des Erwerbers des Kreditanteils im Regelfall zumindest atypische Unterbeteiligungen anzunehmen sein. Nach der erstgenannten, wohl herrschenden Ansicht liegt dagegen ein rein schuldrechtliches Treuhandverhältnis ohne gesellschaftsrechtliche Struktur vor. Wenn der im Konsortium verbleibende

---

365 *Kristen/Kreppel*, BKR 2005, 123, 126.

366 Hierzu nur BGHZ 50, 316, 320; *Koller*, in *Koller/Roth/Morck*, HGB, § 230, Rn 4; *K. Schmidt*, Gesellschaftsrecht, § 63 III 1; *ders.*, in MünchKomm, HGB, Band 3, § 230, Rn 194.

367 *K. Schmidt*, in MünchKomm, HGB, Band 3, § 230, Rn 192 f.

368 *Gayk*, in Münch. Hb. d. GesR, Band 1, § 30, Rn 11.

369 Ausgehend von BGH NJW-RR 1995, 165, 166 (dazu *Hey*, WiB 1995, 162, 163), *Armbrüster*, S. 23 ff.; *K. Schmidt*, Gesellschaftsrecht, § 63 I 2.

Gesellschafter (Veräußerer der Kreditbeteiligung) seinen gesamten Kreditanteil auf den Erwerber überträgt, der Erwerber infolgedessen Berechtigter aus dem Kreditverhältnis wird und der Veräußerer dann den Weisungen des Letztgenannten schon durch vertragliche Fixierung vollständig unterliegt, ist kein gemeinsamer Zweck mehr erkennbar. Wenn diese „Unterbeteiligung“ aber mit umfassenden Weisungsrechten des „Unterbeteiligten“ verknüpft ist und sie dazu dient, das Rechtsverhältnis zum „Unterbeteiligten“ verdeckt zu lassen, fehlt gewöhnlich der gemeinsame Zweck, sodass ein Gesellschaftsverhältnis ausscheidet. Es liegt lediglich ein Treuhandverhältnis vor.[370] Nach der anderen Ansicht, die eine Abgrenzung nach vorgenannten Kriterien ablehnt,[371] liegt die Annahme einer atypischen Unterbeteiligung nahe.

3. *Die Übertragungs- und Beitrittsvereinbarung* (transfer certificate)

Folge der Übertragung ist der Eintritt des Erwerbers in das Konsortium bei gleichzeitigem Austritt des übertragenden Konsorten. Vollzogen wird diese Übertragung des Konsortialanteils durch Abschluss einer als Anhang zum Konsortialvertrag beigefügten Übertragungs- und Eintrittsvereinbarung (*transfer certificate*). Sie wird jeweils von dem beitretenden Anteilserwerber, dem austretenden Konsorten und von der Konsortialführerin im eigenen wie im Namen der übrigen Konsorten unterzeichnet.[372] Dadurch scheidet der bisherige Konsorte aus dem Konsortium aus und der Erwerber des Kreditanteils tritt dem Konsortium bei. Zu unterscheiden sind diese Zustimmungserklärungen des ausscheidenden und der übrigen Konsorten von der Zustimmungserklärung des Kreditnehmers hinsichtlich der Übertragung der Zins- und Rückgewähransprüche. Diese Erklärung bezieht sich nur auf eine Forderungsübertragung bzw. auf eine Vertragsübernahme oder Novation, aber nicht auf die Übertragung des Konsortialanteils selbst, da dessen Übertragbarkeit ohnehin im Kreditvertrag geregelt ist, bei dem der Kreditnehmer Partei ist. Das Zustimmungserfordernis des Schuldners zu der Vertragsübernahme zwischen einem seinen Kreditanteil übertragenden Konsorten und einem Erwerber kann bereits im Kreditvertrag selbst erteilt werden.[373]

---

370 *Ulmer*, in MünchKomm, BGB, Band 5, Vorb. § 705, Rn 92.

371 *Armbrüster*, S. 23 ff.; *K. Schmidt*, Gesellschaftsrecht, § 63 I 2.

372 *Diem*, § 2, Rn 62; *Wenzel*, S. 347.

373 Näher *Diem*, § 33, Rn 10. Hierzu etwa das Muster von *De Meo/Hoffmann*, in Münchener Vertragshandbuch, Band 2, WR I, III. 14, S. 403 f.

Das Vertragsmuster der LMA für ein *Multicurrency Term and Revolving Facilities Agreement*[374] sieht das Zustimmungserfordernis in der Klausel 24.2 (a)[375] für die Übertragung in Form eines *assignment* oder einer sonstigen Übertragung vor. Hierbei handelt es sich allerdings ebenso nicht um eine Zustimmung zur Übertragung des Konsortialanteils, sondern um eine Zustimmung zur Übertragung der aus dem Kreditvertrag erwachsenden Ansprüche (und ggf. des ganzen Schuldverhältnisses, wenn nicht durch ein *assignment* übertragen wird) auf einen Erwerber. Die Verträge können auch eine im Voraus abgegebene Zustimmung des Schuldners zur Übertragung vorsehen. Praktikabel und von der LMA auch vorgesehen ist die Möglichkeit, die Zustimmung des Schuldners dann zu fingieren, wenn dieser sich nicht innerhalb einer bestimmten Frist erklärt.[376] Besteht eine derartige Regelung im Vertrag nicht, sehen die Verträge zumeist eine generelle Beschränkung des Wechsels der Kreditgeber vor, bspw., wenn der Kreditanteil an einen Konkurrenten des Schuldners übertragen werden soll.[377]

III. Die Übertragung des Anteils am Konsortialkredit nach deutschem Recht

Für die Übertragung des Kreditanteils kommen im deutschen Recht mehrere Varianten in Betracht, die die Einhaltung unterschiedlicher Voraussetzungen erfordern. Zu nennen sind die Abtretung (nachfolgend unter 1.), die Novation (2.), die Vertragsübernahme (3.), die Ausgründung oder Abspaltung (4.) als Formen des Kreditrisikotransfers, die nicht mit einem Wechsel der Forderungsinhaberschaft einhergehen. Davon gänzlich abzugrenzen ist die Unterbeteiligung (5.) und das Gemeinschaftsunternehmen (6.).

---

374 Abgedruckt bei *Wenzel*, S. 475 ff. mit dem Stand Januar 2006.

375 Zu finden bei *Wenzel*, S. 533.

376 *Rhodes*, S. 586.

377 Hierzu und mit weiteren Beispielen: *Wright*, International Loan Documentation, S. 202, 203. In dem Vertragsmuster des *Senior Multicurrency Term and Revolving Facilities Agreement for Leveraged Acquisition Finance Transactions* vom Februar 2009 ist hingegen kein Zustimmungserfordernis zu dem konkreten Geschäft vorgesehen, sondern die Einwilligung ist pauschal erklärt und dem abtretungswilligen Konsorten ist eine Anzeigepflicht auferlegt, vgl. Klausel 29.2 (a). Üblich ist auch eine Festsetzung eines Mindestbetrags des zu übertragenden Kreditanteils.

1. *Die Abtretung der Zins- und Rückgewähransprüche durch den Kreditgeber*[378]

Nach den §§ 398 ff. BGB werden nur Forderungen des Kreditgebers auf den Erwerber (mit der Folge dem damit einhergehenden Übergang akzessorischer Sicherungs-, Vorzugs- und Nebenrechte nach §§ 412, 401 BGB) übertragen. Nicht möglich ist aber die Übertragung von Verpflichtungen des Kreditgebers, was sich bei noch nicht vollständig gezogenen, insbesondere revolvierenden Krediten als unzweckmäßig erweist.[379]

Die wirksame Zession von Forderungen oder die Übertragung des gesamten Vertragsverhältnisses setzt das Bestehen eines Rechtsverhältnisses voraus, an dem es fehlen kann, wenn eine vorsätzliche Überbewertung von Sicherheiten oder Verstöße gegen Richtlinien der Bank zur Kreditvergabe vorliegen. Dann ist an die Übertragung von Bereicherungs- und ggf. Schadensersatzansprüchen an den Käufer zu denken.[380]

Die dingliche Wirksamkeit von Abtretungen der Rückzahlungs- und Zinsansprüche des Darlehensgebers nebst Sicherheiten an einen Dritten vor dem Hintergrund des Bankgeheimnisses war Gegenstand einer längeren Kontroverse. Während im Bereich notleidender Kredite gemeinhin eine Abtretbarkeit dieser Ansprüche im Grundsatz als zulässig angesehen wurde, wenn die Ansprüche aus einem bereits gekündigten oder einem aktuell kündbaren Kredit entstehen,[381] können die dort maßgeblichen Kriterien der mangelnden

---

378 Die grundsätzlich auch für den Kreditnehmer bestehende Möglichkeit zur Abtretung seines Auszahlungsanspruchs aus dem Kreditvertrag wird in den Verträgen zumeist ausgeschlossen, wenn nicht ohnehin bereits eine Zweckbindung für die ausgegebene Valuta existiert, wie es bei Akquisitionsfinanzierungen oder Baudarlehen der Fall ist (*K. P. Berger*, in MünchKomm, BGB, Band 3, § 488, Rn 146; zu letzteren *Weidenkaff*, in *Palandt*, BGB, § 488, Rn 16). Der vertragliche Ausschluss der Abtretbarkeit nach § 399 Alt. 2 BGB wirkt indes unter den Vorgaben des § 354a Abs. 1 S. 1 HGB nur relativ, zumal die Ausnahme des § 354a Abs. 2 HGB nicht eingreift, wenn ein Kreditinstitut die Schuldnerin eines abzutretenden Anspruchs ist, *Freitag*, in *Staudinger* (2011), § 488, Rn 256.

379 *Wenzel*, S. 348.

380 Hierzu ausführlich *Scharpf*, NJW 2009, 3476, 3478 ff.

381 Ausführlich zur Lage bei non performing loans *Domke/Sperlich*, BB 2008, 342, 342 f., die hiernach eine umfassende Gesamtabwägung vornehmen, bei der zum einen zu fragen sei, ob eine Informationsweitergabe grundsätzlich etwa auf Grund des Kündigungsstatus des Kredits und eines Vertragsbruches durch den Kreditnehmer zu rechtfertigen wäre. Auf einer zweiten Stufe sei dann zu fragen, in welchem Umfang Daten weitergegeben werden dürfen. Hierzu auch *Freitag*, in *Staudinger*

Schutzwürdigkeit des Kreditnehmers bei nicht notleidenden Krediten nicht angelegt werden. Der BGH hat allerdings in zwei Entscheidungen die diskutierten Aspekte gewürdigt und ist zu dem Ergebnis gelangt, dass ein vertraglich vereinbartes oder sonstiges Bankgeheimnis einer dinglich wirksamen Zession nicht entgegensteht.[382] Bei Abtretungen von Rückgewähransprüchen des Darlehensgebers, die auf Verträgen entsprechend der Muster-Vertragsdokumentation der LMA basieren, ist eine Zustimmungserklärung des Darlehensnehmers schon im Voraus abgegeben worden. Die soeben beschriebene Problematik der Abtretbarkeit tritt deshalb bereits nicht ein.[383] Bei der Anwendung dieses LMA-Standards wird entsprechend den Vorgaben des § 354a Abs. 1 HGB ein nicht erfülltes Zustimmungserfordernis[384] der Wirksamkeit der Abtretung nicht entgegenstehen. Dieses Vertragsmuster verlangt

---

(2011), § 488, Rn 258; *Reppenthien*, in *Walz*, Beck'sches Fb. Zivil-, Wirtschafts- und Unternehmensrecht, R 15.

382 Nach BGHZ 171, 180, 184 ff. ergibt sich kein vertraglich wirkender Abtretungsausschluss aus dem Bankgeheimnis, noch könne § 134 BGB Anwendung finden, da weder das Bankgeheimnis als taugliches gewohnheitsrechtliches Verbotsgesetz herangezogen werden könne, noch könnten Bestimmungen des Bundesdatenschutzgesetzes eine Unwirksamkeit der Zession bewirken. Im Anschluss dazu BGHZ 183, 60, 63 ff. Nach der überwiegenden Ansicht in der Literatur ist diese Haltung des BGH durch das Risikobegrenzungsgesetz vom 12.08.2008 (BGBl. I S. 1666) bestätigt und aufgegriffen worden, da Selbiges eine grundsätzliche Abtretbarkeit von Rückgewähransprüchen unterstelle, so bspw. *Freitag*, in *Staudinger* (2011), § 488, Rn 259; *Langenbucher*, NJW 2008, 3169, 3170; *Jaeger/Heinz*, BKR 2009,273, 276; auch *Hopt*, in *Baumbach/Hopt*, 2. Teil, Bankgeschäfte (7), Rn G 5a. Die Gegenansicht (*Stoll*, DZWIR 2010, 139, 141) verweist hingegen auf die mangelnde Erörterung des Bankgeheimnisses durch die Gesetzesbegründung, was einen stillschweigend vereinbarten Abtretungsausschluss auf Grund des Bankgeheimnisses rechtfertige. Hiergegen mag allerdings sprechen, dass gerade durch die sonstigen, durch das Risikobegrenzungsgesetz eingeführten Regelungen (bspw. § 354a Abs. 2 HGB, §§ 491 Abs. 1a, 493 Abs. 4, 496 Abs. 2 BGB), die eine Abtretung von Darlehensforderungen reglementieren, eine fehlende Regelung des Gesetzes zum Bankgeheimnis in Ansehung der vorherigen BGH-Rechtsprechung einer Zulassung der Abtretung durch beredtes Schweigen des Gesetzgebers gleichkommt.

383 *Wenzel*, S. 348. So auch das Vertragsmuster bei *De Meo/Hoffmann*, in Münchener Vertragshandbuch, Band 2, WR I, III. 14, S. 404, 415.

384 Wie auch bei § 399 Var. 2 BGB wird auch bei § 354a Abs. 1 HGB über den Wortlaut hinaus jede Beschränkungsvereinbarung von der Regelung erfasst, vgl. BGH NJW-RR 2005, 624, 626; *Klappstein*, in *Heidel/Schall*, § 354a, Rn 5; *E. Wagner*, in *Ebenroth/Boujong/Joost/Strohn*, Band 2, § 354a, Rn 6.

nämlich für die Übertragung eines Kreditanteils durch einen Konsorten die Zustimmung des Konsortialführers und des Schuldners bzw. eine entsprechende Abtretungsanzeige.[385]

2. *Die Novation*

Wie im angloamerikanischen Recht kann auch im deutschen Recht ein Schuldverhältnis durch vertragliche Neugründung zwischen einer gleichbleibenden und einer neu eintretenden Partei bei Untergang des Schuldverhältnisses zwischen den bisherigen Parteien vereinbart werden. Das aufgehobene, ursprüngliche Schuldverhältnis bildet den Rechtsgrund für das neue Schuldverhältnis.[386] Diese Novation (oder auch Schuldumschaffung[387]) ist neben der ebenfalls gesetzlich nicht allgemein geregelten Vertragsübernahme eine Möglichkeit, das gesamte Rechtsverhältnis, das der Konsorte zu dem Kreditnehmer hält, auf einen Erwerber zu übertragen. Im Gegensatz zur Vertragsübernahme wahrt sie nicht die Identität des Schuldverhältnisses, was Folgen für akzessorische Sicherheiten zeitigt, die auf aufzuhebende Forderungen bestellt werden.[388] Kreditbeteiligungen werden deshalb auch in Konsortialverträgen übertragen, die deutschem Recht unterliegen sollen, regelmäßig durch eine Vertragsübernahme.[389]

3. *Die Vertragsübernahme*

Wie auch die Novation bietet die Vertragsübernahme die Möglichkeit, das Rechtsverhältnis im Ganzen (in Bezug auf die übergehenden Rechte gemäß §§ 398 ff. BGB und der Pflichten nach §§ 414, 415 BGB) zu übertragen und bedarf auch wie diese der Mitwirkung des Kreditnehmers.[390] Als Folge der

385 Wie vorstehend beschrieben, enthält das *Multicurrency Term and Revolving Facilities Agreement* ein Zustimmungserfordernis in der Klausel 24.2 (a) (abgedruckt bei *Wenzel*, S. 533), wobei das *Senior Multicurrency Term and Revolving Facilities Agreement for Leveraged Acquisition Finance Transactions* der LMA vom Februar 2009 hingegen eine Benachrichtigung des Schuldners durch den übertragenden Konsorten in der Klausel 29.2 genügen lässt.

386 *Gernhuber*, Hd. d. SR., Band 3, S. 402; *Olzen*, in *Staudinger* (2011), § Einl. zu §§ 362 ff., Rn 35 f.

387 So als Mittel der Syndizierung die Novation auch bezeichnend: *Hanke/Socher*, NJW 2010, 1435, 1436.

388 Vgl. dazu S. 91 ff.

389 *Wenzel*, S. 349.

390 *Roth*, in MünchKomm, BGB, Band 2, § 398, Rn 4; *Förl*, RNotZ 2007, 433, 433, Fn 1; Zur Zulässigkeit: BGH NJW 1986, 2108, 2110.

Vertragsübernahme rückt der Eintretende in die Vertragsposition des Ausscheidenden ein. Die Vertragsübernahme ist insofern ein Verfügungsgeschäft über das Vertragsverhältnis[391] und erzeugt gleichzeitig eine Schuldnachfolge, die den Erwerber in die Pflichten und Rechte des Übertragenden einrücken lässt. Im Unterschied zur Novation bleibt das ursprünglich begründete Schuldverhältnis aber erhalten und geht als solches auf den Erwerber über, der die Vertragsstellung des Ausscheidenden übernimmt.[392] Die notwendige Zustimmungserklärung des Kreditnehmers[393] zur Vertragsübernahme wird oftmals bereits antizipiert im Kreditvertrag erklärt.[394]

4. *Die Unterbeteiligung*

Die Unterbeteiligung ist von den soeben genannten Übertragungsmethoden abzugrenzen, da sie keinen Gläubigerwechsel bewirkt. Sie führt zu keiner Veränderung der Vertragsbeziehung zwischen Kreditgeber und Kreditnehmer durch Parteiwechsel. Sie ist eine bedenkenswerte Option für die Beteiligten, wenn eine Zustimmung des Schuldners zu einem Gläubigerwechsel nicht erteilt wird oder das Engagement des Dritten nicht offengelegt werden soll.

5. *Die Ausgliederung oder Abspaltung nach § 123 UmwG*

Statt einer Übertragung des Kreditanteils oder eines ganzen Portfolios auf den Erwerber im Wege eines *asset deal* können die Beteiligten auch jene als Sacheinlage in eine zu gründende Zweckgesellschaft einbringen, an der der Erwerber dann alle Anteile erlangt (*share deal*). Darüber hinaus ist eine direkte Ausgliederung von Betriebsteilen unmittelbar auf den Erwerber denkbar.[395] So können die nach § 123 UmwG erfolgende Ausgliederung oder Abspaltung (jeweils zur Neugründung) ganzer Betriebsteile, die der Verwaltung des Kredits dienen, als Varianten in Betracht kommen, wenn Portfolios zum Verkauf stehen, die

---

391 BGHZ 81, 82 (zur Übertragung an einem Gesellschaftsanteil); *Rieble*, in *Staudinger* (2012), § 414, Rn 112; *Nörr*, in *Nörr/Scheyhing/Pöggeler*, Hb. d. SR., Band 2, S. 186; *Pieper*, S. 189 ff.

392 *Nörr*, in *Nörr/Scheyhing/Pöggeler*, Hb. d. SR, Band 2, S. 184.

393 Ein Abschluss eines dreiseitigen Änderungsvertrages unter Beteiligung des Kreditnehmers (dazu *Schmidt-Kessler*, in *Staudinger* (2011), Eckpfeiler, H, Rn 71) wäre auch hier zwar möglich, aber weniger praktikabel.

394 Dazu *Nörr*, in *Nörr/Scheyhing/Pöggeler*, Hb. d. SR, Band 2, S. 193 f.; *Pieper*, S. 206 f.

395 Zur regelmäßigen Qualifizierung als Betriebsübergang gemäß § 613a BGB *Schilmar/Breiteneicher/Wiedenhofer*, DB 2005, 1367, 1370.

problembehaftete wie vereinbarungsgemäß vom Schuldner bediente Kredite beinhalten. Bei der Abspaltung gemäß § 123 Abs. 2 Nr. 2 UmwG würden die Anteile an der neu zu gründenden Zweckgesellschaft an die Gesellschafter des übertragenden Rechtsträgers Bank übertragen, wohingegen bei der Ausgliederung nach § 123 Abs. 3 Nr. 2 UmwG der Bank selbst diese Anteile gewährt werden. Der Weg der Ausgliederung mit der Folge der Übertragung der Anteile an der Zweckgesellschaft an die Bank wird im hiesigen Falle deshalb als sinnvoller erachtet, weil die Einbeziehung der Muttergesellschaft auf die Ausübung der Gesellschafterrechte beschränkt ist.[396] Der Kauf von großen Portfolios bietet den Gläubigerbanken die Möglichkeit, ihre Bilanzen rasch zu bereinigen, wobei auf Käuferseite *Private Equity*-Unternehmen Gewinne durch ein meist aktiveres *workout-management* erzielen können.[397] Der Erwerber wird durch partielle Gesamtrechtsnachfolge infolge eines einzigen Rechtsakts Rechtsnachfolger des im Spaltungs- oder Übernahmeplan bestimmten Teils des Vermögens.[398] Jedoch besteht eine gesetzliche Nachhaftung der Veräußerer nach §§ 133 Abs. 1, 135 UmwG. Dieser Weg bedarf überdies einer umfangreichen Vertragsdokumentation, was ihn unattraktiv werden lässt.[399]

6. *Das Gemeinschaftsunternehmen*

Eine in der Praxis ebenso anzutreffende Mischform zu der vorstehend beschriebenen Unterbeteiligung ist die Strukturierung in der Gestalt eines *joint venture* zwischen der Bank als Inhaberin des Kreditportfolios und einem Investor. Dabei bringt die Bank das Portfolio im Wege der Sachgründung und der Investor Eigenkapital als Bareinlage sowie eigene Kompetenzen und Kapazitäten in das neu gegründete Unternehmen ein. Dieser Weg bietet den Beteiligten im Gegensatz zur Abspaltung mit anschließendem Anteilserwerb durch den Investor die Möglichkeit, bereits in der Gründungsphase individuelle Interessen von Bank und Investor zu berücksichtigen.[400] Demgegenüber

---

396 *Froitzheim/Lotz/Breiteneicher/Nachtwey/Leclaire*, S. 116.

397 Dazu *Dickopf/Hommel/Knecht*, ZKW 2007, 656, 660, die darauf hinweisen, dass Distressed-Investoren einem anderen Verständnis des workout unterlägen und deutlich gestalterischer agierten. Die Veräußerung ganzer Portfolios erscheint insbesondere dann für Banken attraktiv, wenn nach einem Preisverfall die Werte für Assets wieder steigen, die Banken aber an einer Neustrukturierung des Portfolios interessiert sind.

398 *Stengel*, in *Semler/Stengel*, UmwG, § 123, Rn 6.

399 Zu diesem Abschnitt *Schalast*, BKR 2006, 193, 197; *Anders*, in HfB Nr. 54, S. 13.

400 *Froitzheim/Lotz/Breiteneicher/Nachtwey/Leclaire*, S. 126.

bestehen als Nachteile der Struktur der Gründungsaufwand sowie eventuelle regulatorische Grenzen.[401]

IV. Der Einfluss des angloamerikanischen Rechts auf die deutschem Recht unterliegende Vertragsgestaltung

Die Bedeutung der Parallelverpflichtung als Bestandteil im Regelungsgefüge der Konsortialkredite[402] erschließt sich bei der Betrachtung angloamerikanischer Regelungsmechanismen. Werden Kreditforderungen auf Handelsplätzen in den USA oder in England zum Verkauf angeboten, richtet sich die Forderungsübertragung nach dem einschlägigen Forderungsstatut des Rechts des Übertragungsortes.[403] Handelt es sich dabei bspw. um eine englischem Recht unterliegende Forderung, wird sie folglich mitsamt des sie begründenden Schuldverhältnisses durch eine *novation* nicht identitätswahrend übertragen, sondern neu begründet. Für diese Folge muss der Kreditvertrag Vorkehrungen treffen. Wenn nur englischem Recht unterliegende Sicherungsrechte bestehen, kann alleine durch die Wahl des Sicherheitentreuhandmodells[404] einem Untergang der Sicherheiten vorgebeugt werden. Sind bspw. Pfandrechte nach deutschem Recht zu bestellen, kann die Parallelverpflichtung Abhilfe schaffen.

Die Parallelverpflichtung kann grundsätzlich in einem solchen transnationalen Kontext nach deutschem oder angloamerikanischem Recht begründet werden.[405] Deshalb ist es möglich, dass die Parallelverpflichtung eigens in einem Sicherungsvertrag nach deutschem Recht geschaffen wird und etwa eine nach englischem Recht begründete Kreditforderung als Referenzschuld in Bezug nimmt. Die Parallelverpflichtung ist dabei eine Forderung unter dem BGB. Sie ist dann Trägerin von nach deutschem Recht begründeten Sicherungsrechten und nimmt eine englisch-rechtliche Kreditforderung in Bezug. Deren Neubegründung durch *novation* der Kreditbeteiligung ist nach dem Konzept ohne Folgen für die Sicherheiten.

Die Novation kann auch als Übertragungsform für Kreditbeteiligungen in einem deutschem Recht unterliegenden Vertrag zugelassen werden, um eventuell die Handelbarkeit der Beteiligung an den relevanten Handelsplätzen zu erhöhen.

---

401 *Anders*, in HfB Nr. 54, S. 13.

402 Weniger verbreitet, aber nicht unüblich ist die Aufnahme einer Parallelverpflichtung im Pfandvertrag.

403 *Schnauder*, NJOZ 2010, 1663, 1664; *Wenzel*, S. 422.

404 Vgl. dazu S. 75 ff.

405 *Hoffmann*, WM 2009, 1452, 1454.

Den Folgen einer Novation einer Kreditbeteiligung nach deutschem Recht kann durch die Implementierung des Konzepts der Parallelverpflichtung ebenso vorgebeugt werden.[406]

Eine Wahlmöglichkeit zwischen deutschem und angloamerikanischem Recht hinsichtlich der bestellten Sicherheiten besteht nicht. Das Recht der Sicherungsrechte ist das Recht, das von zuständigen Vollstreckungsgerichten angewendet wird.[407]

I. Folgen von Schuldneubegründung und Abtretung für die akzessorischen Sicherheiten nach deutschem Recht

I. Erlöschensakzessorietät zwischen gesicherter Forderung und akzessorischer Sicherheit bei einer Novation nach deutschem Recht

Im eher theoretischen Fall einer vertraglichen Zulassung einer Novation des deutschen Rechts als Übertragungsform in einem Kreditvertrag, für den deutsches Recht gilt, wären die Folgen dieser Schuldneubegründung unter dem Regime des BGB ebenso von Bedeutung. Praktisch relevant wäre der Fall nur, wenn bspw. ein Käufer der Beteiligung eine Neubegründung des Rechtsverhältnisses wie im englischen Recht zwischen Schuldner und ihm akzeptierte.

Die auf die ursprüngliche, substituierte Forderung bestellten akzessorischen Sicherheiten können nach hM nur mit Rangverlust zugunsten des eintretenden Konsorten erneut bestellt werden. Nach deren Ansicht führt die Novation (wie die *novation*) zum Untergang der akzessorischen Sicherheiten, die infolgedessen nur dann wieder rangwahrend auflebt, wenn der Erlöschenstatbestand rückwirkend beseitigt wird.[408] Sie kann ihren Standpunkt damit rechtfertigen, dass das Gesetz in § 1252 BGB das Erlöschen des Pfandrechts unabhängig von der Art des Erlöschens der Forderung anordnet. Nach dieser Vorschrift kommt nicht darauf an, ob eine Befriedigung des Gläubigers tatsächlich erfolgt oder eine interne Vereinbarung zwischen Schuldner und Gläubiger über eine Schuldersetzung Dritte beeinträchtigt. Mit dem Erlöschen des bisherigen Schuldverhältnisses erlöschen auch akzessorischen Sicherheiten, die auf die ersetzte Forderung bestellt wurden, ersatzlos.[409]

---

406 Vgl. zu den Auswirkungen einer Novation eines Schuldverhältnisses auf akzessorische Sicherheiten direkt im Anschluss unter [I.II] auf S. 87 ff.

407 *Hoffmann*, WM 2009, 1452, 1452.

408 *Reiner Schulze*, in *Schulze*, BGB, Vorb. zu §§ 362–397, Rn 6.

409 Vgl. RGZ 134, 154, 155; *Böttcher*, S. 192; *Danielewsky/Dettmar*, WM 2008, 713, 714; *Förl*, RNotZ 2007, 433, 433; *Freitag*, in *Staudinger* (2011), § 188, Rn 177; *Merkel*, in *Schimansky/Bunte/Lwowski*, Band II, 4. Aufl., § 93, Rn 218; *Olzen*, in *Staudinger*

Dem wird von einer abweichenden Meinung im Zusammenhang mit dem Mobiliarpfandrecht und der Vormerkung widersprochen.[410] Nach dieser Ansicht gibt das von ihr zur Beurteilung des Schicksals akzessorischer Rechte herangezogene römische Recht keine Grundlage dafür, dass eine Akzessorietät im Erlöschen von Sicherungsrechten durch Novation bestehe. Ein Pfandrecht sei wie im römischen Recht dazu bestimmt, die Gläubigerbefriedigung zu sichern, weshalb es nicht erlösche, wenn die gesicherte Forderung ohne Befriedigung, wie bei der Novation, untergehe.[411] Die Novation sei ein reines Internum zwischen Gläubiger und Schuldner, das ein Außenverhältnis nicht betreffe.[412] Die Gemeinschaft in der Aufhebung zwischen dem Pfandrecht und der zu sichernden Forderung sei genau genommen eine „Befriedigungsgemeinschaft", was bei Forderungsuntergang ohne Gläubigerbefriedigung am Fortbestehen des Sicherungszwecks nichts ändere, sodass eine Akzessorietät im Erlöschen nicht bestehe.[413] Die Novation impliziere nicht automatisch einen Verzicht auf die bestellten Sicherheiten.[414]

Dieses Abstellen auf den Sicherungszweck führt nach der hM zu einer Aufweichung der in den §§ 1204, 1250 Abs.1 S. 2, 1252 BGB angelegten Akzessorietät des Pfandrechts. Das Pfandrecht unterliege als dingliches Recht dem sachenrechtlichen Typenzwang und könne durch Parteivereinbarung nicht abgeändert werden.[415]

Der grundlegende Unterschied zwischen den Meinungen besteht in der abweichenden Bewertung der Folgen einer aufgehobenen Akzessorietät zwischen gleichbleibenden Parteien durch den Forderungsaustausch. Im folgenden Fall ist nicht von vorneherein die Relevanz der Minderheitsmeinung für die hier gegenständliche Novation im Dreiparteienverhältnis (wie es eben die Konstellation der *novation* im *common law* vorgibt) zu verneinen.[416] Wenn die abweichende Meinung für das Erlöschen des Pfandrechts einen Willen zum Verzicht auf das

---

(2006), Einl. zu §§ 362 ff., Rn 40; *Schrell/Kirchner*, ZBB 2002, 230, 230; *Willer*, AcP 209 (2009), 807, 810.

410 *Wacke*, DNotZ 2000, 615, 629 ff.

411 aaO., 625.

412 aaO., 624.

413 aaO., 626 f.

414 aaO., 629.

415 *Danielewsky/Dettmar*, WM 2008, 713, 714, Fn 10.

416 A. A. *Förl*, RNotZ 2007, 433, 433, Rn 5, der davon spricht, dass jener Ansatz beim Gläubigerwechsel nicht weiterführe, weil es sich bei der novation um ein Dreiparteienverhältnis handele.

Pfandrecht fordert, wird nach diesem Verständnis kein Unterschied darin zu sehen sein, ob das neue Schuldverhältnis zu einem neuen oder eben zu dem alten Gläubiger besteht. Der neue Gläubiger wüchse entsprechend in die fortexistierende „Befriedigungsgemeinschaft“ hinein. Gerade für diesen Fall wäre vom Willen der Beteiligten auszugehen, das Pfandrecht zu erhalten. Die Minderheitsmeinung sieht dementsprechend entgegen der hM[417] eine Forderungsauswechselung beim Mobiliarpfandrecht als zulässig an.[418]

Gegen die vorgenannte Minderheitsmeinung ist einzuwenden, dass auch bei fehlendem Erlassvertrag nach § 397 BGB, der sich nach dieser Ansicht nur auf die Forderung und nicht auf das Schuldverhältnis bezieht,[419] der Parteiwille zur Substitution der alten Schuld dennoch existiert. Es kommt nicht auf die Bestätigung des einst bestellten Pfandrechts durch die Parteien an, sondern auf die Bekräftigung der dem Pfandrecht zugrunde liegenden Forderung. Die Forderung bildet die Grundlage für das Pfandrecht und nicht umgekehrt. Mag auch der Verlust der bestellten Sicherheiten nicht Ziel der handelnden Parteien sein, so ist er doch die notwendige Folge. Die Annahme einer „Befriedigungsgemeinschaft“ ist mit den nach der Gegenmeinung zu schließenden Konsequenzen im Gesetz (insb. § 1252 BGB) nicht angelegt und trägt dem Umstand nicht ausreichend Rechnung, dass der Verlust des Pfandrechts nicht alleine von der Befriedigung des Gläubigers abhängt. Zwar kann mit dem Hinweis widersprochen werden, dass die sonstigen Gründe für ein Erlöschen nach §§ 1253 Abs. 2, 1255 BGB indes zur Disposition des Gläubigers stehen. Außerdem ist zu bezweifeln, die Parteien das Pfandrecht erhalten wollen, da der Schuldner durch den Aufhebungsvertrag sämtliche Einwendungen aus dem alten Schuldverhältnis verliert.[420]

Das Erlöschen der Sicherheiten könnte allenfalls durch eine vertragliche Wiederherstellung der erloschenen Verbindlichkeit vermieden werden. Sie müsste erwirken, dass Sicherheiten nicht neu zu bestellen sind, sondern ihre Fortgeltung auf der rückwirkenden Fortsetzung einer vertraglichen Abrede beruhte.[421] Dies setzt eine vertragliche Wiederherstellung bzw. Neubelebung der erloschenen

---

417 Zu dieser nur *Damrau*, in MünchKomm, BGB, Band 6, § 1204, Rn 24.

418 *Wacke*, DNotZ 2000, 615, 630 ff.

419 So *Wacke*, DNotZ 2000, 615, 626.

420 Insoweit RGZ 119, 21, 24; *Olzen*, in *Staudinger* (2006), Einl. zu §§ 362 ff., Rn 40.

421 Hierzu *Gröschler*, NJW 2000, 247 ff. im Allgemeinen zur Fortsetzung erloschener Verbindlichkeiten und unter S. 249 zu den Auswirkungen auf die bisherigen Sicherheiten.

Forderung voraus. Diese von der Rechtsprechung[422] und der überwiegenden Literatur[423] abgelehnte Wiederherstellung einer erloschenen Verbindlichkeit durch die Parteien basiert auf der Überlegung, dass das Gesetz selbst nicht (mehr) Vorhandenes als existent ansieht und Vertragsparteien kraft Privatautonomie gleiche Gestaltungsmacht zugewiesen sei.[424] Da der hier interessierende Fall der Vertragsneubegründung unter Einbeziehung einer neuen Partei und des Ausschlusses einer bisherigen keine Wiederherstellung eines aufgehobenen Vertrages bedeutet, wird diese Option hier bereits nach ihrer eigenen Logik keine Anwendung finden. Es handelt sich nicht um eine Wiederherstellung einer Verbindlichkeit *inter partes*, sondern um die Vereinbarung über die Neubegründung eines Schuldverhältnisses mit dem die Gläubigerstellung Übernehmenden. Diese die Ansicht tragende Überlegung der Parallelität der Privatautonomie mit gesetzlicher Anordnungsmacht bedeutet nur, dass die Privatautonomie eine neue Partei nur befähigt, überhaupt ein Schuldverhältnis zu begründen. Nicht erfasst ist die Möglichkeit, ein zwischen anderen Parteien geschlossenes, nun erloschenes Schuldverhältnis anstelle der einen Partei mit Wirkung gegenüber sich selbst und der noch verbliebenen Partei wiederherzustellen. Deshalb scheidet auch nach dem BGB ein Erhalt der akzessorischen Sicherheiten aus. Sollte die Option einer Novation von Kreditvertragsverhältnissen bei Anwendbarkeit des BGB gewählt werden, müsste – wie im angloamerikanischen Recht – eine Parallelverpflichtung zur Sicherung der Sicherungsrechte vorhanden sein.

II. Zwischenfazit

Der Verlust von Sicherheiten droht bei einer Novierung des der zu sichernden Forderung zugrunde liegenden Schuldverhältnisses in verschiedenen Konstellationen. Erfolgt bspw. eine Übertragung eines Schuldverhältnisses, das nach angloamerikanischen Recht begründet wurde, mittels *novation*, muss der Neukonsorte die diesbezüglichen Sicherungsrechte erneut bestellen lassen und einen eventuellen Rangverlust hinnehmen. Gleiches erwartet bspw. eine englische Bank, die eine Kreditbeteiligung im Wege einer Novation nach deutschem Recht

422 BGH NJW 1998, 2664, 2666.

423 *Ballhaus*, in BGB – RGRK, Band II, 1. Teil, § 305, Rn 5; *Grüneberg*, in *Palandt*, BGB, Überbl. v. § 362, Rn 1; *Gaier*, in MünchKomm, BGB, Band 2, § 349, Rn 7; *Olzen*, in *Staudinger* (2011), Einl. zu §§ 362 ff., Rn 7; *ders.*, in *Staudinger*, Eckpfeiler, G, Rn 5; *H. P. Westermann/P. Buck-Heeb*, in *Erman*, Band I, Vor § 362, Rn 2.

424 *Gröschler*, NJW 2000, 247, 248 unter Verweis auf *Larenz*, SchR, Band I, § 35 III, S. 617.

erwirbt. Zudem ist zu bedenken, dass im internationalen Handel mit Kreditbeteiligungen das Recht einer Vertragspartei, gerade hinsichtlich des jeweils für die Parteien anwendbaren Steuerrechts, nicht ausgeblendet werden kann, was im Besonderen für besagte *stamp tax* oder Quellensteuern gilt.[425] Bei Übertragungen von Kreditbeteiligungen im internationalen Rahmen macht es sich bemerkbar, dass das am Transaktionsort anwendbare Recht Einfluss auf Beteiligungstransfers im Wege einer Abtretung oder einer Novation haben wird.[426] Folglich werden sich die Beteiligten regelmäßig der Übertragungsmechanismen bedienen, die in Ansehung des für zumindest eine Vertragspartei anwendbaren Rechts Vorteile bieten.

III. Der Bestand akzessorischer Sicherheiten bei der Übertragung von Forderungen im Wege der Abtretung nach deutschem Recht

Bei einer Abtretung bestehen bezüglich der für den Zedenten bestellten, akzessorischen Sicherheiten keine Schwierigkeiten, sofern der Kredit voll valutiert wurde oder der Erwerber nur den Teil einer bereits entstandenen Forderung nach § 488 Abs. 1 S. 1 BGB erwirbt. In diesem Fall existiert das Sicherungsrecht bereits.

An einer Valutierung kann es hingegen fehlen, wenn der Syndizierungsprozess im Fall einer echten Syndizierung nicht abgeschlossen ist oder etwa bei als Kontokorrent zur Verfügung gestellten Tranchen. Wird eine künftig entstehende Forderung abgetreten, geht das akzessorische Recht auf den Zessionar nicht über. Der Zessionar erwirbt die künftige Forderung im Zeitpunkt ihrer Entstehung direkt und nicht durch eine Abtretung des Zedenten.[427] Da die Abtretung einer künftigen Forderung nicht zu einer Übertragung, sondern einen originären Erwerb des Zessionars bewirkt, ist § 401 BGB nicht anwendbar. Entsprechend entsteht das Sicherungsrecht erst in der Person des (künftigen, aber

---

425 *Rhodes*, S. 590.

426 *Rhodes*, S. 591.

427 So *Pöggeler*, in *Nörr/Scheyhing/Pöggeler*, Hb. d. SR, Band 2, S. 114. Die wohl hM geht indes von einem Direkterwerb der Forderung aus, wenn der Rechtsgrund derselben bei deren Abtretung und Entstehen existierte. Fehle bei der Abtretung dagegen die Rechtsgrundlage und damit eine bereits existierende Rechtsposition des Zedenten, mit der eine begründete Aussicht auf die Forderungsentstehung verbunden ist, so wird überwiegend ein Durchgangserwerb angenommen, *Busche*, in *Staudinger* (2012), § 398, Rn 73 ff.; *Rohe*, in *Bamberger/Roth*, Beck'OK, BGB, Ed. 25, § 398, Rn 70; *Reiner Schulze*, in *Schulze*, BGB, § 398, Rn 10.

nicht erst zweiten) Rechtsinhabers.[428] Eine vorsorgliche Bestellung eines akzessorischen Sicherungsrechts für eine Person, die noch nicht zum Zeitpunkt der Bestellung der Sicherheit auch Gläubigerin der zu sichernden Forderung ist, ist nicht möglich.[429] Die gesetzlich festgelegte Akzessorietät verlangt, dass Rechtsinhaber und Begünstigter des Sicherungsrechts identisch sind. Ein Sicherungsrecht kann nicht für einen bisherigen Nichtgläubiger bestellt werden, sondern nur wechselseitig mit der Entstehung des zu sichernden Rechts.[430]

Fällt die zu erwerbende Forderung mit ihrer Wirksamkeit für eine juristische Sekunde in das Vermögen der Zedenten und erlangt der Zessionar sie mittels eines Durchgangserwerbs, wäre zwar ein wirksamer Erwerb im Rahmen des § 401 BGB denkbar. Das Verwertungsrecht entstünde aber erst zum Zeitpunkt der wirksamen Entstehung der zu sichernden Forderung. Um diese Folge zu vermeiden, wird entweder auf das *future pledgee*-Modell oder auf die Parallelverpflichtung (auch in Kombination) zurückgegriffen.[431]

IV. Der Bestand akzessorischer Sicherheiten bei der Übertragung von Schuldverhältnissen im Wege der Vertragsübernahme

Bei vollständiger Valutierung des Darlehens bei Vertragsübernahme wird gemeinhin angenommen, dass die zugunsten des ursprünglichen Darlehensgebers bestellten Sicherheiten analog § 401 BGB auf den Erwerber des Anteils übergehen.[432] Wenn der Erwerber hingegen erstmals das Darlehen valutiert, lehnt die Rechtsprechung eine entsprechende Anwendung des § 401 BGB ab.[433] Die Vorausabtretung der Forderung wird erst im Zeitpunkt ihres Entstehens wirksam.[434] Diese Annahme wird durch die Überlegung gestützt, dass der Rückzahlungsanspruch des Kreditgebers gemäß § 488 Abs. 1 S. 2 BGB auch erst entsteht, wenn die Darlehensvaluta an den Darlehensnehmer ausgeschüttet worden ist. Darum kann auch das akzessorische Recht nicht früher entstehen. Gleiches gilt bei Vertragsübernahme, wenn – wie es allgemein anerkannt ist – die §§ 398 ff. und §§ 414 ff. BGB für sie analog gelten.[435] Auch hier wird eine künftige Forderung als Teil des Verfügungsgegenstandes „Schuldverhältnis“

---

428 Vgl. dazu bereits S. 50 f.

429 Vertiefend *Becker-Eberhard*, S. 329 f.

430 *Medicus*, JuS 1971, 497, 499.

431 *Förl*, RNotZ 2007, 433, 433. Siehe hierzu nachstehend S. 101 ff.

432 BGH NJW 1985, 2528, 2531; *Freitag*, in *Staudinger* (2011), § 488, Rn 266.

433 BGHZ 77, 167, 170; 26, 142, 148 f.

434 BGHZ 88, 205, 206; *Rohe*, in *Bamberger/Roth*, Beck'OK, BGB, Ed. 25, § 389, Rn 69.

435 *Kandelhard*, NZM 2001, 696, 697; *Pieper*, S. 192.

auf den Erwerber übertragen, die wirksam wird, wenn der Erwerber das Darlehen valutiert.

Die Folge des Rangverlusts wäre nur dann zu vermeiden, wenn akzessorische Sicherheiten auch für künftige Darlehensgeber bestellt werden könnten. Genau genommen werden sie für den ursprünglichen Darlehensgeber und für den Erwerber der Beteiligung des austretenden Konsorten, jeweils zum Zeitpunkt der Nichtvalutierung, bestellt. Dieses *future pledgee*-Konzept ist umstritten, weil es voraussetzt, dass der sachenrechtliche Bestimmtheitsgrundsatz die Bestellung akzessorischer Sicherheiten auf künftige und bedingte Forderungen zulässt.

4. Kapitel Die vertragliche Gestalt der Parallelverpflichtung

A. Der Zweck der Nutzbarmachung akzessorischer Sicherheiten

Die Parallelverpflichtung ist mittlerweile regelmäßiger Bestandteil von Konsortialkreditverträgen und dies auch bei Anwendbarkeit des deutschen Rechts. Auch in diesen Fällen ist die Anpassung der Vertragsgestaltung an internationale Standards wünschenswert, eine verbesserte Handelbarkeit der Kreditforderungen zu erreichen. Daneben bietet die Parallelverpflichtung – wie gesehen – erhebliche Vorteile bei rein innerdeutschen Syndizierungsprozessen.[436]

Bevor im 5. Kapitel[437] dezidiert die gegen die Konstruktion der Parallelverpflichtung vorgebrachten Einwendungen untersucht werden sollen, sind hier die Eigenschaften dieser separaten Schuld darzustellen. Dabei ist ihr Regelungsinhalt zu beschreiben und auf dessen Notwendigkeit im internationalen Handel mit Kreditbeteiligungen einzugehen. Nur wenn der eigentliche Beweggrund der Parteien zur Schaffung einer Parallelverpflichtung erkannt ist, kann überprüft werden, ob diese rechtlich umstrittene und komplizierte Konstruktion überhaupt notwendig ist. Deshalb sollen alternative Konstruktionen auf ihre Tauglichkeit und Effektivität geprüft werden. Abgeschlossen wird dieses 4. Kapitel mit der Darstellung der konkreten Beschaffenheit der Parallelverpflichtung als selbstständige Forderung.

I. Regelungsinhalt

Die Parallelverpflichtung ist als eigenständige Forderung Trägerin der zu bestellenden akzessorischen Sicherheiten. Als solche unterliegt sie nicht den rechtlichen Veränderungen, denen die anteiligen Darlehensforderungen der Konsorten bei deren Veräußerung und Übertragung auf dem Sekundärmarkt ausgesetzt sind. Der Sicherheitengeber verpflichtet sich somit gegenüber dem Sicherheitentreuhänder zu einer Schuld, die durch vertragliche Abreden und Beschränkungen betragsmäßig wie in ihrer Durchsetzbarkeit an die Forderungen

436 Vgl. dazu S. 48 ff.

437 S. 145 ff.

aus dem Rechtsverhältnis zu den Konsorten gekoppelt ist. Dieser selbstständig begründeten Forderung des Sicherheitenverwalters gegenüber dem Sicherungsgeber liegt jedoch keine kausale Forderung innerhalb dieses Verhältnisses zugrunde. Sie ist kein deklaratorisches Schuldanerkenntnis, da ihr Zweck nicht die Bekräftigung der Kreditverbindlichkeiten durch den Schuldner ist. Vielmehr ist statt einer Feststellung einer bestehenden Schuld eine Begründung einer neuen intendiert, die unabhängig in der Entstehung, aber in Bezug auf Entwicklung und Untergang eng mit der „eigentlichen" Forderung verbunden sein soll.

II. Beabsichtigte Konsequenzen

Als Konsequenz dieser Konstruktion können die anteiligen Forderungen aus dem Darlehensverhältnis gehandelt und übertragen werden, ohne dass der Sicherheitenbestand durch den zeitweisen Untergang jener Forderungen durch Novation tangiert wird. Der neu dem Konsortium Beitretende nimmt im Innenverhältnis wiederum die Stellung des Ausgeschiedenen ein und kann infolgedessen an den verwalteten Sicherheiten partizipieren. Die Parallelverpflichtung bietet eine „gesicherte Plattform", auf der die Sicherheiten zur Verwaltung durch den Sicherheitenverwalter „deponiert" werden können. Die Berechtigung an Sicherungsrechten wie an Verwertungserlösen wird den Konsorten jedoch nicht unmittelbar im Verhältnis zu dem Sicherheitengeber durch den Kreditvertrag vermittelt. Der Kreditvertrag sieht vielmehr eine Bestellung der Sicherheiten zugunsten des Sicherheitentreuhänders vor, der wiederum im Innenverhältnis gegenüber den Konsorten schuldrechtliche Ansprüche an den Sicherheiten im Rahmen des Treuhandverhältnisses vermittelt.

Diese separat begründete Forderung bewirkt im deutschen Recht keine Aufhebung des Prinzips der Identität der Forderungsgläubiger und Sicherungsnehmer, wie es für das Pfandrecht etwa in den §§ 1204, 1250 und 1273 Abs. 2 BGB zum Ausdruck kommt.[438] Allerdings eröffnet sie den Parteien die Option, akzessorische Sicherheiten in wirtschaftlich sinnvoller Weise als Gegenstand von Sicherungsbestellungen in Erwägung zu ziehen. Es wird zum einen das aus der soeben beschriebenen Identität resultierende Problem vermieden, dass hinsichtlich jeder einzelnen Darlehensforderung eines Konsorten eigens Sicherheiten bestellt werden müssen.[439] Dies schließt eine Poolung der Sicherheiten auch im

---

438 Hierzu etwa nur *Damrau*, in MünchKomm, BGB, Band 6, § 1204, Rn 3; *Schaffelhuber/Sölch*, in Münch. Hb. d. GesR., Band 1, § 31, Rn 24.

439 Weshalb etwa *De Meo*, Bankenkonsortien, S. 15 konsequenterweise akzessorische Sicherheiten im Rahmen der Kreditsicherung bei Konsortialkrediten als

Nachhinein praktisch aus, da die Konsorten die gesicherten Forderungen an den Sicherheitenverwalter als Treuhänder abtreten müssten, um ihm gemäß §§ 401, 1153, 1250 Abs. 2 BGB die Verwaltung der Sicherheiten zu übertragen.[440] Diese Forderungen sind dann dem Zugriff der Gläubiger des Sicherheitenverwalters ausgesetzt.[441]

Durch die Parallelverpflichtung kann folglich für akzessorische Sicherheiten eine wirkliche Sicherheitentreuhand gebildet werden.[442] Mag eine vereinzelte Bestellung von akzessorischen Sicherheiten im Falle unechter Konsortialkredite zumindest denkbar, wenn auch kompliziert sein,[443] ist sie ausgeschlossen, wenn nicht die Konsorten als Teilgläubiger Gläubiger der Forderungen sind, sondern wie beim echten Konsortialkredit das Konsortium als Außen-GbR selbst. Dem Konsortium als Außen-GbR[444] müssen in Bezug zu dessen Forderungen aus dem Kreditverhältnis akzessorische Sicherheiten bestellt werden, wodurch ein Gesellschaftsvermögen zur gesamten Hand entsteht. Die Bildung von Gesellschaftsvermögen bei der GbR ist allerdings im Regelfall schon gar nicht beabsichtigt.[445] Stattdessen wird meist ein Sicherheiten-Pool geschaffen, weshalb nicht dem Konsortium selbst die Sicherheiten durch den Kreditnehmer bestellt werden,[446] sondern der Konsortialführerin in der Funktion als Poolführerin oder einem externen Dritten als Sicherheitenverwalter. Diese

---

unzweckmäßig einstuft. So auch *Hadding/Häuser* in *Schimansky/Bunte/Lwowski*, Band I, 3. Aufl., § 87, Rn 51. Hierzu auch *Hoffmann*, WM 2007, 1547, 1551.

440 *Obermüller*, Insolvenzrecht in der Bankpraxis, Rn 5.456.

441 *Willer*, AcP 209 (2009), 807, 811.

442 *Freitag*, in *Staudinger* (2011), § 488, Rn 179.

443 Dennoch hat diese einzelne Bestellung zur Folge, dass die Verwaltung der Sicherheiten wiederum nicht zentral durch den Sicherheitenverwalter, der eben nicht Pfandgläubiger ist, erfolgt, wenn ihm im Innenverhältnis zu den anderen Konsorten nicht etwa eine Verfügungsbefugnis eingeräumt worden ist. Hinzu kommen die praktischen Schwierigkeiten, die Kreditsicherheiten getrennt gegenüber jedem einzelnen Kreditgeber zu bestellen, *De Meo*, Bankenkonsortien, S. 15. Darüber hinaus ist die Schaffung eines (nachträglichen) Sicherheitenpools auch nur möglich, wenn dem Sicherheitenverwalter wegen § 1250 Abs. 1 BGB die zu sichernden Forderungen abgetreten werden.

444 Da demgegenüber bei einer Innengesellschaft die Konsortialführerin nicht im Wege einer offenen Stellvertretung auftritt, tritt das Konsortium bereits schon nicht in eine Rechtsbeziehung mit dem Sicherungsgeber.

445 *Schaffelhuber/Sölch*, in Münch. Hb. d. GesR, Band 1, § 31, Rn 38.

446 Die Errichtung des Pools bedarf somit einer Regelung im Konsortialertrag wie auch einer im Kreditvertrag bzw. in einer gesonderten Vereinbarung zur Sicherheitenbestellung.

Lösung scheidet allerdings aus, wenn besicherte Forderungen von den Poolbanken selbst gehalten werden.[447]

Wie sich im Anschluss zeigen wird, ist die Parallelverpflichtung ein Instrument der angloamerikanischen Rechtspraxis, diese ungewünschten Folgen der Akzessorietät zu überwinden. Wie in der angloamerikanischen Rechtsordnung soll mit der Parallelverpflichtung in anderen Rechtsordnungen, die für Sicherungsrechte Akzessorietät vorsehen, eine Ausgestaltung der Sicherheitenverwaltung geschaffen werden, die der im angloamerikanischen Recht ähnelt.

B. Transfer angloamerikanischer Rechtswirkungen in andere Rechtsordnungen durch die Parallelverpflichtung

I. Beurteilung der Parallelverpflichtung in der Rechtsprechung außerhalb des angloamerikanischen Rechtsraums

Rechtsprechung zur Frage der Zulässigkeit der Parallelverpflichtung als ein dem angloamerikanischen Rechtssystem entlehntes Vertragsgestaltungsinstrument ist in Deutschland bisher noch nicht ersichtlich.[448] In manchen europäischen Ländern sind Parallelverpflichtungen, die innerhalb der jeweiligen Rechtsordnung der entscheidenden Gerichte begründet wurden, bisher als zulässig erachtet worden. Die grundsätzliche Unbedenklichkeit des durch die Parallelverpflichtung geschaffenen Mechanismus ist in Frankreich durch den *cour de cassation* bestätigt worden.[449] Das Gericht hat in seinem große Aufmerksamkeit erregenden Urteil neben der Anerkennung von Treuhandverhältnissen, die nach ausländischem Recht wirksam begründet wurden, auch eine Parallelverpflichtung als mit innerstaatlichem Recht kompatibel angesehen. Dabei sei es unschädlich, wenn unterstellt werde, dass der Parallelverpflichtung derselbe Rechtsgrund zugrunde liege wie der Hauptschuld. Ein Verstoß gegen den *ordre public*-Vorbehalt könne dadurch ausgeschlossen werden, dass der Mechanismus so angelegt sei, wenn jede Zahlung auf die Hauptschuld gleichzeitig auch zu einer Reduzierung der Schuld aus der Parallelverpflichtung führe.[450] So spreche gegen die Zulässigkeit der Parallelverpflichtung nach französischem Recht nicht, dass manche Schuldner der

---

447 *De Meo/Hoffmann*, in *Schütze/Weipert*, Münchener Vertragshandbuch, Band 2, WR I, III, 15, S. 428.

448 Vgl. dazu auch *Merkel*, in *Schimansky/Bunte/Lwowski*, Band II, 4. Aufl., § 93, Rn 54.

449 Dargelegt nach *Adelle*, ILO newsletter vom 18. November 2011 und *Pontier*, Global Finance Alert, newsletter Nixon Peabody LLP vom 9. November 2011.

450 Zitiert nach *Tashiro/Ehret/Tschentscher*, ABI Journal, February 2012, 30, 30.

Parallelverpflichtung nicht gleichzeitig auch Sicherungsrechte zur Sicherung dieser Parallelverpflichtung bestellt haben.[451] Auch das Oberste Gericht Polens beschäftigte sich mit der Wirksamkeit der Parallelverpflichtung und kam ebenso inzident zu dem Ergebnis, dass eine Parallelverpflichtung, die nicht nach polnischem Recht begründet wurde, als Mittel zur Sicherheitenbestellung taugt.[452]

II. Die Implementierung einer Sicherungstreuhand in einer anderen Rechtsordnung

Die Verwendung einer nach deutschem Recht begründeten Parallelverpflichtung in Kreditverträgen ist gewiss eine Reaktion auf Gepflogenheiten des angloamerikanischen Rechts, mit der verschiedene Prinzipien und Rechtsfolgen unterschiedlicher Rechtsordnungen aneinander angeglichen werden sollen. Deutschem Recht folgende Sicherungsvereinbarungen zur Sicherung englischem Recht unterliegender Forderung sollen bspw. so konstruiert werden, dass bestellte Sicherheiten bei Kreditbeteiligungstransaktionen im angloamerikanischen Rechtsraum die gleichen Reaktionen zeigen, als wenn sie selbst nach englischem Recht bestellt worden wären. Der Mechanismus einer parallelen Forderung unter deutschem Recht ist deswegen keine Adoption eines originär angloamerikanischen Vertragsinstruments.

Die Parallelverpflichtung soll stattdessen eine Sicherheitentreuhand, die die angloamerikanische Rechtsordnung für Sicherheiten zur Verfügung stellt, auf Sicherungsrechte, die auf Grundlage anderer Rechtssysteme bestellt wurden, übertragen. Sie implementiert ein Rechtsprinzip des angloamerikanischen Rechts – die Sicherheitentreuhand im Sinne einer Trennung zwischen Gläubigerstellung und Sicherungsinhaberschaft – in Rechtsordnungen, nach denen Sicherheiten für angloamerikanische Kreditbeteiligungen zu bestellen sind. Dabei bedient sie sich aber der Mittel, die ihr die lokal geltende Rechtsordnung zur Verfügung stellt. Sie fingiert mit Blick auf das deutsche Recht nicht das Bestehen einer Hauptforderung für akzessorische Sicherheiten, denn sie ist selbst die Hauptforderung.

Eher wäre von einer Fiktion einer Sicherungstreuhand nach angloamerikanischem Vorbild auszugehen, doch die Parallelverpflichtung täuscht auch hier eigentlich nicht die Zulässigkeit der Trennung zwischen Gläubiger der zu sichernden Forderung und Begünstigtem des Sicherungsrechts vor. Demzufolge

451 Zitiert nach *Adelle*, ILO newsletter vom 18. November 2011.

452 Zitiert nach *Swiecicki/Stawecki/Kycia/Szwedowski*, Poland Law Alert, November 2009.

ist sie kein eigenes Rechtsprinzip, das in andere Rechtsordnungen verpflanzt wird. Sie ist stattdessen selbst das durch lokales Recht konstruierte Tor, durch das Rechtswirkungen angloamerikanischen Rechtsordnungen Eingang in das Recht der Sicherheiten finden. Die Parallelverpflichtung ist so betrachtet nur das Instrument, das dem angloamerikanischen Rechtsinstitut „Sicherheitentreuhand bei mangelnder Personenidentität von Gläubiger und Begünstigter der Sicherheiten" als Transplantat einer ausländischen Rechtsordnung[453] die Möglichkeit bietet, mit Mitteln des deutschen Rechts seine Wirkungen zu erzeugen. Bedient sich dabei das Konzept der Parallelverpflichtung der Mittel, die es in der jeweiligen Rechtsordnung vorfindet, ist entsprechend speziell nicht ihre Rechtsform Gegenstand der Betrachtung, sofern die Rechtsformwahl nach dem maßgeblichen Recht zulässig ist. Es stellt sich vielmehr die Frage, ob ihre Funktion, nämlich die Implementierung eines Rechtsprinzips einer ausländischen Rechtsordnung, überhaupt im deutschen Recht zuzulassen ist. Dabei darf die Parallelverpflichtung nicht isoliert betrachtet werden, sondern im Zusammenhang mit ihrem Ziel der künstlichen Bildung einer Option zur Sicherheitenverwaltung ohne Gläubigerschaft an der Kreditforderung.

Die Parallelverpflichtung wäre nicht nur dann unzulässig, wenn ihre Ausgestaltung selbst gegen unabdingbare Rechtsprinzipien verstieße. Sie muss selbst den Anforderungen sachenrechtlicher Zwänge entsprechen oder sich in Vorgaben des § 780 BGB fügen können. Daneben darf die durch sie ermöglichte Umsetzung bestimmter, im angloamerikanischen Rechtsraum beheimateter Sicherungsmechanismen im deutschen Recht nicht unzulässig sein.[454] Diese Frage stellt sich durch Umgehungsverbote bestehender Rechtsprinzipien, da der angloamerikanische Ursprung der Idee der Parallelverpflichtung irrelevant ist. Als nach deutschem Recht gebildete Forderung unterliegt sie alleine den Maßgaben des BGB. Es ist dabei irrelevant, dass die Parallelverpflichtung ursprünglich aus dem angloamerikanischen Rechtsraum stammt. Denn sie kann rein unter deutschem Recht gebildet werden. Wäre der Systematik und dem Zweck der maßgeblichen Vorschriften zur Bestellung und Übertragung akzessorischer Sicherungsrechte zu entnehmen, dass durch die Schaffung (wirtschaftlich betrachtet) fingierter Hauptforderungen gesetzliche Wertungs- und Zweckentscheidungen konterkariert werden, muss die Parallelverpflichtung in beschriebener Form unzulässig sein.

---

453 Zu diesem Ausdruck der legal transplants als ein Ansatz der Rechtsvergleichung im Kontext des Gesellschaftsrechts, *Fleischer*, NZG 2004, 1129 ff

454 Vgl. dazu noch allgemein S. 135 ff. und S. 164 ff.

Ist kein unzulässiger Umgehungstatbestand vorhanden und sprechen auch keine sonstigen Einwendungen gegen die Parallelverpflichtung, ist sie nach deutschem Recht konstruierbar. Bevor allerdings die Vereinbarkeit der Parallelverpflichtung mit sachenrechtlichen Prinzipien und mit Instituten von Abstraktion und Akzessorietät untersucht wird,[455] sollen in Anbetracht des der Parallelverpflichtung zugesprochenen Nutzens andere Lösungsvarianten geprüft werden. Nur wenn die Parallelverpflichtung einen zusätzlichen Nutzen aufweist oder eine höhere Sicherheit bietet, ist sie eine Option für die Organisation von Sicherheiten.

C. Gegenmodelle zur Parallelverpflichtung und deren Tauglichkeit

I. Eine zwischengeschaltete Zweckgesellschaft als Alternativlösung

Als eine Alternative zu einer Parallelverpflichtung wäre in Erwägung zu ziehen, statt eines Sicherheitenverwalters als Begünstigten einer solchen zusätzlich geschaffenen Verbindlichkeit eine Zweckgesellschaft[456] in die Struktur aufzunehmen. Diese Zweckgesellschaft garantierte nach diesem Mechanismus gegenüber dem Konsortium Zahlungen bei einem Kreditausfall in Höhe der ihr durch den Kreditnehmer zur Verfügung gestellten Sicherheiten. Es entstünde hierdurch eine der Höhe nach begrenzte Regressmöglichkeit des Konsortiums gegenüber der Zweckgesellschaft. Die Zweckgesellschaft könnte sich ihrerseits gegenüber dem Kreditnehmer insoweit schadlos halten, wie sie selbst durch das Konsortium in Anspruch genommen würde. Dieser abermalige Regressanspruch der Zweckgesellschaft gegenüber dem Kreditnehmer wiederum soll durch der Zweckgesellschaft zur Verfügung gestellten Sicherheiten besichert werden.[457]

Die auch im deutschen Recht denkbare Variante zur Parallelverpflichtung geht allerdings mit der Notwendigkeit einher, eine Zweckgesellschaft zu gründen oder eine sogenannte Vorratsgesellschaft zu erwerben, ihre Satzung entsprechend zu gestalten, jeweils die Regressmöglichkeiten vertraglich festzuhalten und zu besichern. Die Gesellschaft könnte gegenüber Mitgliedern des Konsortiums jeweils (oder alternativ dem Konsortium selbst) eine Zahlungs- oder Forderungsgarantie hinsichtlich sämtlicher (anteiliger) Rückgewähr- und

---

455 Dazu das 5. Kapitel auf den S. 145 ff.

456 Möglich wäre dieser Weg natürlich auch durch die Zwischenschaltung einer natürlichen Person.

457 So *Wright*, International Loan Documentation, S. 200, 201.

Zinsansprüche aus dem Kreditverhältnis abgeben. Folge des Einsatzes dieses nicht akzessorischen Sicherungsmittels wäre, dass die Zweckgesellschaft auch dann an die von der Nichtzahlung des Kreditnehmers betroffenen Konsorten die Garantiesumme auszuzahlen hätte, wenn Einwendungen gegen die gesicherte Forderung bestünden.[458] Würde dieses Garantieversprechen in der üblichen Form als eine „Garantie auf erstes Anfordern" gestaltet,[459] so obläge es den Kreditgebern bei ihrer Zahlungsaufforderung nicht, einen Kreditausfall gegenüber der Zweckgesellschaft als Garantiegeberin nachzuweisen. Wäre die Zweckgesellschaft eine Tochtergesellschaft eines der Konsorten, käme diese vereinfachte Möglichkeit des Abrufs der Garantiesumme ohne Nachweis des Eintritts des gesicherten Risikos infrage. Dieser Weg würde sich im Hinblick auf eine grundsätzlich denkbare, nachträgliche Übertragung von Beteiligungen an dieser Zweckgesellschaft anbieten, wenn alle Mitglieder des Kreditkonsortiums sich an der Zweckgesellschaft beteiligten. Unabhängig davon würde die Konstruktion vorsehen, dass das Garantieversprechen auf die Höhe des realisierbaren Wertes der Sicherheiten, welche der Sicherheitengeber der Zweckgesellschaft zur Verfügung gestellt hat, begrenzt ist. Im Verhältnis der Zweckgesellschaft zu dem eigentlichen Sicherheitengeber wäre ein Garantieversprechen abzuschließen, das der Zweckgesellschaft für den Fall ihrer Inanspruchnahme bei einem Kreditausfall durch die Konsorten einen (besicherten) Rückgriffanspruch einräumt. Der Sicherheitengeber und (sinnvollerweise auch) Schuldner dieses Regressanspruchs wird hierbei im Regelfall wohl nur einer einfachen Garantie zustimmen wollen, die nur eine subsidiäre Haftung im Falle der Verwirklichung des Kreditausfalls beim Kreditnehmer begründen würde.

1. Übereinstimmungen mit einer Parallelverpflichtung

Diese Variante weist eine strukturelle Ähnlichkeit mit einer Parallelverpflichtung auf. Abermals wird nicht die Kreditforderung besichert, sondern eine weiter erzeugte Forderung eines Dritten gegen den Sicherungsgeber. Im Fall der Übertragung eines Kreditverhältnisses zwischen einem bisherigen Kreditgeber und einem Dritten ginge die Kreditforderung ebenfalls einen anderen Weg als die akzessorischen Sicherheiten. Während nicht akzessorische Sicherheiten zugunsten der Zweckgesellschaft bestellt werden können, wären akzessorische Sicherheiten vonseiten des Sicherheitengebers zur Besicherung des Rückgriffanspruchs der

---

458 Näher *Allstadt-Schmitz*, in *Ebenroth/Boujong/Joost/Strohn*, Band 2, BankR IV, Rn IV 359 f.

459 Zu ihr *Reinicke/Tiedtke*, S. 205.

Zweckgesellschaft zu bestellen. Unterschiede ergeben sich zwangsläufig durch die Ausgestaltung des Verhältnisses der Zweckgesellschaft zum Konsortium, das nicht treuhänderisch geprägt ist, sondern auf der vorstehend beschriebenen Garantieerklärung basiert.

2. Vor- und Nachteile dieser Variante

Die Zweckgesellschaft könnte alleine von den Konsortialmitgliedern gehalten werden. Sie gewährleistet, dass die Sicherheiten nicht einer dritten Person zur Verfügung gestellt werden müssten. An so bestellten Sicherheiten wären die Konsorten mittelbar aufgrund ihrer gesellschaftsrechtlichen Mitgliedschaftsrechte an der von ihnen gehaltenen Zweckgesellschaft beteiligt. Die Berechtigung an den Sicherheiten würde gewissermaßen durch die Mitgliedschaftsrechte an der Zweckgesellschaft vermittelt. Durch eine entsprechende satzungsmäßige Ausgestaltung der Rechtsbeziehungen der Beteiligten wäre eben nicht nur eine reine treuhänderische Bindung eines Sicherheitenverwalters geschaffen, sondern ein unmittelbarer Einfluss auf Entscheidungsfindungen des durch die Sicherheiten unmittelbar Berechtigten. Die Bildung dieser Struktur ist allerdings nicht minder aufwendig als die Schaffung einer Parallelverpflichtung und fügt den Vertragsverhältnissen zusätzlich noch eine gesellschaftsrechtliche Komponente hinzu, wo die Parallelverpflichtung lediglich die Ausgestaltung eines Treuhandverhältnisses fordert. Darüber hinaus wird auch hier ein Sicherheitenverwalter bestellt.

II. Die Bestellung akzessorischer Sicherheiten für künftige, noch nicht näher benannte Pfandgläubiger (*future pledgee*-Klauseln)

Als Alternative zu einer Parallelverpflichtung werden oftmals sogenannte *future pledgee*-Klauseln in Pfändungsverträgen angesehen, die insbesondere bei der Verpfändung von Gesellschaftsanteilen zur Absicherung von Konsortialkrediten zum Einsatz kommen.[460] Diese Klausel erlangt bei einer Syndizierung vor Valutierung Relevanz oder wenn die Syndizierung selbst mittels Novation erfolgen soll.[461] Das gemeinsame Ziel der entsprechenden Beteiligung nachfolgend in das Konsortium eintretender Kreditgeber an den zum Abschluss des Kreditvertrages bestellten Sicherheiten lösen die beiden Vertragsinstrumente auf unterschiedliche Weise. Während die Parallelverpflichtung als Vehikel für akzessorische Rechte dient, um

---

460 Ausführlich *Förl*, RNotZ 2007, 433, 433 ff.; dazu auch *Gerber*, in *Lorz/Pfisterer/Gerber*, Beck'sches Fb. GmbH-Recht, Kap. D. V. 1., Rn 2.

461 *Apfelbaum*, S. 246 f.

neuen Konsortialkreditgebern durch eine Berechtigung im Innenverhältnis ohne Rangverlust eine Beteiligung am Sicherheitenbestand zu ermöglichen, beschreitet das Modell des *future pledgee* einen anderen Weg. Sein Konzept ist im Grundsatz eine Vertretung eines bisher Unbekannten und nicht nur Unbenannten.[462] Das *future pledgee*-Modell soll ebenso das Bedürfnis auf Absicherung künftiger, noch nicht bezeichneter Gläubiger durch akzessorische Sicherheiten, die ohne Rangverlust vom ausscheidenden Gläubiger auf den künftigen Gläubiger übertragen werden sollen, befriedigen. Hierbei werden akzessorische Sicherheiten für schon existierende Konsorten und zugleich auch zugunsten zukünftiger, noch nicht näher benannter Gläubiger bestellt, die zu diesem Zeitpunkt durch den Sicherheitentreuhänder als vollmachtloser Vertreter vertreten werden.[463] Mit der Zustimmung des *future pledgee* zur Übertragung der gesicherten Forderungen genehmigt dieser die Handlungen des vollmachtlosen Vertreters. Die neuen Pfandgläubiger treten dann mittels der Unterzeichnung jener Beitrittsvereinbarung (*accession agreement*) als neue Pfandgläubiger dem Sicherungsvertrag bei.[464] Die schuldrechtliche Ebene dieses Handelns ist aufgrund des § 95 HGB zulässig. § 925 Abs. 2 BGB hingegen erweist sich insofern als singuläre gesetzliche Regelung, die eine Vertretung eines Unbekannten bei einer Auflassung wegen der Vergleichbarkeit jenes Falles für unzulässig erklärt.[465]

Es ist dem beschriebenen Geschäft zu eigen, dass der Gegenstand der Pfändung bei Handeln des Vertreters bereits hinreichend bestimmt ist. Wird bedacht,

---

462 Dieses Vertretergeschäft mit einer bei Vertragsschluss noch unbekannten Person wird allgemein als zulässig angesehen, wenn der Vertreter eine nachträgliche Bestimmung vornimmt oder jene vereinbarungsgemäß aufgrund sonstiger Umstände erfolgen soll, vgl. BGH NJW 1998, 62, 63; *Schramm*, in MünchKomm, BGB, Band 1, § 164, Rn 20; *Stoffels*, in *Heidel/Hüßtege/Mansel/Noack*, Band 1, § 164, Rn 56.

463 *Schaffelhuber/Sölch*, in Münch. Hb. d. GesR, Band 1, § 31, Rn 26. Der Konsortialführer oder Sicherheitentreuhänder handelt bei dieser Verpfändung gewöhnlich auch als Vertreter der schon existierenden Konsorten, vgl. *Danielewsky/Dettmar*, WM 2008, 713, 715.

464 Definiert wird ein „future pledgee“ in den einschlägigen Vertragstexten als ein Pfandgläubiger, der im Wege einer Abtretung, Vertragsübernahme, Novation oder sonstiger gesetzlicher Nachfolge von einem existierenden Pfandgläubiger zumindest einen Teil einer gesicherten Forderung übertragen bekommt und/oder dem Pfandvertrag als Pfandgläubiger beitritt. Die Stellung eines future pledgee im Sinne jenes Pfandvertrages wird folglich entweder mittels Erwerb einer gesicherten Forderung von einem bisherigen Pfandgläubiger erlangt oder durch die Begründung einer neuen gesicherten Forderung.

465 *Apfelbaum*, S. 247; *Schramm*, in MünchKomm, BGB, Band 1, § 164, Rn 20.

dass erst mit der Bestimmung des Vertretenen und dessen Genehmigung das Geschäft wirksam wird, gerät die Klausel nicht in Konflikt mit dem Publizitätsprinzip. Eine Anzeige gemäß § 1280 BGB ist dann nicht notwendig, wenn es sich um die Verpfändung von Geschäftsanteilen handelt, da diese Vorschrift nur bei der Verpfändung von Forderungen gilt.[466]

Die entsprechende Genehmigung des vollmachtlosen Handelns des Konsortialführers durch einen später als solchen erst entstehenden Pfandgläubiger wirkt allerdings nach einhelliger Meinung lediglich *ex nunc* und nicht auf den Zeitpunkt des Vertretergeschäfts zurück. Der neue Pfandgläubiger erhält deshalb auch kein dinglich gleichrangiges Befriedigungsrecht. Darin liegt der wesentliche Unterschied zur Konzeption der Parallelverpflichtung, bei der nicht den Kreditgebern und infolgedessen auch den neu hinzutretenden Pfandgläubigern direkt Sicherheiten zur Verfügung gestellt werden, sondern einem Dritten. Die Bestellung von Pfandrechten zugunsten des Sicherheitenverwalters zur Sicherung der Parallelverpflichtung zwischen demselben und dem Sicherungsgeber bedarf keiner Genehmigung eines hinzutretenden Pfandgläubigers. Es besteht zu keinem Zeitpunkt ein Schwebezustand, der Auswirkungen auf den Zeitpunkt des Entstehens der Sicherungsrechte hätte.

1. *Die vollmachtlose Vertretung des noch nicht existierenden Pfandgläubigers*

Zunächst ist die vollmachtlose Vertretung eines noch nicht existierenden Vertretenen bei der Bestellung von Pfandrechten von der Bestellung von Pfandrechten für künftige Forderungen abzugrenzen. Nach § 1204 Abs. 2 BGB lässt sich ein Pfandrecht auch auf eine künftige Forderung bestellen. Nach Ansicht der Rechtsprechung und herrschenden Lehre spricht dies bei einer Hypothek und eben dem für Konsortialkredite weitaus bedeutsameren Mobiliarpfandrecht dafür, dass eine gelockerte Akzessorietät bestehe, die das Entstehen der gesicherten Forderung nicht als Voraussetzung des Verfügungstatbestandes verlange.[467] Im vorliegenden Falle wird aber nicht eine künftige Forderung eines existierenden Pfandgläubigers besichert, sondern eine unmittelbare Sicherheit für eine Forderung möglichst schon einem bisher noch unbekannten Pfandgläubiger zur Verfügung gestellt.

---

466 Dies gilt allerdings nur dann, wenn nicht noch ein Gewinnanspruch gemeinsam mit dem Geschäftsanteil als Forderung abgetreten wird, *Leuering/Simon*, NJW-Spezial 2005, 171, 171 f.

467 *Ganter*, in *Schimansky/Bunte/Lwowski*, Band II, 4. Aufl., § 90, Rn 117.

Der Grundsatz der Offenkundigkeit wird im Stellvertretungsrecht insofern genutzt, als dass der Vertreter sein Handeln im fremden Namen offenbart, er aber nicht gehalten ist, bereits bei der Abgabe seiner Willenserklärung den Vertretenen zu benennen, wenn dieser noch nicht existiert.[468] Die Voraussetzung des Handelns im fremden Namen setzt nicht die Bezeichnung einer bestimmten Person voraus, sondern enthält nur die Erklärung, dass die Wirkungen des Geschäfts einen anderen als den Handelnden treffen sollen.[469] Der Vertragspartner muss mit dieser Vertragsgestaltung einverstanden sein.[470] Das Pfandrecht zugunsten dieses zukünftigen Kreditgebers entsteht durch das Wirksamwerden einer Vereinbarung des Verpfänders mit oben genannter Mittelsperson (regelmäßig die Konsortialführerin) zugunsten des später in das Kreditverhältnis Eintretenden. Der später Eintretende genehmigt in der Folge die Willenserklärung der Mittelsperson.[471] Diese Genehmigung des bei Vertragsschluss unbekannten Vertreters wirkt nicht *ex tunc*, da diese Genehmigung mit seiner eigentlichen Bestimmung einhergeht und ein Vertragsschluss ohne Vertragspartner unmöglich ist.[472] Der *future pledgee* genehmigt diese Erklärung des Vertreters ohne Vertretungsmacht infolge seines Einverständnisses zum Eintritt in das Konsortium oder durch eine ausdrückliche Erklärung der Genehmigung. Hierbei wird mitunter darauf verwiesen, dass eine Genehmigung der Erklärung des vollmachtlosen Vertreters durch die Übertragung der gesicherten Forderung erfolgt.[473] Im Falle einer Abtretung nach § 398 BGB oder bei einer Vertragsübernahme besteht keine Notwendigkeit für ein neues Pfandrecht zugunsten von Neukonsorten. § 1252 BGB ist dann mangels Novation nicht anwendbar. Bleibt die Forderung bestehen, geht bei ihrer Übertragung auch das akzessorische Recht über. Die Genehmigung der Erklärung des vollmachtlosen Vertreters ginge zumindest ins Leere, wenn mangels neuer Kreditforderung kein neues Pfandrecht zur Sicherung des Neukonsorten entsteht.

Die Klauseln sehen mitunter weiter vor, dass der *future pledgee* ab dem Zeitpunkt seiner Genehmigung eine Partei des Pfandvertrages ist. Jeder künftige

468 Vgl. nur BGH NJW 1989, 164, 166; *Ellenberger*, in *Palandt*, BGB, § 164, Rn 9; *Leptien*, in *Soergel*, Band 2, Vor § 164, Rn 28; *Stoffels*, in *Heidel/Hüßtege/Mansel/Noack*, Band 1, § 164, Rn 56.

469 So bereits *Rümelin*, AcP 93 (1902), 131, 221 f.

470 *Schilken*, in *Staudinger* (2009) Vorb. zu §§ 164 ff., Rn 51.

471 *Wiegand*, in *Staudinger* (2009), § 1274, Rn 8.

472 In diesem Sinne *K. Schmidt*, JuS 1987, 425, 431; *Schramm*, in MünchKomm, BGB, Band 1, § 164, Rn 20. A. A. hingegen *Leptien*, in *Soergel*, Band 2, Vor § 164, Rn 26.

473 In diesem Sinne das Textbeispiel 1 bei *Förl*, RNotZ 2007, 433, 434.

oder bedingte Anspruch jenes *future pledgee* wird durch die Pfandrechte besichert. Dies setzt freilich voraus, dass der neu eintretende Konsorte die Genehmigungsbedürftigkeit der Willenserklärung des vollmachtlosen Vertreters kennt.[474]

2. *Keine Haftung des vollmachtlosen Vertreters gemäß § 179 Abs. 1* BGB *analog*

In einer *future pledgee*-Konstellation ist im Ergebnis kein Anspruch nach § 179 BGB analog gegen den vollmachtlosen Vertreter wegen nicht erfolgter Bestimmung des Vertretenen zuzusprechen. Der in anderen Fällen grundsätzlich von Rechtsprechung und Lehre anerkannte Anspruch[475] setzt die Erzeugung eines Vertrauenstatbestandes durch den vollmachtlosen Vertreter voraus. Ein solches besonderes Vertrauen wird im Regelfall in der hier vorgefundenen Situation des *future pledgee*-Procederes aufgrund der Parteivereinbarung nicht gegeben sein.

Dies muss zum einen angenommen werden, wenn der Eintritt des *future pledgee* nicht auf der Übertragung von gesicherten Forderungen eines bisherigen Pfandgläubigers, also auf der Auswechslung der Pfandgläubigerstellung beruht. Zum anderen gilt Gleiches bei einem weiteren Beitritt eines Pfandgläubigers zum Pfandvertrag, zu dessen Gunsten eine neue Kreditforderung ohne Wechsel der Gläubigerstellung begründet wurde. Im Falle der Übertragung eines Kreditanteils und dem damit akzessorisch verbundenen Pfandrecht ist der Vertreter nicht verpflichtet, einen beitretenden Pfandgläubiger zu bestimmen. Der Kreditvertrag sieht schon regelmäßig Kriterien für die Auswahl des Erwerbers oder gar ein Zustimmungserfordernis des Kreditnehmers vor. Insofern besteht schon keine Notwendigkeit, eine nähere Pflichtenbegründung im Pfandvertrag festzuschreiben. Selbst wenn ein neuer Pfandgläubiger hinzutritt, dessen Forderung in seiner Person neu entstanden ist, erwächst aus besagter Klausel keine Pflicht des Vertreters zur Bestimmung eines bisher unbekannten Pfandgläubigers.

Wenn im Pfandvertrag der Vertreter ohne Vertretungsmacht im Namen eines *future pledgee* auftritt, eine noch zu genehmigende Willenserklärung abgibt und auch das Angebot des Verpfänders an einen *future pledgee* auf Beitritt zum Pfandvertrag annimmt, erzeugt der Vertreter kein schutzwürdiges Vertrauen

474 Dazu näher *Förl*, RNotZ 2007, 433, 440.

475 BGHZ 129, 136, 169 f.; OLG Köln, NJW-RR 1991, 918, 919; *Flume*, in Enzyklopädie, Allg. Teil des BGB, Band 2, S. 765 f.; *Schilken*, in *Staudinger* (2009), Vorb. zu §§ 164 ff., Rn 51; *Schramm*, in MünchKomm, BGB, Band 1, § 164, Rn 20; *Stoffels*, in *Heidel/Hüßtege/Mansel/Noack*, Band 1, § 164, Rn 56 (Fn 144).

beim Verpfänder. Nach dem Zweck der *future pledgee*-Konstellation obliegt nicht dem Vertreter die Bestimmung des Vertretenen in dem Sinne, dass er für dessen Suche und Konkretisierung einzustehen gedenkt. Der Vertreter steht nur für die Auswahl eines geeigneten Kandidaten ein, wenn sich solche zur Verfügung stellen.

Der hier gegenständliche Fall unterscheidet sich von den in der Rechtsprechung entschiedenen Fällen. Der Vertreter gibt hier nicht vor, in irgendeiner Beziehung zu dem noch unbekannten oder noch zu gründenden Vertretenen zu stehen oder Einfluss darauf zu haben, dass das Vertretungsgeschäft letztendlich von einem solchen genehmigt wird.[476] § 179 Abs. 1 BGB wird analog angewendet, weil der Vertreter, der trotz Offenlegung der mangelnden Vertretungsbefugnis einen Vertretenen später nicht benennt, schutzwürdiges Vertrauen des Kontrahierenden erschüttert. Für eine Haftung ist – wie bei der direkten Anwendung des § 179 Abs. 1 BGB hinsichtlich der Behauptung des Bestehens von Vertretungsmacht[477] – zu verlangen, dass der Vertreter die Erklärung des Zustandekommens des Geschäfts durch die Genehmigung mit einem Geltungsanspruch versieht. Dieser rechtfertigt die Haftungsbegründung. Regelmäßig enthalten die gängigen Klauseln aber keine Zusage zur Bestimmung künftiger Pfandgläubiger durch den Vertreter. Dies hätte sonst bereits Auswirkungen auf den Syndizierungsprozess. Die Konsortialführerin übernähme als vollmachtlose Vertreterin noch unbekannter Pfandgläubiger zwar nicht aufgrund des Kreditvertrags, aber auf Basis des Pfandvertrags das Risiko einer erfolgreichen Syndizierung, auch wenn kein *underwriting* zwischen Kreditnehmer und Kreditgeber vereinbart wurde. Gerade unter Berücksichtigung der Vertragsabreden im Konsortialkreditvertrag ist deshalb bei ergänzender Vertragsauslegung anzunehmen, dass gewöhnliche *future-pledgee*-Klauseln keine Verpflichtung des Vertreters zur Bestimmung eines Vertretenen vorsehen. Dementsprechend scheidet eine Haftung nach § 179 Abs. 1 BGB im hiesigen Falle von vorneherein aus, ohne dass es auf die weiterführende Frage ankommt, ob sich die besagte analoge Anwendung des § 179 BGB ebenso auf dessen Abs. 3 erstreckt.[478]

---

476 So spricht der BGH in BGHZ 129, 136, 169 f. davon, dass eine Haftung nach § 179 BGB analog greife, wenn die Durchführung eines Geschäfts daran scheitere, dass der Vertreter sich weigere, den Vertretenen trotz sich vorbehaltener Bestimmung zu benennen.

477 Zur direkten Anwendung des § 179 Abs. 1 BGB *Ackermann*, S. 462; *ders.*, in *Heidel/Hüßtege/Mansel/Noack*, Band 1, § 179, Rn 2.

478 Dazu ausführlich *Fehrenbach*, NJW 2009, 2173 ff. unter Verweis auf einschlägige Rechtsprechung des BGH.

3. *Die nachträgliche Bestimmung des vollmachtlos Vertretenen*

Im Gegensatz zu einem verdeckten Geschäft für den, den es angeht, wird in der hiesigen Konstellation die Vertretungssituation gegenüber dem Kreditnehmer offen gelegt, jedoch fehlt die Bezeichnung des Vertretenen.[479] Zwar wirkt sich das Fehlen eines Vertretenen zum Zeitpunkt des Vertreterhandelns nur auf den Zeitpunkt der Wirksamkeit des Geschäfts aus, jedoch hat es keinen Einfluss auf die Offenheit des Handelns für einen Dritten. Der nachträglich Eintretende als der bisher unbekannt Vertretene wird folglich von dem Vertreter (in der Regel die Konsortialführerin) benannt. Die in diesen Fällen analog § 319 BGB bzw. § 95 HGB vorgeschlagene Befugnis der anderen Partei auf Zurückweisung des durch den Vertreter benannten Vertretenen[480] wird bei vertraglicher Festlegung der Auswahlkriterien auf den Fall zu begrenzen sein, dass der Kreditnehmer diese Kriterien durch den benannten Vertretenen als nicht erfüllt ansieht. Nur insoweit muss dem grundsätzlichen Schutzbedürfnis des Kreditnehmers Rechnung getragen werden, da dieser den Auswahlkriterien vorher bereits zugestimmt hat. Die eigentliche Zurückweisung erfolgt rein praktisch gesehen bereits auf der Ebene des Kreditvertrags, wenn etwa der Kreditnehmer bereits der Übertragung der Beteiligung nicht zustimmt. Der Beitritt zum Pfandvertrag kann nämlich nur durch Beitritt zum Kreditvertrag erfolgen.

4. *Möglichkeit des Erklärungswiderrufs des Verpfänders bis zur Bestimmung des Vertretenen*

Die weitere Frage, ob der Vertragspartner (hier der Sicherheitengeber) seine Erklärung zum Abschluss des Geschäfts bis zum Zeitpunkt der Bestimmung des

---

479 *Danielewsky/Dettmar*, WM 2008, 713, 715. Die Form des offenen „Geschäfts für den, den es angeht" wird hingegen unter anderem (unstreitig) angenommen, wenn das Vertretungsverhältnis als solches, nicht aber der Vertretene offengelegt wird, vgl. etwa *Ellenberger*, in *Palandt*, BGB, § 164, Rn 9. Diese Art ist hier allerdings nicht anzutreffen, da im Gegensatz zu einem offenen „Geschäft für den, den es angeht" zum Zeitpunkt des Abschlusses des Verpfändungsvertrages der künftige Pfandgläubiger noch nicht existiert. Für den Fall einer späteren Bestimmung des Vertretenen wird von manchen Stimmen die besagte Bezeichnung des „offenen „Geschäfts für den, den es angeht" als „irreführend" angesehen, da dem Kreditnehmer gewöhnlich nicht gleichgültig sei, an wen die Beteiligung übertragen wird, was sich durch entsprechende Einschränkungen in den Klauseln manifestiere, vgl. *Danielewsky/Dettmar*, WM 2008, 713, 715; *Schramm*, in MünchKomm, BGB, Band 1, § 164, Rn 20; *Schrell/Kirchner*, ZBB 2002, 230, 230 f.

480 *Leptien*, in *Soergel*, Band 2, Vor § 164, Rn 28; *Schramm*, in MünchKomm, BGB, Band 1, § 164, Rn 20.

Vertretenen widerrufen kann, wird in der Literatur unterschiedlich beantwortet. Sie wird mit der Begründung bejaht, es läge aufseiten des Vertragspartners keine Bindung vor, die nur dann herzustellen sei, wenn dem vollmachtlosen Vertreter selbst Rechte eingeräumt würden.[481] Die Gegenansicht bejaht hingegen eine Bindungswirkung,[482] deren denkbare Grundlage auf der Annahme beruht, dass nach § 178 S. 1 BGB der anderen Seite die fehlende Vertretungsmacht des Vertreters bekannt sei und sie deshalb über kein Widerrufsrecht verfüge.

Gerade im Zusammenhang mit der *future pledgee*-Konstruktion können in der Vereinbarung (oder im Kreditvertrag selbst) Kriterien für die Auswahl von vertretenen Unbekannten getroffen werden, die eine Bindung des vollmachtlosen Vertreters (Konsortialführerin) gegenüber dem Sicherheitengeber (Verpfänder) entstehen lassen. Der Verpfänder würde dann, ggf. antizipiert, diesen Kriterien zustimmen und wäre im Verhältnis zu den übrigen Vertragsparteien gebunden. Allerdings betrifft diese Abrede nicht das Verhältnis zwischen Verpfänder und *future pledgee*; sie dient vielmehr der Konkretisierung des vorstehend beschriebenen Zurückweisungsrechts gegenüber der Konsortialführerin. Eine Bindung gegenüber einer noch nicht existierenden Vertragspartei kommt nicht in Betracht, da ihr gegenüber mangels Bestimmung noch kein Zugang der Willenserklärung erfolgen kann. Ein Zugang der Willenserklärung als Basis der Bindung setzt die Möglichkeit der Kenntnisnahme voraus und die Einschaltung des Vertreters ohne Vertretungsmacht als Empfangsbote, dass der Empfänger bereits bekannt ist.[483] Des Weiteren passt die Einordnung des Vertreters als Empfangsbote auch insofern nicht, als jener bei Abschluss des Geschäfts in keiner Beziehung zum *future pledgee* steht. Er ist nicht ermächtigt, das Rechtsgeschäft vorzunehmen.

Selbst wenn ein Widerruf des Verpfänders vertragswidrig sein sollte, ist eine fehlende Bindungswirkung gegenüber dem noch unbekannt Vertretenen gegeben. Die Erklärung zum Abschluss des Pfandvertrages durch den Verpfänder, die die schuldrechtlich wirkende Vereinbarung über den Gleichrang der bestellten Pfandrechte mit beinhaltet, erzeugt nur gegenüber den existierenden

---

481 *Ludwig*, NJW 1983, 2792, 2795.

482 *Schramm*, in MünchKomm, BGB, Band 1, § 164, Rn 20; *Schrell/Kirchner*, ZBB 2002, 230, 230, jedoch ohne eine nähere Begründung zur Bindungswirkung. So im Ergebnis auch *Leptien*, in *Soergel*, Band 2, Vor § 164, Rn 28, der allerdings auch davon ausgeht, dass der Vertrag nicht erst dann wirksam wird, wenn der Vertretene den Beteiligten bekannt wird, sondern sofort, was dann die Bejahung einer Bindungswirkung konsequent erscheinen lässt, vgl. *ders.*, in *Soergel*, Band 2, Vor § 164, Rn 26.

483 *Förl*, RNotZ 2007, 433, 448.

Vertragsparteien des Pfandvertrages eine Bindungswirkung. Auch wenn der *future pledgee* nach Eintritt als ein Pfandgläubiger im Sinne des Vertrages angesehen wird, so kann dies erst ab diesem Zeitpunkt des Eintritts gelten. Ein schuldrechtlicher Ausschluss des Widerrufsrechts entfaltet aber nur zwischen den Parteien eine Bindungswirkung, die von Anbeginn an dem Vertragsverhältnis beteiligt sind. Nur eine direkte Bindung des neuen Pfandgläubigers könnte ein Widerrufsrecht des Verpfänders ausschließen.[484]

Eine Bindung des Verpfänders an seine Erklärung kann gemäß § 145 BGB erst mit Zugang derselben erfolgen. Bis zu diesem Zeitpunkt ist § 130 Abs. 1 S. 2 BGB anwendbar.[485] Besteht die Prämisse, dass §§ 177, 178 BGB nicht bei einer Vertretung eines Unbekannten gelten, ist hieraus ebenfalls keine Bindungswirkung mit einem Ausschluss eines Widerrufs herzuleiten.[486] Die Annahme jener Ansicht, wonach die §§ 177, 178 BGB für ihre Anwendung die Kenntnis vom Vertretenen beim Vertragspartner voraussetzen, kann sich durchaus bereits auf die Motive des Gesetzgebers stützen. Die Motive stehen der anderen Seite dann das Recht auf Lösung vom Geschäft zu, wenn diese im Vertrauen auf ein sofortiges und bedingungsloses Zustandekommen eines Vertrags mit dem Vertretenen die Erklärung abgab.[487] Hierbei wird dieser Seite dieses Recht auf Lösung vom „Vertrag" eingeräumt, das solange Bestand haben soll, bis die Genehmigung des einst ohne Vertretungsberechtigung Vertretenen erteilt wurde.[488] Diese Beschreibung spricht deutlich dafür, dass eine Bindung zwischen Vertretenen und der anderen Seite bereits vor der Genehmigung existiert, wie sie von der oben bezeichneten Gegenansicht auch unterstellt wird. Dennoch existiert in dem von

---

484 *Förl*, RNotZ 2007, 433, 448.

485 *Ellenberger*, in *Palandt*, BGB, § 145, Rn 3.

486 In diesem Sinne *Förl*, RNotZ 2007, 433, 448; *Ludwig*, NJW 1983, 2792, 2795.

487 Motive, BGB, I, S. 243, wo davon die Rede ist, dass in dem Falle, bei dem ein Vertragspartner keine Kenntnis vom Mangel der Vertretungsmacht hat, die Annahme nicht gerechtfertigt ist, jener habe sich dazu bereit erklärt, solange gebunden zu bleiben, bis der Vertretene die Genehmigung erteilt oder versagt habe. Vielmehr habe er den Vertrag nur abgeschlossen, weil er auf eine vorhandene Vertretungsmacht vertraute und er vorausgesetzt habe, der Vertrag komme mit dem Vertretenen sofort und bedingungslos zustande, Motive, BGB, I, S. 243.

488 AaO., wo es weiter heißt: „*Dem in seiner Voraussetzung Getäuschten muß billigerweise das Recht zugestanden werden, von dem Vertrag zurückzutreten.* [...] *Dem Rücktrittsrecht darf jedoch unbedenklich die Schranke gesetzt werden, daß dasselbe nicht mehr ausgeübt werden kann, sobald der Vertretene den Vertrag genehmigt hat; mit der Genehmigung ist derjenige Rechtszustand verwirklicht, den der andere Vertragsschließende durch die Schließung des Vertrags anstrebte* [...]."

den Motiven unterstellten Fall tatsächlich ein Vertretener zum Zeitpunkt der Abgabe der Erklärung der anderen Seite. Das Vertrauen eines solchen Vertretenen auf den Bestand der Erklärung ist mit den Interessen der irrenden anderen Seite abzuwägen.

Es kann deshalb der Fall der Kenntnis des Mangels von der Vertretungsberechtigung, wie er von § 178 S. 1 BGB vorausgesetzt wird, nicht mit dem Fall der Kenntnis vom noch nicht existierenden Vertretenen gleichgesetzt werden. Eine Bindung ist letztlich auch erst dann gerechtfertigt, wenn die Erklärung ab ihrer Abgabe beim Gegenüber Vertrauen schafft. Die rein zwischen den Parteien des Pfandvertrags geltende Regelung der *future-pledgee*-Klausel bestimmt nur die Rangfolge und neutralisiert auf schuldrechtlicher Ebene die Folgen des Prioritätsgrundsatzes. Sie kann aber ebenso wenig eine antizipierte Bindung des Verpfänders begründen. Darüber hinaus wäre eine derartige Bindung gegenüber einem unbekannten, noch nicht existierenden Pfandgläubiger schwer denkbar, da gerade die in Rede stehende Erklärung diesen überhaupt erst zu einem Vertragspartner werden lässt, auch wenn der Vertreter befugt ist, diesen zu bestimmen. Es besteht in dem Falle eines unbekannten Vertretenen für diesen kein Schutzbedürfnis, das gebieten würde, den Erklärenden auf der anderen Seite an seiner Willenserklärung nach Maßgabe der §§ 178 S. 1, 177 Abs. 2 BGB festzuhalten, denn die Situationen sind nicht miteinander vergleichbar. Bei nur fehlender Kenntnis der Vertretungsmacht des Vertreters kennt der Erklärende zumindest seinen Vertragspartner. Der Erklärende muss deshalb bei Abgabe seiner Erklärung davon ausgehen, an die Vereinbarung gebunden zu sein. Demgegenüber ist es dem Empfänger der Erklärung eines Vertreters für einen Unbekannten bewusst, dass der Abschluss des Vertrages noch aussteht, da bei Abgabe der Erklärungen der in Aussicht gestellte Geschäftspartner noch nicht bestimmt ist.

Die Lage des Erklärenden nach Abgabe der Erklärung gegenüber dem Vertreter eines Unbekannten und vor Genehmigung durch einen Neukonsorten ist mit der eines Prinzipals vergleichbar, dessen bevollmächtigter Vertreter seine Vollmacht noch nicht ausgeübt hat. Dies gilt, auch wenn in beiden Fällen gewiss unterschiedliche Akteure Willenserklärungen gegenüber dem späteren Vertragspartner abgeben. Dennoch besteht in beiden Konstellationen noch keine vertragliche Beziehung zu einem konkreten Vertragspartner. Insofern liegt es nahe, den Rechtsgedanken einer grundsätzlich widerruflichen Vollmacht auf den hiesigen Fall zu übertragen. Wenn die verlautbarte Erklärung (hier des Verpfänders) in Bezug auf einen Vertragsabschluss noch kein Vertrauen bei einer anderen Partei erweckt, sei es wegen einer nicht ausgeübten Bevollmächtigung oder wegen eines nicht zugegangenes Angebots, sind die beiden Situationen nicht zuungunsten des Erklärenden unterschiedlich zu behandeln. Eine Bindung des Erklärenden gemäß § 178 BGB bei einem Vertretungsgeschäft mit einem unbekannten Vertretenen ist bis zu dessen Genehmigung der Vertretererklärung folglich abzulehnen.

Es besteht keine Bindung zwischen Vertreter und dem Verpfänder, die einen Widerruf ausschlösse, der sich reflexartig auf das Verhältnis der potenziellen Vertragsparteien auswirkt. Allerdings kennt das Stellvertretungsrecht weder einen Rechtserwerb des Vertretenen „durch“ einen kurzzeitig über eine Rechtsinhaberschaft verfügenden Vertreter, noch entstehen vertragliche Bindungen des Erklärenden zu dem Vertreter selbst.[489] Anders wäre es nur dann, wenn etwa der Vertreter selbst Pfandgläubiger wäre und über dieses konkrete Recht verfügen würde, was aber nicht Gegenstand und Intension der *future pledgee*-Klausel ist.

Alternativ könnte allenfalls eine für den Verpfänder unwiderrufliche Vollmacht der Konsortialführerin zum Abschluss eines weiteren Pfandbestellungsvertrags zu erwägen sein. Sie gestattete der Konsortialführerin unabhängig vom Widerruf der Erklärung gegenüber dem unbekannten, künftigen Pfandgläubiger im Namen und für den Verpfänder zu handeln.[490]

Entsprechend besteht nach hier vertretener Ansicht bis zur Bestimmung des Vertretenen (Pfandgläubigers) keine Bindung der anderen Seite (Verpfänder) an seine, gegenüber dem Vertreter eines Unbekannten abgegebene Erklärung. In diesem Zeitraum ist ein Widerruf der Erklärung ohne Weiteres zulässig.[491] Auf Basis der hier vertretenen Meinung ist die freie Widerrufsmöglichkeit ein zu erwägender Nachteil der *future pledgee*-Klausel, dem durch die Vertragsgestaltung des zwischen den ursprünglichen Pfandgläubigern und dem Verpfänder geschlossenen Pfandvertrags durch wirtschaftliche Anreize entgegengewirkt werden müsste.

5. *Der Zeitpunkt der Wirksamkeit des Vertreterhandelns*

Ein Geschäft eines Vertreters ohne Vertretungsmacht dient grundsätzlich dazu, künftigen Kreditgebern als Pfandgläubigern den gleichen Rang einzuräumen

489 *Ludwig*, NJW 1983, 2792, 2795.

490 So der Vorschlag von *Förl*, DNotZ 2007, 433, 449, Fn 141, der allerdings auch gleichzeitig darauf hinweist, dass dieser Weg eine weitere – so nicht von den Parteien gewollte – Beurkundung des Pfandvertrages erforderlich macht, um Neukonsorten Sicherheiten zu verschaffen. Hingegen wird bei einer nachträglichen Genehmigung der Erklärung des Vertreters eine Neubeurkundung des Pfandvertrags wegen § 182 Abs.2 BGB nicht notwendig, vgl. näher *Förl*, RNotZ 2007, 433, 445 f; So auch *Danielewsky/Dettmar*, WM 2008, 713, 716, Fn 46.

491 In diesem Sinne auch *Förl*, RNotZ 2007, 433, 448.

wie den ursprünglichen Pfandgläubigern. Jedoch kann die Erklärung eines vollmachtlosen Vertreters erst dann schuldrechtlich wie dinglich Folgen begründen, wenn der Vertretende als Partei bezeichnet ist, also als solche feststeht, und infolgedessen mit der Erklärung der anderen Partei ein Geschäft zustande kommen kann. Eine Rückwirkung der Genehmigung des Vertretergeschäfts in entsprechender Anwendung des § 177 BGB analog wird gemeinhin ausgeschlossen.[492] Dies ist zum einen mit dem Argument zu begründen, dass eine *ex tunc*-Wirkung der Genehmigung des Verfügungsgeschäfts eine inakzeptable Beeinträchtigung der Rechtsklarheit darstellt, die Dritte daran hindert, die Rechtsverhältnisse eindeutig zu bestimmen. Darüber hinaus aber überzeugt ebenso die Erwägung, dass – wie vorstehend näher ausgeführt – die §§ 177 ff. BGB nicht auf den Fall eines Vertretungsgeschäft für einen Unbekannten zugeschnitten sind. Es fehlt bei einem solchen Vertretungsgeschäft mit dem Vertretenen auch ein weiterer wesentlicher Vertragsbestandteil neben der – insoweit – geregelten mangelnden Vertretungsbefugnis.[493] Wenn das Gesetz durch die Genehmigung des Vertretenen den Vertretungsmangel als rückwirkend egalisiert ansieht, betrifft dies nicht den Mangel der Bestimmung des Vertragspartners. Dass der Abschluss eines Vertretungsgeschäfts mit einem Unbekannten im Grundsatz zulässig ist, bedeutet nicht zwangsläufig, dass die sonstigen Regelungen des Stellvertretungsrechts auch diesen Fall vor Augen haben müssen. Ist bei Abgabe der Willenserklärungen durch den Vertreter und der anderen Seite noch nicht klar, wer eine Genehmigung zu erteilen hat, kann letztlich die spätere Genehmigung des Neukonsorten nur die Wirkung entfalten, die das Gesetz ihr auch zumisst.[494] Diese gesetzlich vorgesehene Rückwirkung des § 184 Abs. 1 BGB betrifft insofern aber auch nur die fehlende Vertretungsbefugnis des Vertreters, aber nicht die Bestimmung des Vertretenen selbst.

Die Bestimmung des unbekannt Vertretenen ist demnach das an sich entscheidende Merkmal, über dessen Fehlen die Rückwirkung des § 184 Abs. 1 BGB nicht hinwegzuhelfen vermag. Insofern liegt es auch nahe, die Wirkungen der Genehmigung zumindest aber zum Zeitpunkt der Bestimmung des Vertretenen eintreten zu lassen. Das heißt, dass die Genehmigung zumindest eine Rückwirkung auf den Zeitpunkt der Bestimmung des Vertretenen erzeugt und die

492 BGH NJW 1998, 62, 63; *Leptien*, in *Soergel*, Band 2, Vor § 164, Rn 28; *K. Schmidt*, JuS 1987, 425, 431; *Schramm*, in MünchKomm, BGB, Band 1, § 164, Rn 20; *Schilken*, in *Staudinger* (2009), Vorb. zu §§ 164 ff., Rn 51; *Schrell/Kirchner*, ZBB 2002, 230, 231.

493 *Danielewsky/Dettmar*, WM 2008, 713, 717.

494 Zu dem Abschnitt *Apfelbaum*, S. 249.

Genehmigung nicht erst ab ihrer Kundgabe in die Zukunft wirkt.[495] Unterschiede zur Versagung einer Rückwirkung ergeben sich hieraus nicht, da die Bestimmung des Vertretenen zeitlich mit seiner Genehmigungserklärung einhergehen und nicht selten zeitgleich dokumentiert werden wird.

Eine Regelung, wonach die bisherigen wie noch hinzukommenden Pfandgläubiger den gleichen Rang innehaben sollen, wirkt deshalb auch lediglich auf schuldrechtlicher Ebene. Die Genehmigungserklärung des später eintretenden *future pledgee* gilt mangels Existenz eines Vertretenen bei Abschluss des Pfandvertrages nicht rückwirkend und Rangvereinbarungen sind mit dinglicher Wirkung nicht möglich.[496] Dem ursprünglichen Pfandgläubigern wurde jedoch früher ein Recht eingeräumt. Deshalb steht ihnen das bessergestellte Befriedigungsrecht zu und eine vertraglich fixierte Gleichstellung der Pfandgläubiger kann nur schuldrechtlich wirken. Auf dinglicher Ebene wäre der nachrangige Pfandgläubiger im Innenverhältnis so zu stellen, als sei er gegenüber den vorherigen Pfandgläubigern gleichrangig besichert.[497] Der *future pledgee* hat einen Ausgleichsanspruch gegenüber den tatsächlich dinglich vorrangigen Pfandgläubigern. Ein solcher Anspruch ist unbesichert und lässt sich nicht als Anspruch aus § 430 BGB abbilden, da die Pfandgläubiger jeweils gegenüber dem Verpfänder nicht eigens voll forderungsberechtigt und demnach nicht Gesamtgläubiger im Sinne des § 428 BGB sind.

Diese Sicherungsnehmer sind im Verhältnis zum Verpfänder nicht gleichrangig an den verpfändeten Rechten oder Gütern berechtigt. Sie können aber einen abweichenden Ausgleich vereinbaren, der sozusagen entgegengesetzt zum analog § 426 Abs. 1 BGB erfolgenden, internen Ausgleich gleichstufiger Sicherungsgeber[498] wirkt. Ein Innenausgleich hätte bspw. nur zu erfolgen, wenn ein Pfandgläubiger Erlöse aus der Verwertung eines gepfändeten Kontos erlangen konnte. Dies hätte bei einer Verwertung in einer Insolvenz des Schuldners zur Folge, dass der im Rang besser gestellte Pfandgläubiger von dem ihm zugeteilten Erlös an die nachrangigen Gläubiger so viel abführen muss, dass der Erlös gleichmäßig aufgeteilt ist. Diese Vereinbarung korrespondiert mit den

---

495 BGH NJW 1998, 62, 63; *Förl*, RNotZ 2007, 433, 441; *Frensch*, in *Prütting/Wegen/Weinreich*, § 164, Rn 44; *K. Schmidt*, JuS 1987, 425, 431; *Schramm*, in MünchKomm, BGB, Band 1, § 164, Rn 20.

496 *Förl*, RNotZ 2007, 433, 440.
Förl, RNotZ 2007, 433, 440.
Förl, RNotZ 2007, 433, 449; *Danielewsky/Dettmar*, WM 2008, 713, 717.

497 *Apfelbaum*, S. 249.

498 Vgl. dazu OLG Frankfurt am Main, Urteil vom 30.05.2005, Az.: 24 U 188/04.

grundsätzlich anerkannten, schuldrechtlich wirkenden Vereinbarungen zwischen mehreren Pfandgläubigern über Rangverhältnisse.[499] Ist es den Beteiligten möglich, entsprechend Vereinbarungen im Innenverhältnis zu treffen, ist ein Ausgleichsanspruch des im Verhältnis zum Verpfänder nachrangigen Pfandgläubigers gegenüber vorrangigen Pfandgläubigern analog § 430 BGB zu befürworten. Anderes wird gelten, wenn eine ausdrückliche vertragliche Regelung zur Ausgleichspflicht zwischen den Pfandgläubigern existiert, die dann eine andere Bestimmung im Sinne des § 430 BGB bilden und die gesetzliche Ausgleichspflicht zumindest entsprechend überformen oder mit ihr in Idealkonkurrenz stehen würde.[500]

Eine Überformung der Ausgleichspflicht nach § 430 BGB analog ist aber bei einer fehlenden ausdrücklichen Regelung im Pfandvertrag anzunehmen. Die Ausgleichspflicht eines Pfandgläubigers setzt bereits ein, wenn er seinen Anteil ganz oder teilweise einzuziehen vermag. Dabei setzt nach wohl hM eine Ausgleichspflicht im Sinne des § 430 BGB erst ein, wenn an einen Gesamtgläubiger mehr geleistet wurde, als es seinem eigenen Anteil entspricht.[501] Die Vertragsparteien beabsichtigen mit der schuldrechtlichen Vereinbarung zur Gleichrangigkeit der Pfandrechte und zur Gleichbehandlung der *future pledgees* schon eine Erlösverteilung, wenn der eigene Anteil nicht vollends befriedigt ist.

6. *Die* future pledgee-*Klausel und ein dinglicher Vertrag zugunsten Dritter*

Förl zieht zur Einordnung der *future pledgee*-Klausel in das System dinglicher Rechtsgeschäfte die interessante Parallele zu einem dinglichen Vertrag zugunsten

499 Zu Letzterem und zur wohl nach hM fehlenden Möglichkeit der vertraglichen Rangänderung mit dinglicher Wirkung *Damrau*, in MünchKomm, BGB, Band 6, § 1209, Rn 1; *Wiegand*, in *Staudinger* (2009), § 1209, Rn 9. A. A. bspw. *Sosnitza*, in *Bamberger/Roth*, Beck'OK, BGB, Ed. 25, § 1209, Rn 3; vermittelnd *Habersack*, in *Soergel*, Band 16, § 1209, Rn 5.

500 Zu Letzterem *Looschelders*, in *Staudinger* (2012), § 430, Rn 2. Dieser vertragliche Ausgleichsanspruch wäre dann mit der Formulierung geschaffen, dass der future pledgee zum einen mit Eintritt in den Pfandvertrag alle Rechte eines (vordefinierten) Pfandgläubigers erwirbt und wie ein solcher behandelt wird und des Weiteren eine Vereinbarung getroffen wird, dass alle Pfandrechte – neben dem die dingliche Rangfolge festlegenden Bestellungsakt – eigens geschaffen werden und untereinander gleichrangig sind.

501 Zu Letzterem bspw. OLG Düsseldorf, WM 1988, 98, 99; *Gebauer*, in *Soergel*, Band 5/3, § 430, Rn 3; *Looschelders*, in *Staudinger* (2012), § 430, Rn 7 f.

Dritter. Mit der Darstellung der Unterschiede zu dieser weitgehend als unzulässig befundenen Vereinbarung beschreibt er die prinzipielle Konformität der besagten Konstruktion der Vertretung eines Unbekannten mit den Grundsätzen dinglicher Rechtsgeschäfte.[502] Im Ergebnis kann aus der Unzulässigkeit von Verfügungsgeschäften zugunsten Dritter nicht auf die Unzulässigkeit der *future pledgee*-Konstellation geschlossen werden. Der BGH hat die Möglichkeit eines Verfügungsgeschäftes zugunsten Dritter verneint.[503] Für die Unzulässigkeit des dinglichen Rechtsgeschäfts zugunsten Dritter spricht der durch § 328 BGB mögliche Direkterwerb des vertraglich begründeten Rechts durch den Dritten, der am Rechtserwerb entgegen dem gesetzlichen Leitbild des § 929 S. 1 BGB nicht eigens beteiligt sein müsste.[504] Ebenso wird gegen eine Zulässigkeit dinglicher Verträge angeführt, dass die Anwendbarkeit des Zurückweisungsrechts nach § 333 BGB die Gebote der Rechtsklarheit und Bestimmtheit konterkarieren würde und § 328 BGB nach seiner Stellung nur auf Verpflichtungsgeschäfte anwendbar sei.[505]

Selbst wenn die Gründe dieser ablehnenden Meinung Maßstab für die Einordnung der Vertretung eines Unbekannten bei Bestellung dinglicher Rechte wären, verstößt eine *future pledgee*-Konstruktion nicht gegen sachenrechtliche Grundprinzipien. *Förl* vergleicht zutreffend als Ausgangsthese die Absicherung der Neukonsorten aufgrund des „Drittbegünstigungscharakters“ mit einem Vertrag zugunsten Dritter.[506]

Unabhängig aber von der hier nicht näher behandelten Frage der Zulässigkeit von Verfügungsgeschäften zugunsten Dritter,[507] kann der Drittbegünstigungscharakter alleine, der der Vertretung eines das Geschäft nicht initiierenden Unbekannten zweifellos zukommt, einer grundsätzlichen Zulässigkeit nicht entgegenstehen. Die Einbeziehung Dritter in dingliche Rechtsgeschäfte ist nicht grundsätzlich ausgeschlossen. So sind die §§ 104-185 BGB zweifellos auf dingliche Rechtsgeschäfte anwendbar,[508] insbesondere ist ein Eigentumserwerb durch ein Verfügungsgeschäft für den, den es angeht, möglich.[509] Gerade im letztgenannten Fall

502 *Förl*, RNotZ 2007, 433, 442 ff.

503 BGHZ 41, 95, 96 sowie BGH NJW 1993, 2617, 2618.

504 Dazu kritisch *Kaduk*, in FS Karl Larenz, S. 312 ff. Ebenso den sachenrechtlichen Typenzwang nicht als entscheidendes Argument ansehend *Jagmann*, in *Staudinger* (2009), Vorb. zu §§ 328 ff., Rn 62 ff.

505 Dazu etwa *Hadding*, in *Soergel*, Band 5/3, § 328, Rn 117.

506 *Förl*, RNotZ 2007, 433, 442.

507 Ausführlich *Jagmann*, in *Staudinger* (2009), Vorb. zu §§ 328 ff., Rn 51 ff.

508 RGZ 66, 97, 100; *Förl*, RNotZ 2007, 433, 443.

509 Vgl. *Schramm*, in MünchKomm, BGB, Band 1, § 164, Rn 58

besteht im Gegensatz zur Vertretung eines Unbekannten eine Bestimmtheit des Rechtserwerbers bei Geschäftsabschluss. Der Drittbegünstigungscharakter muss dem Verfügenden nicht bewusst sein, sofern das Geschäft objektiv den Geschäftsherrn betrifft und dem Publizitätserfordernis Rechnung getragen wird. Nur den sachenrechtlichen Grundsätzen ist bei Geschäftsabschluss zu entsprechen. Nur sie bestimmen über die Wirksamkeit des Geschäfts. Der Drittbegünstigungscharakter enthält keine Aussage, wie die Rolle des Rechtserwerbers bei dem Geschäft hinsichtlich der Einigung, der Bestimmbarkeit und der Publizität ausgestaltet ist.

7. Die Zulässigkeit der vorbehaltenen Bestimmung des Vertretenen durch den Vertreter bei Verfügungsgeschäften

Schwierigkeiten weist dieser Weg der Vertretung eines Unbekannten auf, als für die Wirksamkeit der Bestellung des Pfandrechts die Bestimmbarkeit des Pfandgläubigers neben der Bestimmbarkeit der zu sichernden Forderung vorliegen muss. Hierbei sind die Folgen jenes Geschäfts auf der Ebene des Verpflichtungsgeschäfts von der des Verfügungsgeschäfts zu unterscheiden. Die Vertretung eines unbekannten Dritten wird bei Verpflichtungsgeschäften überwiegend als zulässig erachtet, weil § 164 Abs. 1 BGB für die Bindungswirkung keine konkrete Bezeichnung des Vertretenen bei Vornahme des Geschäfts verlangt.[510] Die Lage gestaltet sich bei Verfügungsgeschäften dagegen anders.

Im Gegensatz zum Verpflichtungsgeschäft, dessen Ausgestaltung sich maßgeblich aus der Privatautonomie speist, verlangt ein Verfügungsgeschäft, dass für Dritte die Zuordnung dinglicher Rechte in ausreichendem Maße offensichtlich ist. Soll etwa ein Gesellschaftsanteil verpfändet und die Bestimmung des vertretenen Pfandgläubigers dem Vertreter vorbehalten werden, stellt sich die Frage, ob die Rechtsklarheit dieser Form der Durchführung einer Verfügung entgegensteht. Bedenken gegen die vorbehaltene Bestimmung des Vertragspartners bei Verfügungsgeschäften werden geäußert, allerdings nicht vertiefend begründet.[511]

---

510 BGH NJW 1998, 62, 63; *Danielewsky/Dettmar*, WM 2008, 713, 716; *Schramm*, in MünchKomm, BGB, Band 1, § 164, Rn 20. Nach dieser überwiegenden Ansicht genügt die nachträgliche Bestimmung des Vertretenen durch den Vertreter, wobei selbst die Vertretung eines bei Vertragsabschluss noch nicht existenten Vertretenen nach dem BGH zulässig ist, so BGH NJW 1989, 164, 166. Wesentlich ist aber, dass nach dem BGH im Falle der Vertretung Unbekannter dessen spätere Genehmigung keine Rückwirkung gemäß §§ 177 Abs. 1, 184 BGB auf den Zeitpunkt der Vertretungshandlung erzeugt, dazu *Förl*, RNotZ 2007, 433, 435.

511 Vgl. *K. Schmidt*, JuS 1971, 425, 431; *Schramm*, in MünchKomm, BGB, Band 1, § 164, Rn 20.

Sondernormen, die neben ihren speziellen Anwendungsbereichen im Grundsatz eine Bedingungs- oder Befristungsfeindlichkeit von Pfandrechtsbestellungen als Verfügungsgeschäfte anordnen, existieren nicht.[512] Die in diesem Zusammenhang zu berücksichtigende Norm des § 925 Abs. 2 BGB lässt eine spätere Bestimmung des Auflassungsempfängers nicht zu.[513] Das legt aber eher nahe, dass sie eine spezielle Ausnahme zu einer allgemeinen Zulässigkeit einer Vertretung eines Unbekannten auch bei Verfügungsgeschäften darstellt. Ihre Folge ist nicht verallgemeinerungsfähig. So wäre eine Unzulässigkeit des Vertretungsgeschäfts für einen Unbekannten nur dann bei Verfügungsgeschäften unzulässig, wenn hier solche Unterschiede zur Ebene des Verpflichtungsgeschäfts bestünden, die eine andere Bewertung rechtfertigten. Neben dem Fehlen einer Regelung zur Befristungs- oder Bedingungsfeindlichkeit bei sonstigen Verfügungsgeschäften sprechen aber auch keine anderen Umstände gegen die grundsätzliche Zulässigkeit der nachträglichen Bestimmung des Vertretenen durch den Vertreter.

8. *Die Vorgaben des Bestimmtheitsgrundsatzes an die* future pledgee-*Konstellation*

Das spätere Hinzutreten eines *future pledgee* als zum Geschäftsabschluss unbekannt Vertretener wirft die Frage der Bestimmtheit des Rechtsgeschäfts auf. Das Erfordernis der Bestimmtheit ist als ein der Rechtsklarheit dienendes Prinzip zu verstehen. Es verlangt, dass die Zuordnung von Rechten für Außenstehende schon allein anhand des Inhalts des Rechtsgeschäfts ermittelbar ist.[514] Es handelt sich bei dem Bestimmtheitsprinzip nicht um eine Konkretisierung der Akzessorietät.[515] Nicht die konkrete Bezeichnung der Forderung bereitet Schwierigkeiten, sondern die Frage, ob aus den auf Abschluss des Pfandvertrags gerichteten Willenserklärungen der beteiligten Parteien in geeigneter Weise auf die Rechtszuordnung Rückschlüsse gezogen werden können. Fraglich ist, ob das *future pledgee*-Konzept gegen das Publizitätserfordernis verstößt, wenn der Pfandgläubiger als unbekannt Vertretener erst durch den Vertreter bestimmt wird, das Geschäft einem Schwebezustand wegen Unanwendbarkeit des § 184 Abs. 1 BGB

---

512 Näher *Förl*, RNotZ 2007, 433, 442; auch *Danielewsky/Dettmar*, WM 2008, 713, 716.

513 Die Erklärung einer Auflassung im Namen unbekannter Dritter ist wegen § 925 Abs. 2 BGB unzulässig, BayObLGZ 1983, 275, 279.

514 BGHZ 73, 253, 254.

515 Abgrenzend dazu *Wiegand*, in *Staudinger* (2011), Anh. zu §§ 929-931, Rn 12; Motive, BGB, III, S. 798, wo es heißt, die zu sichernde Forderung sei so zu bezeichnen, dass sie auf eine bestimmte Forderung hinleite. Zu diesen zwei Deutungen des Bestimmtheitsgrundsatzes näher *Wilhelm*, Rn 21.

unterliegt oder die Willenserklärung des Verpfänders bis zur Genehmigung des *future pledgee* frei widerruflich ist.

a) Kein Verstoß gegen den Bestimmtheitsgrundsatz in Bezug auf eine Rechtszuordnung zwischen konkreten Parteien

Mit den Begriffen der Spezialität und Bestimmtheit wird die der sachenrechtlichen Rechtsklarheit geschuldete Voraussetzung an die Wirksamkeit von Verfügungsgeschäften umschrieben. Dingliche Rechte müssen ausreichend in Zuordnungsgeschäften konkret bezeichnet sein, um den Interessen des Rechtsverkehrs gerecht zu werden. Gegen den Bestimmtheitsgrundsatz in seiner Ausprägung der Gegenstandsbezogenheit verstößt die hiesige Konstruktion nicht, weil der Pfandvertrag bereits die verpfändeten Rechte oder Sachen genau bezeichnet, zumal hiermit schon gegenüber den existierenden Pfandgläubigern wirksame Sicherungsrechte begründet werden.[516]

Das Bedürfnis nach Klarheit der Rechtsverhältnisse bezieht sich nicht nur auf bestimmte Gegenstände einer Verfügung zwischen irgendwelchen Parteien, sondern auch auf die Bestimmtheit und objektive Erkennbarkeit der Rechtszuordnung als solcher. Neben den verfügten Gütern oder Rechten müssen auch die dazu gehörigen Parteien klar erkennbar sein. Das Bestimmtheitsprinzip schützt also nicht nur vor einer einseitigen, nachträglichen Neufestlegung des Verfügungsgegenstandes durch eine Partei, sondern sichert auch eine klare Rechtszuordnung zwischen den Parteien.[517] Die inhaltliche Bestimmtheit eines Rechtsgeschäfts über ein dingliches Recht erfordert, dass ein Dritter ohne Zuhilfenahme anderer Anhaltspunkte erkennen kann, an welcher einzelnen Sache welches dingliche Recht besteht und welche Rechtsänderungen vorgenommen wurden.[518] Eine vorbehaltene Bestimmung des Vertretenen bei Verfügungsgeschäften kann aber auch nur dann problematisch sein,[519] wenn eine konkrete Zuordnung der dinglichen Rechte in *future pledgee*-Konstellationen zum jeweilig berechtigten Pfandgläubiger nicht möglich wäre.

---

516 *Apfelbaum*, S. 247.

517 *Oechsler*, in MünchKomm, BGB, Band 6, Anhang zu §§ 929-936, Rn 5.

518 Etwa BGHZ 21, 52, 56; vgl. auch *Vieweg/Werner*, § 1, Rn 7; *Westermann/Gursky/Eickmann*, § 2, Rn 7.

519 *K. Schmidt*, JuS 1971, 425, 431; *Schramm*, in MünchKomm, BGB, Band 1, § 164, Rn 20.

b) Die Folgen der fehlenden Anwendbarkeit des § 184 Abs. 1 BGB im Hinblick auf den Bestimmtheitsgrundsatz

Diese Zuordnung des Pfandrechts zu einem *future pledgee* als unbekannt Vertretener wird mit Abschluss des *accession agreement* und mit der hiermit bewirkten Entstehung des Pfandrechts ermöglicht. Mit Abschluss der Beitrittsvereinbarung wird entsprechend unter anderem das Pfandrecht wirksam. Durch die fehlende Rückwirkung der Genehmigungserklärung des neuen Pfandgläubigers ist zu keinem Zeitpunkt die Zuordnung der dinglichen Rechte unklar.

Infolge der Unanwendbarkeit des § 184 Abs. 1 BGB entsteht zwischen der Abgabe der Willenserklärungen der am Geschäft Beteiligten und der Genehmigung der Erklärung des vollmachtlosen Vertreters durch den neuen Konsorten ein rückwirkend nicht mehr auflösbarer Schwebezustand. Innerhalb dieses Schwebezustandes ist trotz des Vorliegens zweier korrespondierender Willenserklärungen (die des Verpfänders und die des vollmachtlosen Vertreters) noch kein dingliches Verwertungsrecht geschaffen worden, da die Bestimmung des Rechtsinhabers noch aussteht. Gleichwohl ist dem Bestimmtheitsgrundsatz ausreichend Rechnung getragen, wenn die Parteien zum Zeitpunkt der Verfügung feststehen.[520] Eine schon davor existierende Bestimmbarkeit ist weder notwendig, noch würde sie einen Sinn erfüllen. Im vorliegenden Falle ist gerade keine Ungewissheit über die Zuordnung dinglicher Rechte gegeben. Allenfalls besteht eine Ungewissheit über das Zustandekommen des – im Falle der *future pledgee*-Klauseln – dinglichen Verwertungsrechts sowie über die Identität des Pfandgläubigers. Diese beiden Faktoren sind jedoch nicht Gegenstand von gegenüber jedermann gerichteten Wirkungen dinglicher Rechte. Sie betreffen ausschließlich das Innenverhältnis zwischen dem Verpfänder und dem Pfandgläubiger und wirken sich insofern nicht auf den Grundsatz der Rechtsklarheit aus, als dieser erst dann Geltung beansprucht, wenn tatsächlich eine Begründung eines dinglichen Rechts vorgenommen wurde.

Dem steht auch nicht entgegen, dass aus den beiden auf Abschluss des Pfandvertrages gerichteten Willenserklärungen des Vertreters und des Verpfänders nicht eigens Umstände hervorgehen, die etwa aufschiebende Bedingungen für den Eintritt der Verfügung statuieren. Im Unterschied zu einem gewöhnlichen Vertretungsfall richtet sich die Willenserklärung des Verpfänders nicht an einen konkreten Pfandgläubiger, sondern im Zeitpunkt der Abgabe an einen künftigen Pfandgläubiger, der die Bedingungen des Pfandvertrages erfüllt und

520 *Förl*, RNotZ 2007, 433, 444.

entsprechend zum Kreditgeber wird.[521] Während bei einer bedingten Einigung die Parteien feststehen, aber der Vollzug des Geschäfts nach dem Parteiwillen vom Vorliegen tatsächlicher Gegebenheiten abhängig ist, sind in einer *future pledgee*-Klausel keine Bestimmungen enthalten, die die Wirkung des Rechtsgeschäfts von künftigen, noch ungewissen Ereignissen abhängig machen. Entscheidend ist, ob es überhaupt zu einer Vereinbarung zwischen Parteien kommt, die wiederum durch den Vertragstext des Pfandvertrags vorgegeben ist und keine Bedingungen im Sinne des § 158 BGB aufweist. Auch dies ist allerdings kein Fall mangelnder Bestimmtheit, sondern wiederum jener vorgelagert, da nicht die Rechtszuweisung, sondern die Rechtsbestellung betroffen ist.

In ähnlicher Weise lässt sich die Frage auflösen, ob der Neukonsorte und hinzutretende Pfandgläubiger die vertraglichen Voraussetzungen zum Beitritt als neuer Kreditgeber erfüllt und eben deshalb auch zu einem *future pledgee* im Sinne des Pfandvertrages werden kann.[522] Tritt der *future pledgee* dem *accession agreement* mit Zustimmung des Verpfänders bei, ist abermals die Wirksamkeit der Genehmigungserklärung des *future pledgee* von Umständen abhängig, die nicht in den Bereich der Rechtszuordnung, sondern der Rechtsentstehung einzuordnen sind.[523] Der Bestimmtheitsgrundsatz ist hiervon nicht betroffen, da sich die Bestimmung des neuen Pfandgläubigers danach richtet, ob jener als neuer Kreditgeber dem Konsortialkreditvertrag beigetreten ist. Infolgedessen ist er erst berechtigt, die Genehmigung der die vom Vertreter abgegebenen Willenserklärung auf Abschluss des Pfandvertrags zu erklären. Wird hingegen dem Sicherheitenverwalter die Bestimmung des künftigen Pfandgläubigers überlassen, kann diese Erklärung des Sicherheitenverwalters als eine Konkretisierung des Adressaten der Willenserklärung des Verpfänders verstanden werden. Einer Bestimmung anhand äußerer Umstände außerhalb der Sphäre der Beteiligten bedarf es nicht.[524]

c) Die Folgen der hier vertretenen Widerruflichkeit der Willenserklärung des Verpfänders für den Bestimmtheitsgrundsatz

Nach der hier vertretenen Annahme, dass dem Verpfänder ein Widerruf mangels Bindung an seine auf Bestellung des Pfandrechts zugunsten eines künftigen Pfandgläubigers abgegebene Willenserklärung bis zum Zeitpunkt der Annahme

---

521 *Förl*, RNotZ 2007, 433, 444.

522 Dazu *Förl*, RNotZ 2007, 433, 444.

523 So *Förl*, RNotZ 2007, 433, 444 sowie Fn 109.

524 Die future pledgee-Klauseln sind zumeist in zwei verschiedenen Formen denkbar (hierzu *Förl*, RNotZ 2007, 433, 434).

möglich ist,[525] ergibt sich an oben beschriebener Feststellung keine Veränderung. Zweifelsfrei entsteht durch die Widerruflichkeit der Erklärung ein Zustand, der weder einem hinzutretenden, die Genehmigung erklärenden *future pledgee* noch einem Dritten garantiert, dass mit Abschluss des *accession agreement* tatsächlich auch ein Pfandrecht entsteht. Bis zu diesem Zeitpunkt besteht nämlich die Möglichkeit eines vom Verpfänder erklärten Widerrufs. Die Frage der Offenkundigkeit des Rechtsgeschäfts ist davon nicht betroffen. Die Frage, ob das dingliche Verwertungsrecht durch Angebot und Annahme wirksam entstand, konfligiert nicht mit dem Bestimmtheitsgrundsatz, dessen Eingreifen den Vertragsschluss über das Verfügungsgeschäft voraussetzt.

9. Konformität mit dem Publizitätsgrundsatz

Vor dem Hintergrund der Bestimmung des Vertretenen wird als weitere Begründung für die Zulässigkeit der Vertretung eines Unbekannten bei Verfügungsgeschäften darauf verwiesen, dass das sachenrechtliche Publizitätsprinzip außerhalb des Liegenschaftsrechts ohnehin nicht stringent durchgehalten werde. Es erfahre Durchbrechungen, was sich an den Übertragungsformen der §§ 929 S. 2, 930, 931 BGB, insbesondere aber auch an dem allgemein anerkannten Institut des Sicherungseigentums zeige.[526] Im Ergebnis ist dieser These insofern zuzustimmen, als dass die gesetzlichen Regelungen, bei denen wiederum das Bestimmtheitsgebot auftritt, nicht gegen die hier vorgenommene Deutung des Bestimmtheitserfordernisses spricht. Davon ist jedoch das Publizitätsprinzip zu unterscheiden. Dessen Schutzrichtung gegenüber dem Bestimmtheitsgebot ist eine andere, weshalb die Erfüllung des einen Prinzips durch die gegenständliche Konstruktion nicht zwingend Rückschlüsse auf die Vereinbarkeit mit einem anderen zulässt. Während das Bestimmtheitsgebot die Erkennbarkeit des Verfügungswillens des Veräußerers zum Gegenstand hat, liegt dem Publizitätsprinzip die Vorstellung zugrunde, dass der Rechtsverkehr auf Grundlage vorgezeichneter, nach außen erkennbarer tatsächlicher Positionen auf die entsprechenden Rechtspositionen vertrauen darf.[527] Insofern ist es geboten, das Publizitätsprinzip eigenständig zu betrachten.

Die hierzu angeführte mangelnde Stringenz des Publizitätsprinzips als Erfordernis der Offenkundigkeit des Rechtsübertragungs- bzw. Rechtsbestellungsakts

---

525 Vgl. hier S. 107 ff.

526 So *Danielewsky/Dettmar*, WM 2008, 713, 716.

527 Vgl. etwa *Gaier*, in MünchKomm, BGB, Band 6, Einl., Rn 21; *Wieling*, § 1 II 4 d; *Wilhelm*, Rn 36.

ist hingegen nur ein Teil der in Rede stehenden Frage. Eine Durchbrechung des Publizitätsprinzips im Bereich der Übereignung beweglicher Sachen belegt die Zulässigkeit der hier gegenständlichen Vertretungsfälle noch nicht. Gerade im Falle der *future pledgee*-Verfahrensweise greifen nämlich regelmäßig die gesteigerten Anforderungen des Publizitätsprinzips an den Verfügungstatbestand, da §§ 1205 ff. BGB bzw. § 1280 BGB entsprochen werden muss.[528] Folglich kann nicht mit einer partiellen Modifizierung der Anforderungen an die Offenkundigkeit des Verfügungsakts bei bestimmten Tatbeständen auf die generelle Zulässigkeit der Vertretung eines Unbekannten bei Verfügungsgeschäften geschlossen werden.

Im Ergebnis ergibt sich aber auch anhand des Maßstabes der Publizität kein Grund, *future pledgee*-Klauseln die Zulässigkeit zu versagen. Die erforderliche Herrschaftsposition des neuen Pfandgläubigers bedarf erst ab dem Zeitpunkt des Wirksamwerdens der Bestellung des dinglichen Rechts einer Offenlegung. Die Vertretung eines Unbekannten muss die durch die Publizität zu erfüllenden Funktionen (Übertragung des Rechtsscheinträgers, Wirkung auf gesetzliche Vermutungstatbestände und auf den guten Glauben eines Dritten) hinreichend wahren. Es hat erst mit dem Rechtserwerb des Pfandgläubigers einherzugehen und ist deswegen durch die Ausgestaltung der Klausel gewahrt.

10. Einhaltung des Einigungsgrundsatzes

Wie *Förl* verdeutlicht, macht sich der später erst hinzutretende Vertretene durch seine *ex nunc* wirkende Genehmigung die vom Vertreter abgegebene Willenserklärung zu eigen. Die durch den Sicherungsgeber abgegebene Willenserklärung ist ein Angebot auf Herbeiführung eines dinglichen Geschäfts gegenüber einem unbestimmten Personenkreis, das etwa bei Übereignungsangeboten bei der Freigabe von Waren bei einem Warenautomaten Anerkennung findet.[529] Bei der Bestellung eines Pfandrechts im Speziellen sind jedoch keine anderen Maßstäbe anzulegen. Der Rechtserwerb des Pfandgläubigers geschieht nur durch dessen Genehmigungserklärung und diese entfaltet auch keine Rückwirkung, sodass der Rechtserwerb auch erst infolge der Mitwirkung des Rechtsinhabers vollzogen wird.

---

528 Dies gilt allerdings nicht bei der Verpfändung einer unverbrieften Mitgliedschaft an einer Gesellschaft, vgl. *Apfelbaum*, S. 247; *Leuering*, NJW-Spezial 2005, 171, 171.

529 *Förl*, RNotZ 2007, 433, 443; zu Letzterem auch *Busche*, in MünchKomm, BGB, Band 1, § 145, Rn 12.

11. *Fazit zur Eignung der* future pledgee-*Klausel*

Wie gesehen, ist die *future pledgee*-Regelung imstande, zumindest eine mit schuldrechtlicher Wirkung begründete Gleichrangigkeit von Pfandrechten zu erzeugen, die zeitlich versetzt begründet werden. Dieses Konzept bietet die Möglichkeit, ohne Abschluss eines neuen Pfandvertrags die neu eintretenden Pfandgläubiger in das bestehende Verhältnis aufzunehmen. Dennoch verdeutlicht die Konstruktion durch die Schwebezeit der noch ausstehenden Bestimmung des Neukonsorten/Pfandgläubigers gewisse Schwächen. So kann der Verpfänder nach der hier vertretenen Ansicht zum einen nicht nur seine Erklärung auf Abschluss der Pfandrechtsbestellung widerrufen, was unabhängig von seiner vertraglichen Bindung an den Pfandvertrag gegenüber den sonstigen Parteien möglich ist.

Darüber hinaus ist es ihm unbenommen, in der Zwischenzeit sonstige Verfügungen über die dem Pfandvertrag unterliegenden Sicherungsrechte zu treffen. Die Genehmigungserklärung des Neukonsorten wirkt nicht auf den Zeitpunkt der Erklärung des vollmachtlosen Vertreters zurück.[530] Diese Arten der Zwischenverfügungen erzeugen zwar aufgrund der Ausgestaltung des Pfandvertrags nicht die übliche Folge einer früheren Rechtsbestellung. Wenn die übrigen Pfandgläubiger bereits vor Zwischenverfügungen berechtigt worden sind, so gehen ihre Pfandrechte im Verwertungsfall jenen aus Zwischenverfügungen vor. Der neu beitretende Neukonsorte würde aufgrund seines schuldrechtlichen Ausgleichsanspruchs jedoch zumindest gleichberechtigt am Erlös beteiligt. Die Möglichkeit der Zwischenverfügung schmälert die Erlöserwartung des später eintretenden *future pledgee* bei der Verwertung des Pfandrechts, da dessen Rang dem des durch die Zwischenverfügung Begünstigten nachgeht. Zwischenverfügungen erhöhen seinen Ausgleichsanspruch gegenüber den anderen Pfandgläubigern und mindern insgesamt den aufzuteilenden Erlösbetrag.

III. Keine Gesamtgläubigerschaft zwischen Sicherheitenverwalter und Konsorten durch die Parallelverpflichtung – Praktikabilität eines Alternativmodells

Neben dem wohl bedeutendsten Gegenentwurf zur Parallelverpflichtung, dem *future pledgee*-Modell, sind grundsätzlich noch Ausweichkonzeptionen auf Basis einer Gesamtgläubigerschaft denkbar, auch wenn sie sich letztlich wohl als unzweckmäßig erweisen.

---

530 So *Förl*, RNotZ 2007, 433, 449. Vgl. dazu hier S. 111 f.

1. *Grundsätzlich keine Gesamtgläubigerschaft bei der Parallelverpflichtung*

Formal betrachtet erlangt ein Konsorte durch den Parallelverpflichtungsmechanismus nur eine schuldrechtliche Position gegenüber dem Treuhänder (Sicherheitenverwalter). Gängige Klauseln zu Parallelverpflichtungen sehen im Verhältnis zu Schuldnern der Kreditverbindlichkeiten kein solidarisches, einheitliches Forderungsrecht in dem Sinne vor, dass der Sicherheitenverwalter jeweils auch Gesamtgläubiger von Einzelforderungen der Kreditgeber ist.[531] Ansonsten müsste der Sicherheitenverwalter ein selbstständiges Forderungsrecht in Bezug auf Kreditverbindlichkeiten erlangen, das ihn ermächtigte, eigens Erfüllung zu verlangen. Die Parallelverpflichtung wäre dann aber nicht als eigene Forderung aufzufassen, sondern als ein eigenes Forderungsrecht des Sicherheitenverwalters als Gegenstand der Kreditverbindlichkeiten.[532] Diese Gesamtgläubigerschafts-Lösung schafft jedoch eine von den Konsorten wenig gewollte Forderungszuständigkeit des Sicherheitenverwalters.[533]

So ist zu berücksichtigen, dass die einzelnen Konsorten hinsichtlich der Kreditforderungen im Regelfall schon eine Gesamtgläubigerschaft ausgeschlossen haben und deswegen Teilgläubiger des Rückzahlungsanspruchs sind. Eine Gesamtgläubigerschaft ist im Verhältnis der Konsorten untereinander nicht gegeben. Wollten die Beteiligten deshalb das Konsortium wie üblich in der Form einer untypischen Innengesellschaft bilden und gleichzeitig den Sicherheitenverwalter direkt an den Kreditforderungen beteiligen, müsste diesem jeweils an den Teilforderungen eine Gläubigerstellung eingeräumt werden. Es entstünde damit eine Vielzahl von Gesamtgläubigerschaften, die sich jeweils nach der Konsortialquote des einzelnen Konsorten richteten.[534] Dies ist allerdings im Ergebnis wenig praktikabel.

---

531 In diese Richtung zeigt hingegen das Verständnis von der Parallelverpflichtung auf Grundlage des schweizerischen Rechts von *Maurenbrecher/Frick*, Konsortialkredite, S. 63.

532 Zwar wäre auch eine Klausel denkbar, die den Schuldner verpflichtet, jede seiner Kreditverbindlichkeiten gleichzeitig einem Sicherheitenverwalter gegenüber zu schulden. Jedoch wird auch in diesen (hierzu eingesehenen) Klauseln bestimmt, dass es sich dann um ein eigenständiges Forderungsrecht des Sicherheitenverwalters, das abstrakt sein soll, handelt.

533 Dazu *Willer*, AcP 209 (2009), 807, 821.

534 So zur Gesamtgläubigerschaft des Sicherheitenverwalters bei Kreditforderungen *Apfelbaum*, S. 267.

2. *Gesamtgläubigerschaft von Sicherheitenverwalter und Konsorten unzweckmäßig*

Grundsätzlich kann also nur die „Isolierung" der Parallelverpflichtung gegenüber den Konsorten sicher gewährleisten, dass allein der Sicherheitenverwalter die Möglichkeit besitzt, über die Verwertung der Sicherheiten zu entscheiden. Die Schaffung einer Gesamtgläubigerschaft erforderte die Bestellung von Sicherungsrechten jeweils zur Sicherung von Teilforderungen.[535] Dies ist zweifelsfrei denkbar. So könnte jedem Kreditgläubiger entsprechend zu seiner Kreditforderung eine weitere abstrakte Schuld gewährt werden. Ein Sicherungsverwalter könnte jeweils mit dem entsprechenden Teilgläubiger eine Gesamtgläubigerschaft an diesen weiteren Forderungen bilden. Diese Einzelforderungen wären dann die Grundlagen für die Besicherungen. Der Unterschied zu einer entsprechenden Ausgestaltung bei den Teil-Kreditforderungen wäre hierbei, dass mit der Übertragung der Kreditforderung akzessorische Sicherheiten nicht gemäß § 1250 Abs. 1 S. 1 BGB auf den Erwerber übergingen oder eben im Wege einer Novation untergingen. Zwar muss der ausscheidende Kreditgläubiger gewiss auch seine Beteiligung an der separaten Schuld als Sicherheitenträgerin aufgeben können. Jedoch kann dies mit einem Vertragsmechanismus geschehen, nach dem dieser Konsorte eigens einen Erlassvertrag gemäß § 397 Abs. 1 BGB mit dem Schuldner hinsichtlich seines Forderungsrechts aus der separaten Schuld schließt. Jener Erlass entfaltete lediglich dann eine Gesamtwirkung auch gegenüber dem Sicherheitenverwalter, wenn eine diesbezügliche Befugnis des Konsorten bestünde,[536] was hier allerdings vertraglich auszuschließen wäre.[537]

Im Ergebnis ist auch eine Gesamtgläubigerschaft zwischen den Konsorten auf der einen und dem Sicherheitenverwalter auf der anderen Seite im Rahmen des Konzepts der Parallelverpflichtung abzulehnen.[538] Zwar spricht für die

---

535 *Willer*, AcP 209 (2009), 807, 821.

536 Dazu nur BGH NJW 1986, 1861, 1862; *Looschelders*, in *Staudinger* (2012), § 429, Rn 19; *Schmidt-Kessel*, in *Staudinger*, Eckpfeiler, H, Rn 88.

537 Inwiefern diese Beschränkungen der Verfügungsbefugnis auch zu einem Ausschluss der Gesamtwirkung im Außenverhältnis gegenüber dem Schuldner wirken oder eine derartige Beschränkung letztlich nur das Innenverhältnis zwischen den Gesamtgläubigern betrifft (sich Letztgenanntem anschließend: *Schmidt-Kessel*, in *Staudinger*, Eckpfeiler, H, Rn 88), wird dann eine untergeordnete Rolle spielen, wenn die Beteiligten die Folge des nur einseitig wirkenden Erlasses eingangs regelten und der Erlassvertrag etwa die Einzelwirkung unter Einbeziehung des als Gläubiger verbleibenden Sicherheitenverwalters geschlossen wird.

538 A. A. *Böttcher*, S. 204. Dagegen wie hier *Willer*, AcP 209 (2009), 807, 820 ff.

Annahme einer Gesamterfüllungswirkung – wie sie § 428 BGB anordnet – der Umstand einer wechselseitigen Anrechnung von Tilgungswirkungen wie auch Betragserhöhungen. Ferner würde dieses Modell zeigen, dass es den Konsorten anheim steht, über die Kreditforderung zu verfügen, ohne gleichzeitig die Parallelverpflichtung zu tangieren. Des Weiteren wäre eine Gesamtgläubigerschaft ein geeigneter Erklärungsansatz, um die intendierte Einzelwirkung bei der Novation der Kreditschuld zu deuten, da bei einer Gesamtgläubigerschaft § 429 Abs. 3 BGB eingriffe.[539]

Diese denkbare Konstruktion weist allerdings gegenüber der Parallelverpflichtung einen entscheidenden Nachteil auf. Sie erfordert die Bestellung akzessorischer Sicherungsrechte jeweils auf diese weiteren, auch jedem einzelnen Kreditgläubiger zustehenden Forderungen. Zwar würde das Modell gewährleisten, dass der Sicherungsverwalter nur Gesamtgläubiger an dieser weiteren, an die Kreditforderung gekoppelten Forderung wird und nicht Gesamtgläubiger der jeweiligen Kreditforderung. Zwar wäre eine zentrale Verwaltung der Sicherheiten durch den Sicherheitenverwalter geschaffen, weil er als Gesamtgläubiger der jeweiligen, abstrakten Forderung insofern auch Inhaber der Sicherungsrechte wäre. Ein solches Modell verlangt aber eine Aufteilung der zu bestellenden akzessorischen Sicherungsrechte auf die jeweilige weitere Forderung des einzelnen Kreditgläubigers. Dies erfordert jedoch einen erheblich höheren organisatorischen Aufwand beim Aufsetzen der Sicherungsstruktur. Das Konzept verursacht bspw. im Fall der Bestellung von Pfandrechten auch den ungewünschten Effekt einer Rangfolge der dinglichen Verwertungsrechte. Auch dies müsste durch schuldrechtliche Vereinbarungen im Innenverhältnis ausgeglichen werden. Die Gesamtgläubigerschaft könnte nicht verhindern, dass die Schaffung eines Treuhandverhältnisses in Bezug auf die Sicherungsgüter zwischen Konsorten und Sicherheitenverwalter notwendig wird. Neben dem erhöhten Dokumentationsaufwand kommt der Konstruktion kein praktischer Vorteil gegenüber der Parallelverpflichtung zu. Dies spricht auch nicht zuletzt gegen ein Verständnis der Parallelverpflichtung als eine Beteiligung des Sicherheitenverwalters an den Kreditforderungen.[540]

IV. Fazit zur Eignung denkbarer Ausweichlösungen zur Parallelverpflichtung

Die Wirkungsweise der Parallelverpflichtung ist durch andere Lösungsvarianten nicht zu erzielen. Sie gewährleisten nicht die gleichen Wirkungsweisen wie die

539 *Willer*, AcP 209 (2009), 807, 821.

540 So hingegen *Maurenbrecher/Frick*, Konsortialkredite, S. 63.

Parallelverpflichtung selbst. Insbesondere das *future pledgee*-Modell ist nicht geeignet die Rechtswirkungen zu erzeugen, die eine durch die Parallelverpflichtung quasi gewährleistete Sicherungstreuhand schafft. Bietet die Parallelverpflichtung also gegenüber anderen Sicherungsmodellen Vorteile, ist ihre Wirksamkeit von essentieller Bedeutung.

Im Folgenden sollen zuerst die der Parallelverpflichtung zugewiesenen Eigenschaften als Forderung dargestellt werden, bevor darüber hinaus zu klären sein wird, ob es sich bei der Parallelverpflichtung um ein Sicherungsrecht im herkömmlichen Sinne handelt, das mit bekannten Maßstäben zu messen ist.

D. Textbeispiele von Klauseln zur Begründung einer Parallelverpflichtung

Die Formulierungen der Klauseln weichen entsprechend den Vorgaben der jeweiligen Situation und entsprechend der Person des Sicherheitenverwalters ab. Jedoch können standardisierte Muster erkannt werden, die als Vorlage einer generellen Betrachtung dienlich sein können.

I. Ein englischsprachiges Textbeispiel

Wright zitiert etwa in Anlehnung an die Vorlage der Dutch Bankers Association folgende Formulierung:[541]

„***1. Definitions***

In this Agreement, unless the context otherwise requires:

*'**Finance Document**' means this Agreement, any Security Document, (…) and any other document designated as such by the Facility Agent and the Borrower.*

*'**Finance Parties**' means the Facility Agent, the Security Agent, the Arranger and the Lenders and*

*'**Finance Party**' means any of them.*

*'**Lender**' means any Original Lender and any bank or financial institution which has become a Party in accordance with Clause (…) (Changes to the Lenders), which in each case has not ceased to be a Party in accordance with the terms of this Agreement.*

*'**Obligor**' means the Borrower or a Guarantor.*

---

541 *Wright*, International Loan Documentation, S. 198 ff. Die jeweils in niederländischer Sprache eingefügten, in Klammern enthaltenen Definitionen sind im hiesigen Zitat nicht aufgenommen.

*'**Original Lenders**' means the financial institutions listed in Schedule [...]...) (The Original Lenders).*

*'**Parallel Debt**' has the meaning ascribed thereto in Clause X.*

*'**Party**' means a party to this Agreement and includes its successors in title, permitted assigns and permitted transferees.*

*'**Principal Obligations**' means, in relation to each Obligor, all monetary obligations (other than its Parallel Debt) which now or at any time hereafter may be or become due, owing or incurred by such Obligor to any Finance Party, whether due or not, whether contingent or not and whether alone or jointly with other as principal, guarantor, surety or otherwise, under or in connection with or pursuant to the Finance Documents, as such obligations may be extended, restated, prolonged, amended, renewed or novated from time to time.*

*'**Secured Claims**' means, in relation to each Security Provider, (a) the claims of the Security Agent pursuant to the Parallel Debt and (b) the claims under the Finance Documents of the Security Agent (as Security Agent, as Lender or in any other capacity) other than the claims mentioned in (a).*

*X. **Parallel Debt***

X.1 Each Obligor hereby irrevocably and unconditionally undertakes, as far as necessary in advance, to pay to the Security Agent an amount equal to the aggregate of all its Principal Obligations to all the Finance Parties from time to time due in accordance with the terms and conditions of such Principal Obligations (such payment undertaking and the obligations and liabilities which are the result thereof, its 'Parallel Debt')

X.2 Each of the Parties hereby acknowledges that (i) for this purpose the Parallel Debt of an Obligor constitutes undertakings, obligations and liabilities of such Obligor to the Security Agent which are separate and independent from, and without prejudice to, the Principal Obligations which such Obligor has to any Finance Party and (ii) that the Parallel Debt represents the Security Agents own claim to receive payment of such Parallel Debt by such Obligor, provided that the total amount which may become due under the Parallel Debt of such Obligor under this Clause shall never exceed the total amount which may become due under all the Principal Obligations of such Obligor to all the Finance Parties.

X.3 (i) The total amount due by an Obligor as the Parallel Debt under this Clause X.L shall be decreased to the extent that such Obligor shall have paid any amounts to the Finance Parties or any of them to reduce such Obligor's outstanding Principal Obligations or any Finance Party otherwise receives any amount in payment of such Principal Obligations (other than by virtue of Clause X.3 (ii)); and

X.3 (ii) To the extent that an Obligor shall have paid any amounts to the Security Agent under the Parallel Debt or the Security Agent shall have otherwise received monies in payment of such Parallel Debt, the total amount due under the Principal Obligations shall be decreased.

X.4 Security Agent as co-creditor

X.4(i) In connection with each indebtedness of any Obligor towards any of the Finance Parties under any Finance Document, each of the Parties hereby agrees that the Security Agent shall, insofar as the Security Agent is not a creditor itself in respect of such indebtedness, be a 'co-creditor' with such Finance Party in respect of such indebtedness. Accordingly the Security Agent shall be entitled to demand as a creditor performance in full of such indebtedness by the relevant Obligor owing the same, whereby satisfaction of such indebtedness owed to one creditor (either the Security Agent or the relevant Finance Party) *shall release such Obligor from its obligations to the other creditor and consequently Section 6:16 of the Dutch Civil Code applies to such indebtedness for which the Security Agent has become a 'co-creditor'.*

X.4(ii) If and to the extent that the Security Agent is no longer a creditor itself in respect of such indebtedness, then the Security Agent shall be 'co-creditor' in respect of such indebtedness pursuant to Clause X.4(i.)."

II. Ein deutschsprachiges Textbeispiel

De Meo und *Hoffmann* führen folgendes deutschsprachiges Formulierungsbeispiel auf:[542]

„***§ 4 Parallelschuld***

1. *Die Gruppe erkennt hiermit an, dem Konsortialführer einen Betrag in Höhe der Gesamtschuld selbstständig zu schulden. Der Konsortialführer hat ein eigenes und unabhängiges Recht zur Geltendmachung dieser Forderung (abstraktes Schuldversprechen).*
2. *Das vorstehende abstrakte Schuldversprechen begründet die sich aus ihm ergebende Verpflichtung der Gruppe (Parallelschuld) selbstständig und unabhängig von den übrigen durch die Kreditvertragsdokumentation begründeten Verpflichtungen.*
3. *Der Konsortialführer verpflichtet sich, die Parallelschuld nur geltend zu machen, wenn und soweit die Gesamtschuld nicht ordnungsgemäß erfüllt wird.*"

III. Kennzeichnende Merkmale der Klauseln

In den oben zitierten Klauseln sind unterschiedliche Ausgestaltungen zu erkennen, die nicht nur in der im angloamerikanischen Rechtsraum üblichen Gestaltungsmethode der vorangestellten Definition in Vertragstexten begründet liegen. Sie betreffen auch die Zweckbeschreibung und lassen verschiedene Strukturen erkennen, die den einschlägigen Klauseln bestimmte Merkmale verleihen. Gemeinsam ist den allgemein üblichen Regelungen, dass der

542 *De Meo/Hoffmann*, in *Schütze/Weipert*, Münchener Vertragshandbuch, Band 2, WR I, III. 14, S. 399.

Sicherheitenverwalter[543] der Erklärungsempfänger eines Angebots des Sicherheitengebers sein soll. Er soll berechtigt sein, im eigenen Namen und zu eigenen Gunsten diese separate, „parallele“ Forderung geltend zu machen und nicht nur als Vertreter der Konsorten im Hinblick auf die Darlehensforderungen zu handeln.[544] Der Sicherheitengeber erkennt eine weitere Schuld neben den Verbindlichkeiten aus dem Kreditvertrag an und bestellt auf diese neue Schuld seine Sicherheiten. Weiterhin wird oftmals ausdrücklich klargestellt, dass der Sicherheitenverwalter in Bezug auf die Parallelverpflichtung selbst nicht als ein Treuhänder handelt, sondern im eigenen Namen.[545] Diese weiter zu generierende (primäre) Forderung soll nach dem Parteiwillen in ihrem Entstehungsprozess unabhängig und unbeeinflusst von der Wirksamkeit und Durchsetzbarkeit der anderen Verbindlichkeiten aus dem Kreditverhältnis sein. Sonstige Verbindlichkeiten des Schuldners sollen die Forderung ebenso nicht beeinflussen.[546]

Regelmäßige Bestandteile der Bestimmungen sind auch Anrechnungsregelungen. Sie gestatten eine Reduktion der Parallelverpflichtung durch Zahlungen, die durch den Kreditnehmer zur Erfüllung seiner Verbindlichkeiten aus dem Kreditverhältnis geleistet werden.[547] Die Höhe der Parallelverpflichtung ergibt sich nicht direkt aus der Klausel selbst, sondern nur durch einen Bezug auf die Forderungen aus dem Kreditgeschäft. Bei Zahlungen auf die Parallelverpflichtung soll Entsprechendes für die Kreditverbindlichkeit gelten. Nicht selten ist in den Klauseln der ergänzende Passus zu finden, nach dem die Parallelverpflichtung nicht den Umfang der Verbindlichkeiten aus dem Konsortialkreditverhältnis übersteigt (alternativ: deren Umfang stets abbildet). Hingegen sollen Verbindlichkeiten des Sicherungsgebers aus der Parallelverpflichtung keinerlei Auswirkungen auf Verbindlichkeiten aus dem Kreditverhältnis haben.

543 Der Sicherheitenverwalter (oder Security Agent) kann hierbei entweder die Konsortialführerin selbst sein oder ein externer Dritter, der nicht auch Kreditgeber und Konsorte ist.

544 Die eingesehenen englischsprachigen Textversionen sprechen regelmäßig von einer „separate and independent obligation“, wobei oft ergänzend die Formulierung aufgenommen wird: *[…] without prejudice to the corresponding obligation […].*“:

545 So etwa die Formulierung: “*For the purpose of this Section [Klausel zur Parallelverpflichtung, Anmerkung des Verfassers], the Administrative Agent acts in its own name and not as a trustee, and its claims in respect of the Parallel Debt shall not be held on trust.*” Dieses Formulierungsbeispiel ist abrufbar unter: http://www.realdealdocs.com/ViewClause.aspx?DocumentID=1735560&ClauseID=22417621&ClauseHeading=SECTION+4.15+-+Parallel+Debt.

546 Vgl. dazu noch im Anschluss S. 130 f.

547 Vgl. das oben zitierte Muster von *Wright* unter X.2 (S. 125 ff).

Die Parallelverpflichtung wird meist nicht nur die Rückzahlungsansprüche aus dem Kreditverhältnis zwischen Kreditnehmer und Kreditgeber abbilden, sondern auch Garantien sonstiger Sicherungsgeber, etwa einer Muttergesellschaft des Kreditnehmers. Bei Garantieversprechen anderer Gruppengesellschaften bestehen dieselben Schwierigkeiten bei der Übertragung mittels Novation wie bei der eigentlichen Kreditverbindlichkeit selbst.[548]

Die Parallelverpflichtung soll allerdings nach ihrer Entstehung im Zusammenhang mit ihrer Fälligkeit an die Kreditforderungen gekoppelt werden. Betreffende Klauseln englischer Vertragstexte, die Kreditforderungen auch mitunter insofern als „*corresponding obligations*" bezeichnen, verdeutlichen dieses Verhältnis.[549]

E. Die separate Schuld zur Übertragung von Sicherungsrechten

Dem Konzept der Parallelverpflichtung liegt – wie gesehen – grundsätzlich die Vorstellung einer eigenen Forderung zugrunde, die gegenüber der das Sicherungsbedürfnis auslösenden Darlehensforderung unabhängig ist.

Die Verpflichtung des Sicherheitengebers zur Abgabe des Angebots auf Begründung einer Parallelverpflichtung ist zumeist im Kreditvertrag angelegt.[550] Selbiger bestimmt auch die Höhe der als Parallelverpflichtung zu gewährenden Forderung nach der Summe der Einzelforderungen und auf diese Parallelverpflichtung werden die Sicherheiten, insbesondere oder zweckmäßigerweise die akzessorischen Sicherheiten bestellt.[551] Insofern bestimmt die Klausel lediglich die Verpflichtung zur Anerkennung einer Parallelverpflichtung, nicht aber deren Umfang.[552] Daneben wird eine vertragliche Abrede getroffen, nach der der Umfang der Parallelverpflichtung stets der Summe aller Darlehens- und

548 Die durch die Parallelverpflichtung in Bezug genommenen Schulden sollen im Folgenden als „Kreditverbindlichkeiten" oder „Referenzschuld" bezeichnet werden.

549 So die Formulierung: "*Each Parallel Debt Obligation of the Loan Party will become due and payable [...] as and when one or more of the Corresponding Obligations of such Loan Party become due and payable.*" Vgl.: http://www.realdealdocs.com/ViewClause.aspx?DocumentID=16309&ClauseID=14197313&ClauseHeading=SECTION+9.19+-+Parallel+Debt.

550 Praktiziert wird daneben auch die Form, dass erst im Pfandvertrag eine Parallelverpflichtung begründet wird.

551 *Danielewsky/Dettmar*, WM 2008, 713, 713; *Schnauder*, NJOZ 2010, 1663, 1663; *Willer*, AcP 209 (2009), 807, 813.

552 *Willer*, AcP 209 (2009), 807, 813.

Zinsansprüchen der Konsorten entsprechen soll.[553] Diese eigens begründete Schuld wird in den entsprechenden, dem deutschen Recht folgenden Vertragswerken häufig als abstraktes Schuldversprechen bezeichnet.[554] Dies soll verdeutlichen, dass die Parallelverpflichtung als eigene und selbstständige Forderung begründet wird, die sich infolgedessen als eine eigenständige Zahlungsverpflichtung des Darlehensnehmers oder Garantiengebers gegenüber dem Sicherheitenverwalter darstellt. Letzterem vermittelt sie die grundsätzliche Möglichkeit, einen eigenen Anspruch gegen den Sicherungsgeber geltend zu machen, wenn auch in den vertraglich gesetzten Grenzen.

Verdeutlicht wird hierdurch gewiss nebenbei, dass ein kausales Schuldanerkenntnis im Sinne eines Vertrages zur Schuldbestätigung ebenso wenig ausreichend wäre, wie ein einseitiges Anerkenntnis des Schuldners.[555] In beiden Fällen wird letztlich kein eigenständiger Anspruch begründet, sondern jeweils mit unterschiedlichen Wirkungsgraden der in Bezug genommene Anspruch bestätigt, was als Sicherheitenträger untauglich ist.

F. Alternativlosigkeit gegenüber der Begründung einer Forderung zugunsten des Sicherheitenverwalters

Um die Bedeutung der Parallelverpflichtung als eigene Forderung näher zu beleuchten, ist zuvorderst die Unterscheidung der betreffenden Sicherheiten in akzessorische und nicht akzessorische, wie etwa die Sicherungszession, die Grundschuld, die Garantie oder die Sicherungsübereignung zu treffen. Nicht akzessorische Sicherheiten können unproblematisch ohne die Begründung

553 *Freitag*, in *Staudinger* (2011), § 488, Rn 177.

554 So nur das Musterbeispiel bei *De Meo/Hoffmann*, in *Schütze/Weipert*, Münchener Vertragshandbuch, Band 2, WR I, III. 14, S. 399. Diese Bezeichnung dürfte maßgeblich durch die englischsprachigen Vertragstexte beeinflusst worden sein. Neben obigem Textbeispiel ist eine in ihrer Wortwahl sehr häufig zu findende Formulierung etwa: "*Without prejudice to the other provisions of the Loan Documents and solely for the purposes of ensuring the validity [...] and granted or to be granted by [the borrower – Anmerkung des Verfassers] pursuant to the Loan Documents, [the borrower] undertakes, as a separate and independent obligation to the Administrative Agent, to pay to the Administrative Agent [the borrower]'s Parallel Debt.*"; diese Klausel jenes tatsächlichen geschlossenen Vertragstextes ist frei abrufbar unter der folgenden Adresse: http://www.realdealdocs.com/ViewClause.aspx?DocumentID=1625712&ClauseID=21567639&ClauseHeading=3.4%20-%20Parallel%20Debt.&From=1&sch=1.

555 Dazu ausführlich *Ehmann*, WM 2007, 329, 329 ff.

einer eigenen Forderung zugunsten eines Treuhänders diesem zur Verfügung gestellt werden, da die dingliche Verknüpfung mit der zu sichernden Forderung hier nicht vorausgesetzt wird.[556] Eine Bindung des über abstrakte Sicherheiten verfügenden Sicherheitenverwalters entsteht demnach durch den Konsortialvertrag auf schuldrechtlicher Ebene, ohne dass er hierdurch regelmäßig auf dinglicher Ebene gebunden wird. Die Bestellung von akzessorischen Sicherheiten an einen Treuhänder, der nicht zugleich auch der treuhänderische Inhaber der Forderung ist, ist hingegen unmöglich, da eine Trennung von Forderung und Sicherheit unzulässig ist, weil die Sicherheit mit der Forderungsübertragung gemäß den §§ 401, 1153 Abs. 1, 1250 Abs. 1 S. 2 BGB übergeht.[557]

Aufgrund der Akzessorietät des Pfandrechts muss die zu sichernde Forderung dem Pfandgläubiger selbst zustehen. Das Ziel der Parallelverpflichtung ist allerdings nicht primär, überhaupt eine zu sichernde Forderung darzustellen, da Sicherheitenträger an sich bereits in den Forderungen aus dem Konsortialkreditverhältnis gegenüber dem Kreditnehmer existieren. Beabsichtigt ist stattdessen eine mittelbare Besicherung der Ansprüche aus dem Kreditverhältnis mittels Bindung der Poolführerin oder des *security agent*, die/der selbst aus der Parallelverpflichtung und den hierzu bestellten Sicherheiten berechtigt ist. Andere Varianten zur Parallelverpflichtung sind dazu nicht erkennbar. Zwar sind sie im Verhältnis zwischen Gläubigern und Schuldner denkbar, jedoch führen sie nicht zu den gleichen Ergebnissen wie die Parallelverpflichtung, was im Folgenden darzustellen ist.

I. Schuldanerkenntnis zugunsten des Konsortiums wirkungslos

Um die durch die Parallelverpflichtung intendierte „Isolierung" der Kreditsicherheiten vor den Veränderungen im Konsortium zu gewährleisten, muss – wie in der Klausel angelegt – eine eigenständige und zur Durchsetzbarkeit bestimmte Forderung begründet werden, die dem Sicherheitenverwalter als weiterer Partei eingeräumt wird. Ein deklaratorisches Schuldanerkenntnis gegenüber dem Konsortium und dessen Mitgliedern kann diese Funktion nicht erfüllen, da hierdurch keine eigene Forderung entsteht.[558]

556 *Bassenge*, in *Palandt*, BGB, § 903, Rn 35; *Hoffmann*, WM 2009, 1452, 1453.

557 *Obermüller*, DB 1973, 1833, 1833.

558 *Hoffmann*, WM 2009, 1452, 1454.

II. Begründung weiterer Forderungen zugunsten des jeweiligen Konsorten ungeeignet

Theoretisch denkbar wäre es, dass nicht eine einzelne Parallelverpflichtung zugunsten eines Sicherheitenverwalters bestellt wird. Sie kann auch zugunsten jedes einzelnen Konsorten entsprechend seiner Beteiligungsquote eine selbstständige Forderung entstehen. Diese weitere Forderung spiegelte dann seine Beteiligung am Gesamtvolumen der Valuta. Diese Variante hätte zunächst gegenüber der üblichen Form der Parallelverpflichtung für die Konsorten den Vorteil, dass diese direkt die Begünstigten der selbstständigen Forderung wären. Auf diese Forderung wären die akzessorischen Sicherheiten zu bestellen. Für nichtakzessorische Sicherungsrechte bildete die Forderung im Rahmen einer Sicherungsabrede den maßgeblichen Sicherungszweck.[559] Nicht ein anderer Konsorte oder ein Dritter mit den damit einhergehenden, aber einzudämmenden Unwägbarkeiten würde berechtigt, sondern rechtlich wie wirtschaftlich eben der Konsorte selbst.

Jedoch kann bereits die Begründung von selbstständigen Forderungen zugunsten der jeweiligen Konsorten neben den aus dem Darlehensverhältnis entstehenden Kausalforderungen aus § 488 Abs. 1 S. 2 BGB den Sicherungszweck einer „echten" Parallelverpflichtung nicht erfüllen. Letztlich teilt eine jedem Konsorten selbstständig eingeräumte Forderung bei einer Übertragung das gleiche rechtliche Schicksal wie die Forderung aus dem Kreditverhältnis selbst. Die beabsichtigte Sicherungswirkung ist durch eine Isolierung der Sicherheiten nicht erzielt, wenn durch eine *novation* auch diese (außerordentliche)

---

559 Da bei nicht akzessorischen Sicherheiten der Sicherungszweck nicht bereits durch die Gesetzeslage hergestellt wird, bedarf es schuldrechtlicher Abreden zwischen den Parteien, die eine Bindung der Verfügungsgewalt des Sicherungsnehmers über das Sicherungsgut an den Bestand der zu sichernden Forderung *inter partes* gewährleisten. Übertragen auf den hier gedachten Fall einer Parallelverpflichtung zugunsten eines Konsorten (und nicht eines security agent) bedeutet dies, dass der Konsorte letztlich kein legitimes Interesse an der Verfügung über nicht akzessorische Sicherheiten haben kann, wenn die diesen zugrunde liegende Parallelverpflichtung eine Verwertung nicht mehr rechtfertigt. Das wäre zum einen dann der Fall, wenn sie ihrerseits erloschen ist oder der Sicherungsfall nicht mehr eintreten kann, weil sie nie wirksam entstand oder eine dauernde Einrede besteht, die nicht die Lage des § 216 Abs. 1 oder 2 BGB betrifft. Konsequenterweise muss dies allerdings auch für die Darlehensforderung selbst gelten, da die Parallelverpflichtung mit dieser regelmäßig vertraglich dergestalt verknüpft ist, dass sämtliche Erlöschens- und Einredetatbestände im Hinblick auf die Darlehensforderung auf die Parallelverpflichtung einwirken.

Parallelverpflichtung übertragen werden müsste. Infolgedessen hat auch die Poolung der Sicherheiten Sinn, sodass nach Übertragung der Konsortialkreditforderung eine Beteiligung des Neugläubigers im Innenverhältnis der Konsorten unumgänglich ist. Wenn die einem einzelnen Konsorten eingeräumte, selbstständige Forderung, die als Sicherheitenträgerin dient, im Wege des *assignment* übertragen würde, wäre der Sicherungszweck dagegen erfüllt.

Bei dieser Konstruktion der jeweils einem Konsorten bestellten Einzelforderung ist die gemeinschaftliche Sicherheitenverwaltung der Konsorten weitaus schwieriger zu organisieren. Sie erforderte, dass auf die Einzelforderungen jeweils (akzessorische) Sicherheiten bestellt werden, was voraussetzt, dass die zur Verfügung stehenden Sicherheiten insoweit etwa teilbar wären oder ein Rangverhältnis der Besicherten hinsichtlich der Verwertung der Sicherheit geschaffen würde.

Die Bestellung eines Sicherheitenverwalters für die Verwaltung aller Sicherheiten wäre somit ungleich komplizierter als bei einer Schaffung einer „zentralen“ Forderung zu seinen Gunsten wie bei der Parallelverpflichtung. Die zentrale Übertragung der Sicherheiten durch die Konsorten an einen der ihren oder einen externen Dritten liegt jedoch kaum im Interesse des Sicherheitengebers, wenn dieser aufgrund der Sicherungsabrede jeweils nur in einem Vertragsverhältnis zu dem betreffenden Konsorten steht. Der Sicherheitengeber dürfte deshalb auch keine Veranlassung sehen, einer vertraglichen Vereinbarung zuzustimmen, die vorsähe, dass eine Sicherheit, die auf eine separate Forderung zugunsten des jeweiligen Konsorten bestellt wird, für Verwaltungszwecke dinglich auf einen Dritten übertragen wird. Der Sicherheitengeber würde hierbei im Fall einer Sicherungsübereignung auf die in einer Sicherungsabrede sonst übliche wirtschaftliche Zuordnung des Sicherungsgutes zu seinem Vermögen aushöhlen. Die sonst im Falle fiduziarischer Übereignung üblicherweise entstehende Trennung zwischen „rechtlichem“ und dem Treugeber noch zustehendem „wirtschaftlichen“ Eigentum würde in diesem Falle nicht eingehalten. Die dem Treugeber gegenüber dem Konsorten als Treunehmer vertraglich erwachsenden Ansprüche, etwa auf Schadensersatz (§§ 280 ff. BGB) oder auf Unterlassung einer treuwidrigen Verfügung (§ 241 BGB),[560] geben dabei wenig Sicherheit. Sie sind an sich wertlos, wenn zwischen Treugeber und Treunehmer vereinbart wurde, dass der Treunehmer wiederum das Sicherungsgut zum Zwecke einer zentralen Verwaltung an einen Sicherheitenverwalter übereignen darf.

560 *Baur/Stürner*, Sachenrecht, § 3, Rn 34.

Zwar wäre einer solchen Sicherungsabrede zwischen Sicherheitengeber und Konsorten bereits konkludent zu entnehmen, dass der Konsorte bei der Verfügung über die Sicherheit verpflichtet ist, die ihm auferlegten Pflichten aus der Sicherungsabrede an den Sicherheitenverwalter weiterzugeben.[561] Bei Zuwiderhandlung kann er sich schadensersatzpflichtig machen.[562] Jedoch enthält eine Abtretung einer Sicherheit nicht ohne Weiteres die stillschweigende Vereinbarung einer Übernahme der Verbindlichkeiten des Zedenten aus dem Sicherungsvertrag.[563]

Auch dürfte dann die Möglichkeit einer Vollstreckungsabwehrklage gemäß § 771 ZPO des Treugebers bei Vollstreckungsakten von Gläubigern des Sicherheitenverwalters in das diesem vom Konsorten weiterübertragene Sicherungsgut problematisch sein, die in der Konstellation der Sicherungsübereignung sonst dem Treugeber zur Verfügung steht.[564] Würde der Konsorte als Sicherungsnehmer dazwischen geschaltet, der im Folgenden die Sicherheit (mit oder ohne die zu sichernde Forderung) an einen Sicherheitenverwalter übereignet, so geht die wirtschaftliche Bindung des Sicherungseigentums verloren. Auch wenn der Treugeber einer Übertragung an einen Dritten vertraglich zustimmt, unterläge der Sicherheitenverwalter doch nicht den Vereinbarungen, die der Konsorte und der Treugeber hinsichtlich der Haftung des Sicherungsgutes und dessen wirtschaftlicher Zuordnung zugrunde gelegt hatten. Dies gilt jedoch nur, wenn zwischen Treugeber, Konsorte und Sicherheitenverwalter keine Vertragsübernahme erfolgt oder Letzterer keinen Schuldbeitritt erklärt.

---

561 *Ganter*, in *Schimansky/Bunte/Lwowski*, Band II, 4. Aufl., § 90, Rn 403.

562 BGH NJW 1997, 461, 463. Hierzu auch *Henssler*, in *Soergel*, Band 14, Anh. § 930, Rn 69.

563 BGH NJW 1985, 800, 801 zur Rechtslage vor Inkrafttreten des § 1192 Abs. 1a BGB.

564 Der Sicherungsgeber ist regelmäßig im Verhältnis zum Sicherungsnehmer wie ein Inhaber des Vollrechts zu behandeln. Solange noch nicht die Verwertungsreife eingetreten ist, kann der Treugeber nach der hM geltend machen, dass sein hingegebenes Treugut nur für seine eigene zu sichernde Schuld haftet, aber nicht für alle Verbindlichkeiten des Sicherungsnehmers, hierzu etwa BGHZ 72, 141, 143 ff.; *K. Schmidt/Brinkmann*, in MünchKomm, ZPO, Band 2, § 771, Rn 28; *Lackmann*, in *Musielak*, ZPO, § 771, Rn 18. Das insofern in der Person des Sicherungsgebers vorliegende Anwartschaftsrecht auf Rückübereignung des Guts begründet folglich ein Widerspruchsrecht nach § 771 ZPO, *Handke*, in *Kindl/Meller-Hannich/Wolf*, § 771 ZPO, Rn 20. Hierzu auch *Baur/Stürner*, Sachenrecht, § 3, Rn 34;

III. Untaugliche Gesamtgläubigerschaft von Konsorten und Sicherheitenverwalter

Gegen eine Gesamtgläubigerschaft spricht klar das Interesse der Konsorten an einer eigenen Rechtszuständigkeit hinsichtlich der Kreditanteile.[565] Darüber hinaus erforderte eine gesamtgläubigerische Berechtigung von Konsorten und Sicherheitenverwalter die getrennte Bestellung von Sicherheiten auf die jeweiligen Forderungen der einzelnen Konsorten, da keine Gesamtforderung eines Sicherheitenverwalters zur Verfügung stünde.[566] Die Parallelverpflichtung als alleine den Sicherheitenverwalter berechtigende Forderung begründet demnach ein Treuhandverhältnis zwischen den Konsorten und dem Sicherheitenverwalter.

G. Das doppelnützige Treuhandverhältnis des Sicherheitenverwalters zu dem Sicherheitengeber und Konsorten

Die Bestellung der Sicherheiten zugunsten des durch die Parallelverpflichtung berechtigten Sicherheitenverwalters und nicht zugunsten aller Konsorten zur gesamten Hand ist demnach zentrales Merkmal der Parallelverpflichtung. Die Bestellung der Sicherheiten erfolgt im Gegensatz zu einer eigentlichen Sicherungspoolvereinbarung zunächst nicht mit der Maßgabe,[567] dass der Sicherheitenverwalter etwa die Sicherheiten auch für die anderen Konsorten mitverwaltet und ggf. verwertet, da die Bestellung nicht auf Kreditverbindlichkeiten erfolgt. Die schuldrechtliche Bindung des Sicherheitenverwalters erfolgt gleichwohl durch den Konsortialvertrag. Handelt ein Dritter als *security agent*, so ist das Verhältnis zwischen ihm und dem Konsortium (bei Entlohnung) durch § 675 BGB gekennzeichnet. Übernimmt hingegen die Konsortialführerin diese Aufgabe, gelten die Vorschriften zur GbR.

Der Sicherheitentreuhänder agiert im Rahmen einer Parallelverpflichtungs-Konstellation als doppelnütziger Treuhänder des Vollrechts. In Bezug auf das Sicherungsgut ist der Sicherheitenverwalter ein echter Treuhänder, da der Sicherheitengeber seine dingliche Rechtsinhaberschaft vollständig aufgibt. Dieses Vertragsverhältnis zwischen Sicherheitenverwalter und Sicherheitengeber ist ein echter Vertrag zugunsten Dritter gemäß § 328 BGB,[568] der im hiesigen Falle die Kreditgeber begünstigt. In Bezug auf den Sicherungsgeber wird die hiesige

565 Vgl. vorstehend S. 123 ff.

566 *Willer*, AcP 209 (2009), 807, 821 f.

567 Zum Sicherungspool *De Meo*, Bankenkonsortien, Kap. 2, Rn 305.

568 *Bäuerle*, in *Braun*, InsO, § 51, Rn 42.

Konstellation als eine Sicherungstreuhand verstanden und im Verhältnis zum Sicherungsnehmer als eine Verwaltungstreuhand,[569] wobei der Sicherheitenverwalter das Treugut vorrangig für die begünstigten Kreditgeber hält.[570]

In Ansehung der anderen Konsorten tritt der Sicherheitenverwalter hingegen als uneigennütziger Verwaltungstreuhänder auf.[571] Er handelt jedoch eigennützig, wenn er auch gleichzeitig Mitglied des Kreditkonsortiums ist. Für den Fall, dass der Sicherheitenverwalter (*security agent* im eigentlichen Sinne) als Dritter mit der Sicherheitenverwaltung betraut wird, handelt er fremdnützig.[572] Handelt der Sicherheitenverwalter auch für Konsorten, ist auch dann von einer eigennützigen Treuhand zu sprechen, wenn diese kategorisch nur den Sicherungsinteressen des Treuhänders zu dienen bestimmt ist.[573] Entscheidend dürfte für diese Einordnung sein, dass nicht primär die Interessen des Treugebers im Vordergrund stehen, sondern die der Konsortiumsmitglieder.

Entsprechende Klauseln in Konsortialkreditverträgen bekunden teilweise, dass der Sicherheitenverwalter in eigenem Namen und nicht als Treuhänder der Kreditinstitute agiere. Auch finden sich Bestimmungen, die besagen, dass zur Sicherung der Parallelverpflichtung hingegebene Sicherheiten dem Sicherheitenverwalter in seiner Funktion als Gläubiger übertragen würden. Damit ist lediglich klarstellend beschrieben, dass der Sicherheitenverwalter ein eigenes Recht an den Sicherheiten erwerben soll. Es wird verdeutlicht, worauf die Sicherheiten zu bestellen sind und dass der Treuhänder nicht als Verwalter von Treugut auftritt, das den Kreditgebern direkt zur Sicherheit dinglich übertragen wurde. Dieser Passus kann nur in der Form verstanden werden, dass die Parteien eine Vollrechtstreuhand begründen wollen, die dem Treuhänder (Sicherheitenverwalter) die alleinige Dispositionsbefugnis einräumt und ihn nur im Innenverhältnis zu den Konsorten schuldrechtlich bindet.

H. Die Beschaffenheit der selbstständigen Forderung

I. Einwände gegen die Wirksamkeit der Parallelverpflichtung

Sind damit vorstehend die der Parallelverpflichtung zugewiesenen Wirkungsweisen beschrieben, steht anschließend ihre Wirksamkeit im Vordergrund. Dabei ist

569 *Bork*, NZI 1999, 337, 339.
570 *Bäuerle*, in *Braun*, InsO, § 51, Rn 42.
571 *Willer*, AcP 209 (2009), 807, 814.
572 *Willer*, AcP 209 (2009), 807, 814.
573 *Eickhoff*, in *Saenger/Aderhold/Lenkaitis/Speckmann*, § 7, Rn 242; *Römermann/Funke*, NZI 2012, 481, 482.

das Modell zahlreichen Einwänden ausgesetzt. Während manche Autoren bereits die Begründung der separaten Forderung als solche als Verstoß gegen sachenrechtliche Grundsätze ansehen,[574] setzt die Kritik späterer Abhandlungen auf einer nachgeschalteten Ebene an. Nicht die Tauglichkeit der Parallelverpflichtung als Sicherungsvehikel wird bezweifelt, sondern ihre konkrete Ausgestaltung als ein das zu sichernde Kreditforderung reflektierendes, abstraktes Sicherungsrecht.[575] Werden die Einwendungen gegen die Forderungsbegründung mit der hM abgelehnt, steht zwar der Begründung einer weiteren Forderung als Hauptforderung für Sicherungsrechte nichts im Wege. Allerdings ist damit gerade nicht belegt, dass die kennzeichnende Verknüpfung zwischen Kreditschuld und Parallelverpflichtung im Sinne einer reflektierenden Weitergabe von Einwirkungen auf eine der beiden Forderungen zulässig ist. Deswegen sehen die kritischen Stimmen, die der Forderungsbegründung als solcher nicht widersprechen, das Konzept der Parallelverpflichtung als nicht in dem Sinne umsetzbar an, wie es in Verträgen regelmäßig angelegt ist.[576]

Soll die Wirksamkeit der Parallelverpflichtung in ihrer regelmäßigen vertraglichen Ausformung untersucht werden, sind sämtliche gegen sie erhobenen Einwände zu berücksichtigen. Wird die Verknüpfung einer abstrakten Parallelverpflichtung und einer zu spiegelnden Kreditschuld nicht anerkannt, ist das Modell der Parallelverpflichtung hinfällig. Die Parallelverpflichtung könnte sich nicht von einem abstrakten Schuldversprechen ohne parallelen Lauf, wie es im Bereich von Hypothekenkrediten gängig ist, unterscheiden.[577] Deshalb ist die dogmatische Einordnung der Parallelverpflichtung mit der Frage ihrer Wirksamkeit verknüpft. Ist die reflektierende Entwicklung der Parallelverpflichtung nicht dogmatisch konstruierbar, wäre eine korrigierende Auslegung der Gesamtkonstruktion unumgänglich.[578]

Die so geschaffene Parallelverpflichtung muss nach den gesetzlichen Vorgaben als ein an sich sicherungsfähiger Anspruch ausgestaltet sein, dem

574 *Harperning*, S. 135 ff.

575 In diesem Sinne etwa *Schnauder*, NJOZ 2010, 1663 ff.; *Willer*, AcP 209 (2009), 807, 823 ff.

576 Während *Willer*, AcP 209 (2009), 807, 826 die Abstraktheit der Parallelverpflichtung ablehnt und eine korrigierende Auslegung annimmt, lehnt *Schnauder* das Konzept einer jeweils die Höhe der Kreditschuld reflektierende Parallelverpflichtung ab, vgl. *Schnauder*, NJOZ 2010, 1663, 1667 f.

577 So das Ergebnis der korrigierenden Auslegung *Schnauders*, NJOZ 2010, 1663, 1668 f.

578 Diese Konsequenz insoweit zutreffend ziehend *Schnauder*, NJOZ 2010, 1663, 1668 f.

Bestimmtheitsgebot genügen und eigens durchsetzbar sein. Sie muss in ihrer Eigenschaft als zu sichernde Forderung beim Pfandrecht dessen gesetzlichen Voraussetzungen genügen, also ein sicherungsfähiges Recht darstellen. Nach der Betrachtung dieser Voraussetzungen ist die gewillkürte Verbindung zwischen Parallelverpflichtung und in Bezug genommener Kreditschuld zu beleuchten.[579]

Die nachstehenden dogmatischen Untersuchungen sowohl in diesem wie auch in den folgenden Kapiteln beziehen sich *ausschließlich auf nach deutschem Recht begründete Parallelverpflichtungen*. Auch wird nur die Konstellation beleuchtet, bei der eine nach *deutschem Recht begründete Parallelverpflichtung* die Hauptforderung bzw. zu sichernde Forderung von *nach deutschem Recht bestellte Sicherheiten* ist. Eine nach englischem Recht geschaffene Parallelverpflichtung[580] wird nicht betrachtet.

II. Kein Verstoß gegen den Bestimmtheitsgrundsatz

1. Bestimmbarkeit der Parallelverpflichtung als Forderung

Durch die klare Festlegung der gesicherten Forderung in dem Pfandvertrag wird in gleicher Weise die Bestimmtheit der Parallelverpflichtung gewährleistet. Bei der Bestellung der (akzessorischen) Sicherheiten bestehen im hiesigen Kontext keine Schwierigkeiten, da die Beteiligten klar erkennbar sind. Der Umstand, dass die Parallelverpflichtung später hinzutretenden Konsorten als ein festes Sicherheitenvehikel behilflich sein soll, kann sich nicht auf die Pfandrechtsbestellung und die jener zugrunde liegenden Forderung auswirken. Nur der Sicherheitenverwalter wird auf Gläubigerseite Partei der Vereinbarung. Die mittelbar zu sichernden (mitunter vielleicht noch nicht konkretisierten, weil später hinzutretenden) Konsorten mögen noch unbestimmt sein, sie sind aber nicht Versprechensempfänger der Parallelverpflichtung.[581]

2. Bestimmbarkeit von Höhe und Umfang der Parallelverpflichtung

Es stellt sich die Frage der Bestimmtheit auch unter dem Blickwinkel der Koppelung der Parallelverpflichtung an den Bestand der Kreditforderung gegenüber den Konsorten. Trotz der zumindest unmittelbar unbestimmten Höhe der Parallelverpflichtung wird in der Literatur die Vereinbarkeit mit dem Bestimmtheitsprinzip abgeleitet. Es reicht demnach aus, wenn die zu sichernde Forderung dem

579 Vgl. dazu das 5. Kapitel ab S. 145, insbesondere S. 170 ff.

580 Vgl. *Hoffmann*, WM 2009, 1452, 1454.

581 *Förl*, RNotZ 2007, 433, 453.

Grunde nach insofern bestimmt ist, als der Entstehungsgrund der Verbindlichkeit identifizierbar ist. Eine Bestimmbarkeit nach der Höhe der Schuld ist nicht notwendig.[582]

Daraus wird nicht das im Zusammenhang mit dem Bestimmtheitserfordernis gewöhnlich diskutierte Problem relevant, ob ein Pfandrecht auch dann entstehen kann, wenn statt der vorgestellten, eine bereicherungsrechtliche Forderung entstanden ist.[583] Mit der Parallelverpflichtung soll schließlich nicht nur irgendeine Forderung besichert werden. Hierfür spricht, dass die Höhe der mit einem Pfandrecht besicherten Forderung nur dem Grunde nach bestimmbar sein muss.[584] Würde aber die causa (Verbindlichkeiten aus dem Kreditverhältnis) für die Bestimmtheit der Parallelverpflichtung herangezogen,[585] bezöge die Forderung ihre Bestimmtheit aus dem Konsortialkreditverhältnis und nicht aus dem die Parallelverpflichtung selbst begründenden Schuldverhältnis zwischen Sicherheitenverwalter und Sicherungsgeber. Ihre Höhe richtete sich nach bestehenden und künftigen Verbindlichkeiten aus dem Kreditverhältnis, sodass eine klare Bezeichnung der Höhe der Parallelverpflichtung möglich ist.

Daraus kann jedoch nicht geschlossen werden, dass sich die Bestimmbarkeit der Parallelverpflichtung aus der Bestimmbarkeit der Forderungen aus dem Kreditverhältnis ergibt, ja die Parallelverpflichtung sich ihre Bestimmbarkeit von den bestimmten Kreditverbindlichkeiten entlehnt. Die Parteien der Parallelverpflichtung sind konkret bezeichnet und die Parallelverpflichtung begründet ein eigenständiges Rechtsverhältnis. Dass sich die aktuelle Höhe der besicherten Forderung des Sicherheitenverwalters gegen den Sicherheitengeber stets nach dem Bestand der Kreditverbindlichkeiten richtet, hat keinen Einfluss auf die Bestimmbarkeit der Parallelverpflichtung. Durch diese reflexhafte Anbindung der Parallelverpflichtung an die Kreditverbindlichkeiten laufen die Beteiligten nicht Gefahr, eine andere Forderung zum Gegenstand des Pfandrechts zu machen. Insofern kommt es nicht entscheidend darauf an, worauf sich ihre Höhe bezieht und ob diese Bezugsgröße, nämlich die Verbindlichkeiten aus dem Kreditgeschäft, bestimmbar sind, sondern ob sie selbst bestimmbar ist. Ihre Bestimmbarkeit ergibt sich aber bereits aus dem klar erkennbaren

---

582 *Baur/Stürner*, Sachenrecht, § 55, Rn 13; *Wiegand*, in *Staudinger* (2009), § 1204, Rn 24.

583 Vgl. dazu nur *Vieweg/Werner*, § 10, Rn 24 ff.; *Wiegand*, in *Staudinger* (2009), § 1204, Rn 2.

584 *Förl*, RNotZ 2007, 433, 453; *Hoffmann*, WM 2009, 1452, 1455 mit Verweis auf *Sosnitza*, in *Bamberger/Roth*, Beck'OK, BGB, Ed. 25, § 1204, Rn 17.

585 In diesem Sinne *Hoffmann*, WM 2009, 1452, 1455.

Entstehungsgrund, der je nach Umsetzung entweder im Kreditvertrag oder im Pfandvertrag angelegt ist.

Davon zu unterscheiden ist, ob die Kreditverbindlichkeiten geeignet sind, die Höhe der Parallelverpflichtung zu konkretisieren, wenn diese Koppelung zwischen der Höhe von Parallelverpflichtung und Kreditverbindlichkeiten eine existierende Höhe der besagten Verbindlichkeiten auf die Parallelverpflichtung als eigentlich besicherte Forderung transformiert. Es ist für das Erfordernis der Bestimmbarkeit der Forderung nicht nötig, dass ihre Höhe bei Bestellung des Pfandrechts feststeht.[586] Die Bezugnahme der Parallelverpflichtung auf die Kreditverbindlichkeiten muss insbesondere im Interesse des Sicherheitengebers so gestaltet sein, dass neben Kreditverbindlichkeiten nicht noch andere Forderungen als durch die Parallelverpflichtung mittelbar besichert gelten können. Ein möglicherweise unklarer Bezug zu den zu spiegelnden Verbindlichkeiten tangiert aber nicht die Bestimmbarkeit der Parallelverpflichtung selbst, deren Entstehung unabhängig ist.

Nicht entscheidend ist deshalb die Ausgestaltung des Anpassungsmechanismus zwischen Kreditforderungen und Parallelverpflichtung. Wird in dem Erfordernis der Bestimmbarkeit eine dienende Funktion gegenüber dem Akzessorietätsprinzip erkannt, die vor allem bei bedingten und künftigen Forderungen relevant wird,[587] muss bei einer Parallelverpflichtung nicht der aktuelle Umfang augenscheinlich sein. Die konkrete Höhe der Forderung ist nicht Gegenstand ihrer Bestimmbarkeit.[588]

III. Die Durchsetzbarkeit der Parallelverpflichtung

Während die Entstehungsbedingungen der Parallelverpflichtung aufgrund des engen Zusammenhangs zu einem vermeintlich akzessorischen Abhängigkeitsverhältnis zur Kreditschuld erst an nachfolgender Stelle behandelt werden sollen,[589] ist die Durchsetzbarkeit davon unberührt. Nach dem Parteiwillen erzeugt die Parallelverpflichtung keine Doppelzahlungsverpflichtung, sondern Zahlungen auf die Kreditverbindlichkeiten sollen ebenso nominal die Höhe der Parallelverpflichtung mindern. Im umgekehrten Fall soll die Zahlung auf die Parallelverpflichtung selbst Einfluss auf den Bestand und die Höhe der

586 *Damrau*, in MünchKomm, BGB, Band 6, § 1204, Rn 23.
587 *Habersack*, in *Soergel*, Band 16, § 1204, Rn 21.
588 Vgl. nur *Damrau*, in MünchKomm, BGB, Band 6, § 1204, Rn 23.
589 Vgl. dazu S. 236 ff.

Verbindlichkeiten aus dem Konsortialkreditverhältnis haben.[590] Diese Verknüpfung der beiden Forderungen und die Übertragung von gegen die Kreditforderungen gerichteten Einwendungen auf die Parallelverpflichtung kann aufgrund der Anforderungen des § 1204 BGB nicht so weit reichen, dass der Parallelverpflichtung keine eigenständige Durchsetzbarkeit zuteilwird. Die Parallelverpflichtung ist zwar akzessorisch im Untergang gestaltet und auch die Fälligkeit der Parallelverpflichtung wird regelmäßig an die Fälligkeit der Kreditverbindlichkeiten gekoppelt.[591] Eine Nichtklagbarkeit der Forderung widerspräche aber den Verwertungsinteressen der Konsorten, die durch den Sicherheitenverwalter zu verfolgen sind. Sie ist schon deshalb unzulässig, weil § 1204 BGB eine auf die Leistung des Schuldners gerichtete Forderung voraussetzt.[592] Eine undurchsetzbare Forderung kann durch ein Pfandrecht nicht besichert werden.[593]

IV. Die Fälligkeit der Parallelverpflichtung

Als ein mit der Kreditschuld verknüpfter und ihr dienender Anspruch muss die Parallelverpflichtung so ausgestaltet sein, dass sie nicht vor Eintritt des Sicherungsfalls fällig wird. Sie darf nicht Gegenstand einer nicht mit den Kreditverbindlichkeiten im Zusammenhang stehenden Durchsetzung werden. Wenn die jeweiligen Klauseln nicht bereits – wie im Regelfall –ausdrücklich eine Bestimmung zur Fälligkeit enthalten, wird angenommen, dass sich die Fälligkeit der Parallelverpflichtung nach der Fälligkeit der gespiegelten Primärverbindlichkeit richtet.[594] Trotzdem besteht im Verhältnis zum Sicherheitengeber weiterhin uneingeschränkt die Zahlungsverpflichtung aus der parallel begründeten Schuld.[595] Sie wird durch die Abrede grundsätzlich nicht tangiert. Nach dem Sinn und Zweck der Parallelverpflichtung ist sie von den Parteien zum einen nicht als eigenständiges Sicherungsmittel gedacht. Zum anderen besteht keine Veranlassung, die Verwertung der auf die Parallelverpflichtung bestellten akzessorischen Sicherheiten von der Fälligkeit der Kreditverbindlichkeiten

---

590 *Hoffmann*, WM 2009, 1452, 1455.

591 Etwa *Willer*, AcP 209 (2009), 807, 813.

592 BGHZ 23, 293, 299.

593 *Wiegand*, in *Staudinger* (2009), § 1204, Rn 14.

594 *Hoffmann*, WM 2009, 1452, 1455.

595 *Förl*, in RNotZ 2007, 433, 453, der hieraus in ähnlicher Weise wie im Folgenden beschrieben, eine interne Absprache der Konsorten über die Berechtigung des Sicherheitenverwalters zur Durchsetzung der Parallelverpflichtung als eine Fälligkeitsabrede benennbar ansieht.

abzukoppeln.[596] Dies lässt sich damit begründen, dass alle Einwendungen, die gegen die Kreditverbindlichkeiten gelten sollen, auch auf die Parallelverpflichtung übertragbar sind.

Jede Zahlung auf die Kreditverbindlichkeit schmälert auch die Parallelverpflichtung. Sie ist folglich dann zum gleichen Umfang als erfüllt anzusehen wie die in Bezug genommene Schuld aus dem Kreditvertrag. Deshalb ist der Sicherheitengeber nicht über einen bestehenden Restbetrag der Hauptschuld hinaus verpflichtet. Vor diesem Hintergrund erscheint eine Fälligkeit der Parallelverpflichtung, die zeitlich der Fälligkeit der Zahlungsverpflichtungen vorgelagert ist, zur Zweckerreichung nicht geeignet.

Klauselwerke sehen mitunter die Regelung vor, wonach Zahlungsverpflichtungen aus der Parallelverpflichtung nie korrespondierende Zahlungsverpflichtungen aus den Kreditverbindlichkeiten in der Höhe übersteigen können. Hiermit ist keine Ausnahme zu einem abweichenden allgemeinen Prinzip geschaffen, sondern ein Charakteristikum der Parallelverpflichtung zum Ausdruck gebracht. Gleiches gilt für die gegenseitige Anrechnung von Zahlungen auf Kreditverbindlichkeiten oder die Parallelverpflichtung. Könnte die Parallelverpflichtung vor oder unabhängig von den Kreditverbindlichkeiten fällig sein, wäre der Sicherheitenverwalter grundsätzlich – wenn auch absprachewidrig – zur Verwertung akzessorischer Sicherheiten bei ausbleibender Zahlung des Schuldners der Parallelverpflichtung im Außenverhältnis berechtigt. Dies würde den Zweck der Parallelverpflichtung, nämlich die ranggleiche Besicherung noch künftiger Kreditgeber, beeinträchtigen. Aber auch schon existierende Kreditkonsorten könnten sich der Gefahr aussetzen, dass der Erlös von ihnen eigentlich zu vermittelnden Sicherheiten durch den Sicherheitenverwalter eigenmächtig realisiert wird. Aus dem Sinn und Zweck der Parallelverpflichtung ist zu folgern, dass sie frühestens erst mit dem Eintritt der Fälligkeit der Kreditforderung selbst fällig wird.[597]

Vereinbaren die Parteien, dass die Konsorten über die Befugnis des Sicherheitenverwalters zur Geltendmachung der Parallelverpflichtung entscheiden, spricht dies nicht gegen die Ausgangsthese, dass die Fälligkeit der Parallelverpflichtung erst bei Fälligkeit der Kreditforderungen eintreten soll. Die entsprechenden Klauselbeispiele beinhalten deswegen nicht selten eine Bestimmung, die den Sicherheitenverwalter (oder Konsortialführer) verpflichtet, die Parallelverpflichtung erst geltend zu machen, wenn und soweit die Hauptschuld nach

596 So *Hoffmann*, WM 2009, 1452, 1455.

597 So *Willer*, AcP 209 (2009), 807, 814 allerdings nur eingeschränkt auf den Fall, dass der Sicherheitenverwalter weder am Pool noch am Konsortium beteiligt, sondern ein Dritter ist.

dem Kreditvertrag nicht ordnungsgemäß erfüllt wurde.[598] Diese Vereinbarung eines *pactum de non petendo* berechtigt den Sicherheitenverwalter demnach erst im Sicherungsfall zu einer die Fälligkeit begründenden Handlung.[599] Die Sicherungszweckvereinbarung führt zu der Schlussfolgerung, dass die Parallelverpflichtung nicht schon mit Eintritt der Fälligkeit einer jeweiligen Kreditforderung parallel fällig wird, sondern erst mit Eintritt des Sicherungsfalls.[600]

Diese Fälligkeitsabrede muss nicht im Verhältnis zwischen Sicherheitenverwalter und Sicherheitengeber vereinbart werden. Sie kann zwischen Sicherheitenverwalter und Konsorten getroffen werden und böte dann dem Sicherheitengeber bei einer Verwertung ein Leistungsverweigerungsrecht. Hierbei verpflichtete sich der Sicherheitenverwalter gegenüber den Konsorten in seiner Rolle als uneigennütziger Treuhänder im Treuhandvertrag seinen Anspruch aus der Parallelverpflichtung gegen den Sicherheitengeber solange nicht geltend zu machen, wie nicht die Kreditverbindlichkeiten fällig sind. Eine dauerhafte Nichteinklagbarkeit der Parallelverpflichtung hingegen scheidet auch hier nach oben genannten Gründen aus. Sicherheitenverwalter und Konsorten müssten des Weiteren bestimmen, dass der Sicherheitengeber aus jener Vereinbarung berechtigt sein soll, sich im Zusammenhang mit einer gegen ihn gerichteten Klage auf diese zu berufen.[601] Zwar liegt es nahe, bereits in der Vereinbarung der Parallelverpflichtung jene Regelung über ein Stillhalteabkommen zu treffen, um die Entstehung von Rechten einheitlich zu dokumentieren. Die Regelung im Treuhandvertrag böte sich aber an, wenn sie nachträglich getroffen würde und eine Ergänzung des Kreditvertrags (als der die Parallelverpflichtung enthaltende Vertrag) nicht vorgenommen werden soll.

598 So etwa die Klausel § 4 (3) im Vertragsmuster bei *De Meo/Th. Hoffmann*, in *Schütze/Weipert*, Münchener Vertragshandbuch, Band 2, WR I, III.14, S. 399. Eine derartige Verknüpfung enthält hingegen die Klausel eines Muster-Sicherheitenpoolvertrags von *Reppenthien* in *Walz*, Beck'sches Fb. Zivil-, Wirtschafts- und Unternehmensrecht, Rn R 1, 5 nicht.

599 *Willer*, AcP 209 (2009), 807, 814.

600 *Schnauder*, NJOZ 2010, 1663, 1668.

601 RGZ 127, 126, 129 hat die Möglichkeit eines pactum de non petendo auch in dem Falle als zulässig anerkannt, wo zwei Parteien vereinbarten, dass ein Dritter einen dauerhaften Unterlassungsanspruch erwerben soll, der ihn zu einer Einrede gegen den Gläubiger im Falle einer Klage berechtigt.

5. Kapitel Die Parallelverpflichtung als Sicherungsinstrument

A. Regulatorischer Ansatz

Das kennzeichnende Merkmal der Klauseln ist wie gesehen die Verknüpfung der eigentlich die Sicherheitenbestellung vorgebenden Kreditschuld als Bündelung der Teilforderungen der Konsorten und der Parallelverpflichtung als Sicherheitenvehikel. Die Erfüllung der gesetzlichen Voraussetzungen an eine Hauptforderung eines akzessorischen Sicherungsrechts ist allerdings alleine noch nicht entscheidend für die Zulässigkeit der Konstruktion einer Parallelverpflichtung im Allgemeinen. Mit der Feststellung der Tauglichkeit als Hauptforderung für akzessorische Rechte ist noch nicht erwiesen, dass die parallele Schuld auch die besonderen Eigenschaften haben kann, die ihr die Vertragspraxis zuschreibt. Die reflexhafte Beziehung zwischen Kreditschuld und Parallelverpflichtung muss sich auch mit den durch das BGB bereitgestellten Mitteln begründen lassen.

I. Inhalt der Klauseln

Die Klauseln stellen gewöhnlich zu Anfang klar, dass die Parallelverpflichtung keinen Einfluss auf die Kreditverbindlichkeiten hat und ebenso sonstige Verpflichtungen des Kreditnehmers unberührt lässt. Die Verbindung zwischen Hauptschuld und Parallelverpflichtung besteht in ihrer jeweiligen Entstehung nicht in einem Bedingungszusammenhang. Die Entstehung der Parallelverpflichtung soll nicht davon abhängig sein, dass die Verbindlichkeiten aus § 488 Abs. 1 S. 2 BGB überhaupt erst entstehen. Diese zumindest denkbare Regelung ist schon deshalb überflüssig, da sich die Pflichten aus der Parallelverpflichtung aus den Kreditforderungen ergeben.

Die in Rede stehenden Zahlungen des Kreditgebers erfolgen dennoch nach der vertraglichen Regelung ausschließlich auf die Darlehensforderungen (im Folgenden auch „Referenzschuld"). Zwar reduziert eine Zahlung auf die Parallelverpflichtung entsprechend die Referenzschuld aus dem Kreditvertrag, jedoch wird diese Zahlungsart nicht im Interesse der Banken liegen. Eine Zahlung auf die Parallelverpflichtung selbst mehrt nämlich zumindest vorübergehend das

Vermögen des Sicherheitentreuhänders und nicht das der beteiligten Banken.[602] Da nur der Sicherheitenverwalter Berechtigter der Parallelverpflichtung ist und nicht als Zahlstelle der Konsorten fungiert, kann lediglich eine Zahlung an die Konsortialführerin in Bezug auf die Referenzschuld befreiend wirken. Selbst wenn die Konsortialführerin des Weiteren die Funktion des Sicherheitenverwalters wahrnimmt, wird eine Zahlung auf die Parallelverpflichtung nur mittels der vertraglichen Koppelung eine Reduktion der Darlehensverbindlichkeiten herbeiführen, da die durch den Schuldner getroffene Tilgungsbestimmung maßgeblich bleibt. Nichts anderes ergibt die Auslegung der Tilgungsbestimmung des Schuldners, der gleichzeitig Sicherungsgeber ist, da durch den Gleichlauf von Parallelverpflichtung und Hauptschuld sich jeweils die andere Schuld korrespondierend reduziert. Eine Zahlung auf die Parallelverpflichtung kann deshalb bei Personenidentität des Schuldners nicht als Rechtsirrtum gewertet werden. Hingegen wird ein Drittsicherungsgeber lediglich in Bezug auf die ihn alleine treffende Parallelverpflichtung zahlen wollen.[603]

II. Ziele der Auslegung der Konstruktion und Gang der Darstellung

In Anbetracht dieser Ausgestaltung der Parallelverpflichtung in gängigen Klauseln, stellt sich die Frage, wie jenes Sicherheitenvehikel in bekannte Strukturen von Sicherungsgeschäften einzuordnen ist. Hierbei ist zuvorderst zu klären, ob es sich bei der Parallelverpflichtung um ein Sicherungsrecht im herkömmlichen Sinne handelt und welches der rechtlich relevante Zweck der Zuwendung jenes Rechts gegenüber dem Sicherheitenverwalter ist. Anschließend ist zu klären, ob die Parallelverpflichtung tatsächlich eine abstrakte Schuld ist oder die ihr zugeschriebenen Eigenschaften dem Prinzip der Abstraktheit widerspricht.

Die Unterscheidung der Begriffspaare Akzessorietät und Kausalheit sowie Abstraktion und Nichtakzessorietät[604] erlangen bei der Parallelverpflichtung besondere Bedeutung. Eine dogmatische Einordnung kann nur anhand einer trennscharfen Analyse dieser Prinzipien gelingen, zumal die Parallelverpflichtung teilweise gar als eine perplexe Vermengung von Akzessorietät und Abstraktion angesehen wird.[605]

---

602 Vgl. *De Meo/Th. Hoffmann*, in *Schütze/Weipert*, Münchener Vertragshandbuch, Band 2, WR I, III.14, S. 426 f.; *Willer*, AcP 209 (2009), 807, 815.

603 *Willer*, AcP 209 (2009), 807, 815.

604 Dazu näher *Stadler*, S. 18 ff.

605 *Schnauder*, NJOZ 2010, 1663, 1667.

B. Die Parallelverpflichtung als Sicherungsrecht

Obwohl die Parallelverpflichtung in der Literatur ganz überwiegend als akzessorisches Recht verstanden wird, wird sie dennoch weniger als Sicherungsrecht angesehen, denn als Konstrukt im Rahmen eines Sicherungsgeschäfts, das die eigentlichen Sicherungsrechte hält.[606] Es stellt sich die Frage, ob sie nicht nach den geläufigen Kriterien als ein Sicherungsrecht qualifiziert werden kann, das nach einem Sicherungsvertrag begründet wird und dessen Verwertung den zur Tilgung des Kredits erforderlichen Erlös einbringen soll.[607] Darüber hinaus wird grundsätzlich zu fragen sein, ob die Einschätzung, die Parallelverpflichtung sei ein akzessorisches Recht überhaupt zutrifft. Aufgrund ihrer vermeintlichen Akzessorietät wird zum einen ihre Eigenschaft als abstrakte Schuld[608] oder zum anderen gar ihre Wirksamkeit abgelehnt.[609]

Die Parallelverpflichtung erlangt ihren Sicherungszweck nicht durch eine sie erst konstituierende Eingebung des zu sichernden Rechts. Der Zweck der Parallelverpflichtung ist nicht bereits in der Vereinbarung über die Referenzschuld getroffen, dass der Forderungszweck der Referenzschuld automatisch der Parallelverpflichtung eingegeben wird. Zwar ist die Parallelverpflichtung ein Mittel zur Sicherung, aber sie vermittelt oder überträgt nur die Sicherungswirkung der eigentlichen Sicherheiten. Durch ihre Abhängigkeit von der Referenzschuld transformiert sie deren Wirkungen auf die Sicherheiten. Sie erfüllt neben der bloßen Funktion als „sichere" Plattform für Sicherheiten deshalb auch die Aufgabe der Sicherung der Hauptverbindlichkeit als solcher. Dies gilt, obwohl sie an sich nur die Funktion eines Transformationsriemens zwischen der Entwicklung der Kreditverbindlichkeiten (der Referenzschuld der Parallelverpflichtung) und den Sicherheiten innehat. Wurde bspw. auf die Parallelverpflichtung als Hauptschuld eine Bürgschaft bestellt, dann erlischt diese nach § 767 Abs. 1 S. 1 BGB mit dem Erlöschen der Parallelverpflichtung, die wiederum nur die Entwicklung ihrer Referenzschuld abbildet. Insofern wird zwar die Parallelverpflichtung nicht als das eigentliche Sicherungsrecht wahrgenommen, sie ist aber wesentlicher Bestandteil der Umsetzung und der Konstruktion der Sicherung. Erst mit der zweckbestimmten Verknüpfung der

---

606 *Schnauder*, NJOZ 2010, 1663 ff. nennt die Parallelverpflichtung ein „*Sicherungsinstrument*".

607 So die Definition von *Ganter*, in *Schimansky/Lwowski/Bunte*, 4. Aufl., Band II, § 90, Rn 9.

608 *Willer*, AcP 209 (2009), 807, 826 f.

609 *Schnauder*, NJOZ 2010, 1663, 1667.

Sicherungsrechte mit der Parallelverpflichtung als gesicherter Forderung entsteht die eigentliche Sicherheit.[610]

I. Die Parallelverpflichtung als zusätzliches Befriedigungsmittel

Die Annahme, dass es sich bei der Parallelverpflichtung eigens um ein Sicherungsrecht für die Kreditverbindlichkeit handelt, mag gerechtfertigt erscheinen, wenn ein Sicherungsrecht weniger über dessen Wirkungsweise, sondern über seine Funktion definiert wird. Hierfür spricht, dass die Parallelverpflichtung als eine eigene Forderung selbstständig als Sicherungsrecht im weitesten Sinne taugt. Richtet sich die Parallelverpflichtung gegen einen separaten Sicherungsgeber, der im Auftrag und zugunsten des Kreditnehmers Sicherheiten für die Kreditverbindlichkeit zur Verfügung stellt, fungiert sie als Befriedigungsmittel gegenüber einem Dritten. Sie wirkt in diesem Fall zumindest wirtschaftlich betrachtet in ähnlicher Weise wie eine Sicherungsabtretung einer Drittforderung. Die wesentlichen Unterschiede zur Sicherungszession sind, dass der Gläubiger der Parallelverpflichtung ein anderer als jener der Kreditverbindlichkeit ist und darüber hinaus die zedierte Forderung sich in ihrem Bestand nicht an die Entwicklung der Hauptschuld angleicht. Sie können aber nicht darüber hinwegtäuschen, dass bei der Sicherungszession wie auch bei der Parallelverpflichtung dem Gläubiger (oder dessen Treuhänder) eine zusätzliche Forderung zur Verfügung gestellt ist, auch wenn sich diese gegen den Schuldner selbst richtet.

Grundsätzlich kann sogar auch eine gegen den Schuldner selbst gerichtete Forderung ein Sicherungsrecht darstellen, wenn sie nur die Wahrscheinlichkeit einer Befriedigung des Gläubigers erhöht.[611] Von diesem weiten Verständnis von Sicherungsrechten ausgehend kann die Parallelverpflichtung problemlos als ein solches begriffen werden, obwohl sie sich nicht als von der Referenzschuld unbeeinflusst erweist. Sie erleichtert die Rechtsdurchsetzung nicht und bietet darüber hinaus eigens keinen Schutz vor der Zahlungsfähigkeit des Schuldners. Gleichwohl verhält sie sich gegenüber der Kreditverbindlichkeit insofern sichernd, als sie ihrerseits durch ihre Anlehnung an die Forderungen aus dem Kreditvertrag die Risiken des Zahlungsausfalles senkt. Durch die treuhänderische Bindung des Sicherheitenverwalters auf der einen und ihre Koppelung an die Referenzschuld auf der anderen Seite wird die für ein Sicherungsrecht notwendige Beziehung

---

610 Vgl. allgemein dazu *Ganter*, in *Schimansky/Bunte/Lwowski*, Band II, 4. Aufl., § 90, Rn 12.

611 *Becker-Eberhard*, S. 31 f.

geschaffen. Beide Elemente stellen den notwendigen Bezug zum eigentlich zu sichernden Anspruch her, der wiederum sein Regime über das Schicksal der Sicherheiten durch die „Unterwerfung" der Parallelverpflichtung als die eigentlich gesicherte Forderung erlangt.

II. Abhängigkeit als Sicherungsrecht trotz gegenseitiger Angleichung

In der Abhängigkeit des sichernden Rechts und in der führenden Rolle der „Leistungserwartung"[612] als eigentlich zu sicherndes Interesse des Gläubigers liegen die wesentlichen Strukturmerkmale des Sicherungsbegriffs. Diese Leistungserwartung ist dabei das eigentlich zu sichernde Interesse des Gläubigers. Dieser Erwartung wird durch die Zuerkennung eines rechtlichen Anspruchs anerkannt. Nur wenn diese Erwartung Anspruchsvoraussetzungen erfüllt, wird sie zu einer rechtliche geschützten Position.[613] Damit wird die Leistungserwartung zum einen durch das Bestehen eines Anspruchs rechtlich anerkannt und erlangt sowohl durch den Anspruch selbst eine geschützte Position, die durch die Bestellung eines Sicherungsrecht zusätzlich besichert werden kann.

Nach dieser Sichtweise ist die Parallelverpflichtung ebenso ein Sicherungsrecht. Die Verknüpfung des Sicherheitsrechts mit dem Gegenstand der Sicherung erfordert eine Festlegung der zu sichernden Leistung. Außerdem muss sie die Verbindung zwischen Sicherungsrecht und Gegenstand der Leistung regeln, wann, ob überhaupt und wie das Sicherungsrecht auszuüben ist.[614] Diesen Regelungsinhalt schaffen bei einer Parallelverpflichtung die Treuhandvereinbarung zwischen Konsortium und Sicherheitenverwalter auf der ersten und die Sicherungsabrede zwischen Sicherheitenverwalter und Sicherheitengeber auf der zweiten Stufe.

Gegen die Einstufung der Parallelverpflichtung als Sicherungsrecht spricht nicht, dass sie nach gängiger Konstruktion die Referenzschuld reduzieren können soll, wenn auf die Parallelverpflichtung gezahlt wird. Eine strukturelle

---

612 Der Begriff der Leistungserwartung wird nachfolgend gleicher Weise verwendet wie von *Becker-Eberhard*, dazu etwa *Becker-Eberhard*, S. 5 f., S. 203 f. oder S. 215. Diese Leistungserwartung ist als Interesse zu verstehen, die zum einen durch die Zuerkennung eines Anspruch eine rechtliche Anerkennung findet und darüber hinaus zusätzlich durch ein Sicherungsrecht besichert werden kann. Die Leistungserwartung nach diesem Verständnis ist demnach nicht identisch mit dem Anspruch im Sinne des § 194 Abs. 1 BGB.

613 So *Becker-Eberhard*, S. 38.

614 *Becker-Eberhard*, S. 37.

Abhängigkeit des Sicherungsrechts gegenüber der Hauptschuld ist auch dann zu bejahen, wenn eine Abhängigkeit auch in umgekehrter Richtung besteht, denn Abhängigkeit des Sicherungsrechts muss in diesem Kontext nicht Subsidiarität bedeuten. Die Parteivereinbarung, nach der sich die Hauptschuld ebenso an die Parallelverpflichtung angleichen kann, ändert nichts an der grundsätzlichen Anlehnung der Parallelverpflichtung an die Referenzschuld, die für die Bejahung eines Sicherungscharakters der Parallelverpflichtung genügt. Die geforderte strukturelle Anlehnung des Sicherungsrechts an die zu sichernde Forderung verlangt, dass jede Veränderung bei der gesicherten Forderung eine entsprechende Anpassung des Sicherungsrechts auslösen muss.[615] Dieses Prinzip verlangt aber nicht, dass dieser Gleichlauf von Forderung und Sicherungsrecht nicht auch vonseiten des Sicherungsrechts beeinflusst werden kann, also eine vom Sicherungsrecht veranlasste Anpassung der Forderung unmöglich zu sein hat. Es genügt, wenn es überhaupt in einer Beziehung zur gesicherten Schuld steht, sonst wären nicht akzessorische Sicherungsrechte nach diesem Verständnis auch keine Sicherungsrechte.

Durch die treuhänderische Bindung des Sicherheitenverwalters an die Konsorten im Rahmen des Konsortialvertrages (und/oder der Vertragsklausel zur Parallelverpflichtung selbst) wird die Leistungserwartung festgelegt. Diese Leistungserwartung wird durch die Sicherungsrechte abgesichert, die infolge der Anlehnung der Parallelverpflichtung an die Referenzschuld somit mittelbar der Sicherung der Rückzahlungsansprüche der Kreditgläubiger dienen. Diese Regelung komplettiert die Bezugnahme der Parallelverpflichtung auf die Referenzschuld, da die Angleichung der Parallelverpflichtung an die Kreditverbindlichkeiten den Schuldner der Hauptschuld und/oder der Parallelverpflichtung nur vor einer überhöhten Inanspruchnahme aus der jeweils anderen Schuld schützen soll.

Gegenüber einem „gewöhnlichen" Sicherungsrecht unterscheidet sich die Parallelverpflichtung aber dadurch, dass sie nicht selbst die geschuldete Leistung der Hauptschuld ausdrücklich zum eigenen Sicherungsgegenstand erklärt. Auch definiert sie nicht als führendes Recht die Bezugnahme der auf sie bestellten Sicherheiten in dem Sinne neu, dass eine Anknüpfung an die Kreditverbindlichkeit erfolgen soll. Die trotz alledem notwendige Verbindung mit dem eigentlichen Gegenstand der Sicherung, der Kreditverbindlichkeit, erfolgt durch das Treuhandverhältnis zwischen Sicherheitenverwalter und Gläubiger der Parallelverpflichtung und den (übrigen) Konsorten.

---

615 *Becker-Eberhard*, S. 40.

III. Die Parallelverpflichtung als abstraktes Verpflichtungsgeschäft

Die Parallelverpflichtung wird von der ganz überwiegenden Meinung – in Übereinstimmung mit häufig anzutreffenden, ausdrücklichen Benennungen in entsprechenden Vertragsklauseln – als abstraktes Schuldversprechen gemäß § 780 BGB eingeordnet.[616] Eine andere Ansicht lehnt diese Qualifizierung hingegen ab und erkennt in der Parallelverpflichtung Merkmale, die für die Einordnung als kausales Erfüllungsversprechen hindeuten.

1. *Die Parallelverpflichtung als kausales Erfüllungsversprechen nach* Willer

Die gegen die hM erhobenen Einwendungen zielen maßgeblich auf eine Unvereinbarkeit der wechselseitigen Wirkungserstreckung mit der Begründung einer Abstraktion.[617] So ordnet insbesondere *Willer* die Parallelverpflichtung aufgrund eines fehlenden Abstraktionswillens der Parteien als kausales Erfüllungsversprechen ein, das einen weiteren Anspruch als kausale Reproduktion der bestehenden Forderung schaffe. In der Parallelverpflichtung drücke sich das Versprechen aus, eine Leistung aus einer bereits bestehenden Verbindlichkeit zu erfüllen. Das sei als Selbstverbürgung zu verstehen, die wiederum keiner Kondiktion unterliegt, da sie nicht bestehe, wenn die zu reflektierende Forderung nicht existiere.[618]

2. *Einwendungen gegen die* Lösung *eines kausalen Erfüllungsversprechens*

a) Anderslautender Wortlaut und Dispositionsbefugnis der Parteien

Gegen die Annahme eines kausalen Erfüllungsversprechens spricht zunächst der Wortlaut der gängigen Klauseln, der regelmäßig von der Begründung einer unabhängigen, eigenständigen, zumeist konkret von einer abstrakten Forderung spricht. Ob trotz dieser an sich eindeutigen Bestimmung durch die Parteien eine korrigierende Auslegung dagegenzusetzen und stattdessen ein Erfüllungsversprechen anzunehmen ist, hängt davon ab, worin sich der notwendige Abstraktionswille bei der Begründung eines abstrakten Schuldversprechens zu manifestieren hat. Hierbei kann der Parteiwille auf Lösung der Schuld von ihrem eigentlichen Entstehungsgrund oder auf Begründung einer selbstständigen

---

616 Vgl. *Danielewsky/Dettmar*, WM 2008, 713, 713; *Hoffmann*, WM 2007, 1547, 1551; *Schnauder*, NJOZ 2010, 1663, 1668; im Ergebnis auch *Förl*, RNotZ 2007, 433, 452 f.

617 *Willer*, AcP 209 (2009), 807, 823 ff.

618 *Willer*, AcP 209 (2009) 807, 826.

Verpflichtung herangezogen werden. Eine andere Ansicht sieht hingegen die Abstraktion nur als rechtstechnisches Mittel an. Eine abstrakte Verbindlichkeit entstehe dort nur dann, wenn die Abstraktion zur Erzielung des erstrebten Erfolgs notwendig sei.[619] In letztgenannte Richtung zielt auch die Prämisse *Willers*, nach der ein abstraktes Schuldversprechen nur dann zu bejahen sei, wenn der Parteiwille auf einen Erfolg gerichtet sei, dessen Realisierung eine Abstraktion erfordert.[620] Doch muss diese Vorgabe nicht ausschließen, dass ein ausdrücklich auf die Begründung eines abstrakten Schuldversprechens ausgerichteter Parteiwille letztlich auch gerade die Abstraktion als gewolltes Ergebnis des rechtsgeschäftlichen Handelns erwirken kann. Ist nach einer Literaturansicht nur auf den beabsichtigten Erfolg abzustellen,[621] liegt eine abstrakte Verpflichtung vor, wenn die Parteien nur mit dieser den gewünschten Effekt erzielen können.

Der auf den bloßen Erfolg und nicht auf einen Abstraktionswillen abzielenden Ansicht kann aber zumindest dann nicht mehr gefolgt werden, wenn die Parteien ausdrücklich ein abstraktes Schuldanerkenntnis vereinbaren. Auch in diesem Fall durch korrigierende Auslegung ein kausales Schuldanerkenntnis anzunehmen, wenn der Abstraktionswille durch einen Rechtskundigen gebildet wurde, ist mit der Vertragsfreiheit kaum vereinbar.[622] Es erscheint sinnwidrig, einerseits den ausdrücklich erklärten, irrtumsfreien Willen der Parteien auf Schaffung einer abstrakten Schuld trotz Wahl eines geeigneten rechtlichen Instruments (Begründung einer abstrakten Schuld) zu missachten, andererseits aber den angestrebten Erfolg als Maßstab für die rechtliche Qualifizierung der Vereinbarung zu nehmen. Solange die ergriffenen, ausdrücklich so benannten Mittel den Parteiwillen realisieren können, ist nicht ersichtlich, weshalb der angestrebte Erfolg umgekehrt die Form der Vereinbarung festlegen soll. Wenn die Parteien daher mit dem abstrakten Schuldversprechen ein geeignetes Mittel wählen, um den beabsichtigten Erfolg zu erreichen, kann die Auslegungsregel des Abstraktionswillens kein Mittel sein, um ihnen die Begründung einer abstrakten Schuld zu verwehren. Nur weil der intendierte rechtliche Erfolg auch

---

619 *Marburger*, in *Staudinger* (2009), Vorb. zu §§ 780 ff., Rn 7 ff. mit weiteren Nachweisen.

620 So *Willer*, AcP 209 (2009), 807, 823. Allgemein zu dieser Auffassung *Habersack*, in MünchKomm, BGB, Band 5, § 780, Rn 16 sowie *Marburger*, in *Staudinger* (2009), Vorb. zu §§ 780 ff., Rn 8.

621 Nach Ansicht des BGH kommt es hingegen alleine auf den erklärten Parteiwillen an, wenn sich der Abstraktionswille hinreichend manifestiert, bspw. BGH NJW 1997, 1435, 1438; BGH NJW 1999, 574, 575.

622 So *Förl*, RNotZ 2007, 433, 453.

durch ein Rechtsgeschäft hätte herbeigeführt werden können, dessen Wirksamkeit das Bestehen einer anderen Schuld voraussetzt, kann ein Abstraktionswillen nicht abgestritten werden. Es gibt keinen Grund dafür, den handelnden Parteien eine Wahlmöglichkeit zwischen unterschiedlichen, aber gleichwohl zielführenden Mitteln zu verweigern.

So wird der von jener Ansicht geforderte Bezug auf den erstrebten Erfolg des Rechtsgeschäfts auch nicht in der Weise zu verstehen sein, dass eine Abstraktion dann und nur dann anzunehmen ist, wenn sie unabdingbar ist, um den erstrebten Erfolg zu erzielen. Auch Vertreter dieser Ansicht verweisen darauf, dass in der Regel ein Parteiwille aufgrund der juristischen Komplexität der Abstraktion nicht direkt auf eine Abstraktion gerichtet ist. Die Möglichkeit einer auf diese Wirkung gerichteten Parteiabsicht wird nicht zu bestreiten sein, wenn ein entsprechend erklärter Wille vorliegt.[623] Besteht nach jener Ansicht somit die Möglichkeit der erklärten Parteivorstellung und dient die Orientierung am wirtschaftlichen Zweck des Rechtsgeschäfts insofern eher als Korrektiv oder Realisierungshilfe des erklärten Parteiinteresses, wird den hier regelmäßig rechtskundigen Beteiligten der erklärte Willen auch zuzuschreiben sein. Dies gilt gerade dann, wenn daneben zusätzlich – wie noch nachfolgend darzulegen ist – davon ausgegangen wird, dass ein kausales Erfüllungsversprechen im Gegensatz zum abstrakten Schuldversprechen nicht über die von den Parteien gewollten Eigenschaften verfügt.[624] Wird dagegen der Meinung gefolgt, die einen Willen zur Loslösung fordert, spricht von vorneherein vieles für die Einordnung der Parallelverpflichtung als abstraktes Schuldversprechen, da sich in ihr der Abstraktionswille hinreichend manifestiert.[625]

b) Von der Grundkonstellation des kausalen Erfüllungsversprechens abweichende Rechtsverhältnisse zwischen den Parteien als nur bedingt taugliche Einwände

Gegen die Qualifikation der Parallelverpflichtung als kausales Erfüllungsversprechen spricht wohl aber auch die Eigenschaft dieses Instruments der Selbstverbürgung selbst. In zweifacher Hinsicht bestehen hier Besonderheiten zur Grundkonstellation eines kausalen Erfüllungsversprechens. So wird die Parallelverpflichtung nicht gegenüber dem Gläubiger der Referenzschuld (Konsortium) begründet, sondern gegenüber einem Sicherheitenverwalter. Ihm gegenüber

623 So schon *Rümelin*, S. 65 f.; ähnlich auch *Marburger*, in *Staudinger* (2009), Vorb. Zu §§ 780 ff., Rn 8.

624 Vgl. nachstehend S. 155 ff.

625 *Förl*, RNotZ 2007, 433, 453.

entstehen keine Kreditverbindlichkeiten, seien sie Rückzahlungsverpflichtungen oder Garantien, etwa von Gruppengesellschaften. Des Weiteren wird der Schuldner der Parallelverpflichtung nicht immer oder zumindest nicht ausschließlich Kreditnehmer des Kreditvertrags sein. Letzteres gilt allein schon deswegen, weil gewöhnlich nicht nur eine Parallelverpflichtung in Bezug auf die eigentliche Kreditverbindlichkeit geschaffen wird, sondern regelmäßig auch Garantiegeber nach gängigen Vertragsgestaltungen eigens eine selbstständige Parallelverpflichtung abzugeben haben. Relevant wird dieser Fall in der zumindest denkbaren Situation, dass der Schuldner der Parallelverpflichtung mit dieser nicht seine Verpflichtung z. B. aus einer Garantie in Bezug nimmt, sondern die Kreditverbindlichkeit als solche.

Wenn das Erfüllungsversprechen als Zusage eines bereits Verpflichteten zu verstehen ist,[626] ergibt sich hierbei jedoch kein Einwand gegen die Einordnung der Parallelverpflichtung als kausales Erfüllungsversprechen, soweit eine Parallelverpflichtung jeweils nur in Bezug auf eigene Verbindlichkeiten abgegeben wird. Die Begründung einer Parallelverpflichtung als kausales Erfüllungsversprechen durch einen gänzlich nicht durch Kreditverbindlichkeiten (Ansprüche aus § 488 Abs. 2 BGB und etwaige Garantien) verpflichteten Dritten, dessen Parallelverpflichtung nur fremde Schulden in Bezug nimmt, setzt sich aufgrund des bürgschaftsähnlichen, weil kausalen Charakters Abgrenzungsfragen aus. Sie ist zwar grundsätzlich möglich,[627] auch wenn im Regelfall der Schuldner der Parallelverpflichtung ohnehin eine eigene Garantie für den Eintritt der Erfüllung der Kreditverbindlichkeiten abgeben wird, die ihrerseits dann durch die Parallelverpflichtung in Bezug genommen wird. Obwohl ein Erfüllungsversprechen nicht eigens als Sicherungsrecht taugt, könnte es zumindest grundsätzlich als Sicherheitenträger eingesetzt werden.

Wird die Vereinbarung über die Parallelverpflichtung mit *Willer* als grundsätzlich möglich angesehen, aber die Abstraktheit der Forderung trotz regelmäßig anderslautender Definition in den betreffenden Klauseln verneint, müsste die Einordnung als kausales Erfüllungsversprechen folglich imstande sein, den

---

626 Zur Dogmengeschichte und zur Untauglichkeit des kausalen Erfüllungsversprechens als Sicherungsgeschäft *Ehmann*, Schuldanerkenntnis und Vergleich, S. 227 f.

627 Obwohl das kausale Erfüllungsversprechen trotz Nichtaufnahme des *constitutum* des in das BGB vereinbart werden kann (*Windscheid/Kipp*, Pandektenrecht II, S. 165), ist der Anwendungsbereich unklar, vgl. *Ehmann*, Schuldanerkenntnis und Vergleich, S. 228. Dennoch wird mangels Typenzwang im Schuldrecht eine von der Bürgschaft abweichende Vereinbarung mit einer Parallelverpflichtung als gleichrangiges Recht möglich sein.

Parteiwillen gesamtheitlich abzubilden. Die speziellen Wirkungen der Abstraktion müssten daher praktisch für die Zweckerfüllung der Parallelverpflichtung nicht notwendig sein. Das ist jedoch nicht der Fall.

Die Einordnung der Parallelverpflichtung als kausales Erfüllungsversprechen kann nicht den Parteiwillen zur wechselseitigen Angleichung und gegenseitigen Bezugnahme von Referenzschuld und Parallelverpflichtung erklären. Die Option des Schuldners der Parallelverpflichtung, durch deren Tilgung auch die Referenzschuld schmälern zu können, spricht gegen einen Willen der Parteien, eine unselbstständige und von einem den äußeren Rechtsgrund bildenden Leistungsgeschäft abhängige Forderung[628] zu begründen. Für die Annahme einer abstrakten Schuld wird zudem sprechen, dass mit der Erfüllung eines abstrakten Schuldversprechens auch die kausale Forderung regelmäßig als erfüllt gilt.[629]

Diese wechselseitige Wirkungserstreckung lässt zwischen Referenzschuld und Parallelverpflichtung kein Rangverhältnis entstehen, sondern eine gegenseitige Abhängigkeit. Veränderungen in der Höhe der jeweiligen Schuld sollen die jeweils andere unmittelbar beeinflussen. Wäre die Parallelverpflichtung ein kausales Erfüllungsversprechen, ist innerhalb dieses Verständnisses kein Grund ersichtlich, dass nicht ebenso die Referenzschuld selbst bei Zahlungen auf die Parallelverpflichtung der gleichen Qualifizierung unterliegen sollte. Die Annahme, dass die Parallelverpflichtung ein kausales Erfüllungsversprechen in Bezug auf die Kreditschuld ist und nicht umgekehrt, erscheint dann willkürlich. Dass nur Verfügungen über die Referenzschuld intendiert sind und auf sie keine Sicherheiten bestellt werden, macht aus ihr alleine keine führende Hauptschuld, wenn sie eben von einer vermeintlich kausalen Schuld, dem Erfüllungsversprechen, ebenso beeinflusst werden könnte.

Das Ergebnis einer wechselseitigen Kausalität zweier sich somit korrelierender Entstehungstatbestände ist aber rechtlich unmöglich. Die begründenden Rechtsgeschäfte können nicht gegenseitig die Wirksamkeit des jeweils anderen voraussetzen. Die auch von der Parallelverpflichtung ausgehende Wirkungserstreckung spricht gegen deren Unselbstständigkeit oder Abhängigkeit von einem äußeren Rechtsgrund.

---

628 *Siber*, S. 58 f.

629 *Ehmann*, Schuldanerkenntnis und Vergleich, S. 67; *Marburger*, in *Staudinger* (2009), § 780, Rn 16.

c) Korrespondierender Untergang des kausalen Erfüllungsversprechens mit der Referenzschuld bei ihrer Übertragung mittels *novation*

Willers Einschätzung kommt letztlich zu dem Ergebnis, dass der Parteiwille nicht auf die Begründung eines abstrakten Schuldversprechens abziele, sondern die Parallelverpflichtung als kausales Erfüllungsversprechen aufzufassen sei. Dem wird im Schrifttum insofern widersprochen, als dass ein derartiges Erfüllungsversprechen nicht gewährleiste, dass bei der Übertragung von Kreditverbindlichkeiten im Wege einer Novation das kausale Erfüllungsversprechen als Sicherheitenvehikel bestehen bleibt.[630] Geht nämlich das kausale Erfüllungsversprechen gleichfalls mit der Referenzschuld für einen logischen Moment unter, ist die Konstruktion unbrauchbar. *Willer* verkennt diesen Umstand keineswegs und weist deshalb darauf hin, dass sich kausale Erfüllungsversprechen wie Globalbürgschaften vertraglich auch auf künftige Forderungen bestellen ließen, die den untergegangenen Forderungen nachfolgten.[631]

Gleichwohl ist zu bezweifeln, ob die Abgabe eines Versprechens auf Erfüllung künftiger Forderungen (Konsortialkreditforderungen gegenüber Neukonsorten, denen ein Kreditanteil mittels Novation zuteilwurde) überhaupt schon mit rangwahrender Wirkung zum Abschluss des Kreditvertrages gegenüber dem Sicherheitenverwalter erklärt werden kann.

Bei der Globalbürgschaft wie auch bei der Parallelverpflichtungskonstellation bleibt der Begünstigte der gesicherten Forderung jeweils gleich. Im Zusammenhang mit der Bürgschaft ist dies der Inhaber der Hauptschuld und bei der Parallelverpflichtung der Begünstigte der Sicherheiten. Bei einer Globalbürgschaft existiert allerdings der Verpflichtungsgrund, nämlich der Bürgschaftsvertrag im Vergleichsfall, unangetastet weiter und lediglich die Hauptschuld erstreckt sich auf künftige Verbindlichkeiten des Hauptschuldners. Wäre andererseits eine Parallelverpflichtung als ein kausales Erfüllungsversprechen einzuordnen, ist sie bei einer Übertragung der (den äußeren Rechtsgrund des Erfüllungsversprechens bildenden[632]) Referenzschuld an deren Schicksal gebunden. Hieran ändert auch die Einbindung künftiger Forderungen in den zu spiegelnden Bestand der Kreditverbindlichkeiten nichts. Geht das kausale Erfüllungsversprechen als kausal verbundene Forderung mit Novation der Referenzschuld unter,[633] ändert die Erstreckung des kausalen Erfüllungsversprechens auf künftige Forderungen nichts an dem Umstand, dass eine Novation einen Identitätswechsel der Referenzschuld

630 *Schnauder*, NJOZ 2010, 1663, 1668.
631 *Willer*, AcP 209 (2009), 807, 827.
632 *Siber*, S. 58.
633 So selbst *Willer*, AcP 209 (2009), 807, 827; dazu BGHZ 141, 116, 120.

und damit auch des kausalen Erfüllungsversprechens erwirkt. Eine Erstreckung der Parallelverpflichtung auf künftige Forderungen kann nicht verhindern, dass das Sicherheitenvehikel bei einer Novation der Referenzschuld wegbricht und zugunsten des Sicherheitenverwalters als nunmehr neuen Gläubiger abermals zu begründen ist.[634] Dies entspricht allerdings nicht dem Willen der Parteien. Eine Neubestellung von Sicherheiten auf eine erneut erzeugte Parallelverpflichtung würde deren Zweck ad absurdum führen. Ein konzeptionell denkbares, separates Erfüllungsversprechen, das sich statt auf die Erfüllung bestehender Verpflichtungen aus dem Kreditverhältnis auf die Erfüllung künftiger Forderungen richtet, ist in Ansehung der korrespondierenden Problematik bei *future pledgee*-Klauseln[635] ungeeignet. Ein solches kausales Erfüllungsversprechen wird erst wirksam, wenn die zu reflektierende Kreditforderung als dessen äußere causa entstanden ist. Letztlich ist die Schaffung eines kausalen Erfüllungsversprechens zweifelsfrei möglich, sie entspricht aber mangels hinreichender Abkoppelung vom Schicksal der Kreditverbindlichkeiten nicht dem Interesse der Parteien.

Zudem spricht die regelmäßige Verknüpfung der Forderungen gegen die Annahme eines kausalen Erfüllungsversprechens. Die Annahme, die Parallelverpflichtung sei kein eigenes Sicherungsmittel und sei in gewillkürter Akzessorietät mit den Einzelforderungen verbunden,[636] erscheint auch begrifflich bedenklich. Die gesetzlich geregelte Akzessorietät oder ein gesetzlich nicht geregelter Sicherungsvertrag sind nur Mechanismen, um Forderungen mit einem Sicherungsrecht zu verbinden. Akzessorietät ist das institutionell begründete Beinhalten des Sicherungszwecks beim dinglichen Bestellungsakt des Sicherungsrechts.[637] Die Schaffung eines Akzessorietätsersatzes ist deshalb nur bei einem Sicherungsrecht anerkannt und notwendig. Soll die Parallelverpflichtung hingegen kein Sicherungsrecht sein, ist deshalb ihre Eigenschaft als akzessorisches Recht zweifelhaft.

Als kausales Erfüllungsversprechen könnte die Parallelverpflichtung schon keine Unabhängigkeit gegenüber rechtshemmenden Einwendungen in Bezug auf Einzelforderungen aus der Referenzschuld bieten.[638] Dieses Auslegungsergebnis dürfte in Ansehung des eindeutig anderslautenden Wortlauts der Klauseln nur dem Parteiwillen entsprechen, wenn ein abstraktes Schuldversprechen gemäß § 780 BGB unter keinen Umständen angenommen werden könnte.

634 In diesem Sinne auch *Schnauder*, NJOZ 2010, 1663, 1668.

635 Vgl. dazu S. 101 ff.

636 So *Willer*, AcP 209 (2009), 807, 824 f.

637 Näher *Becker-Eberhard*, S. 68 f.

638 *Schnauder*, NJOZ 2010, 1663, 1668.

Gegen die Qualifizierung der Parallelverpflichtung als abstraktes Schuldversprechen kann nicht eingewendet werden, sie stelle nicht den typischen Fall eines solchen Versprechens dar. Beabsichtigen die Parteien eines abstrakten Schuldversprechens im Regelfall die Schaffung einer Beweislastumkehr zugunsten des Gläubigers, heißt dies nicht, dass kein abstraktes Schuldversprechen vereinbart werden soll, wenn die Parteien die Durchsetzbarkeit des abstrakten Versprechens nicht in jeder Hinsicht vom Bestand der Hauptverbindlichkeit loslösen wollen. Die Erzeugung einer Beweislastumkehr mag ein durch das abstrakte Schuldversprechen umsetzbares Motiv sein. Es ist aber nur dann ein subjektives Tatbestandsmerkmal, wenn ein abstraktes Schuldversprechen ohne eine solche Absicht nicht begründet werden könnte. Ein abstraktes Schuldversprechen wird dann aber unter Berücksichtigung des eindeutig verlautbarten Parteiwillens nur abzulehnen sein, wenn die rechtlich zu erzeugenden Konsequenzen mit dem Rechtsinstitut des § 780 BGB unvereinbar wären.

Entgegen *Willers* Ansicht soll im Fall der Novation die Parallelverpflichtung fortexistieren, wenn die Kausalforderung nicht besteht. Dass sich bei Tilgung oder Erhöhung der Referenzschuld die Parallelverpflichtung angleicht, spricht dafür, dass die Parteien nur eine partiell wechselseitige Abhängigkeit der Forderungen anordnen.

d) Anforderungen an die Abstraktion und entgegenstehende Einwände *Willers*

Im Ergebnis ist die Parallelverpflichtung mit der hM und den geläufigen Bezeichnungen in Kreditverträgen als abstraktes Schuldanerkenntnis einzuordnen.

Die gegen die Abstraktheit vorgebrachten Einwände zielen maßgeblich auf die gewillkürte, wechselseitige Abhängigkeit zwischen Referenzschuld und Parallelverpflichtung, die nach Ansicht *Willers* gegen einen Abstraktionswillen sprächen. Dem Einwand, die Parallelverpflichtung solle nicht – wie jedoch bei einem abstrakten Schuldversprechen intendiert – unabhängig von den zugrunde liegenden Darlehensforderungen bestehen, noch sei diese vom ursprünglichen Rechtsgrund hinreichend abgelöst, ist letztlich mit vorstehenden Ausführungen zu entgegnen. Eine vollständige Abhängigkeit der Parallelverpflichtung gegenüber dem Schicksal der Referenzschuld ist gerade nicht gewollt, sondern nur eine partielle Erstreckung von Wirkungen bestimmter vertraglich fixierter Ereignisse. Wenn die Parallelverpflichtung nach dem Parteiwillen von Verfügungswirkungen der Referenzschuld zu isolieren ist, heißt dies, dass die Grundforderung den Sicherungszweck in die

Parallelverpflichtung nicht eingibt, wie es zwischen Haupt- und akzessorischem Nebenrecht erfolgt.[639]

aa) Der Wille zur Begründung eines eigenständigen Verpflichtungsgrundes

Ein abstrakter Schuldvertrag setzt alleine den Konsens über das „ob" des Entstehens der Forderung voraus, während beim kausalen zugleich noch eine Übereinstimmung über das „warum" des Entstehens der Forderung vorhanden sein muss.[640] Inhaltliche Abstraktion bedeutet damit die Verneinung der Frage, ob neben der Erklärung über die allgemeine Rechtsfolge der Forderungsbegründung auch eine einseitige oder vertragliche Zweckbestimmung zum Tatbestand gehört. Sie verlangt eine Streichung der causa aus dem Tatbestand des Rechtsgeschäfts und eine Unabhängigkeit des Rechtsgeschäfts von der Gültigkeit eines Zwecks.[641] Auch gerade unter Berücksichtigung des Wortlauts der Parallelverpflichtungsklauseln ist die geforderte Unabhängigkeit jener *„separate and independent obligation"* zu bejahen. Das Vorliegen einer Beweiserleichterung ist demnach weder ein konstituierendes Merkmal einer abstrakten Schuld, sondern nur ein üblicher, von den Parteien verfolgter Zweck der Begründung einer abstrakten Verpflichtung. So kann aber das Fehlen einer Beweislastumkehr alleine nicht gegen einen Abstraktionswillen sprechen. Die Bezugnahme der Parallelverpflichtung auf die Referenzschuld oder die gegenseitige Wirkungserstreckung kann ebenfalls nach hiesigem Verständnis keinen mangelnden Abstraktionswillen belegen.

So ist eine ausführliche Darstellung eines Verpflichtungsgrundes in einer Vertragsurkunde kein Grund gegen die Anerkennung einer ebenfalls in ihr dokumentierten Vereinbarung einer abstrakten Schuld.[642] Des Weiteren spricht gegen den Einwand, die Parallelverpflichtung solle nicht unabhängig von den ihr zugrunde liegenden Darlehensverbindlichkeiten bestehen,[643] das Interesse der Parteien. Sie beabsichtigen die Schaffung einer Forderung, die die zur Sicherung ihres Leistungsgegenstandes bestellten Sicherheiten vom Schicksal der Referenzschuld isoliert. Ihre aktuelle Höhe soll sich lediglich nach der Referenzschuld

---

639 A. A. *Willer*, AcP 209 (2009) 807, 823.

640 *Gernhuber*, Hb. d. SR., Band 8, S. 433; *Jahr*, AcP 168 (1968), 9, 15.

641 *Jahr*, AcP 168 (1968), 9, 16.

642 RGZ 74, 339, 340; *Marburger*, in *Staudinger* (2009), Vorb. Zu §§ 780 ff., Rn 12. Nach dem BGH kann bei der Nennung des Schuldgrundes in der Vertragsurkunde nur im Zweifel nicht von dem Willen zur Begründung einer abstrakten Schuld ausgegangen werden, BGH NJW 2002, 1791, 1791.

643 So *Willer*, AcP 209 (2009), 807, 823.

ausrichten, diese allerdings nicht im Rahmen einer Zweckbestimmung in den Entstehungstatbestand aufnehmen.

Würden die Parteien statt jener automatisierten Angleichung der Forderungshöhen jeweils mittels turnusmäßigen, separaten Parteivereinbarungen die Parallelverpflichtung als eigenständige Forderung an den Umfang der Referenzschuld anpassen, wäre an sich der gleiche Effekt erzielt. Die Einbeziehung der Referenzschuld als Rechtsgrund in den Entstehungstatbestand der Parallelverpflichtung ist hierzu aber nicht nötig. Dass die Spiegelung der Höhe der in Bezug genommenen Referenzschuld durch Parteivereinbarung automatisch anstelle von separaten Parteivereinbarungen angeglichen wird, kann zu keiner anderen Einschätzung führen. So benötigt die betragsmäßige, wechselseitige Angleichung der beiden Forderungen keine Konstruktion, die die Referenzschuld als äußere causa der Parallelverpflichtung festschreibt. Eine solche verhinderte vielmehr die Möglichkeit der wechselseitigen Wirkungserstreckung. Die beidseitige Beeinflussung der Forderungshöhen basiert vielmehr auf einer Vereinbarung, die den wirtschaftlichen, mittelbaren Zweck der Parallelverpflichtung verwirklicht und nicht auf der Aufnahme eines Sicherungszwecks der Referenzschuld in den Tatbestand der Parallelverpflichtung.

Hinsichtlich der Wirkungen, die eine Übertragung eines Konsortialkreditanteils durch Novation erzeugt und des Ziels der Besicherung erst künftig entstehender Ansprüche aus dem Kreditverhältnis, ist die Abstraktion der Parallelverpflichtung somit der einzige Weg, den erwünschten, rechtlich abgesicherten Weg zu erreichen.

bb) Einwendungsdurchgriff als Indiz eines fehlenden Abstraktionswillens?

Schließlich wird nicht zu Unrecht darauf hingewiesen, dass das Durchschlagen von Einwendungen aus dem Kreditverhältnis atypisch für ein abstraktes Geschäft sei.[644] Ob hieraus allerdings eine fehlende Abstraktion der Parallelverpflichtung zu folgern ist, muss abermals bezweifelt werden. Die Begründung eines selbstständigen Schuldversprechens begrenzt aus sich heraus die Wirkung von Einwendungen aus dem Grundgeschäft, insbesondere berührt die Nichtigkeit des Grundgeschäfts nicht das Bestehen des abstrakten Versprechens. Neben den bereits gesetzlich vorgesehenen Ausnahmen der §§ 656 Abs. 2, 762 Abs. 2 BGB spricht kein Grund dafür, dass die Parteien des Schuldversprechens nicht selbst eine Erstreckung von Einwendungen aus dem Grundgeschäft anordnen können. Konstitutives Merkmal des abstrakten Schuldversprechens ist die

644 aaO.

zumindest dem Grunde nach erschaffene Unabhängigkeit der hiermit begründeten Verpflichtung von rechtlichen und wirtschaftlichen Zusammenhängen aus dem Grundgeschäft.[645] Insofern ist ein *abstraktes Schuldversprechen zwar ein taugliches Instrument zur Loslösung von Einwendungen aus dem Grundgeschäft. Es erzeugt allerdings keine Verpflichtung, den weitreichenden Einwendungsausschluss tatsächlich beizubehalten. Weshalb mittels Parteivereinbarung Einwendungen aus dem Grundverhältnis nicht als wirksame Einwendungen gegenüber der Inanspruchnahme aus der abstrakten Schuld zugelassen werden können, ist nicht ersichtlich.* Anders als bei einem abstrakten Verfügungsgeschäft sind bei der Erzeugung eines abstrakten Schuldversprechens keine Interessen Dritter wie Verkehrsschutz und Rechtssicherheit zu berücksichtigen. Insofern ist es den Parteien auch freigestellt, ob sie Einwendungen aus dem Grundverhältnis bei der abstrakten Schuld für anwendbar erklären.[646] Dies wird gerade vor dem Hintergrund anzunehmen sein, dass die Abbedingung von bereicherungsrechtlichen Gegenrechten möglich ist.[647]

Dagegen könnte einzuwenden sein, dass der Verzicht auf bereicherungsrechtliche Einwendungen im Gegensatz zur Zulassung von Einwendungen aus dem Grundgeschäft zwar nicht die Abstraktheit der Forderung tangiert, aber die Geltendmachung der abstrakten Forderung gar noch erleichtert, während die Zulassung jener Einwendungen das Gegenteil bewirke. Diese Sicht ließe aber außer Acht, dass die Abstraktion keine Isolierung der betreffenden Schuld gegenüber ihrem wirtschaftlichen Gesamtzusammenhang verlangt.[648] Sie verlangt lediglich, dass eine vom Grundgeschäft losgelöste Verpflichtung begründet wird und jenes nicht als erheblicher Zweck Tatbestandsvoraussetzung der weiteren Verpflichtung wird.

Nicht verlangt wird, dass die Parteien neben dem eigenen Verpflichtungsgrund keine zu denen aus dem Grundgeschäft korrespondierenden Einwendungstatbestände für die abstrakte Schuld schaffen. In Ansehung der Konstruktion der Parallelverpflichtung geht es nämlich nicht darum, ob Einwendungen aus dem Grundgeschäft (hier dem Kreditverhältnis) auch gegen die Geltendmachung der abstrakten Schuld (der Parallelverpflichtung) erhoben werden können. Bedeutender ist, ob *Einwendungstatbestände, die von den Parteien originär in Bezug auf die abstrakte Schuld geschaffen werden, sich inhaltlich mit jenen aus*

645 *Sprau*, in *Palandt*, BGB, § 780, Rn 4; BGH NJW 2000, 2984, 2985.
646 *Hoffmann*, WM 2009, 1452, 1454.
647 BGH WM 2000, 1806, 1807 f.; BGH WM 1970, 1457, 1459.
648 BGH NJW 2000, 2501, 2502; *Ehmann*, Schuldanerkenntnis und Vergleich, S. 60 f.; *Willer*, AcP 209 (2009), 807, 823.

dem Grundgeschäft decken können. Nach hiesiger Ansicht handelt es sich damit nicht um Einwendungen aus dem Darlehensverhältnis,[649] also um eine Erstreckung der Einwendungen aus dem Grundgeschäft, sondern um *einen für den eigenständigen Verpflichtungsgrund Parallelverpflichtung ebenso eigens erzeugten Satz an Einwendungstatbeständen.* Insofern ist nicht begründbar, weshalb derartige Vereinbarungen unzulässig sein sollen, zumal sie nicht die Abstraktheit als solche betreffen, die ihrerseits dem rechtsgeschäftlichen Willen der Parteien entspringt.[650] Aus dieser Perspektive gesehen weicht die Parallelverpflichtung als abstraktes Schuldversprechen schon nicht von der „typischen" Struktur der nur begrenzt möglichen Geltendmachung von Einwendungen aus dem Grundgeschäft ab. Doch selbst wenn von einer unmittelbaren Erstreckung der Einwendungen aus dem Kreditverhältnis Gläubiger – Kreditnehmer/Garantiegeber auf die abstrakte Schuld auszugehen wäre, dürfte dies nicht der Annahme eines abstrakten Schuldversprechens widersprechen. Die *begrenzte Zulässigkeit der Erhebung von Einwendungen aus dem Grundgeschäft ist keine Voraussetzung oder gar unumkehrbare Rechtsfolge der Abstraktion bei Verpflichtungsgeschäften, sondern nur dann deren Merkmal, wenn die Parteien nichts Abweichendes regeln.* Der Wille zur Abstraktion ist deshalb nicht zu bezweifeln.

e) Der Rechtsgrund der Parallelverpflichtung

Keineswegs unumstritten ist im Übrigen der Rechtsgrund der Parallelverpflichtung. Nach der hier vertretenen Ansicht ist die causa der Parallelverpflichtung als geschäftstypischer, rechtlicher Zweck die Erreichung des zwischen Sicherungsgeber und Sicherheitenverwalter vereinbarten Sicherungszwecks.[651] Ein mittelbar erstrebter Erfolg erlangt als übergeordnetes Ziel des Parteihandelns im Sinne eines Motivs oder einer Geschäftsgrundlage keine direkte Abbildung in der causa.[652] So wird als causa der Zuwendung regelmäßig nur der unmittelbare Zweck relevant und nicht hinter diesem Zweck liegende, weitere Absichten des Zuwendenden.[653] Wird die Parallelverpflichtung wie hier als abstrakte Forderung aufgefasst, liegt ihr Rechtsgrund in der Sicherungsabrede begründet, die die Parallelverpflichtung als Sicherungsrecht mit der zu sichernden Referenzschuld verknüpft.

---

649 A. A. *Willer*, AcP 209 (2009), 807, 824.

650 *Marburger*, in *Staudinger* (2009), § 780, Rn 22.; dazu auch *Hoffmann*, WM 2009, 1452, 1454.

651 Ebenso *Böttcher* S. 205; *Schnauder*, NJOZ 2010, 1663, 1668.

652 *Stadler*, S. 14.

653 *Stadler*, S. 14; *von Thur*, AT, II/2, S. 78 f.

Dagegen wird eingewendet, dass die Parallelverpflichtung kein eigenes Sicherungsmittel sei. Sie erweitere die Haftungsmasse nicht. Dies bedeute, dass die Abrede über die Stellung einer unmittelbar von der zugrunde liegenden Darlehensforderung abhängigen Sicherheitenträgerin die causa der Parallelverpflichtung sei.[654] Auch wird die aus dem Kreditverhältnis entstehende Zahlungsverpflichtung als causa der Parallelverpflichtung gewertet.[655]

Auf dem Boden des hier dargelegten, weiten Verständnisses von Sicherungsrechten liegt diese Folgerung allerdings fern und die Parallelverpflichtung ist gleichfalls auch als Sicherungsrecht einzuordnen.[656] Für dessen Vorliegen kommt es nicht nur darauf an, ob es die Haftungsmasse erhöht, sondern ob es Funktionen der Kreditsicherung erfüllen kann, nämlich eine Befriedigung in Aussicht stellt, ein Druckmittel bildet und die Zuweisung eines Befriedigungsobjektes erfüllt. Hierbei ist allerdings nur bei dinglichen Sicherungsrechten überhaupt eine Kombination aller drei Funktionen gegeben,[657] sodass die Parallelverpflichtung, die gerade der Zuweisung von Befriedigungsobjekten dient, als Sicherungsrecht qualifiziert werden kann. Auf dieser Grundlage fügt sie sich dann auch problemlos in gewöhnliche Muster von Sicherungskonstruktionen[658] ein. *Während die Referenzschuld aus dem die zu sichernde Leistung erzeugenden Rechtsverhältnis begründet wird, bildet die Vereinbarung zur Parallelverpflichtung als Sicherungsvertrag die causa für die Begründung der abstrakten Verbindlichkeit.* Dann wird das Verhältnis von Sicherungszweckvereinbarung und Schuldversprechen durch Abstraktion geprägt, wobei die Beziehung von Referenzschuld und Schuldversprechen davon unabhängig zu betrachten ist und von der Art der Sicherheit abhängt.[659] Gegen die Ablehnung eines Sicherungszwecks als causa spricht, dass die Geltendmachung der Forderung vom Sicherungszweck abhängig ist.[660]

Der Schuldner einer abstrakten Schuld kann bei Verfehlung des Sicherungszwecks die Herausgabe des Erlangten, nämlich die Aufhebung der abstrakten Verbindlichkeit verlangen, §§ 812 Abs. 2, 812 Abs. 1, Alt. 1, 821 BGB. Eine peremptorische Einrede erstreckte sich dann auch auf ein bestelltes Pfandrecht,

654 So *Willer*, AcP 209 (2009), 807, 825 auf Basis seiner Annahme eines kausalen Erfüllungsversprechens.

655 *Hoffmann*, WM 2009, 1452, 1455.

656 Vgl. S. 147 ff.

657 *Becker-Eberhard*, S. 21 f.

658 Dazu *Stadler*, S. 563 ff.

659 *Stadler*, S. 563 f. Zu der Beziehung von Parallelverpflichtung und Referenzschuld vgl. ab S. 170 ff.

660 *Schnauder*, NJOZ 2010, 1663, 1668, Fn 61.

§§ 1211 Abs. 1, 1254 BGB.[661] Ist die gesicherte Schuld hingegen durch Tilgung erloschen, greifen die gleichen Grundsätze.[662]

Ob diese Prinzipien bei der Parallelverpflichtung gleiche Anwendung finden, hängt von der Einschätzung ab, ob ein automatisches Erlöschen der Parallelverpflichtung – wie es die Klauseln gewöhnlich voraussetzen – möglich ist. So ist praktisch betrachtet der bereicherungsrechtliche Anspruch erst gar nicht zu erheben, wenn die Parallelverpflichtung – wie hier nachfolgend vertreten wird[663] – überhaupt nur bei Wirksamkeit der Referenzschuld bestehen kann, also zu keinem Zeitpunkt selbst besteht, wenn die Referenzschuld nicht existiert. Diese Vereinbarung der automatisierten Betragsanpassung beinhaltet quasi immanent die Einrede der ungerechtfertigten Bereicherung und antizipiert den Herausgabeanspruch aus § 812 Abs. 1 S. 1, Var. 1 BGB, der sich im Zusammenhang mit der Tilgung der zu sichernden Forderung zumindest im Wege der ergänzenden Vertragsauslegung ergibt. Er ist überdies einschlägig, wenn ein betragsmäßiges Anpassen der Parallelverpflichtung an die ausstehenden Kreditverbindlichkeiten wie auch ein entsprechendes „automatisches" Erlöschen von Sicherheiten bei einem abstrakten Schuldversprechen abgelehnt wird.[664] Ob ein automatisches Erlöschen von akzessorischen Sicherheiten mit der (teilweisen) Tilgung der Parallelverpflichtung – sei es durch Zahlung auf diese oder auf die Referenzschuld – abzulehnen ist, erscheint allerdings fraglich.

Die Möglichkeit der Sicherung von Schuldversprechen mit einem akzessorischen Sicherungsrecht (im dortigen Fall mit einer Sicherungshypothek) ist bereits gesetzlich in den §§ 1187–1189 BGB verankert.[665] Bei einem Erlöschen der persönlichen Schuld gemäß § 362 Abs. 1 BGB vereinigt sich die Hypothek mit dem Eigentum gemäß §§ 1163 Abs. 1, 1177 BGB. Gerade in diesem Falle ist mit der Sicherungshypothek eine besonders strenge Form der Akzessorietät vorgeschrieben. Daraus ist zu schließen, dass eine Besicherung einer abstrakten Forderung mit akzessorischen Sicherungsrechten mit den regelmäßigen Wirkungen möglich ist. Die zur Sicherung der aus der Parallelverpflichtung entstehenden Leistungserwartung bestellten Sicherheiten dürften deshalb auch erlöschen, wenn die Betragsangleichung an die Referenzschuld akzeptiert wird.

---

661 *Schnauder*, NJOZ 2010, 1663, 1668.

662 *Schnauder*, NJOZ 2010, 1663, 1668 sieht diese Gesamterfüllungswirkung aufgrund der Einredemöglichkeit als obsolet an.

663 Vgl. dazu S. 243 ff.

664 So *Schnauder*, NJOZ 2010, 1663, 1668.

665 Vgl. dazu nachstehend S. 165 f.

C. Vereinbarkeit der Parallelverpflichtung mit dem sachenrechtlichen Typenzwang und dem gesetzlichen Akzessorietätsprinzip

Mit der Klärung ihrer Rechtsnatur ist die Wirksamkeit der Parallelverpflichtung allerdings noch nicht belegt. Die Wirksamkeit des Gebildes ergibt sich nicht alleine aus dem Umstand, dass die Parallelverpflichtung im deutschen Recht als abstrakte Forderung darstellbar ist. Gerade ihre besondere Verknüpfung mit der Kreditschuld gibt der Literatur Anlass, an der „Konstruierbarkeit" der Parallelverpflichtung nach deutschem Recht in der in den Vertragsklauseln angelegten Weise zu zweifeln. Deshalb ist die Untersuchung ihrer dogmatischen Wirkungsweise keine von ihrer grundsätzlichen Wirksamkeit abzugrenzenden Frage. Die Parallelverpflichtung ist nur in der angelegten Form wirksam, wenn sie als abstrakte Forderung und Sicherungsrecht tatsächlich diese Verbindung zur Kreditschuld bilden kann, ohne dem Grundsatz der Akzessorietät zu widersprechen.

Ihre Zulässigkeit unter dem Gesichtspunkt einer vermeintlichen Umgehung der gesetzlichen Leitbilder des Akzessorietäts- und Prioritätsprinzips ist bereits mehrfach und ausführlich in der Literatur dargestellt worden.[666] Gegen die Parallelverpflichtung wurde eingewandt, das Zwischenschalten einer von Verfügungen über die zu sichernden Kreditverbindlichkeiten unberührte Forderung widerspreche dem Akzessorietätsprinzip.[667] Gestützt werden diese Bedenken auf die Tatsache, dass unmittelbar nur die Forderung aus dem Schuldversprechen gesichert wird und letztlich die Treuhandvereinbarung zwischen Konsorten und Sicherheitenverwalter die Sicherung der Kreditverbindlichkeiten vermittelt. Die Parallelverpflichtung als zu sichernde Forderung diene nur dazu, die Höhe des Pfands zu bestimmen, das wirtschaftlich allerdings nicht dem Treuhänder, sondern den Konsorten gehören solle.

I. Grundsätzliche Möglichkeit der Besicherung abstrakter Schuldversprechen

Im Regelfall vereinbaren die Parteien, dass die bestellten Sicherheiten nicht nur die Kreditverbindlichkeiten sichern, sondern auch die Forderungen des

666 Sehr instruktiv das Prinzip der Typenfixierung berücksichtigend *Apfelbaum*, S. 252 ff.; dazu auch *Hoffmann*, WM 2009, 1452, 1455 f.; *Willer*, AcP 209 (2009), 807, 818 f.

667 So *Harpering*, S. 138 f.

Sicherheitenverwalters aus dem abstrakten Schuldanerkenntnis.[668] Die Besicherung abstrakter Schuldversprechen ist als Praxis von Kreditinstituten im Zusammenhang mit durch Hypotheken und Grundschulden besicherten Krediten gemeinhin anerkannt.[669] Sie bietet dem Gläubiger die Möglichkeit, die künftige Darlehensforderung insofern abzusichern, als auf eine abstrakte Schuld, die in Höhe der Darlehensforderung begründet wird, ein Grundpfandrecht bestellt wird. Die abstrakte Schuld wiederum dient der Sicherung der künftigen Rückzahlungsverpflichtung aus dem Kreditverhältnis, sodass eine fehlende Valutierung des Kredits einen Anspruch aus dem abstrakten Versprechen aufgrund des nicht gegebenen Rechtsgrundes ausschließt. Darüber hinaus ergibt sich auch aus den §§ 1187 ff. BGB die Möglichkeit der hypothekarischen Besicherung von abstrakten Schuldversprechen, da hierbei auch die Besicherung einer Schuldverschreibung möglich ist, die regelmäßig als ein abstraktes Leistungsversprechen angesehen wird.[670]

Überdies ermöglicht die Parallelverpflichtung als abstraktes Schuldversprechen, eine nachträgliche Erhöhung des Nominalbetrages der Kreditschuld widerzuspiegeln, sodass sich die Haftung der zu ihren Gunsten bestellten akzessorischen Sicherungsrechte auch auf die entsprechende Erhöhung der Parallelverpflichtung erstreckt.[671] Nicht möglich ist hingegen eine mittelbare Besicherung anderer Forderungen von Neukonsorten. Somit kann die Parallelverpflichtung zwar als Hauptschuld für akzessorische Sicherungsrechte dienen, die letztlich mittelbar über den Sicherheitenverwalter einem späteren Neukonsorten vorbehalten werden. Nicht möglich ist jedoch die Neubegründung von akzessorischen Sicherungsrechten zur Sicherung neuer Forderungen des Zessionars. Dies hätte zur Folge, dass Neukonsorten in das Konsortium eintreten und mit Zustimmung der Sicherheitengeber ihre neuen Forderungen vorrangig gegenüber sonstigen Drittgläubigern absichern. Insofern ist die Parallelverpflichtung so einschränkend auszulegen, dass sie nur dort zum Einsatz kommt, wo gemäß § 1250 Abs. 1 S. 1 BGB ein Übergang von bereits existierenden Pfandrechten möglich ist.[672]

---

668 *Diem*, § 42, Rn 2.

669 OLG Stuttgart NJW 1979, 222, 222 f. Dazu *Apfelbaum*, S. 252; *Habersack*, in MünchKomm, BGB, Band 5, § 780, Rn 32; *Schnauder*, NJOZ 2010, 1663, 1668; *Schöner/Stöber*, Rn 2078.

670 OLG München WM 1998, 1716, 1717; *Schmidt/Schrader*, BKR 2009, 397, 398.

671 *Hoffmann*, WM 2009, 1452, 1456.

672 *Förl*, RNotZ 2007, 433, 454 f.; *Hoffmann*, WM 2009, 1452, 1456. Vgl. dazu noch S. 253 f.

Eine weitere Frage ist, ob die Parallelverpflichtung als gegenwärtige oder künftige Forderung durch akzessorische Nebenrechte besichert wird. Dieser Frage soll erst an nachfolgender Stelle im Zusammenhang mit der Entstehung der Parallelverpflichtung nachgegangen werden.[673]

II. Einwand der Unvereinbarkeit mit dem Akzessorietätsprinzip gesetzlicher Sicherungsrechte

Die fehlende Identität zwischen den Gläubigern der Referenzschuld und dem der Parallelverpflichtung begründet allerdings schon deshalb keinen tragfähigen Einwand, da die §§ 1204 Abs. 1, 1250 BGB nur eine Identität des Gläubigers der Hauptforderung und des Begünstigten des Pfandrechts verlangen. Formal entspricht die Parallelverpflichtung deshalb dem gesetzlichen Leitbild des Akzessorietätsprinzips.[674] Der Anspruch gegen den Sicherheitenverwalter wie die wechselseitige Abhängigkeit von Parallelverpflichtung und Referenzschuld werden durch die weitere, die Pfandbeziehung intern nicht beeinflussende Vereinbarung erzeugt.

Hinzu kommt, dass die Ausgestaltung jenes Sicherheitenvehikels auch keine Umgehung des Akzessorietätsprinzips beinhaltet, weil sie bereits nicht die gleichen Wirkungen erzeugt, als wenn die Konsorten selbst Pfandgläubiger würden. Die Konsorten erlangen nur aus dem Treuhandverhältnis einen Anspruch auf Auskehrung von Erlösen. Damit werden weder dem Verpfändungsvertrag neue Gläubiger zugefügt, noch betrifft die rechtsgeschäftlich begründete, wechselseitige Verbindung von Parallelverpflichtung und Kreditschuld überhaupt die Akzessorietät eines Pfandrechts. Der Akzessorietätsgrundsatz, der eine einseitige Abhängigkeit eines Nebenrechts von einem Hauptrecht verlangt, wird nicht dadurch tangiert, dass mittels einer weiteren Vereinbarung das Schicksal der Hauptforderung beeinflusst wird. Die Parteien sind überdies nicht gehalten, eine vermeintlich eigentlich zu sichernde Forderung als Hauptrecht auszugestalten.

Zwar lässt sich nicht bestreiten, dass das Konstrukt der Parallelverpflichtung als solches die gesetzlichen Folgen des Akzessorietätsprinzips in bestimmten Situationen neutralisieren will. Jedoch kann eine solche Umgehung von gesetzlich fixierten, akzessorisch ausgestalteten Sicherungsformen nur dann unzulässig sein, wenn die Parallelverpflichtung einen Verstoß gegen sachenrechtliche Grundsätze darstellte. Eine Abweichung von gesetzlich statuierten Sicherungsformen ist nicht ausgeschlossen, was sich nicht zuletzt an der grundsätzlichen

673 Vgl. dazu S. 244 ff.
674 *Apfelbaum*, S. 252 f.

Anerkennung der Sicherungsübereignung oder -zession ablesen lässt. Von einer unzulässigen Umgehung gesetzlicher Sicherungsrechte, insbesondere auch des Akzessorietätsprinzips, könnte nur dann gesprochen werden, wenn bei der Wahl gesetzlich vorgegebener Instrumente deren Grundsätze und Wertungen missachtet würden oder die gewählte Ausgestaltung den Wertungen jener Norm gerade zuwiderläuft. Dies ist aber nicht der Fall, da die gesetzlichen Vorschriften bereits nur einen Teilbereich der besagten Konstruktion überhaupt regeln. Darüber hinaus ist nicht zu verkennen, dass die rechtsgeschäftlich begründete, wechselseitige Abhängigkeit von Referenzschuld und Parallelverpflichtung eine ganz ähnliche Anlehnung des Sicherungsrechts (Parallelverpflichtung) an die zu sichernde Forderung schafft wie das ex lege festgelegte Akzessorietätsprinzip.[675]

Die bei der Parallelverpflichtung fehlende institutionelle Einbettung des Sicherungszwecks als integrales Element des Sicherungsrechts bedeutet nicht, dass die in der Verknüpfungsform „Akzessorietät" innewohnende Funktion nicht auch durch die vertragliche Ausgestaltung verwirklicht werden kann. So bietet die wechselseitige Abhängigkeit von Parallelverpflichtung und Referenzschuld ebenso einen ausreichenden Schutz des Schuldners und eine Rückkoppelung an den Leistungszweck, wie es das Prinzip der Akzessorietät gewährleistet.[676] Selbst wenn die Gesamterfüllungswirkung abgelehnt und die Parteivereinbarung so ausgelegt würde, dass die Parallelverpflichtung in Höhe der Summe aller Kredite entstehen soll,[677] ist eine ausreichende Anbindung des Sicherungsrechts an den Sicherungszweck mittels Einrede der ungerechtfertigten Bereicherung sichergestellt.

Die Parallelverpflichtung schafft kein akzessorietätsloses Pfandrecht. Die Verknüpfung von Referenzschuld und Parallelverpflichtung bei vollständiger Tilgung der Referenzschuld ersetzt die gerade durch die Konstruktion ausgeschlossene, aber für den Schuldner wichtige Verbindung zwischen akzessorischem Sicherungsrecht und Kreditverbindlichkeit. Das Ziel der Parallelverpflichtung, die Konsorten gleichrangig zu besichern, steht in keinem Widerspruch zur gesetzlichen Regelung des § 1209 BGB, da diese Vorschrift ihrerseits die Akzessorietät bei rangwahrender Besicherung künftiger Forderungen durchbricht.[678]

---

675 Vgl. *Apfelbaum*, S. 255 f.

676 Der Zweck des Akzessorietätsprinzips ist umstritten. Während die hM Schuldnerschutzaspekte in den Vordergrund rückt (vgl. *Habersack* JZ 1997, 857, 862; *ders.* in MünchKomm, BGB, Band 5, § 765, Rn 61), stellt *Chr. Schmidt*, S. 53 ff. den Sicherungszweck als Regelungsgrund jenes Prinzips dar.

677 So etwa *Schnauder*, NJOZ 2010, 1663, 1668.

678 *Apfelbaum*, S. 256.

Die nach deutschem Recht relevantere Funktion der Parallelverpflichtung als Vehikel zur mittelbaren Besicherung erst nach Übertragung entstehender Kreditforderungen[679] ergibt keine abweichende Einschätzung. In Betracht käme hier nur eine Umgehung der aus dem Akzessorietätsprinzip erwachsenden Erforderlichkeit der Identität zwischen dem Gläubiger der Haupt- und der Nebenforderung. Sie wird bei der Parallelverpflichtung vermieden, indem die Identität des mittelbar durch die Parallelverpflichtung begünstigten Konsorten bei deren Begründung nicht feststehen muss und ihm die Treuhandabrede ab dem Zeitpunkt des Beitritts zum Konsortium etwaige Verwertungserlöse vermittelt. Formal gesehen bietet die Konstruktion keinen Grund für Bedenken, da der rechtlich begünstigte Sicherheitenverwalter sich stets auf schuldrechtlicher Ebene gegenüber Dritten binden kann, ohne dass hierdurch die sachenrechtliche Beziehung zum Pfandgeber beeinträchtigt wird.[680]

Auch kann unter Wertungsgesichtspunkten keine unzulässige Gesetzesumgehung angenommen werden. Grund der notwendigen Identität zwischen Hauptschuld- und Pfandgläubiger ist die Rückkoppelung des Sicherungsrechts an den Sicherungszweck zum Schutze des Sicherungsgebers. Zwar ist die Umgehung – wie festgestellt – nicht mehr vom Anwendungsbereich der die Akzessorietät anordnenden Vorschriften erfasst. Jedoch verstößt die gefundene Regelung nicht gegen die Zielsetzung des Gesetzes. Zulässige Regelungen des Akzessorietätsersatzes sind etwa in der Begründung von Bedingungen gefunden. Die Ausgestaltung der Parallelverpflichtung berücksichtigt aber auch in ausreichendem Maße die Interessen des Sicherungsgebers durch Ausschluss der Möglichkeit einer doppelten Inanspruchnahme.

III. Einwand der unzulässigen Forderungsauswechslung

Überdies wird eine Unzulässigkeit der Parallelverpflichtung mit der nach § 1204 Abs. 1 BGB unzulässigen Auswechslung einer Forderung nach Pfandrechtbestellung vor dem Hintergrund einer Syndizierung mittels Novation begründet. Dagegen spricht, dass nur die Referenzschuld der Syndizierung und demnach bei Übertragung mittels Novation einem Identitätswechsel unterliegt.[681] Entsteht die Parallelverpflichtung bspw. erst mit Valutierung der Referenzschuld und wird ein Schuldverhältnis bei noch ausstehender Valutierung noviert, entsteht frühestens mit Valutierung des Neukonsorten die Parallelverpflichtung. Wenn

679 Vgl. dazu S. 48 ff.

680 *Apfelbaum*, S. 254.

681 *Apfelbaum*, S. 254.

demgegenüber die Parallelverpflichtung bereits vor Valutierung wirksam wird, besteht sie folglich unberührt weiter.

Während somit also ein vorrangiges Pfandrecht unverändert an der abstrakten Schuld trotz Novierung der Referenzschuld bestehen bleibt, lässt sich dabei die Frage stellen, ob hierdurch eine unzulässige Umgehung des § 1252 BGB zu sehen ist, da die Vermeidung jener Untergangsakzessorietät des Pfandrechts zentrales Ziel der Vereinbarung ist.[682] Hiergegen spricht letztlich, dass durch die Parallelverpflichtung kein Zustand geschaffen werden soll, der eine dauerhafte Aufrechterhaltung eines dinglichen Rechts und eine beliebig wechselnde Verwendung trotz Erfüllung der ursprünglich zu sichernden Forderung ermöglicht.[683] Die Parallelverpflichtungskonstruktion ist so gewählt, dass die zur Sicherung der Leistungserwartung des Sicherheitenverwalters bestellten Sicherheiten wirtschaftlich gesehen auch im Falle einer Novation der Referenzschuld mittelbar immer nur Ansprüche aus dem Kreditverhältnis sichern sollen.[684] Ein Wertungswiderspruch zum Ziel des § 1252 BGB ist deshalb nicht erkennbar.

D. Zulässigkeit der Verknüpfung von Parallelverpflichtung und Referenzschuld

Die Zulässigkeit der Verknüpfung des Bestandes einer Forderung mit dem einer Referenzforderung ist grundsätzlich gegeben. Bedenken, die im Zusammenhang mit der Verknüpfung von Forderungen in Bezug auf Bestand und Höhe aufkommen, betreffen insbesondere den Fall der Bestimmtheit einer abzutretenden Forderung, deren Höhe vom Bestand einer zu sichernden Forderung abhängt.[685] Dies betrifft allerdings nur die hier nachrangige Frage der Wirksamkeit der Abtretung einer Forderung, deren Höhe mit einer anderen schwankenden Forderung verknüpft ist.[686] Die davon zu unterscheidende Frage der grundsätzlichen Zulässigkeit der Verknüpfung der Forderungshöhen wird hiermit nicht verneint bzw. gerade als zulässig unterstellt. Eine Abtretung der Forderung fordert ihre

---

682 *Apfelbaum*, S. 257 f.

683 *Apfelbaum*, S. 257 ff.

684 Ausführlich *Apfelbaum*, S. 260 f.

685 Vgl. dazu etwa BGH NJW 1965, 2197 ff., wo zur Sicherheit für Forderungen einer Bank an diese Forderungen des Schuldners „*bis zur Höhe des jeweiligen Schuldsaldos* […]" abgetreten wurden. Vgl. dazu auch die kritische Anmerkung von *Wolf*, NJW 1966, 107. Dazu ebenfalls *Busche*, in *Staudinger* (2012), § 398, Rn 54; *Roth*, in MünchKomm, BGB, Band 2, § 389, Rn 73.

686 Dazu auch OLG Dresden, NJW-RR 1997, 1070, 1071.

eindeutige Festlegung als Verfügungsgegenstand. Die Abtretung ist nur zulässig, wenn der Umfang der Abtretung den Beteiligten offengelegt wird. Die Koppelung der Höhe der Parallelverpflichtung an die Höhe der Kreditverbindlichkeiten betrifft hingegen zunächst den spezifischen Vermögenswert der Parallelverpflichtung, der aus der Rechtszuständigkeit des Sicherheitenverwalters entspringt. Sie hängt von dem Bestand der Referenzschuld ab. Das eigentliche Problem bei der Abtretung einer Forderung, deren jeweilige Höhe von einer turnusmäßig sich ändernden Schuld abhängt, ist bei der Parallelverpflichtung tatsächlich nicht in der Form gegeben. Es fehlt hier der Drittbezug. Wenn für die Wirksamkeit der Abtretung gefordert wird, dass der Umfang der abzutretenden Forderung auch dem Drittschuldner bekannt sein muss,[687] bedeutet dies im Rahmen der Schuldbegründung, dass lediglich zwischen Gläubiger und Schuldner der Umfang der Forderung und deren spätere Erweiterung bestimmbar sein müssen. Solange jedoch kein Wechsel der Rechtszuständigkeit eintritt und insofern zugunsten des Drittschuldners kein bestimmbarer (also hier nach hM konkret summenmäßig bezifferbarer) Leistungsgegenstand festzustehen hat, ist mit der Bezugnahme der Parallelverpflichtung auf die Referenzschuld Erstgenannte wirksam begründet.

I. Vertraglicher Automatismus der gegenseitigen Anpassung

Im Zusammenhang mit der Verknüpfung der Primärverbindlichkeit Kreditschuld und der Parallelverpflichtung, aber dennoch auch den Begriff der Abstraktheit berührend, steht die Frage der konkreten Anpassung. Dies verdeutlicht sich insbesondere vor dem Hintergrund der unterschiedlichen Formulierungen der Klauseln. Während manche Klauseln von einer automatischen Anpassung des Leistungsumfangs der Parallelverpflichtung an die Kreditschuld sprechen,[688] untersagen andere dem Sicherheitenverwalter, das abstrakte Schuldversprechen insoweit geltend zu machen, als Verbindlichkeiten aus dem Kreditverhältnis gegenüber dem Kreditgeber erfüllt worden sind.[689] Die Formulierung einer automatischen Anpassung der Parallelverpflichtung wird auch zum Teil aus dem Grunde gescheut, dass ihre Deutung gegen eine Abstraktheit der Parallelverpflichtung

---

687 *Busche*, in *Staudinger* (2012), § 398, Rn 54; *Roth*, in MünchKomm, BGB, Band 2, § 398, Rn 73. Daneben wird auch auf die Zumutbarkeit der Kenntnisverschaffung des Schuldners vom Umfang der Forderungsabtretung abgestellt, OLG Dresden NJW-RR 1997, 1070, 1072.

688 Vgl. die Formulierung der Klausel auf S. 125 ff.

689 Vgl. hingegen die Klausel auf S. 128 f.

sprechen könne.[690] Gleichwohl geht die Mehrheit der Autoren von einer automatischen Anpassung der jeweils korrespondierenden Forderung aus.[691] Dies gilt auch in umgekehrter Richtung: Leistungen auf die Parallelverpflichtung sollen zu einer automatischen Reduktion der Referenzschuld führen,[692] was ebenfalls ausdrücklich in manchen Klauseln geregelt ist.[693]

Gewiss können die Parteien auch eine abweichende Regelung treffen, jedoch scheinen auf Grundlage der vorliegenden Klauseln die besseren Gründe für das Auslegungsergebnis der hier hM zu sprechen. Nach hiesigem Verständnis soll die Parallelverpflichtung letztlich nur als Vehikel dienen, um bestimmte ungewollte Folgen bei einer Syndizierung auszuschalten. Im Übrigen aber soll sie – soweit eben möglich – die Sicherungsrechte im übertragenen Sinne so behandeln, *als seien sie direkt auf die Kreditschuld bestellt worden.*[694] Dann aber führte die Leistung auf die Hauptschuld zu einer automatischen, entsprechenden Reduktion des Bestands akzessorischer Sicherheiten.

Darüber hinaus kann trotz der erforderlichen Abstraktion der Parallelverpflichtung dieser Interessenlage der Parteien entsprochen werden. Die notwendige rechtliche wie wirtschaftliche Loslösung der abstrakten Schuld von der Grundverpflichtung verlangt, dass die Wirksamkeit des die Schuld begründenden Rechtsgeschäfts nicht von der Erreichung eines rechtserheblichen Zwecks abhängt.[695] Hieraus ist zu folgern, dass nicht die Parallelverpflichtung als Recht abstrakt sein kann, sondern nur das sie begründende Rechtsgeschäft.[696] Schließen die Parteien in diesem Sinne ein abstraktes Rechtsgeschäft und begründen damit eine Forderung, muss die konkrete Ausgestaltung von Einwirkungstatbeständen davon separat zu betrachten sein. Aus dem Umstand, dass

---

690 In diesem Sinne noch in der Vorauflage: *Diem*, 2. Aufl. § 42, Rn 2. In der 3. Aufl. ist dieser Hinweis nicht mehr enthalten, vgl. *Diem*, § 42, Rn 2.

691 So *Danielewsky/Dettmar*, WM 2008, 713, 713; *Förl*, RNotZ 2007, 433, 450; *Hoffmann*, WM 2009, 1452, 1454; wohl auch, wenn auch sich nicht festlegend *Willer*, AcP 209 (2009), 807, 815, der meint, die Parallelverpflichtung reduziere sich entsprechend mit der Leistung auf die Hauptschuld, sei aber wenigstens kondizierbar.

692 *Hoffmann*, WM 2009, 1452, 1454; *Willer*, AcP 209 (2009), 807, 825. A. A. *Förl*, RNotZ 2007, 433, 450, allerdings ohne Begründung und mit dem Hinweis, dass solche Zahlungen anzurechnen seien.

693 Vgl. nur die zitierte Klausel auf S. 125 ff. oder die zitierte Klausel von *Harpering*, S. 136.

694 Vgl. dazu noch S. 211 f.

695 Umkehrschluss aus der Definition der Kausalheit von *Stadler*, S. 19, die Kausalheit als „*Abhängigkeit eines Rechtsgeschäfts von einer causa*" bezeichnet.

696 *Stadler*, S. 18; *von Thur*, AT I, S. 229. Vgl. noch dazu S. 177 f.

die Zuwendung zwischen Schuldner der Parallelverpflichtung und Sicherheitenverwalter unabhängig vom eigentlichen Schuldgrund wirksam wird, folgt nicht zwingend, dass die Parteien keine Spiegelung eines Leistungsgegenstandes einer Forderung in der neu erschaffenen Forderung vornehmen können.

Es handelt sich bei der automatischen Angleichung des Leistungsumfangs nicht um eine Einverleibung eines Schuldgrundes aus dem Kreditvertrag zwischen Kreditgeber und -nehmer, sondern lediglich um eine antizipierte, durch einen vereinbarten Automatismus festgelegte Verfügung über den Inhalt der Parallelverpflichtung durch deren Parteien selbst.[697] Vor dem Hintergrund, dass die Abstraktion in den §§ 780, 781 BGB nicht wie bei Verfügungsgeschäften durch Verkehrsschutzinteressen, sondern alleine durch den rechtsgeschäftlichen Willen der Parteien zu rechtfertigen ist,[698] muss eine derartige Vereinbarung zulässig sein. Sie betrifft nicht das Geschäft der Rechtsbegründung, sondern das Recht selbst.

II. Umfang der Verknüpfung von Parallelverpflichtung und Referenzschuld

Die nunmehr in Rede stehende Konstruktion der Parallelverpflichtung als auf der einen Seite schlichtes Vehikel und andererseits als Forderung, die die Entwicklung der Referenzschuld (Kreditverbindlichkeit) möglichst in Bestand abbilden soll, wird von Parteien unter deutschem Recht überwiegend als abstrakt gekennzeichnet. Andererseits wird sie in der Literatur als akzessorisch oder zumindest „*wirtschaftlich akzessorisch*“[699] zu den als Referenzschuld zugrunde liegenden Kreditverbindlichkeiten angesehen. Dieser konstruierte Zusammenhang und scheinbar offensichtliche Widerspruch ist näher zu betrachten, um sich der Natur der Parallelverpflichtung zu nähern.

Wie schon aufgezeigt, konstituiert die entsprechende Vertragsklausel einen Gleichlauf der Kreditverbindlichkeiten und der Parallelverpflichtung hinsichtlich der Höhe der jeweiligen Verbindlichkeiten und der Fälligkeit. Die betreffenden Klauseln weisen jedoch darüber hinaus auch Verknüpfungen auf, die ein gewillkürtes Durchschlagen von Einwendungen oder Einreden nahelegen. Ob es sich hierbei aber um eine akzessorische Verbindung der beiden Rechte handelt, erscheint fraglich und ist zum einen davon abhängig, wie eng das Prinzip der Akzessorietät gefasst wird und zum anderen, zwischen welchen

697 Dazu noch S. 224 f.

698 *Marburger*, in *Staudinger* (2009), § 780, Rn 22.

699 Diesen Begriff prägend *Danielewsky/Dettmar*, WM 2008, 713, 713 f.

Forderungen eine Verbindung in Form einer Akzessorietät überhaupt denkbar ist. Insbesondere muss dabei die Frage beleuchtet werden, ob die gewillkürte Verbindung von Kreditverbindlichkeit und Parallelverpflichtung tatsächlich nach der ganz überwiegenden Meinung in der Literatur als akzessorisch zu umschreiben ist. Dies leitet zu der für die Wirksamkeit des Modells wesentlichen[700] Frage, ob dieser Befund zur Verknüpfung der Rechte mit der Feststellung einer abstrakten Schuld – wie es betreffende Verträge regelmäßig formulieren – vereinbar ist.

Wie *Schnauder* zutreffend darlegt,[701] wird von der vorherrschenden Literatur[702] die Abstraktheit der Parallelverpflichtung im Sinne des § 780 BGB einerseits akzeptiert. Gleichzeitig soll die Parallelverpflichtung aber, ohne die Vereinbarkeit dieser Konstruktion mit der gefestigten Systembildung näher zu hinterfragen, auch akzessorisch sein. Vor der Betrachtung einer möglichen Perplexität der Konstruktion muss der Frage nachgegangen werden, *ob die Begriffe von Akzessorietät und Abstraktion überhaupt auf die Parallelverpflichtung Anwendung* finden können. Den Status eines rechtlichen Oxymorons ist der Parallelverpflichtung daher erst dann zu verleihen, wenn die Merkmale der Abstraktion und Akzessorietät tatsächlich zutreffen und darüber hinaus unvereinbar sind. Es wird deshalb auf eine Vereinbarkeit scheinbar sich ausschließender Regelungsregime nur dann ankommen, wenn und soweit die Parallelverpflichtung Anlass dazu bietet, sie sowohl als akzessorisches bzw. abhängiges Recht gegenüber den Referenzschulden (Kreditverbindlichkeiten) zu begreifen, als auch als eine hiervon abstrakte Schuld. Hierbei darf nicht der Fehler begangen werden, die Begriffsbildung so für den konkreten Fall anzugleichen, dass eine vermeintliche Unvereinbarkeit der Parallelverpflichtung mit der Systembildung nur dadurch entsteht, dass fälschlicherweise vorher Abstraktion und Akzessorietät angenommen wurden. Die beiden Prinzipien stehen bei der Parallelverpflichtung nicht nur in einem scheinbaren Widerspruch, sondern dergestalt in einer Wechselbeziehung, dass die Annahme von Abhängigkeit und/oder Abstraktheit der Forderung Auswirkungen auf den Befund zum jeweils anderen Prinzip hat. Dabei kommt der Definition und dem Verständnis von Akzessorietät und Abstraktheit wesentliche Bedeutung zu.

---

700 Vgl. vorstehend S. 137 f.

701 *Schnauder*, NJOZ 2010, 1663, 1665 ff.

702 *Danielewsky/Dettmar*, WM 2008, 713, 713; *Hoffmann*, WM 2009, 1452, 1455; *Willer*, AcP 209 (2009), 807, 813.

III. Art der Abhängigkeit zwischen Referenzschuld und Sicherheitenträger

Bei der im Folgenden zu behandelnden Frage der Art der gewillkürten Verknüpfung der gegenständlichen Parallelverpflichtung mit ihrer Referenzschuld sieht die ganz hM die vertragliche Ausgestaltung der Verbindung zwischen Kreditverbindlichkeit und Parallelverpflichtung als Basis für die Feststellung einer Akzessorietät.[703] Da es sich bei der Parallelverpflichtung um kein gesetzliches Sicherungsmittel handelt, setzt dies die grundsätzliche Möglichkeit der rechtsgeschäftlichen Schöpfung einer akzessorischen Verbindung zwischen einer Schuld und einer gekorenen Sicherheit (die also nicht nach dem Gesetz zu Sicherungszwecken genutzt wird[704]) voraus. Neben dieser direkt im Anschluss zu behandelnden Frage, ob eine derartige rechtsgeschäftliche Verknüpfung möglich ist, soll der Parteiwille ermittelt werden. Ihm muss zu entnehmen sein, ob eine akzessorische Verbindung zwischen der Referenzschuld und der Parallelverpflichtung überhaupt gewollt ist oder ob der Parteiwille nicht eine andere Klassifizierung des Abhängigkeitsverhältnisses nahelegt. Hierbei ist entscheidend, welche Merkmale die Akzessorietät prägen und ob diese auch das Verhältnis zwischen Referenzschuld und Parallelverpflichtung nach dem Willen der Parteien kennzeichnen sollen.

So sind die Unabhängigkeit der Parallelverpflichtung in ihrer Entstehung und die gegenseitige Abhängigkeit im Rahmen von Tilgungszahlungen die zentralen Merkmale des Parteiwillens. Die Entstehung der Parallelverpflichtung soll zunächst nach sämtlichen Varianten der in Rede stehenden Klauseln völlig unabhängig von einer möglicherweise unwirksamen Entstehung der korrespondierenden Kreditverbindlichkeiten sein.[705] Es wird dabei festgelegt, dass es sich hierbei um eine selbstständige Schuld handelt.[706] Umgekehrt jedoch wird die Parallelverpflichtung in dem Umfang geschmälert, wie die Referenzschuld sich

703 Vgl. *Apfelbaum*, S. 256 ff; *Danielewsky/Dettmar*, WM 2008, 713, 713; *Willer*, AcP 209 (2009), 805, 823 f.

704 Im Vergleich zur geborenen Sicherheit: *Ganter*, in *Schimansky/Bunte/Lwowski*, Band II, 4. Aufl., § 90 12 f.

705 Häufig ist die Formulierung zu finden, dass jede Vertragspartei anerkenne, dass die Kreditverbindlichkeiten wie die Parallelverpflichtung verschiedene und unterschiedliche Verbindlichkeiten seien, die unabhängig voneinander bestünden und dass die Kreditverbindlichkeiten in keiner Weise die Parallelverpflichtung des Sicherheitengebers begrenzten oder berührten.

706 *De Meo/Hoffmann*, in *Schütze/Weipert*, Münchener Vertragshandbuch, Band 2, WR I, III.14, (S. 399).

infolge einer unwiderruflichen Zahlung mindert. Korrespondierend dazu soll auch eine unwiderrufliche Zahlung auf die Parallelverpflichtung die Verbindlichkeiten aus den Kreditgeschäften entsprechend schmälern.[707]

1. Begriff der Akzessorietät und Verknüpfung der Parallelverpflichtung mit den Kreditverbindlichkeiten

Wird diesen Ausgestaltungen der Parallelverpflichtung der gesetzlich geprägte Akzessorietätsbegriff umfänglich entgegengesetzt, verdeutlicht sich, dass die Parallelverpflichtung schon nach dem Parteiwillen kein akzessorisches Recht ist. Die Verbindung zwischen Parallelverpflichtung und Referenzschuld weist Charakteristika auf, die einer akzessorischen Verknüpfung im eigentlichen Sinne fremd sind.

Das Prinzip der Akzessorietät als solches verlangt nach der herrschenden Lehre eine Abhängigkeit eines Nebenrechts gegenüber einem Hauptrecht im Hinblick auf Inhalt, Fortbestand, Durchsetzbarkeit, Zuständigkeit und eben auch in Bezug auf die Entstehung des Rechts.[708] Dabei ist allerdings der Begriff der Akzessorietät nicht in der Weise zu verstehen, dass er lediglich eine einseitige Abhängigkeit des sichernden Rechts gegenüber der Forderung verlangt. Die Akzessorietät bildet stattdessen den „*Höchstfall*“ der Abhängigkeit. Akzessorisch ist eine Forderung demnach auch nur, wenn sie fortwährend und in allen Punkten sich an die Hauptschuld anlehnt, ihr folgt und sie abbildet als wäre sie ihr Schatten.[709] Es zeichnet die Akzessorietät demnach aus, dass die Sicherung der Hauptschuld durch die akzessorische Schuld gesetzlich dergestalt konstruiert wird, dass der Zweck der Sicherung der Hauptschuld zum institutionell vorgegebenen Inhalt des akzessorischen Rechts wird. Die Zwecksetzung wird integraler Bestandteil des akzessorisch geführten Nebenrechts. Die mit dem Sicherungsrecht verbundene Rechtsmacht ist kraft gesetzlicher Ausgestaltung von vorneherein an den Inhalt der Hauptschuld angeglichen und lediglich auf den Zweck der Sicherung dieser Hauptschuld beschränkt.[710] Akzessorietät beschreibt somit ausschließlich eine institutionelle, weil gesetzlich vorgegebene Gebundenheit des Sicherungsrechts an die Hauptforderung.[711]

---

707 Vgl. dazu die Klausel hier auf S. 125 ff. sowie S. 171 f.

708 Vgl. nur *Gaier*, in MünchKomm, BGB, Band 6, Einl., Rn 22; *Petri*, S. 32; *Nobbe*, in *Schimansky/Bunte/Lwowski*, Band II, 4. Aufl., § 91, Rn 2; *Schürnbrand*, S. 28.

709 *Reichel*, S. 46. Auch *Becker-Eberhard*, S. 51f; *Lwowski*, in *Lwowski/Fischer/Langenbucher*, § 1, Rn 16.

710 *Becker-Eberhard*, S. 60.

711 Dazu *Becker-Eberhard*, S. 77.

Im Folgenden soll alleine dieses enge, technische Verständnis des Akzessorietätsbegriffs als Maßstab zugrunde gelegt werden.[712] Bei der Untersuchung der Existenz einer gewillkürten Akzessorietät bei der Parallelverpflichtung muss berücksichtigt werden, dass bereits gesetzliche Sicherungsrechte auch nur partiell akzessorisch ausgestaltet sind, es also Regelungsbereiche gibt, wo das Gesetz eine Durchbrechung der Akzessorietät vorsieht. Die Möglichkeit der Sicherung erst künftiger Forderungen belegt eine solche Durchbrechung. Insofern wäre es unzutreffend, Merkmale der Akzessorietät kumulativ belegen zu wollen, um eine Akzessorietät zu bejahen. Die Frage lautet vielmehr, ob das Gesamtbild der Parallelverpflichtung auch unter Berücksichtigung von Durchbrechungen einer akzessorischen Bindung insgesamt als akzessorisch anzusehen ist.

2. *Grundsätzliche Unmöglichkeit der rechtsgeschäftlichen Schöpfung einer akzessorischen Verbindung*

Die Zulässigkeit einer rechtsgeschäftlichen Herstellung von Akzessorietät ist eine für die Beurteilung und dogmatische Einordnung der Parallelverpflichtung wesentliche Frage. Sie betrifft im Anschluss an das hier zugrunde zu legende technische Verständnis von Akzessorietät nicht die Möglichkeit der vertraglichen Verknüpfung eines Sicherungsrechts mit einer Forderung im Allgemeinen. Darüber hinaus ist zu fragen, ob eine unmittelbare Einwirkung der Forderung auf das Sicherungsrecht in bestimmten Erscheinungsformen überhaupt rechtsgeschäftlich hergestellt werden kann.

Jene Vereinbarung müsste danach eine Gestaltungskraft besitzen, die aus dem Sicherungszweck entstehende und kraft Gesetzes auf das Sicherungsrecht einwirkende Schicksalsparallelität auch bei gesetzlich nicht geregelten oder gesetzlich nicht-akzessorischen Sicherungsrechten zu erzeugen. Die Frage beschränkt sich lediglich auf die Zulässigkeit einer rechtsgeschäftlich begründbaren Hereinnahme des Sicherungszwecks und auf die Anlehnung an die gesicherte Forderung an das Sicherungsrecht selbst.[713] So darf eine durch Vereinbarung geschaffene Abhängigkeit des Sicherungsrechts dort nicht geschaffen werden, wo das Gesetz – wie bei

712 Gegen hiesige Ansicht *Westerkamp*, S. 131, der annimmt, die Akzessorietät verkörpere den Sicherungszweck der Bürgschaft. Ähnlich *Wieacker*, S. 188, wenn er ausführt, dass die Akzessorietät die schon im Begriff der dinglichen Sicherung enthaltene wechselseitige Zweckbindung als einseitige Abhängigkeit der dinglichen Sicherung von der persönlichen Schuld darstelle. Hiergegen ist einzuwenden, dass damit Akzessorietät mit schlichter Abhängigkeit gleichgesetzt wird, *Becker-Eberhard*, S. 50. Dazu instruktiv *Reichel*, S. 46 f.

713 *Becker-Eberhard*, S. 64.

der Grundschuld – ein nicht-akzessorisches Sicherungsmittel geschaffen hat.[714] Bei einer Sicherungsübereignung würde die Hereinnahme des Sicherungszwecks etwa den gesetzlich festgelegten Inhalt der §§ 929 ff. BGB vertraglich verändern und damit den Sicherungszweck zum Bestandteil der sachenrechtlichen Eigentümerposition machen; sie stellt deshalb einen Verstoß gegen den sachenrechtlichen Typenzwang dar.[715] Auch bei der Sicherungszession gilt im Ergebnis die gleiche Überlegung. Auch hier wird eine rechtsgeschäftlich begründete Akzessorietät abgelehnt.[716] Zwar käme eine rechtsgeschäftlich begründete Akzessorietät nicht mit dem sachenrechtlichen Typenzwang in Konflikt und könnte inhaltlichen Änderungen unterliegen, allerdings bedürfte gerade diese der Mitwirkung des Drittschuldners. Darüber hinaus könnte die Anpassung den Zedenten schädigen, wenn die anzupassende, zedierte Drittschuld ursprünglich höher war als die Schuld.[717]

a) Übertragung dieser Grundsätze auf die Parallelverpflichtung

Somit stellt sich die Frage, ob der generelle Ausschluss der rechtsgeschäftlichen Vereinbarung von Akzessorietät Auswirkungen im gegebenen Kontext hat. *Dieser Befund würde nur dann eine Unzulässigkeit des Modells der Parallelverpflichtung begründen, wenn sie tatsächlich nach dem Willen der Parteien als akzessorisches Recht ausgestaltet wäre.*

Nun ist die Parallelverpflichtung keine Drittschuld, sondern ein (im Regelfall) durch den Schuldner zusätzlich eingeräumtes Sicherungsinstrument und die Anpassung derselben bedürfte gleichfalls auch keiner gesonderten Mitwirkung des Sicherheitenverwalters als Gläubiger. Im Übrigen wird die Parallelverpflichtung auch nicht abgetreten und sie unterliegt auch als abstraktes Verpflichtungsgeschäft keinem sachenrechtlichen Typenzwang. Da eine akzessorische Verbindung rechtsgeschäftlich aufgrund einer anderslautenden gesetzgeberischen Entscheidung nicht hergestellt werden kann,[718] ist für die Parallelverpflichtung eine differenzierte Betrachtung angezeigt.

Die Feststellung einer Abstraktion alleine spricht nach hiesigem Verständnis nicht im Grundsatz gegen eine zumindest theoretische Möglichkeit einer akzessorischen Verknüpfung der Parallelverpflichtung als abstraktes Schuldversprechen. Diese Annahme ist gewiss nur möglich, wenn Abstraktion und

714 *Stadler*, S. 584 f.
715 *Becker-Eberhard*, S. 65 mit weiteren Nachweisen.
716 *Pöggeler*, JA 2001, 65, 68.
717 *Becker-Eberhard*, S. 66.
718 *Stadler*, S. 584 f.

Akzessorietät nicht als gegensätzliche Begriffspaare gewählt werden,[719] sondern *Kausalheit und Abstraktion auf der einen Seite und Akzessorietät und Nicht-Akzessorietät auf der anderen Seite.*[720] Während die Akzessorietät die einseitige Abhängigkeit eines Nebenrechts von einem Hauptrecht in den jeweiligen Regelungsbereichen Entstehung, Fortbestand, Durchsetzbarkeit und Untergang beschreibt, kennzeichnet die Kausalität als Gegenpart zur Abstraktion die Abhängigkeit eines Rechtsgeschäfts von seiner causa. Die Zuwendung ist also nur dann kausal, wenn ihre Wirksamkeit die Erreichung eines rechtserheblichen Zwecks voraussetzt.[721] Da der Rechtsgrund der abstrakten Parallelverpflichtung nach hier vertretener Ansicht durch eine Sicherungsvereinbarung gebildet wird,[722] bedeutet die Abstraktheit die Unabhängigkeit des Wirksamwerdens der Forderung von der Erreichung jenes Zwecks. Die Loslösung vom Bestand des Grundgeschäfts basiert währenddessen auf dem nichtakzessorischen Charakter des Schuldversprechens.[723]

So spricht die Abstraktion der Parallelverpflichtung für sich alleine damit nicht zwangsläufig gegen eine Einverleibung des Sicherungszwecks als Basis für eine akzessorische Verknüpfung.[724] In gleicher Weise wie bei der Hypothek[725] soll die Parallelverpflichtung vom Bestand der zu sichernden Forderung abhängig sein. Der Rechtsgrund der Schaffung dieses Sicherheitenvehikels gründet allerdings nach hier vertretener Ansicht nicht auf der zu sichernden Forderung, sondern auf der Sicherungszweckvereinbarung.[726] Ist die Abstraktion demnach in dem die Parallelverpflichtung begründenden Rechtsgeschäft gegeben, steht damit lediglich fest, dass die Existenz der Sicherungsvereinbarung nicht konstitutives Merkmal des Entstehungstatbestandes der Parallelverpflichtung ist. Abstrakt oder kausal ist auch nicht das Recht als solches, sondern das es erzeugende Rechtsgeschäft.[727]

Daraus lässt sich folgern, dass das Bestehen der Sicherungsvereinbarung auch keinen unmittelbaren Einfluss auf das weitere Bestehen des Rechts hat. Die Transformation des fehlenden Bestehens der zu sichernden Forderung auf

---

719 So *Schnauder*, NJOZ 2010, 1663, 1666 f. oder auch *Dieckmann*, RNotZ 2008, 597, 600 zur Grundschuld.

720 *Stadler*, S. 18 ff.

721 *Stadler*, S. 18 f.

722 Vgl. dazu S. 162 f.

723 *Habersack*, in MünchKomm, BGB, Band 5, § 780, Rn 2.

724 A. A. *Schnauder*, NJOZ 2010, 1663, 1667.

725 *Stadler*, S. 19.

726 Vgl. dazu S. 162 f.

727 *Stadler*, S. 18; *von Thur*, AT I, S. 229.

bestellte Sicherheiten muss vielmehr mittels einer bereicherungsrechtlichen Abwicklung erfolgen. Eine fehlende Implementierung der causa (Sicherungsvereinbarung) bei der Parallelverpflichtung schließt aber eine Anlehnung an die zu sichernde Forderung nicht aus. *Während Abstraktion und Kausalheit die Rechtsentstehung mittels Rechtsgeschäft betreffen, regelt die Akzessorietät die (strenge) Anlehnung des Sicherungsrechts an eine Hauptforderung.* Sind somit die Regelungsgebiete von Abstraktion und Kausalheit auf der einen und Akzessorietät und Nicht-Akzessorietät auf der anderen Seite abgegrenzt, ist im Zusammentreffen von Akzessorietät und Abstraktion deshalb kein Widerspruch zu erkennen. Sie regeln unterschiedliche Komplexe der Abhängigkeit.[728]

Gleichwohl ist eine akzessorische Verknüpfung nach hiesigem Verständnis mittels „Degradierung" der Parallelverpflichtung zum Nebenrecht nicht gewollt. Die folgende Untersuchung soll den Parteiwillen den Merkmalen der Akzessorietät gegenüberstellen und zweifelt an, dass die Parteien – die Möglichkeit einer Schaffung von Akzessorietät jenseits von gesetzlichen Sicherungsrechten unterstellt – überhaupt eine derart strenge Abhängigkeit schaffen wollen.

b) Fehlender Parteiwille zur Schaffung eines immanenten Sicherungszwecks im Übrigen

Es besteht schon kein Wille der Parteien zur Schaffung des Sicherungszwecks als integraler Bestandteil der Parallelverpflichtung. Zwar ist selbstverständlich die Sicherung der Kreditverbindlichkeit als solche der eigentliche, übergeordnete Zweck der Parallelverpflichtung und ist somit die Vorgabe, innerhalb derer eine Absicherung auch künftiger Konsorten durch die Begründung der Parallelverpflichtung im Konkreten umgesetzt wird. Dennoch erfolgt die Implementierung dieses Sicherungszwecks hier anders als bei üblichen Sicherungsrechten. Ein akzessorisches Sicherungsrecht entsteht mit seinem immanenten Sicherungszweck in der Form, dass die Hauptschuld von außen auf das Sicherungsrecht einwirkt und es von vorneherein in Bezug auf Umfang und seiner Geltendmachung unter dem Einfluss der Hauptschuld steht.[729] Die Parallelverpflichtung soll hingegen als – ausdrücklich so bezeichnete – „abstrakte" Forderung völlig unabhängig und selbstständig begründet werden, die aus sich heraus und eigens derart ausgestaltet wird, dass ihr Sicherungszweck erst durch die Parteien festzulegen ist.

Die Kreditverbindlichkeit als Referenzschuld wirkt aber nicht in der Form auf die Parallelverpflichtung ein, dass diese von vorneherein kraft institutioneller

728 *Stadler*, S. 18.

729 *Becker-Eberhard*, S. 60 f.

Ausgestaltung zu nichts anderem als zur Sicherung der nach den Kreditverbindlichkeiten zu erbringenden Leistungen verwendet werden könnte. Diese ursprüngliche Abhängigkeit des Nebenrechts ist ein Wesensmerkmal einer akzessorischen Schuld.[730] Es spricht im Rahmen der Konsortialkreditverträge vielmehr vieles dafür, dass sich die Parteien die Option bewahren wollen, später die konkrete Referenzschuld mittels Vereinbarung austauschen zu können. Zwar soll nur eine einmalige Befriedigung der Gläubiger möglich sein. Jedoch ist hieraus nicht automatisch zu schließen, die Parallelverpflichtung sei ein geführtes Recht und somit gewillkürt akzessorisch. Während ein akzessorisches Sicherungsrecht seine regulatorische Ausgestaltung durch eine Wirkungserstreckung der Regelungen aus dem führenden Hauptrecht erfährt, spiegelt die Parallelverpflichtung nicht nur das Schicksal des Hauptrechts. Stattdessen soll sie auch die Kreditforderung angleichen können, wenn ein Drittsicherungsgeber auf die Parallelverpflichtung leistet. Die Parallelverpflichtung ist zwar eigens begründet, aber ihre Angleichung an die Hauptschuld erfolgt gerade nicht im Wege der Akzessorietät als gesetzliche Wirkungserstreckung der für die Hauptschuld gefundenen Bestimmungen, sondern kraft eigener Ausgestaltung. Die Parteien „öffnen" vielmehr die Parallelverpflichtung für das Regelungsregime der Hauptverbindlichkeit; es gilt nicht a priori durch die Begründung der Parallelverpflichtung für diese.

Gegen diesen Befund kann auch nicht sprechen, dass die Ausgestaltung der Parallelverpflichtung bereits in der zugrunde liegenden Klausel die Verknüpfung regelt. Entscheidend ist lediglich, dass die Parallelverpflichtung als grundsätzlich eigenständiges Recht begründet wird, dem der Sicherungszweck nicht institutionell immanent ist. Im Gegensatz zu den Sicherungsrechten, die in Bezug auf die Parallelverpflichtung selbst bestellt werden, ist der der Parallelverpflichtung beigelegte Zweck nicht institutionell vorgegeben. Die Parallelverpflichtung dient somit nicht aus sich heraus kraft rein institutioneller Vorgabe der Sicherung der Referenzschuld, sondern nur infolge gewillkürter Ausgestaltung. Die eindeutige Gestaltung der Klauseln lässt letztlich nur den Schluss zu, dass die Parallelverpflichtung grundsätzlich unabhängig entstehen und selbstständig bestehen soll. Der Sicherheitenverwalter wird somit ein nach außen unbeschränkter Inhaber der Parallelverpflichtung.

Die Parallelverpflichtung dient überdies nicht nur der Sicherung der aus der Kreditverbindlichkeit geschuldeten Leistung, sondern fungiert ebenso als Mittel zur gleichrangigen Partizipation weiterer Gläubiger an vor ihrem Eintritt in das Kreditkonsortium bestellten Sicherheiten. Wer Gläubiger der

---

730 *Becker-Eberhard*, S. 60 f.

Parallelverpflichtung ist und wie eine Befriedigung aus ihr erfolgen soll, regelt gerade nicht eine gesetzlich oktroyierte Akzessorietät, sondern eine Parteivereinbarung. Die Parallelverpflichtung per se als eine akzessorische Verbindlichkeit zu bezeichnen, würde wohl Ursache und Wirkung der Koppelung der Parallelverpflichtung an die Kreditverbindlichkeit vermengen.

Es geht bei der Konstruktion der Parallelverpflichtung nicht um eine Spiegelung des wirtschaftlichen Zwecks der Hauptschuld in der scheinbar geführten Schuld. Insofern ist ein wesentlicher Unterschied zwischen der „gewöhnlichen" Akzessorietät im Sinne der vorstehend genannten Vorschriften und der Fortgangsverknüpfung zwischen Kreditverbindlichkeit und Parallelverpflichtung der Ansatzpunkt und die Resultate des Parteihandelns. Bei der Akzessorietät in diesem Sinne legen die Parteien durch die Wahl der geführten Schuld eine spiegelnde Übertragung der Begründung und des Fortgangs des Hauptschuldverhältnisses fest, ohne dass nähere Regelungen für diese geführte Schuld nötig wären. Die Parallelverpflichtung hingegen erlangt erst durch die regulatorische Koppelung an die Referenzschuld ihren wirtschaftlichen Zweck und eben erst auch den Bezug zur „führenden" Schuld. Wird in diesem Zusammenhang dennoch von Akzessorietät gesprochen, so wäre klarzustellen, dass diese als jedwede Wirkungs- und Fortgangsentwicklung zu verstehen ist und nicht im reinen Sinne der vorstehend genannten gesetzlichen Vorschriften. Es handelt sich formal gesehen bei der Parallelverpflichtung auch nicht um eine einseitige Abhängigkeit derselben gegenüber den Kreditverbindlichkeiten. Vielmehr schmälert sich auch die Hauptschuld aus dem Kreditverhältnis, wenn der Schuldner der Parallelverpflichtung auf Letztgenannte zahlt. Auch entsteht die Parallelverpflichtung nicht erst mit der Begründung einer Referenzschuld. Insofern stellt sich die Frage, ob sich bei diesem grundsätzlich gleichrangigen Verhältnis der beiden Forderungen überhaupt noch von einer Akzessorietät gesprochen werden kann oder ob die Unterschiede eine andere Einordnung gebieten. Gewiss kann festgehalten werden, dass eine derartige Verbindung der beiden Forderungen nicht auf dem Gesetz beruht. Im Gegensatz zu einer Bürgschaft bspw. ist die Akzessorietät eines Sicherungsmittels nicht die gesetzlich fixierte Folge des Parteiwillens, sondern die Fortgangsverknüpfung wird von den Parteien explizit geregelt.

c) Zwischenfazit

Die Parteien der Parallelverpflichtung wollen keine Akzessorietät im gesetzlichen Sinne erzeugen, sondern allenfalls einen Akzessorietätsersatz, der in Ausschnitten und nur für ausgewählte Bereiche eine Bindung des Sicherungsrechts an die Referenzschuld schaffen soll. Eine vollständige Akzessorietät würde hingegen gar dem Sicherungszweck der Konstruktion einer parallelen

Schuld widersprechen. Die zur Sicherung der Leistungserwartung aus der Parallelverpflichtung bestellten Sicherheiten sollen den gleichen Wirkungen unterliegen, als wenn sie zur Sicherung der Leistungserwartung aus der Referenzschuld bestellt worden wären mit Ausnahme der Verfügungswirkungen, die nicht aus einer Befriedigung der Referenzschuld resultieren. Im Falle der Übertragung der Referenzschuld mittels Novation wird der Zweck der Sicherung nicht obsolet, sondern hier greift die allein durch die Parallelverpflichtung erfüllte Funktion der Isolierung der Sicherheiten. Die Parallelen sollen also nur dort bestehen, wo Verfügungswirkungen sowohl bei Referenzschuld als auch bei der Parallelverpflichtung (durch Zahlungen auf diese) Einfluss auf den von beiden Forderungen gemeinsam verfolgten Sicherungszweck haben. Die Bezeichnung einer Erlöschensakzessorietät oder gar einer akzessorischen Verbindung im Allgemeinen ist deshalb abzulehnen, da hiermit nicht zum Ausdruck kommt, dass die Parallelverpflichtung nicht nur kein einseitig geführtes Sicherungsrecht ist, sondern auch die Novation der Referenzschuld schlicht ignoriert.

Der Sicherungszweck (Sicherung der Leistungserwartung für existierende und noch unbekannte Neukonsorten) alleine bestimmt über abzubildende Wirkungen im korrespondierenden Recht. Welche Wirkungen dies im Einzelnen sind, wird nicht konkret in der Klausel geregelt, sie ergeben sich jedoch aus der Betrachtung der Konstruktion. Wenn nur Zahlungen auf die jeweilige Forderung bei der anderen zu einer Betragsanpassung führen, soll die Novation der Referenzschuld keinen Einfluss auf die Parallelverpflichtung haben. Die der Parallelverpflichtung in der Syndizierungsphase zusätzlich zukommende Sicherungsfunktion[731] spielt bei der wechselseitigen Betragsanpassung keine Rolle. Dieser im deutschen Recht wohl ausschlaggebende Nutzen der Parallelverpflichtung steht außerhalb des sich auf die Forderungsgebundenheit auswirkenden Sicherungszwecks. Dies bedeutet, dass ein Ausschluss der Betragsanpassung nur im Fall einer Novation der Referenzschuld erfolgt. Die Isolierung der Sicherheiten bei Übertragung eines nicht valutierten Kreditanteils erfolgt ja bereits vor einer möglichen Betragsanpassung.

Die Einordnung der Parallelverpflichtung als akzessorisches Recht verstellt nach hier vertretener Ansicht den Blick auf die weitere Funktion der Sicherung eines potenziellen Neukonsorten und kann die Sonderfunktion sowie die Konstruktion der Parallelverpflichtung nicht vollends erklären.

---

731 Vgl. dazu vorstehend auf S. 147 f.

3. *Keine Abhängigkeit in der Rechtszuständigkeit*

Der Vergleich des Verhältnisses zwischen Parallelverpflichtung und Kreditverbindlichkeit unter dem Blickwinkel der Rechtszuständigkeit ergibt bereits hier ebenso einen wesentlichen Unterschied zur Akzessorietät, wie sie bspw. in gesetzlichen Regelungen der §§ 401, 1153, 1250 Abs. 1 S. 1 BGB zum Ausdruck kommt. Während es ein Charakteristikum der Akzessorietät ist, dass das führende Hauptrecht auch die Zuständigkeit des geführten Rechts bestimmt[732] und akzessorische Nebenrechte mit dem Wegfall des Hauptrechts erlöschen,[733] ist es gerade der Zweck der Parallelverpflichtung, dass sie nicht das Schicksal der Hauptverbindlichkeit teilt. Die Parallelverpflichtung soll von der Referenzschuld unabhängig bestehen bleiben und eine andere Person als den Gläubiger der Referenzschuld berechtigen. Sie soll schließlich gerade nicht auf einen neuen Konsortialkreditgeber übertragen werden, weshalb die zu spiegelnde Kreditverbindlichkeit schon nach dem Parteiwillen kein führendes Recht ist, auch wenn eine rechtsgeschäftlich begründete Akzessorietät als Voraussetzung gestattet wäre. Als separate Schuld könnte die Parallelverpflichtung ihren Zweck bereits nicht erfüllen, wenn sie bspw. mit einer englischem Recht folgenden Hauptforderung im Zuge einer *novation* unterginge, da eine Neubestellung der Sicherheiten mit Rangverlust nötig würde.

4. *Fehlende nur einseitig geltende Wirkungserstreckung*

Die Parallelverpflichtung als akzessorische Schuld zu verstehen, wäre schon dann nicht möglich, wenn und soweit – wie regelmäßig – für ein akzessorisches Sicherungsrecht gefordert wird, dass es in Entstehung, Fortbestand und Übertragung von der gesicherten Forderung abhängig ist. Dies ist hier nicht der Fall. Die Parallelverpflichtung ist nicht originär abhängig von der Hauptschuld, sondern steht mit dieser in einem wechselseitigen Verhältnis.

Die Zahlung auf die Parallelverpflichtung soll nach der Parteivereinbarung also zu einer entsprechenden Reduktion der Schuld aus der Kreditverbindlichkeit führen.[734] Dabei ist nach dem gängigen Wortlaut der Klauseln die Vereinbarung nicht so zu verstehen, dass erst die Weiterleitung der auf die Parallelverpflichtung geleisteten Zahlungen durch den Sicherheitentreuhänder an die Konsorten eine Erfüllung der Kreditschuld zur Folge hat (§ 267 Abs. 1 BGB). Damit würde dem Kreditschuldner das Weiterleitungsrisiko aufgebürdet.

732 So bereits *von Thur*, AT, I, S. 233.

733 *Stadler*, S. 19.

734 *Hoffmann*, WM 2009, 1452, 1454; *Willer*, AcP 209 (2009), 807, 815.

Außerdem wird gerade der Drittsicherungsgeber als Schuldner der Parallelverpflichtung nur ein Interesse an der Tilgung seiner eigenen Schuld haben.[735] Dies bedeutet, dass Leistungen an den Sicherheitenverwalter der Erfüllung der Parallelverpflichtung zu dienen bestimmt sind. Sie sollen nicht nur eine mittelbare Tilgung der Parallelverpflichtung durch Zahlung auf die Kreditschuld bewirken, die etwa ihrerseits die Parallelverpflichtung als ihr nachgeordnetes Sicherungsrecht führt. Wäre dies beabsichtigt, ist nicht zu erklären, warum die Leistung nicht direkt an den Konsortialführer erfolgte statt an einen möglicherweise dritten Sicherheitenverwalter (*security agent*).

Eine Akzessorietät verlangt eine derartige Anlehnung des Nebenrechts an das Hauptrecht, die eine Gesamtschuldnerschaft ausschließt.[736] Eine Gesamtwirkung einer Erfüllung einer der beiden Forderungen ist allerdings Gegenstand des Parteiwillens. So mag dieses Ereignis nicht als Fall des § 422 BGB gekennzeichnet werden, da keine Gläubigeridentität bei Referenzschuld und Parallelverpflichtung besteht. Dies gilt, obwohl an eine analoge Anwendung des § 426 Abs. 2 S. 1 BGB zu denken sein wird, wenn ein personenverschiedener Schuldner der Parallelverpflichtung die betragsmäßig gemeinsame Schuld erfüllt.

Die Kreditverbindlichkeiten jedweder Art als Referenzschulden sind keine Hauptschulden in dem Sinne, dass ihre Existenz eine Entstehungsvoraussetzung der Parallelverpflichtung wäre. Insofern ist es zumindest ergänzungsbedürftig, wenn die hM in diesem Zusammenhang von einer kraft Parteiwillens begründeten Entstehungs- und Untergangsakzessorietät zwischen der Parallelverpflichtung und den Kreditverbindlichkeiten spricht.[737] Denn die geläufige Wahrnehmung des Begriffs der Akzessorietät setzt eine stets einseitige Bezugnahme einer Schuld auf eine Hauptschuld voraus. Veränderungen, die in Bezug auf die Hauptschuld eintreten, werden durch gesetzliche Vorschriften (wie etwa die §§ 767, 768, 770 oder 401 BGB) auf die dienende, geführte Schuld erstreckt. Eine umgekehrte Wirkungserstreckung des Nebenrechts gegenüber dem Hauptrecht ist dagegen nicht vorgesehen.[738] Diese wird in den gängigen Klauseln aber gerade angelegt. Die Parallelverpflichtung soll nicht als geführtes Recht nur mit der Kreditverbindlichkeit entstehen, sondern kann diese ebenso beeinflussen, wenn – wie in den Konstruktionen angelegt – Zahlungen auf die Parallelverpflichtung zu einer Reduzierung der Schuld aus der Referenzschuld (Rückzahlungsanspruch)

---

735 So auch *Willer*, AcP 209 (2009), 807, 815.

736 *Pöggeler*, JA 2001, 65, 70.

737 So bspw. *Willer*, AcP 209 (2009), 807, 813 und *Danielewsky/Dettmar*, WM 2008, 713, 713.

738 *Medicus*, JuS 1971, 497, 497.

führt. Ein geführtes Recht kann die Parallelverpflichtung auch deshalb nicht sein, wenn der Begriff der Akzessorietät nicht grundlegend zu einer allgemeingültigen Bezeichnung einer Verknüpfung von Rechten ausgeweitet werden soll. Die von den Parteien angelegte Verbindung der beiden Rechte beruht nicht auf einer Wirkungserstreckung, wie sie das Gesetz bei der Akzessorietät vorsieht, sondern auf einer wechselseitigen Einwirkungsmöglichkeit. Dies ist auch anzunehmen, wenn nicht von einer automatischen Schmälerung der Referenzschuld ausgegangen wird, sondern von einer bloßen Anrechnungsmöglichkeit von Zahlungen. Eine Führung der Referenzschuld scheidet auch aus, wenn die Parallelverpflichtung ihrerseits Einwendungen gegen die Inanspruchnahme aus der Kreditschuld zu liefern vermag. Bei einer Forderung gegen einen Bürgen gemäß § 765 BGB ist die rechtliche Verknüpfung der Hauptschuld und der dienenden Schuld eine gesetzlich angelegte Folge, die es den Parteien erlässt, den wirtschaftlich der Hauptschuld beigelegten Zweck der dienenden Schuld zugrunde zu legen. Parallelverpflichtung und Hauptschuld weisen dagegen eine unterschiedliche Zwecksetzung auf. Während bei einer geführten Schuld im Rahmen einer akzessorischen Verknüpfung der wirtschaftliche Zweck der Hauptschuld wiederholt wird, er ihr also immanent ist, liegt der Parallelverpflichtung eine andere Situation vor. Sie ist keine abhängige Sicherung für eine Hauptschuld, sondern ein Vehikel für Sicherheiten.

Demnach ist in der wechselseitigen Bezugnahme und Wirkungserstreckung ein bestimmter Regelungsbereich zu erkennen, wo die Parteien nicht nur einen Akzessorietätsersatz schaffen, sondern hier sogar über die Funktion der Akzessorietät hinausgehen. Die Parallelverpflichtung soll nicht nur die Wirkung eines Sicherungsmittels haben, sondern in seiner Funktion als Sicherheitenvehikel letztlich auch nur den Bestand an Sicherheiten tragen, der zur Sicherung des aktuellen Rückgewähranspruchs notwendig ist.

5. Keine Akzessorietät im Fortbestand und Untergang im eigentlichen Sinne

Wie gesehen sei die Parallelverpflichtung nach hM in ihrer Entstehung und ihrem Fortbestand im Sinne einer Akzessorietät abhängig von der Referenzschuld.[739] Dem hiesig zugrunde gelegten Verständnis der Akzessorietät entspricht diese Anschauung allerdings nicht. Vielmehr besteht auch bei der Parallelverpflichtung keine Notwendigkeit, die allgemeingültigen Prinzipien zur Abhängigkeit von Sicherungsrechten zu verlassen. Wenn unter Akzessorietät die einseitige

739 *Willer*, AcP 209 (2009), 807, 813; *Danielewsky/Dettmar*, WM 2008, 713, 713.

Abhängigkeit eines Sicherungsrechts vom Bestand des gesicherten Rechts verstanden wird,[740] mögen zunächst von ihrem Schutzzweck ausgehend Parallelen zur gegenständlichen Konstruktion jenes Sicherheitenvehikels zu sehen sein. Wäre nämlich die Parallelverpflichtung nicht an den Bestand der Kreditverbindlichkeiten gekoppelt, benachteiligte dies den Schuldner und begünstigte den Gläubiger in unangemessener Weise. Ein wesentlicher Unterschied zu den sonstigen Fällen der Akzessorietät ist, dass der durch sie berechtigte Gläubiger nicht identisch mit dem der Referenzschuld ist. Auch wenn nicht zu bestreiten ist, dass auch bei einer Parallelverpflichtungskonstruktion die Schutzinteressen und die Rückkoppelung der bestellten Sicherheiten an den Sicherungszweck ebenso relevant sind wie bei Gläubigeridentität, ist gerade die Aufspaltung der Gläubigerstellung Absicht der Parteien. In diesem Zusammenhang eine gewillkürte Akzessorietät anzunehmen, missachtet den Umstand, dass die Beteiligten eine Rechtsfolge, wie sie bei gesetzlichen Sicherungsrechten durch § 767 Abs. 1 S. 1, 2 BGB oder §§ 1204, 1250 BGB in Bezug auf die Identität der Gläubiger angeordnet wird, nicht beabsichtigen. Auch wenn die Parallelverpflichtung eine eigens geschaffene, spiegelnde Schuld ist, besteht keine der gesetzlichen Ausgestaltung der Akzessorietät entsprechende technische Verknüpfung in dem Sinne, dass die Parallelverpflichtung zwingend das Schicksal der Referenzschuld teilt.

a) Die allenfalls partiell akzessorische Verbindung

Die Feststellung der hM einer Akzessorietät der Parallelverpflichtung in Bezug auf den Fortbestand der Referenzschuld,[741] deren Bestand gespiegelt werden soll, erscheint bei näherer Betrachtung zumindest ergänzungsbedürftig. Es ist wenig plausibel, dass auf der einen Seite eine Entstehungs- und Untergangsakzessorietät bestehen soll, andererseits die Parallelverpflichtung dann nicht das Schicksal der von ihr in Bezug genommenen Schulden teilt, wenn eine Übertragung eines Konsortialkreditanteils im Wege einer Novation erfolgt. Die Annahme von Akzessorietät verlangt nach der hM somit nicht nur die Zulässigkeit einer rechtsgeschäftlichen Begründung von Akzessorietät, obwohl nur die im BGB ausdrücklich als Sicherungsrechte vorgesehenen Institute als akzessorisch gelten.[742] Eine Akzessorietät als engste Form der Abhängigkeit von Parallelverpflichtung

740 *Gaier*, in MünchKomm, BGB, Band 6, Einl., Rn 22.

741 Von einer Entstehungsakzessorietät und Untergangsakzessorietät sprechen *Apfelbaum*, S. 256 und *Danielewsky/Dettmar*, WM 2008, 713, 713. *Willer*, AcP 209 (2009), 809, 813, 823 hingegen spricht von einer unmittelbaren, akzessorischen Abhängigkeit zum führenden Recht.

742 Dazu etwa *Pöggeler*, JA 2001, 65, 66.

und Referenzschuld erforderte dann eine Parteivereinbarung, nach der im Fall einer Übertragung der Referenzschuld auf einen Dritten die Parallelverpflichtung bestehen bleibt, bei Erlöschen der in Bezug genommenen Schulden allerdings untergehen soll. Ungeachtet des Umstands, dass derartige Regelungen nicht explizit in solchen Klauseln zu finden sind, kann dieser Widerspruch nicht dadurch ausgeräumt werden, dass im Falle der Übertragung der Kreditverbindlichkeiten der Sicherungszweck der Parallelverpflichtung nicht weggefallen ist. Die Parallelverpflichtung soll nunmehr den neuen Konsortialkreditgeber mittelbar sichern. Dies ist richtig, begründet aber nicht, weshalb hier eine Ausnahme zum allgemeinen Prinzip gelten soll, dass eine akzessorische Schuld unmittelbar und automatisch den Bestand der Hauptschuld widerspiegelt.

Daneben ist nicht zu erklären, wie nach der Parteivereinbarung die Zahlung auf das vermeintliche Nebenrecht eine Hauptschuld beeinflussen kann. Die Akzessorietät als gesetzlich fixierte und somit institutionalisierte Verknüpfungstechnik erübrigt gerade eine weitere Parteivereinbarung. Handelte es sich bei der Abhängigkeit von Referenzschuld und Parallelverpflichtung hingegen um eine Akzessorietät, dürften diese notwendigen Differenzierungen nicht möglich sein. Charakteristikum der Akzessorietät ist im Gegenteil gerade die unmittelbare, also unabhängig von einer entsprechenden Vereinbarung eintretende Erstreckung nachträglicher Veränderungen des Hauptrechts auf das Nebenrecht.[743]

Der Sicherungszweck der Parallelverpflichtung ist zwar erst obsolet, wenn die Referenzschuld erloschen ist und nicht bereits, wenn eine Forderungsübertragung im Wege einer Novation erfolgt, da der Neukonsorte gleichfalls ein Interesse an einer möglichst gleichrangigen Partizipation an Realisierungserlösen hat. Dennoch ändert eine wie auch immer geartete Anlehnung der Parallelverpflichtung an die Referenzschuld nichts an den Folgen der Novierung einer Verbindlichkeit für die mit ihr akzessorisch verbundenen Nebenrechte.

Denkbar wäre deshalb nur eine „Erlöschensakzessorietät“ in dem Sinne, dass die Parallelverpflichtung gegenüber dem Sicherheitenverwalter unter der auflösenden Bedingung der künftigen Tilgung der Referenzschuld steht. In gleicher Weise muss aber umgekehrt auch für die Referenzschuld die auflösende Bedingung der in der Zukunft liegenden Tilgung der Parallelverpflichtung gelten. Auch wenn die Parallelverpflichtung die Funktion eines Sicherungsmittels erfüllt, verdeutlicht die wechselseitige Abhängigkeit, dass ein vertraglicher Akzessorietätsersatz die Situation der vorliegenden Verknüpfung nicht vollständig umschreibt. Es besteht keine nur einseitige Wirkungserstreckung. Referenzschuld und

743 *Habersack*, JZ 1997, 857, 862.

Parallelverpflichtung sind in Bezug auf ihre Erstreckungswirkung gleichrangig, jedoch dient nur die Parallelverpflichtung als wiederum gesicherte Sicherung der Referenzschuld und nicht umgekehrt.

b) Die Zweckgemeinschaft von Forderung und akzessorischem Sicherungsrecht

Dieses Ergebnis wird auch nicht durch eine nähere Beleuchtung des konkreten Gegenstandes der Akzessorietät erschüttert. Die Theorie, dass zwischen zu sichernder Forderung und akzessorischem Sicherungsrecht eine durch den Sicherungszweck geprägte Gemeinschaft besteht, nach der das Erlangen der Leistung im Vordergrund steht,[744] bietet Hinweise für die Einordnung der Parallelverpflichtung. Nach *Becker-Eberhards* Verständnis gilt die akzessorische Verbindung zwischen Hauptrecht und Sicherungsrecht nur insoweit, wie es der Forderungszweck zulässt. Die zu sichernde Forderung kann aber nicht den Gläubiger vor Vermögensverfall des Schuldners schützen, sodass insoweit der Sicherungszweck des Sicherungsrechts weiter als der der Forderung selbst reiche. In diesem Punkt reicht entsprechend der Zweck des Sicherungsrechts weiter als der des Hauptrechts und verselbstständigt sich.[745] Haupt- und Sicherungsrecht bilden hiernach eine Zweckgemeinschaft[746] dergestalt, dass der Sicherungszweck die Abhängigkeit des Sicherungsrechts erklärt, das Sicherungsrecht aber dort zweckbestimmt Eigenständigkeit erlangt, wo jener Sicherungszweck lediglich vom Sicherungsrecht gespeist wird. Der eigene Sicherungszweck des Sicherungsrechts übersteigt den Forderungszweck (Erhalt der geschuldeten Leistung), wenn keine Rückkoppelung an die zu sichernde Leistungserbringung aus der Hauptschuld erfolgt, sondern der Schutz vor Zahlungsunfähigkeit des Schuldners. Jenseits jener Verselbstständigung ist die Abhängigkeit des Sicherungsrechts ein Produkt des Sicherungszwecks eines forderungsgebundenen Sicherungsrechts. Letztgenanntes sichert die Leistung nicht als solche, sondern es sichert eine kraft einer Forderung bereits anderweitig geschuldete Leistung.[747] Der den Sicherungszweck betonende Erklärungsansatz bietet die Möglichkeit, scheinbare gesetzliche Ausnahmen zum Akzessorietätsprinzip, wie etwa die §§ 216 Abs. 1, 768 Abs. 1 S. 2 BGB oder § 254 Abs. 2 InsO als schlichte Ausprägungen der Zweckgemeinschaft

---

744 Instruktiv *Becker-Eberhard*, S. 477 ff. Ihm folgend *Brehm/Berger*, S. 251 f.

745 *Becker-Eberhard*, S. 479.

746 Dazu – Bezug nehmend auf die Konstruktion von *Heck*, S. 78 ff. – *Becker-Eberhard*, S. 201 ff.

747 *Becker-Eberhard*, S. 478.

zu deuten.[748] Die Erklärungen zum gesetzlichen Akzessorietätsprinzip zeigen die wesensmäßigen Unterschiede der Verknüpfung der Parallelverpflichtung zur Referenzschuld auf.

Verdeutlichen lässt sich dies naturgemäß nicht an den vorstehend benannten, vermeintlichen gesetzlichen „Ausnahmeregelungen" zum Akzessorietätsprinzip. Die Verknüpfung zwischen Referenzschuld und Parallelverpflichtung muss ohnehin auch nach der hM auf einer gewillkürt akzessorischen Verbindung basieren, wobei zu jenen Fragen spezifische Regelungen in den Klauseln gewöhnlich fehlen. Da die Parallelverpflichtung nicht in einer vollstreckbaren Urkunde gemäß § 794 Abs. 1 Nr. 5 ZPO begründet wird, dürfte die analoge Anwendung des § 216 Abs. 2 S. 1 BGB[749] wegen der gleichlaufenden Verjährungsfrist von Kreditschuld und abstraktem Schuldversprechen, auf das § 197 Abs. 1 Nr. 4 BGB unanwendbar ist, regelmäßig keine Relevanz besitzen.[750] Daraus lässt sich schließen, dass die Parallelverpflichtung als abstraktes Schuldversprechen einen Anwendungsfall des § 216 Abs. 2 BGB analog darstellt, auch wenn sie wie hier als abstraktes Schuldversprechen eingeordnet wird. Zum einen lässt sich der vereinbarte Einwendungsdurchgriff anführen, der auch die Einrede der Verjährung in Bezug auf die Referenzschuld erfassen wird. Des Weiteren ist mit der Schaffung der Parallelverpflichtung keine Ausweitung eines Vollstreckungszugriffs intendiert. So werden zu ihrer Sicherung Sicherheiten bestellt und sie tritt nicht – wie bei Immobilienfinanzierungen – neben eine Realsicherheit, was mit der Zweckerklärung zu deren Bestellung verbunden wäre.[751]

c) Der Sicherungsmechanismus der Parallelverpflichtung im Vergleich zur Zweckgemeinschaft zwischen Hauptrecht und akzessorisch verbundenem Nebenrecht

Das die gesetzlichen Regelungen umfassende, von *Becker-Eberhard* herausgearbeitete Charakteristikum der Akzessorietät offenbart die Unterschiede zur Parallelverpflichtung, auch wenn Gemeinsamkeiten nicht zu verkennen sind.

---

748 *Brehm/Berger*, S. 252. Die Annahme der Durchbrechung des Akzessorietätsprinzips ist üblich, vgl. nur *Grothe*, in MünchKomm, BGB, Band 1, § 216, Rn 1 oder *Huber*, in MünchKomm, InsO, Band 3, § 254, Rn 25.

749 BGH NJW 2010, 1144, 1145 f.

750 Kritisch zu BGH NJW 2010, 1444, 1445 f., aber nach diesem Urteil die Analogiefähigkeit des § 216 Abs. 2 BGB bei Fehlen einer in Bezug genommenen Grundschuld annehmend *Eickelberg*, DNotZ 2010, 625, 628.

751 Dazu weiterführend *Hohmann*, WM 2004, 757, 763 f.

Durch die Bezugnahme auf Verbindlichkeiten aus dem Kreditverhältnis (seien es Rückzahlungsansprüche des Schuldners oder Garantieverpflichtungen) überlässt die Parallelverpflichtung die Bestimmung des konkreten Sicherungsgegenstandes (Leistungserwartung) ihrer Referenzschuld. Dies ist im Rahmen forderungsgebundener Sicherungsrechte auch der Fall.[752] Auch sie stellt damit eine an die Referenzschuld gekoppelte Berechtigung des Sicherheitenverwalters als Gläubiger dieser Parallelverpflichtung her und nutzt deren Leistungsinhalt zur Bestimmung des eigenen. Im Gegensatz zu einem „herkömmlichen" forderungsgebundenen Sicherungsrecht erfolgt die Implementierung dieses Leistungsgegenstandes der in Bezug genommenen Forderung aber nicht durch eine Abhängigkeit von der Referenzschuld, sondern autonom. Es ist eher als ein Verweis auf den Leistungsgegenstand der Referenzschuld sowie deren Regelungen zu Einwendungen zu verstehen, denn als unselbstständiges Ableiten aus der Kreditforderung. Zumindest muss bedacht werden, dass die Parallelverpflichtung als zusätzliche Verbindlichkeit ebenfalls in der Lage sein soll, direkten Einfluss auf die Referenzschuld zu haben, also eine wechselseitige Verbindung bestehen soll. Dies ist in vergleichbaren Fällen sowohl bei akzessorischen und nicht akzessorischen Sicherungsrechten nicht der Fall. Würde etwa ein Bürge in Erfüllung seiner eigenen Verbindlichkeit aus dem Bürgschaftsverhältnis zahlen, reduzierte er damit nicht die Hauptschuld, da er nicht Dritter im Sinne des § 267 BGB ist. Die Zahlung auf eine Parallelverpflichtung hingegen reduziert nach dem Parteiwillen auch die Referenzschuld.[753] Insofern besteht keine durch Führung erzeugte Abhängigkeit, sondern eine Wechselbeziehung. Es handelt sich dabei um einen Zustand einer wechselseitigen, autonomen Bezugnahme von Referenzschuld und Parallelverpflichtung, die Sicherungszweck und daraus folgernd in Teilen auch ihr Schicksal teilen. Bleibt die Parallelverpflichtung bei Novation der Referenzschuld bestehen, löst sich die Schicksalsgemeinschaft für diesen Fall auf. Verändert sich jedoch die Referenzschuld in ihrer Höhe oder wird sie gänzlich getilgt, verursacht die Beziehung zur parallelen Schuld eben die gleichsame Freigabe der Sicherungsrechte. Dann verlangt der Sicherungszweck der Parallelverpflichtung selbst, dass diese die Veränderungen, denen die Referenzschuld unterliegt, ebenso vollzieht.[754] Diese Folgerungen ergeben

752 Zu dieser forderungsgebundenen Sicherung instruktiv *Becker-Eberhard*, S. 204.

753 Vgl. dazu etwa nur *Willer*, AcP 209 (2009), 807, 821.

754 Eine ganz andere Frage ist an dieser Stelle, ob grundsätzlich eine derartige Spiegelung der Höhe der Referenzschuld durch den Zweck einer Sicherheitenplattform geboten ist, zumal es theoretisch denkbar wäre, dass die Parallelverpflichtung in

sich allerdings nicht aus einer externen Steuerung, sondern aus der Gestaltungskraft der Zweckgemeinschaft selbst.[755]

Im Unterschied zu sonstigen Sicherungsrechten verfügt auch die Parallelverpflichtung über eine regulierende Kraft und nicht nur die mit ihr in Beziehung stehende Forderung. Die Parallelverpflichtung ist nicht nur eine Rahmenberechtigung zur Inanspruchnahme eines zusätzlichen Schuldners, die durch die Bezugnahme auf die gesicherte Forderung näher konkretisiert wird.[756] Das gesamte Rechtsverhältnis begründet Regelungen, wann eine Wirkungserstreckung vonseiten der (bestehenden) Referenzschuld auf den Bestand der Parallelverpflichtung zugelassen wird (bei Erfüllung oder Valutierung) und wann nicht (bei Novation).

d) Konkrete Wahrnehmung von Sicherungsfunktionen durch die Parallelverpflichtung

Die Ausgestaltung befähigt die Parallelverpflichtung natürlich nicht dazu, über die grundsätzliche Bindung an die in Bezug genommene Forderung zu bestimmen. Wäre dies der Fall, ist die Beziehung zur Referenzschuld kappbar und ihr Sicherungscharakter verloren. Der wesentliche Unterschied zu sonstigen Sicherungsrechten ist aber die gestaltende Kraft des Sicherungsrechts innerhalb der Zweckgemeinschaft. Die Parallelverpflichtung verselbstständigt sich also nicht erst bei Vermögensverfall des Schuldners der Hauptschuld,[757] sondern erfüllt ihre Sicherungsfunktion schon während der Erfüllungsphase der Referenzschuld, also wenn der eigentliche Sicherungsfall noch gar nicht eingetreten ist. Auf diese konkreten Fälle ist die unabhängige und selbstständige Regelungsmacht der Parallelverpflichtung begrenzt:

Im Fall einer Forderungsübertragung durch Novation gewährleistet die Parallelverpflichtung die ranggleiche Sicherung des übernehmenden Neukonsorten. Diese Isolierungswirkung wird durch ihre Eigenart als abstraktes Schuldversprechen erzeugt. Vor dem Hintergrund einer Sicherung eines Neukonsorten in einem noch fortdauernden Syndizierungsprozess vor Valutierung[758] sichert die Parallelverpflichtung den Bestand der bestellten Sicherheiten durch ihre

---

der Tradition abstrakter Schuldversprechen bei Immobilienfinanzierungen mit unveränderlichem Betrag begründet würde. Vgl. dazu S. 237 ff.

755 Vgl. dazu auf S. 211 ff.

756 Zu sonstigen Sicherungsrechten *Becker-Eberhard*, S. 5 f.

757 Zur grundsätzlichen Lage bei forderungsgebundenen Sicherungsrechten instruktiv *Becker-Eberhard*, S. 479.

758 Vgl. dazu S. 48 ff.

Selbstständigkeit gegenüber der Referenzschuld. In diesem Zuge muss auch auf die Möglichkeit der Beeinflussung des Bestandes der Referenzschuld verwiesen werden, was durch Zahlung auf die Parallelverpflichtung geschieht. Diese Wirkungserstreckung erwächst zwar nicht unmittelbar aus dem Sicherungscharakter der Parallelverpflichtung, verdeutlicht aber den Gestaltungseinfluss derselben auf die Zweckgemeinschaft mit der Referenzschuld. Nicht nur die Referenzschuld steuert demnach die Parallelverpflichtung, sondern sie kann auch durch die Parallelverpflichtung gesteuert werden. Das belegt, dass die Zweckgemeinschaft zwischen beiden eigenständigen Forderungen über die Sicherung der aktuellen Leistungserwartung des Gläubigers aus der Referenzschuld hinausgeht. Es soll nämlich neben diesem Zweck auch gesichert sein, dass potenzielle Rechtsnachfolger des derzeitigen Gläubigers oder eben des Gläubigers einer künftigen Verbindlichkeit aus der Kreditverbindlichkeit in gleichem Maße über jene Sicherheiten verfügen. Dieser weitergehende oder zusätzliche Sicherungszweck wird innerhalb der Forderungsgemeinschaft alleine von der Parallelverpflichtung wahrgenommen, die daneben in ihrer ureigenen Aufgabe als Sicherungsrecht gleichfalls vor den Folgen einer Zahlungsunfähigkeit des Schuldners der Referenzschuld schützt.

Somit lässt sich eine „Rollenverteilung“ innerhalb der durch die beiden Forderungen gebildeten Zweckgemeinschaft feststellen. Die Referenzschuld bildet die von der Parallelverpflichtung zu sichernde Leistungserwartung und veranlasst im Falle einer eigenen Betragsänderung mittels Erfüllung oder Erhöhung eine entsprechende Anpassung der Parallelverpflichtung. Diese wiederum veranlasst im Falle der Zahlung des Schuldners jener Parallelverpflichtung eine entsprechende Reduzierung der Referenzschuld. Die Parallelverpflichtung sichert mittelbar anhand der zu ihrer eigenen Sicherung bestellten Sicherheiten die Referenzschuld im Falle des Vermögensverfalls des Kreditschuldners. Sie isoliert in Eigenregie die „eigentlichen“ Sicherheiten vor Verfügungswirkungen der Referenzschuld, die dem hier erweiterten Sicherungszweck der Parallelverpflichtung zuwiderlaufen.

e) Strukturelle Abhängigkeit eines forderungsgebundenen Sicherungsrechts

Diese vorstehend beschriebene, nur teilweise vollzogene Abbildung von Veränderungen der zu sichernden Forderung kraft eigener Gestaltungsmacht spricht abermals gegen eine akzessorische Verbindung zwischen Referenzschuld und Parallelverpflichtung. Sie schließt allerdings nicht den Sicherungscharakter der Parallelverpflichtung als solchen aus. Wie gesehen, ist eine akzessorische Verbindung lediglich die engste, geradezu effizienteste Verknüpfung zwischen zu sicherndem Recht und Sicherungsrecht.

Die Parallelverpflichtung ist zwar gemäß dem Vorstehenden kein geführtes Recht, auch wenn sie eine Leistungserwartung schützen soll, die im Grunde genommen bereits durch die Referenzschuld begründet wurde. Im Unterschied zu einem Hauptrecht in einer akzessorischen Verknüpfung sichert die Parallelverpflichtung nur mittelbar die Leistungserwartung aus der Kreditverbindlichkeit, vermittelt durch den Treuhandvertrag zwischen Konsorten und Sicherheitenverwalter. Bereits aufgrund der zumindest denkbaren Verschiedenheit von Schuldner der Referenzschuld und Parallelverpflichtungsschuldner und der stets ausgeschlossenen Identität von Referenzschuld- und Parallelverpflichtungsgläubiger verfügt die Parallelverpflichtung über eigene Mechanismen in Bezug auf ihre Tilgung, Anpassung oder auch Übertragung. Eine Zweckgemeinschaft zwischen Referenzschuld und Parallelverpflichtung schafft somit lediglich eine Kongruenz beim Sicherungsgegenstand. Sowohl die Referenzschuld als auch die Parallelverpflichtung beziehen sich auf dieselbe Leistungserwartung des Kreditgläubigers.

Gleichwohl sind die existierenden Instrumentarien eines forderungsgebundenen Sicherungsrechts auch auf die Parallelverpflichtung anwendbar. So ist eben nicht zu missachten, dass die Bezugnahme der Referenzschuld erst die Voraussetzung dafür bildet, dass der Mechanismus der Spiegelung der Kreditverbindlichkeit plus Treuhandvereinbarung aus der Parallelverpflichtung ein Sicherungsrecht bilden kann. Durch die Beziehung der Parallelverpflichtung zur Referenzschuld wird die Zuwendung des abstrakten Schuldversprechens gegenüber dem Sicherheitenverwalter mit einem Sicherungszweck versehen. Dieser bestimmt (ergänzt durch den Treuhandvertrag zwischen Sicherheitenverwalter und Konsorten) die Grenzen der Befugnis des Sicherheitenverwalters als Gläubiger. Wenn ein gewöhnliches, forderungsgebundenes Sicherungsrecht indes eine einseitige Führung der Hauptforderung vorsieht, ist auch die Parallelverpflichtung als ein forderungsgebundenes Sicherungsrecht anzusehen, auch wenn ihre strukturelle Abhängigkeit als Wesensmerkmal jener Sicherungsrechte[759] keine einseitige, sondern eine beidseitige ist.

Die gegenständliche Anbindung an die Referenzschuld verbietet im Ergebnis deshalb auch die Einordnung der Parallelverpflichtung als Sicherungsrecht, das unabhängig vom Bestehen eines Anspruchs gegen den Hauptschuldner, wie es etwa bei der Garantie auf erstes Anfordern der Fall ist, existiert. Dort verspricht der Garant die Herbeiführung eines Erfolgs und verzichtet darauf, dem Gläubiger den Nichteintritt des Garantiefalls entgegenhalten zu können.

759 Dazu *Becker-Eberhard*, S. 7 f.

Die Voraussetzungen für die Zahlungsverpflichtung richten sich grundsätzlich allein aus dem Garantievertrag.[760] Die mangelnde Anwendbarkeit des Bürgschaftsrechts[761] zeigt, dass die Garantie eine eigenständige, aus sich selbst ergebende Berechtigung begründet. Es wird nicht als Tatbestandsmerkmal auf eine zu sichernde Forderung verwiesen und auch keine Rahmenberechtigung geschaffen, sondern eine Leistungspflicht in einem Garantiefall, der abschließend vom Rechtsverhältnis der Garantie geregelt wird. So hat der Garant auch keinen Rückzahlungsanspruch, wenn sich herausstellt, dass ein Anspruch des Begünstigten der Garantie gegenüber dem Dritten nie bestand.[762]

Die Parallelverpflichtung reagiert anders, auch wenn die Zahlungsvoraussetzungen hier nicht von einer (mittelbar) gesicherten Forderung oktroyiert werden und ihr nach der hier vertretenen Ansicht eine akzessorische Verbindung zur Referenzschuld fehlt. Unterscheidungsmerkmal der Garantie zur Bürgschaft ist nicht die fehlende Akzessorietät, sondern die fehlende Bindung an eine in Bezug genommene Forderung. Dies gilt unabhängig vom Grad der Bindung. Für die Klassifizierung der Sicherungsrechte kann es keine Rolle spielen, durch welches Recht die Gebundenheit hergestellt wird. Es kommt nur darauf an, dass sie überhaupt existiert. Für die Forderungsgebundenheit der Parallelverpflichtung spricht, dass sie erst mit der korrespondierenden Kreditschuld fällig wird. Sie bindet sich – wenn auch durch eine aus sich heraus erzeugten „Hereinnahme" – an den Bestand der Referenzschuld. Daraus resultierend sichert die Parallelverpflichtung die aus der jeweiligen Kreditverbindlichkeit geschuldete Leistung. Die Parallelverpflichtung definiert zwar eigens Voraussetzungen für die Geltendmachung der durch sie begründeten Leistungspflicht, jedoch schafft sie keinen eigenen Leistungsfall. Sie spiegelt gewissermaßen den Leistungsfall der Referenzschuld und eignet sich deren Voraussetzungen an.

Es bestehen Unterschiede zu einem sichernden Schuldbeitritt, auch wenn Gemeinsamkeiten im Entstehungsprozess bestehen. Der Schuldbeitritt begründet keine akzessorische, sondern eine gesamtschuldnerische Verpflichtung, die sich unabhängig zu einer gleichrangigen Hauptschuld entwickeln kann, wobei nur in der Entstehung eine Abhängigkeit vom Bestand der zu sichernden Forderung zu verzeichnen ist.[763] Der nachfolgend mögliche unabhängige Fortgang der Schuld des Beitretenden unterscheidet sich dann grundlegend vom durch die Anlehnung an die Referenzschuld vorgezeichneten

760 *Wolff*, in *Messerschmidt/Voit*, Kap. M, Rn 202.

761 Vgl. nur *Sprau*, in *Palandt*, BGB, Einführung vor § 765, Rn 18.

762 *Becker-Eberhard*, S. 9.

763 *Füller*, in *Ebenroth/Boujong/Joost/Strohn*, Band 2, BankR IV, Rn IV 447.

Schicksal der Parallelverpflichtung. Wird wie hier eine Entstehungsakzessorietät zwischen Referenzschuld und Parallelverpflichtung abgelehnt,[764] ist die Parallelverpflichtung als Mischform zwischen forderungsgebundenem und forderungsungebundenem Sicherungsrecht anzusehen. Die Parallelverpflichtung verlangt demnach nicht das Bestehen der Referenzschuld als Entstehungsvoraussetzung, aber vollzieht deren Fortentwicklung mittels einer nichtakzessorischen Verbundenheit mit. Insofern weist sie gegenteilige Merkmale des sichernden Schuldbeitritts auf.

6. *Zwischenfazit*

Die vorstehenden, sich rein am Parteiwillen orientierenden Befunde schließen eine gewillkürt akzessorische Verknüpfung zwischen der Kreditschuld und dem Sicherheitenvehikel aus. Es ist zusammenfassend festzustellen, dass die Konstruktion der Parallelverpflichtung von keinem gestuften Verhältnis im Sinne einer führenden Hauptschuld und einem ausschließlich geführten Sicherungsrecht ausgeht, sondern von Gleichrangigkeit. Allerdings ist mit diesem Befund weder die Annahme einer Perplexität des Modells einer parallelen Schuld widerlegt noch ist die Zulässigkeit der Konstruktion nachgewiesen. Die Feststellung des abstrakten Charakters der Parallelverpflichtung veranlasst stattdessen die Untersuchung des Verknüpfungsmechanismus. Wirksam kann der Regelungsinhalt der Parallelverpflichtung von den Parteien nur vereinbart werden, wenn sich sowohl die Abstraktheit der Parallelverpflichtung herstellen lässt als auch eine Deutung für die wechselseitige Beziehung zwischen Kreditschuld und Parallelverpflichtung gefunden werden kann.

IV. Gleichrangige Zweckgemeinschaft zwischen Referenzschuld und Parallelverpflichtung als Erklärungsmodell

Die hierfür nötige Implementierung der Parallelverpflichtung in das vorhandene System forderungsgebundener Sicherungsrechte kann – ohne die Konstruktion als perplex und unwirksam anzusehen – nach hier vertretener Ansicht durch ein Modell einer gleichrangigen Zweckgemeinschaft zwischen Referenzschuld und Parallelverpflichtung geschehen.

764 Vgl. dazu nachstehend S. 245 f.

1. *Das Sicherungskonzept der gleichrangigen Zweckgemeinschaft als Doppelsicherung nach* Heck *sowie hiergegen erhobene Einwände unter dem Blickwinkel des Akzessorietätsprinzips*

Die Möglichkeit der gegenseitigen Steuerung in vertraglich festgelegten Fällen, die fehlende Schuldneridentität, die gleichlaufende Rechtszuständigkeit sowie die beiderseitige Betragsanpassung sprechen für die Annahme einer Zweckgemeinschaft zweier gleichrangiger Rechte. Eine solche *wechselseitige Führung und Gleichrangigkeit zwischen Forderung und Sicherungsrecht ist in gesetzlich fixierten Sicherungsmodellen nicht angelegt* und erfordert eine grundsätzliche Zulässigkeit einer derartigen Verknüpfung. Eine Annahme gleichrangig miteinander verbundener Forderungen ist gewiss im Kontext von Sicherungssystemen nicht neu und erinnert schließlich stark an die Lehre der gleichstufigen Zweckgemeinschaft von *Heck*,[765] einem Hauptvertreter der Interessenjurisprudenz, die – verstanden als Fundamentalkritik am Akzessorietätsprinzip – heute auf allgemeine Ablehnung stößt.[766]

Hecks Modell einer Zweckgemeinschaft[767] verneint die Anlehnung des Sicherungsrechts an die Hauptforderung und sieht in diesen beiden Rechten zwei gleichrangige Zwangsmittel, um ein und dieselbe Leistung zu erhalten. Hauptforderung und (bspw.) Pfandrecht bildeten danach gemeinsam eine „*Zweckgemeinschaft befriedigungshalber*".[768] Das Verhältnis zwischen Sicherungsrecht und zu sichernder Forderung lasse sich nach *Heck* mit einer Doppelobligation vergleichen, wobei etwa eine Verpfändung als eine zusätzliche Rechtshingabe zu verstehen sei. Die Aussicht auf den Erhalt der Leistung sei demnach doppelt gesichert, der Gläubiger solle die Leistung aber nur einmal erhalten.[769] Die Zweckgemeinschaft zwischen der persönlichen Forderung und diesem dann weiteren Sicherungsrecht bilde – letztlich resultierend aus der gemeinsamen Sicherungsfunktion – eine Aufhebungsgemeinschaft und juristische Schicksalsgemeinschaft. Das Erlöschen des Pfandrechts wäre dann nicht Folge eines Anlehnens an die Hauptforderung, sondern Konsequenz aus der Erreichung eines gemeinsamen Zwecks. Nach diesem Verständnis sichere das Pfandrecht nicht die Forderung,

765 *Heck*, S. 323 ff.

766 *Becker-Eberhard*, S. 201 ff.; *Brehm/Berger*, S. 251 f.; *Pöggeler*, JA 2001, 65, 69; *Stadler*, S. 604.

767 Der Theorie von *Heck* folgt etwa *von Lübtow*, in FS Lehmann, I, S. 328 ff., insb. S. 347.

768 *Heck*, S. 327.

769 *Heck*, S. 327 f.

sondern lediglich die bereits durch eine andere Forderung begründete Leistungserwartung des Gläubigers.[770] Nach *Heck* findet gar eine Überformung der mit der Forderung begründeten Leistungserwartung durch die Bestellung eines Pfandrechts statt. Das Pfandrecht gefährde letztlich gar die Leistungserwartung aus dem „konkurrierenden Gebotsgebilde", da es dem Schuldner Optionen an die Hand gebe, die Befriedigung der Leistungserwartung letztlich nur aus dem Pfandrecht erfolgen zu lassen (§ 777 ZPO).[771]

Die Vorteile der *Heck*'schen Konzeption sind aus der Perspektive der Parallelverpflichtung gerade in den Bereichen unübersehbar, die gegen deren akzessorische Verknüpfung mit der Referenzschuld sprechen. Es sind die Fälle, wo eine Loslösung des Sicherungsrechts vom Hauptrecht durch den Sicherungszweck geboten ist. Es handelt sich um die „Versagensfälle" des Akzessorietätsprinzips, die deshalb auch einer entsprechenden gesetzlichen Regelung unterliegen, wie bspw. § 216 Abs. 1 BGB, § 254 Abs. 2 InsO[772] oder auch § 50 InsO. In jenen geregelten Fällen bliebe das Pfandrecht nach *Heck* wegen des Zweckfortbestands bestehen. Eine derartige Deutung ließe sich lediglich mit der Annahme einer Zweckgemeinschaft rechtfertigen, sei aber nicht mit dem Anlehnungsdogma vereinbar.[773] Dennoch muss die Tauglichkeit des Modells der gleichrangigen Zweckgemeinschaft als Deutungsansatz für die Struktur der Parallelverpflichtung vor dem Hintergrund der Kritik an der Gleichrangigkeit geprüft werden.

Heck, der das Akzessorietätsprinzip beim Pfandrecht als überwundenes Paradigma der Begriffsjurisprudenz ansah, stellte selbst die aus seiner Sicht fälschliche Adaption des Anlehnungsdogmas durch das BGB etwa in den Vorschriften der §§ 1204, 1113 BGB fest.[774] Er erkannte danach den von seiner Theorie abweichenden Ansatz des BGB. So ist denn auch die stringente Anknüpfung der einschlägigen Vorschriften des BGB an die Forderung der Ansatz der Kritik am Modell *Hecks*. Gegen eine gleichstufige Zweckgemeinschaft zwischen Haupt- und Pfandrecht spricht nach einschlägigen Vorschriften, dass sich der vom Schuldner zu leistende Betrag sowie etwaige Gegenrechte ausschließlich nach der Forderung richten. Auch ist allein die Forderung Verfügungsgegenstand bei

770 *Heck*, S. 328.
771 AaO.
772 Vgl. *Huber*, in MünchKomm, InsO, Band 3, § 254, Rn 25 und 28.
773 *Heck*, S. 329.
774 Dies ist der Grund, weshalb er sich mit der bindenden Kraft des Dogmas bei der Rechtsanwendung beschäftigte, vgl. *Heck*, S. 333 ff. Auch *von Lübtow*, in FS Lehmann, I, S. 347, Fn 68 spricht von einer auf einem falschen Dogma fußenden Regelung, die Ausdruck eines „*Machtanspruch*[s] *des Gesetzgebers*" sei.

einer Übertragung. Ihr folgt etwa das Pfandrecht oder die Hypothek, die jeweils nicht eigens übertragen werden.[775] Des Weiteren ist *Heck* entgegenzuhalten, dass die juristische Unterordnung des akzessorischen Nebenrechts im Zuge des Anlehnungsdogmas keine wirtschaftliche Abwertung bewirken soll. Die Unterordnung resultiert im juristischen Kontext aus der notwendigen Bezugnahme auf den Sicherungsgegenstand, der zuvorderst durch die Forderung definiert wird.[776] Aus *Hecks* Theorie einer Zweckgemeinschaft ergibt sich außerdem nicht zwingend, dass das insofern zur Forderung hinzutretende Sicherungsrecht neben statt hinter dieser Forderung gehe.[777] Dafür kann auch – entgegen der Meinung *von Lübtows* – nicht sprechen, dass von einer Inhaltsverschiedenheit von Forderung und Pfandrecht nicht auf eine Unterschiedlichkeit im Zweck geschlossen werden könne.[778] Denn aus einem gestuften Rangverhältnis ist nicht zwangsläufig auf eine unterschiedliche Zwecksetzung zu schließen. Es ist nicht zu erkennen, warum nur ein gleichrangiges Verhältnis zwischen Forderung und hinzutretendem Sicherungsrecht eine gemeinschaftliche Zwecksetzung gewährleisten kann und nicht auch ein gestuftes. Dies gilt umso mehr, wenn die Leistungsaussicht des Gläubigers als verselbstständigter Zweck neben Forderung und Sicherungsrecht als Bindeglied der Zweckgemeinschaft auf beide Rechte einwirken soll, wie es *von Lübtow* annimmt.[779]

Im Endeffekt ist auch die Betonung der wirtschaftlichen Intension des zahlenden Schuldners, die als praxisbezogene Rechtfertigung der Gleichrangigkeit der Rechte dienen soll, wohl überbewertet oder rechtlich nicht ausschlaggebend. Dass es – wie *Heck* meint – dem Schuldner und Verpfänder bei der Zahlung zuvorderst um die Pfandfreigabe gehe und nicht um die Tilgung der persönlichen Schuld,[780] ist letztlich nur eine Konsequenz der Funktion eines Sicherungsrechts. Es sagt nichts über die rechtliche Klassifizierung des Sicherungsrechts aus. Es soll ein Druckmittel bilden und die Wahrscheinlichkeit erhöhen, dass der Gläubiger die geschuldete Leistung erlangt. Wenn der Schuldner mit der Zahlung in erster Linie im Sinn hat, die Verwertung eines Wertgegenstandes zu verhindern, sagt dies nichts über den rechtlichen Rang des Sicherungsrechts aus. Die Druckwirkung des Sicherungsrechts auf den Schuldner schafft keine rechtliche Notwendigkeit, es als gleichrangige Forderung zu werten.

---

775 *Brehm/Berger*, S. 251 f.
776 *Becker-Eberhard*, S. 203.
777 *Heck*, S. 323 ff.
778 *von Lübtow*, in FS Lehmann, I, S. 347, Fn 68.
779 *von Lübtow*, in FS Lehmann, I, S. 346 ff.; Vgl. dazu noch nachstehend S. 214 ff.
780 *Heck*, S. 328 f.

2. *Die Zweckgemeinschaft als taugliches Modell auch für forderungsgebundene Sicherungen*

Trotzdem schafft *Hecks* Konstruktion ein prinzipiell taugliches Erklärungsmodell einer Sicherungskonzeption, dem das Verdienst der lehrreichen Beschreibung des durch den Sicherungszweck begründeten Zusammenhangs zwischen Forderung und Sicherungsrecht zukommt. Der Hinweis, das Sicherungsrecht schütze nicht die Forderung, sondern die aus ihr resultierende Leistungserwartung des Gläubigers, vermag auch aus der Perspektive des Akzessorietätsprinzips sowohl die Wirkungserstreckung wie gesetzlich angelegte Durchbrechungen zu beleuchten. Die Loslösung der Leistungserwartung als eigentlicher Sicherungsgegenstand und die Bezeichnung der Forderung als Sicherung dieser Erwartung[781] klären den Blick auf die Aufhebungsgemeinschaft beider Rechte und auf die maßgebende Rolle der Zweckvereinbarung. Die zentrale Aussage dieser Theorie ist die Feststellung, dass die Schicksalsgemeinschaft allein durch die Befriedigung des Gläubigers bestimmt wird.

Weshalb *Hecks* Modell angesichts der Regelungen des BGB keinen Beifall gefunden hat, liegt deshalb nicht in der grundsätzlichen Konzeption der Zweckgemeinschaft begründet. Eine Zweckgemeinschaft zwischen beiden Rechten bereitet den Weg zu einem grundsätzlichen Erklärungsmodell, es führt aber – im Gegensatz zu *Hecks* Schlussfolgerung – nicht unweigerlich zu einer notwendigen Gleichrangigkeit von Forderung und Sicherungsrecht. Eine Anlehnung des Sicherungsrechts an das Hauptrecht bedeutet vielmehr, dass es demselben Forderungszweck dienen kann wie dem Zweck des Hauptrechts.

So dient das Modell von einer Zweckgemeinschaft beider Rechte nunmehr gar als Grundlage zur Stützung des Akzessorietätsprinzips.[782] Die gestufte Zweckgemeinschaft erlaubt gegenüber der Alternative der Gleichrangigkeit einen wesentlichen Effizienzgewinn.[783] Die einseitige Steuerung des Sicherungsrechts vereinfacht die technische Ausformung. Das Sicherungsrecht räumt nur eine Rahmenberechtigung ein, wobei der konkrete Umfang des dem Gläubiger zustehenden Verwertungserlöses durch das Hauptrecht bestimmt wird. Das Nebenrecht vollzieht dann nur spiegelnd Veränderungen des Hauptrechts, sodass – von gesetzlichen Ausnahmeregelungen abgesehen – mit der vollständigen Anlehnung der konzeptionelle Regelungsbedarf reduziert wird.[784]

---

781 *Heck*, S. 325 f.

782 Instruktiv *Becker-Eberhard*, S. 201 ff., der gleichwohl die Akzessorietät als Verknüpfungstechnik von in gestufter Zweckgemeinschaft stehenden Rechten bezeichnet.

783 *Becker-Eberhard*, S. 202 f.

784 *Becker-Eberhard*, S. 204.

V. Anwendung der gleichrangigen Zweckgemeinschaft auf die partielle Forderungsgebundenheit der Parallelverpflichtung gegenüber der Referenzschuld

Die für die Einordnung der Parallelverpflichtung relevant werdende Frage ist hingegen, inwiefern auf Grundlage dieser Theorie bei gleichzeitiger Berücksichtigung der Kritikpunkte in Bezug auf forderungsgebundene Sicherungen eine Zweckgemeinschaft gleichrangiger Rechte begründet werden kann. Die Verwendung der gleichrangigen Zweckgemeinschaft hängt also davon ab, ob sie jenseits akzessorischer Sicherungsstrukturen, für die sie unanwendbar ist, vereinbart werden kann. Ob also die Parallelverpflichtung als Bestandteil einer gleichrangigen Zweckgemeinschaft angesehen werden darf, hängt davon ab, ob das betreffende Modell einen geeigneten Erklärungsansatz bietet, der mit dem Parteiwillen übereinstimmt.

Wie mehrfach beschrieben, beabsichtigen die Beteiligten mit der Parallelverpflichtung ein Sicherungsrecht zu schaffen, dessen Umfang zwar durch seine Bezugnahme auf die Referenzschuld bestimmt wird, diese gleichzeitig aber auch zu beeinflussen vermag. Gewollt ist ein Gleichrangigkeitsverhältnis der beiden Rechte mit der Folge einer wechselseitigen Wirkungserstreckung in ausgewählten, vom Sicherungszweck vorgegebenen Fällen. Dieser Vorstellung kann auf Grundlage des Modells der Zweckgemeinschaft entsprochen werden. Diese Deutung bedarf aber in Anbetracht der Unvereinbarkeit der gleichrangigen Zweckgemeinschaft mit dem gesetzlichen Akzessorietätsprinzip einer Rechtfertigung. So dürfen die Gründe der Unvereinbarkeit der gleichrangigen Zweckgemeinschaft mit dem gesetzlichen Leitbild von akzessorischen Sicherungsrechten im Zusammenhang mit der Parallelverpflichtung gleichfalls Geltung beanspruchen. Es müssen also zwischen dem Prinzip der Akzessorietät und der Verbindung zwischen Referenzschuld und Parallelverpflichtung derartige Unterschiede festzustellen sein, die es verbieten, den Ausschluss einer gleichrangigen Zweckgemeinschaft bei gesetzlich „angelehnten“ Sicherungsrechten auf die Parallelverpflichtung zu übertragen.

1. Grundsätzliche Unbedenklichkeit einer gleichrangigen Zweckgemeinschaft jenseits des Anwendungsfeldes akzessorischer Sicherungsrechte

a) Die Struktur der Parallelverpflichtung als abweichender Regelungsfall der gleichrangigen Zweckgemeinschaft im Gegensatz zu gesetzlichen Sicherungsrechten

Die gegen die gleichrangige Zweckgemeinschaft vorgetragenen Einwände zielen auf ihre klare Abweichung von der gesetzlichen Regelung der akzessorischen

Sicherungsrechte und ihre mangelnde Effizienz. Die Gleichrangigkeit setzt Regelungen zu Einzelwirkungen voraus, die unter Führung eines Hauptrechts in einer akzessorischen Verbindung nicht notwendig sind.[785] Die Kritik an dem Ansatz *Hecks* richtet sich allerdings gerade nicht gegen eine unmögliche Begründung der Zweckgemeinschaft als solche, sondern stellt zu Recht – was *Heck* selbst einräumte – die Unvereinbarkeit mit dem Leitbild einer forderungsgebundenen Sicherung fest. Wenn im Kontext mit der Parallelverpflichtung die Nutzung des Erklärungsmodells „gleichrangige Zweckgemeinschaft“ vorgeschlagen wird, handelt es sich nicht um die „Wiederbelebung“ des von der hM abgelehnten Modells der gleichrangigen Zweckgemeinschaft im Rahmen gesetzlich geregelter Sicherungsrechte oder sonstiger Sicherungsmittel wie der Sicherungsübereignung oder der Sicherungszession. Es handelt sich stattdessen um eine Anwendung im bisher nicht betrachteten Kontext, nämlich bei einer *dreigliedrigen Sicherungskonstruktion* mit einer *zwischengeschalteten Parallelverpflichtung*. Sie fungiert zum einen als „Puffer“, zum anderen als Transformationsriemen zwischen Kreditschuld und (akzessorischen) Sicherheiten. Streng genommen vollzieht jedoch nicht die Parallelverpflichtung selbst diese Aufgabe, sondern diese *Zielsetzung wird durch einen die Zweckgemeinschaft prägenden Zweck, eine gemeinschaftliche Leistungserwartung, vorgegeben*. Die Parallelverpflichtung ist nur ein entsprechendes Vollzugsmittel.

Die nach allgemeiner Meinung bestehende Unvereinbarkeit der Theorie der gleichrangigen Zweckgemeinschaft mit dem Konzept einer forderungsgebundenen Sicherung wird durch die Verwendung jenes Modells im Rahmen der Deutung der Parallelverpflichtungskonstruktion nicht infrage gestellt. Auch wenn die Parallelverpflichtung nach hiesiger Vorstellung ein Sicherungsrecht ist, ist dessen Abweichung zu jenen herkömmlichen, zweigliedrigen Sicherungssystemen, bestehend aus gesicherter Forderung und sicherndem Nebenrecht, erheblich. Der Unterschied ist gar so entscheidend, dass die Anwendung des Modells der Gleichrangigkeit auf die Parallelverpflichtung in Erwägung zu ziehen ist.

Im Verhältnis zur Referenzschuld ist die Parallelverpflichtung *kein forderungsgebundenes Recht*. Sie ist zwar ein eigenes Sicherungsrecht nach hiesigem Verständnis, erfüllt diese Funktion allerdings nur durch ihre Existenz als zusätzliche Forderung in rechtlicher Hinsicht, wirtschaftlich gesehen fungiert sie allerdings als Sicherheitenvehikel. Das heißt, die „eigentlichen“, forderungsgebundenen Sicherheiten, wie etwa Pfandrechte an Gesellschaftsanteilen, sind zur Sicherung der aus der Parallelverpflichtung erwachsenden Leistungserwartung

785 *Becker-Eberhard*, S. 202 ff.

bestellt. Die *Parallelverpflichtung* bildet damit *selbst eine führende Hauptforderung*, erfüllt aber nach dem Parteiwillen *im Verhältnis zur Referenzschuld nicht den Tatbestand eines seinerseits gebundenen Rechts*, weil sie selbst auch Einfluss auf den Leistungsumfang der Referenzschuld nehmen können soll. Eine Parteivereinbarung kann also dort auch einen Entwicklungsgleichklang zwischen Referenzschuld und Parallelverpflichtung schaffen, ohne dass ein Konzept der Forderungsgebundenheit der Sicherungsrechte tangiert wäre, da jenes Konzept im internen Verhältnis zwischen diesen beiden Forderungen unanwendbar ist.

Die Parallelverpflichtung als Transformationsriemen bewirkt eine mittelbare Übertragung dieser Wirkungen auf die Sicherheiten. Dies hat zur Folge, dass die *gestufte Zweckgemeinschaft*, wie sie für akzessorische Sicherungskonzepte nun propagiert wird,[786] *nur in der Beziehung zwischen Parallelverpflichtung und den auf sie bestellten Sicherheiten* Anwendung findet. Dagegen sollen die Parallelverpflichtung und die Referenzschuld nach dem Parteiwillen eine weitere, aus gleichrangigen Rechten bestehende Zweckgemeinschaft bilden. Da die Parallelverpflichtung nach hier vertretener Ansicht kein akzessorisches Sicherungsrecht ist, greifen die Einwände gegen das Modell einer gleichrangigen Zweckgemeinschaft im Verhältnis zur Referenzschuld nicht ein.

Die Parallelverpflichtung erfüllt daher eine *Doppelrolle.* Sie ist das *führende Hauptrecht im Verhältnis zu den Sicherheiten*, die zur Sicherung der aus ihr selbst erwachsenden Leistungserwartung bestellt werden. Insoweit ist aber schon das zweigliedrige Sicherungssystem verwirklicht und damit herrscht auch eine gestufte Zweckgemeinschaft zwischen Parallelverpflichtung und den ihr nachgeordneten Sicherungsrechten. Im Verhältnis *zur Referenzschuld soll sie hingegen kein untergeordnetes Recht* sein, das einseitig von der Referenzschuld gesteuert wird. Sie ist stattdessen eine eigenständige Forderung, die über die gleiche Struktur verfügt wie die Referenzschuld selbst. Ihren Charakter als Sicherungsrecht muss sie demnach durch Parteivereinbarung erlangen; er ist nicht wie bei akzessorischen Sicherungsrechten institutionell vorgegeben.

Der Umstand, dass die Parallelverpflichtung sowohl Teil einer gleichrangigen Zweckgemeinschaft mit der Referenzschuld sein soll und auch die führende Rolle in einer gestuften Zweckgemeinschaft übernimmt, begründet keine eigenen Bedenken gegen die Struktur der Parallelverpflichtung. Durch die Beteiligung an zwei zweckgerichteten Rechtsgemeinschaften kann kein Widerspruch entstehen, da hier ihre Zwecke synchron verlaufen. Streng genommen wird die *gemeinschaftliche Zwecksetzung aus dem Verhältnis zwischen Referenzschuld und*

786 *Becker-Eberhard*, S. 202 ff.

Parallelverpflichtung stets von der gestuften Zweckgemeinschaft unverändert vollzogen. Eine Wirkungserstreckung innerhalb der gleichrangigen Zweckgemeinschaft wird also an die untergeordneten Sicherungsrechte als Bestandteile der gestuften Zweckgemeinschaft weitergegeben.

Anders wäre es zu beurteilen, wenn eine Forderung etwa Bindeglied zweier gleichrangiger Zweckgemeinschaften wäre. Hier könnte die Weitergabe des einen Ereignisses aus der einen Gemeinschaft über die Forderung als Verbindungsstück an einer anderslautenden Zwecksetzung der anderen Gemeinschaft scheitern. Theoretisch denkbar wäre eine solche Konstruktion wohl nur bei einer Zweckgemeinschaft aus drei gleichrangigen Forderungen. Die Konstruktion der Parallelverpflichtung gewährleistet indessen, dass Veränderungen aus der gleichrangigen Zweckgemeinschaft durch die Parallelverpflichtung automatisch an die gestufte Zweckgemeinschaft weitergegeben werden, denn die Parallelverpflichtung übernimmt dort die führende, den Leistungszweck vorgebende Rolle. Dabei ist sie streng genommen *kein Medium* für die Wirkungserstreckung, mit dem Veränderungen bei der Referenzschuld an die nachgeordneten Sicherungsrechte übermittelt werden. Sie bildet ja selbst auch diese Wirkung ab und die Sicherheiten am Ende der Kette richten sich ausschließlich nach ihr und nicht nach der Referenzschuld. Nicht die Weitergabe der Veränderungen der Referenzschuld ist ausschlaggebend für die (akzessorischen) Sicherheiten am Ende der Kette, sondern die Veränderung des Leistungsinhaltes der Parallelverpflichtung.

Da die zur Sicherung der Parallelverpflichtung bestellten Sicherungsrechte als Nebenrechte keinerlei Einwirkungsmacht auf die Parallelverpflichtung ausüben, ist die gestufte Zweckgemeinschaft komplett der gleichrangigen Zweckgemeinschaft zwischen Referenzschuld und Parallelverpflichtung nachgeordnet. Während die *gleichrangige Zweckgemeinschaft* durch *wechselseitige Anpassung* der beiden Forderungen auf Valutierungen und Tilgungszahlungen im Kontext des Kreditverhältnisses reagiert, kommt der *gestuften Zweckgemeinschaft* die rein *operative Funktion der Übertragung jener Veränderungen auf die Sicherungsrechte* zu.

Gleichwohl bedarf es hierzu keines zu separierenden, quasi über beiden Zweckgemeinschaften stehenden dritten Elements in Form eines übergeordneten Zwecks, der etwa die einzelnen Zwecke der beiden Zweckgemeinschaften in sich einschließt und sie zusammenführt.[787] Bindeglied dieser Struktur ist die

---

787 Zur Führung der gleichrangigen Zweckgemeinschaft zwischen Referenzschuld und Parallelverpflichtung durch ein drittes Element, vgl. S. 214 f. Allgemein dazu *Becker-Eberhard*, S. 214 ff.

Parallelverpflichtung. Sie macht in jedem Falle ihren Leistungsinhalt zu dem der akzessorischen Sicherheiten kraft ihrer Führungsrolle oder indem sie die zu sichernde Forderung für nicht akzessorische Sicherungsrechte darstellt. Eine Synchronisierung durch ein übergeordnetes drittes Element ist nicht erforderlich.

b) Die Parallelverpflichtung als Forderung in einer Doppelfunktion

Der Parallelverpflichtung kommt demnach in dieser Konzeption eine Doppelfunktion zu. *Gegenüber der Referenzschuld ist sie gleichrangig*, also Empfängerin wie auch selbst Auslöserin von Wirkungserstreckungen. Im *Verhältnis zu „ihren" Sicherungsrechten* kommt dem *Sollenselement der Parallelverpflichtung* ausschließlich eine *führende Kraft* zu. Dieses Sollenselement gibt zweckrelevante Wirkungen, die sich in ihm selbst abbilden, an die akzessorischen Sicherungsrechte weiter. Seine Veränderung gewinnt daneben auch Relevanz im Rahmen der Zweckvereinbarung bezüglich nicht akzessorischer Rechte, die im Fall vollständiger Tilgung zurückzugewähren sind.

Die gegen die gleichrangige Zweckgemeinschaft vorgebrachten Einwände verdeutlichen aber, dass sich das Modell in das Konzept forderungsgebundener Sicherungssysteme einfügt und nicht mit vorstehend aufgeführten Einwänden konfrontiert wird. Vielmehr lässt die hier praktizierte *Nachschaltung zweier, durch die Parallelverpflichtung verbundener Zweckgemeinschaften* die *Grundsätze der forderungsgebundenen Sicherung völlig unberührt*. Diese sind lediglich in der Gemeinschaft zwischen Parallelverpflichtung und „ihren" Sicherungsrechten überhaupt anwendbar. Dass die Parallelverpflichtung selbst einer wechselseitigen Fremdbestimmung unterliegt, ist für den herkömmlichen Aufbau der gestuften Zweckgemeinschaft bei akzessorischen Verknüpfungen ohne Bedeutung. Es spielt keine Rolle, ob sich der Leistungsinhalt der Parallelverpflichtung, den die akzessorischen Nebenrechte in sich aufnehmen, durch Tilgung oder Erweiterung der Parallelverpflichtung oder eben durch deren Anpassung an ein weiteres Recht, die Referenzschuld, ändert. Entscheidend ist allein, dass der Leistungsinhalt in den Sicherungsrechten implementiert wird. Welche Faktoren beim führenden Recht letztlich Einfluss auf dessen Leistungsinhalt haben, ist für die Abhängigkeit des niederrangigen Sicherungsrechts irrelevant.

c) Die Parallelverpflichtung als Modell zweier nachgeschalteter Zweckgemeinschaften

Basierend auf diesen Merkmalen lässt sich die Parallelverpflichtung als ein konzeptionell dreigliedriges Sicherungssystem beschreiben. Es verbindet die Vorteile einer gleichrangigen und einer gestuften Zweckgemeinschaft, indem es beide denkbaren Formen einer Zweckgemeinschaft nachschaltet. So ist nach der hier vorgeschlagenen Deutung die Beziehung zwischen Referenzschuld und Parallelverpflichtung als eine gleichrangige Zweckgemeinschaft zu qualifizieren. Die Gleichrangigkeit der beiden selbstständigen Forderungen ermöglicht die wechselseitige Beeinflussung in Höhe und Bestand. Mit dieser gleichrangigen Zweckgemeinschaft zwischen Referenzschuld und Parallelverpflichtung ist eine weitere gestufte Zweckgemeinschaft verbunden, wobei die Parallelverpflichtung das Bindeglied bildet. Während in sonstigen Konzepten eine doppelte Sicherung als gegeben anerkannt wird, indem die Forderung selbst als Sicherung der Leistungserwartung begriffen werden soll,[788] liegt bei der Parallelverpflichtung eine dreifache Sicherung vor. Im Verhältnis Referenzschuld und Parallelverpflichtung wird dann die Leistungserwartung festgelegt, die im nachgeordneten Verhältnis über die Parallelverpflichtung mittels der auf jene bestellten Sicherungsrechte de facto gesichert wird.

Die konkrete Technik der gegenseitigen Beeinflussung innerhalb der gleichrangigen Zweckgemeinschaft kann grundsätzlich durch zwei verschiedene Mechanismen erfolgen.

Eine Wirkungserstreckung von relevanten Verfügungstatbeständen muss sich dabei nicht durch einen Transfer eines geänderten Leistungsumfangs vollziehen, sondern durch eine Anpassung des eigenen Leistungsinhalts der jeweils anderen Forderung kraft eigener Rechtsmacht.[789] Andererseits käme eine Führung eines von beiden Forderungen abstrahierten, dritten Elements in Betracht, nämlich einer Art übergeordnete Leistungserwartung des Gläubigers der Referenzschuld.[790] Dieses dritte Element wäre dann wohl als Bindeglied innerhalb der gleichrangigen Zweckgemeinschaft zu verstehen, das sowohl Referenzschuld wie auch Parallelverpflichtung führte. Beide Rechte stünden demzufolge in keinem direkten Abhängigkeitsverhältnis, sondern ihr Gleichlauf wäre das Resultat der gleich ausgestalteten Beziehung zum führenden Element, das andererseits wiederum selbst durch die von ihm geführten Rechte beeinflussbar sein muss. So minderte die Erfüllung der Referenzschuld auch die Leistungserwartung des Gläubigers aus dem Kreditverhältnis, was durch das dritte Element dadurch zu reflektieren wäre, indem es die Parallelverpflichtung entsprechend anpasst.

Welche genannte Variante durchführbar und im gegebenen Falle anwendbar ist, soll noch an nachfolgender Stelle Erörterung finden,[791] im Übrigen aber nicht

---

788 Basierend auf *Heck*, S. 326 f., dem *Becker-Eberhard* auf den S. 201 und S. 3 ff. insoweit folgt.

789 Allgemein dazu instruktiv *Becker-Eberhard*, S. 205 f.

790 Dazu, die Lehren *Hecks* und *von Lübtows* beleuchtend, *Becker-Eberhard*, S. 214 ff.

791 Vgl. dazu S. 211 ff.

grundlegend entscheidend für die prinzipielle Anwendbarkeit des ganzen Modells sein. Es handelt sich um eine interne Regelung im gleichrangigen Zweckverhältnis. Inwiefern die Wirkungserstreckung letztlich die Parallelverpflichtung in ihrer *Doppelfunktion als Gegenstand beider Zweckgemeinschaften* erreicht, ist für ihre Führungsrolle im gestuften Zweckverhältnis zu den anderen Sicherungsrechten nicht von Bedeutung. Sie überträgt mithin ihren durch die gleichrangige Zweckgemeinschaft gefundenen Leistungsinhalt als führendes Recht in die gestufte Zweckgemeinschaft hinein. Insofern erfolgt stets nur eine einseitige Wirkungsübertragung von der gleichrangigen Zweckgemeinschaft über die Parallelverpflichtung als Transformationsmittel auf die gestufte Zweckgemeinschaft, aber nie in umgekehrter Richtung. Das gestufte Rangverhältnis zwischen Parallelverpflichtung und den Sicherungsrechten erfüllt also den „Normalfall" einer forderungsgebundenen Sicherung, wo sich die Sicherungsrechte nach gesetzlichen Regel- und Ausnahmetatbeständen an die Hauptschuld anlehnen. Der Zweck der Parallelverpflichtung als „Bekommen sollen" der Leistung bestimmt die gestufte Zweckgemeinschaft und wird in die akzessorischen Sicherungsrechte aufgenommen. Soweit die Parallelverpflichtung reicht, dominiert dann ihr Zweck das Verhältnis zu den Sicherungsrechten, die im Falle des Vermögensverfalls des Schuldners eigenständige Bedeutung gewinnen.[792]

d) Vereinbarkeit mit gesetzlichen Leitbildern von Doppelobligationen

Wird die Vereinbarkeit des hier vorgeschlagenen *Modells zweier nachgeschalteter, durch die Parallelverpflichtung verbundener Zweckgemeinschaften* mit dem Akzessorietätsbegriff nach heutigem Verständnis vorausgesetzt, ist zu klären, ob die vorstehenden Einwände auch in sonstigen Anwendungsfällen außerhalb herkömmlicher Sicherungsrechte eingreifen. Gegenargumente gegen eine gleichrangige Zweckgemeinschaft beziehen sich ausschließlich auf ihre Untauglichkeit zur Erklärung forderungsgebundener sowie auch abstrakter Sicherungsrechte.[793] Nicht ausgeschlossen ist damit allerdings die prinzipielle Möglichkeit der Begründung jener gleichstufiger Zweckgemeinschaften in einem anderen Kontext, der nicht bereits durch gesetzliche Vorgaben des sachenrechtlichen Typenzwangs normiert ist und der Vertragsgestaltung mehr Freiraum lässt.

Die zentralen Beanstandungen am Modell der gleichrangigen Zweckgemeinschaft sind letztlich deren Unvereinbarkeit mit gebräuchlichen Sicherungsrechten gleich welcher Art und der Effizienzverlust gegenüber einer Führung des

---

792 *Becker-Eberhard*, S. 479.

793 Vgl. *Becker-Eberhard*, S. 202 ff.

Nebenrechts durch das Hauptrecht.[794] Die Parallelverpflichtung unterscheidet sich wie gesehen in wesentlichen Punkten von herkömmlichen Sicherungsstrukturen. Im Verhältnis zur Referenzschuld existiert keine forderungsgebundene Sicherung, sondern nur in der Beziehung zu den auf die Parallelverpflichtung bestellten Sicherheiten. Daraus resultierend ist gerade die Effizienz des Modells aufgrund der weitergehenden Zwecksetzung – nämlich die zusätzliche Sicherung bisher unbestimmter Neukonsorten – schon nicht mit der anderer Sicherungsrechte vergleichbar. Das Argument der unterlegenen Effizienz (sofern es überhaupt rechtlich relevant erscheint) besitzt im Kontext der Parallelverpflichtung keine Tragkraft.

Die überlegene Effizienz akzessorischer Sicherungskonstruktionen ist kein rechtlich relevanter Grund, die prinzipielle Zulässigkeit einer gleichrangigen Zweckgemeinschaft abzulehnen. Zwar stimmt *Hecks* Hinweis auf die Gesamtschuld und auf weitere „Doppelobligationen" wie die Hingabe einer zweiten Forderung erfüllungs- oder zahlungshalber[795] vor dem Hintergrund eines akzessorischen Sicherungsrechts nicht mit der gesetzlichen Lage überein. Jedoch ist mit dem Verweis auf die Existenz der Gesamtschuld der Nachweis erbracht, dass dem BGB die sicherungshalber erfolgende Verbindung zweier Forderungen jenseits der strengsten Form der Akzessorietät geläufig ist.

Die Parallelverpflichtung ist keine alternative Schuld,[796] da ihre Leistungspflicht nicht identisch mit der Leistungspflicht der Referenzschuld ist. Mit ihr verbindet sie nur den gemeinsamen Sicherungszweck, darüber hinaus ist sie eine eigene Forderung. Auch bildet die Parallelverpflichtung mit der Referenzschuld bereits mangels Gläubigeridentität keine Gesamtschuld. Es besteht keine Schuldnermehrheit hinsichtlich eines Anspruchs, sondern eine Anbindung der Parallelverpflichtung als weiteren Anspruch zur Sicherung der Kreditverbindlichkeit.

Gerade aber die Gesamtschuld verdeutlicht die Zulässigkeit von gleichrangigen Verpflichtungen, setzt § 421 BGB doch als Tatbestandsmerkmal solche gleichstufigen Verbindlichkeiten voraus. Daraus lässt sich erkennen, dass das Vorkommen einer gleichstufigen Rechtsgemeinschaft ein vom Gesetz vorausgesetzter Umstand ist und etwa keine angeordnete Rechtsfolge auf Grundlage bestimmter Gegebenheiten. Gegen die Wirksamkeit einer durch einen Zweck verbundenen Rechtsgemeinschaft spricht auch nicht, dass eine von der Rechtsprechung unlängst aufgegebene Tatbestandsvoraussetzung im Rahmen der

---

794 *Becker-Eberhard*, S. 204 ff.

795 *Heck*, S. 327 f.

796 Dazu *Looschelders*, in *Staudinger* (2012), § 431, Rn 7.

Gesamtschuld gerade eine rechtliche Zweckgemeinschaft war.[797] Grund der Aufgabe jenes Erfordernisses wird hier die mangelnde Trennschärfe zur Identität des Gläubigerinteresses gewesen sein und nicht die Überwindung des Zweckgemeinschaftsbegriffs. Die Tilgungsgemeinschaft ist bei Selbstständigkeit der Forderungen und partiellem Wirkungsgleichlauf bestimmter, gesetzlich festgeschriebener Tatsachen gerade ein wesensprägendes Merkmal der Gesamtschuld (vgl. § 425 Abs. 1 BGB). Das Bestehen einer solchen Tilgungsgemeinschaft ist die Konsequenz einer Gesamtschuld, deren Tatbestand neben der Gleichstufigkeit der Schuldner die Identität des Gläubigerinteresses als Mindestvoraussetzung verlangt.[798] Anders gewendet heißt dies, dass eine Zweckgemeinschaft mehr verlangt als die Gleichrangigkeit der sie bildenden Forderungen. Um dies zu beschreiben, ist allerdings eine Abkehr der Betrachtung der Gesamtschuld vonnöten. Diese vermag nur zu belegen, dass eine Gleichrangigkeit von Forderungen, die einen gleichen Leistungsinhalt aufweisen, möglich ist. Noch nicht beantwortet ist damit die Frage, wie im Zusammenhang mit einer Sicherung einer Leistungserwartung eine wechselseitige Betragsanpassung erfolgen kann, was hier nachfolgend zu klären sein wird.[799]

Gewiss geht diese „künstliche" Schaffung der nach dem Sicherungszweck sich richtenden Anlehnung mit einem Effizienzverlust einher.[800] Darüber hinaus ist eine gleichrangige Zweckgemeinschaft mit den gängigen Sicherungsrechten erst gar nicht durchführbar. So zeigen die einschlägigen Vorschriften zur Hypothek (§ 1113 BGB), zum Pfandrecht (bspw. §§ 1204 Abs. 1, 1210 BGB) oder gerade auch zur Bürgschaft eine institutionelle Forderungsabhängigkeit.[801] In Bezug auf das Sicherungseigentum ergibt sich der Ausschluss einer gleichrangigen Zweckgemeinschaft schon aus dem Umstand, dass das Sicherungsrecht gerade nicht auf Veränderungen der zu sichernden Forderung reagieren kann.[802] Letztlich sind diese Umstände, die gegen die Durchführbarkeit einer gleichrangigen Zweckgemeinschaft bei üblichen Sicherungsrechten sprechen, bei der Parallelverpflichtung nicht erfüllt.

---

797 Vgl. zur Aufgabe des ungeschriebenen Tatbestandsmerkmal der Zweckgemeinschaft durch die Rechtsprechung *Bydlinski*, in MünchKomm, BGB, Band 2, § 421, Rn 11 sowie Rn 21 in Bezug auf die Untauglichkeit dieses Kriteriums zur Beurteilung einer Gesamtschuld.

798 Vgl. nur *Gehrlein*, Beck'OK, BGB, Ed. 25, § 421, Rn 5.

799 Vgl. S. 216 ff.

800 *Becker-Eberhard*, S. 206 f.

801 *Becker-Eberhard*, S. 208 ff.

802 *Becker-Eberhard*, S. 209.

Die grundsätzlich zulässige Schöpfung dieser Gleichstufigkeit der beiden Forderungen kann deshalb im Zusammenhang mit der Parallelverpflichtung bejaht werden, ohne mit den vorgegebenen Erkenntnissen in Konflikt zu geraten. Um dies zu verdeutlichen, eignet sich der Vergleich mit der Sicherungszession. Die zur Sicherung zedierte Forderung weist zwar als eigenständiges Leistungsrecht die notwendige Unabhängigkeit auf, jedoch erfolgt eine „Anpassung" nur durch Veränderungen, die für den eigenen Leistungsinhalt maßgeblich sind. Einwirkungen auf die gesicherte Forderung berühren die zur Sicherung zedierte Forderung nicht, wenn keine Wirkungserstreckungsregeln mit Beteiligung des Drittschuldners getroffen werden.[803] Diese Problematik, welche eine gleichrangige Zweckgemeinschaft im Bereich der Sicherungszession unanwendbar werden lässt, besteht bei der Parallelverpflichtung hingegen nicht. Sie ist weder Objekt einer Zession, noch handelt es sich bei ihrem Schuldner um einen unbeteiligten Dritten. Der Sicherheitenverwalter ist stattdessen Partei des Kreditverhältnisses. Es bedarf deshalb keiner nachträglichen Umgestaltung einer Drittforderung, da die Parallelverpflichtung bereits unter Einbeziehung eines ebenso für die Referenzschuld geltenden Regelungsregimes geschaffen wurde. Sie ist gerade als sichernde Forderung parallel laufend begründet worden, sodass eine nachträgliche Synchronisierung von Veränderungen der beiden Leistungsinhalte nicht erforderlich ist. Der bereits in der Rechtserzeugung andere Ansatz ist auch der Grund für eine viel weitere Flexibilität im „Assimilationsvermögen" der Parallelverpflichtung. Das zeigt der Vergleich mit der Grundschuld, die zwar abstrakt ist, aber schon gemäß § 1191 Abs. 1 BGB nicht in variabler Höhe bestellt werden kann, was von vorneherein eine Beteiligung an einer gleichstufigen Zweckgemeinschaft ausschließt.[804] Ein abstraktes Schuldversprechen nach § 780 BGB kann infolge der Unanwendbarkeit des sachenrechtlichen Typenzwangs demgegenüber jene Wirkungserstreckung nachvollziehen.

e) Zwischenfazit

Die vorstehenden Betrachtungen verdeutlichen abermals die Sonderstellung der Parallelverpflichtung im Gefüge gängiger Sicherungsgebilde. Mit dem allgemeinen Verständnis von forderungsgebundenen Sicherungsrechten und ihrer zweigliedrigen Struktur von Hauptrecht und Sicherungsrecht lässt sich die Parallelverpflichtung nur unzureichend kennzeichnen.

Sie ist als eigenes Sicherungsrecht zu begreifen. Mit dem hier vertretenen dreigliedrigen Aufbau mit zwei nachgeschalteten Zweckgemeinschaften ist ein

803 *Becker-Eberhard*, S. 210.
804 *Becker-Eberhard*, S. 212.

grobes Modell geschaffen, das die Weitergabe von sicherungsrelevanten Einwirkungen auf die Referenzschuld erklärt. Es fehlt damit aber die Deutung der genauen Rolle der Parallelverpflichtung, da auch nach dem Verständnis der hM, die eine akzessorische Verbindung zwischen Kreditschuld und Parallelverpflichtung vertritt, jenes dreigliedrige Modell in Erscheinung tritt. Hiernach wäre das Modell so zu interpretieren, dass die Parallelverpflichtung das akzessorische Sicherungsrecht in einer gestuften Zweckgemeinschaft zur Referenzschuld bildet. Dass die hM die Parallelverpflichtung zwar als zumindest teilweise akzessorisch, nicht aber als Nebenrecht der Kreditschuld bezeichnet, kann nicht darüber hinwegtäuschen, dass das Gesetz ausschließlich unselbstständige Sicherungsrechte als zur akzessorischen Verknüpfung befähigt ansieht. Diese akzessorisch verbundenen Sicherungsrechte entnehmen ihren Leistungsgegenstand dem Hauptrecht, können dieses nicht gestalten und berechtigen gerade den Gläubiger der Hauptschuld und nicht einen anderen.

Die Ansicht der hM lässt deshalb mehrere Begründungsebenen offen. Sie begründet nicht, wie die gewillkürte Herstellung einer akzessorischen Verbindung als solcher möglich sein soll. Auf dieser Frage aufbauend wird nicht geklärt, wie diese akzessorische Verknüpfung mit einem Recht herstellbar ist, das nicht ausschließlich den Sicherungszweck der in Bezug genommenen Forderung widerspiegelt, sondern diesen selbst zu beeinflussen vermag.

So erscheint auch aus der Perspektive der Rechtsgemeinschaft als Erklärungsmodell für forderungsgebundene Sicherungsrechte die Annahme von Akzessorietät zwischen Referenzschuld und Parallelverpflichtung durchaus problematisch. Sie erforderte eine an sich denkbare Verbindung zweier nicht nur im Innen-, sondern auch im Außenverhältnis gestufter Zweckgemeinschaften. Die Parallelverpflichtung wäre dann das akzessorisch verbundene Recht in der höherrangigen Zweckgemeinschaft mit der Kreditschuld, in der niederrangigen jedoch bildete sie die Hauptschuld. Die Hereinnahme des Sicherungszwecks in die Sicherungsrechte am Ende dieser Kette erfolgte dann im Grunde durch die Parallelverpflichtung hindurch. Sie kopierte den ihr durch die Kreditschuld oktroyierten Sicherungszweck quasi in diese Sicherungsrechte hinein und behielte ihn aber auch für sich selbst.

Bedenken hiergegen erwachsen bereits aus der Tatsache, dass die Bestellung akzessorischer Sicherungsrechte auf ein Recht erfolgen soll, das seinerseits akzessorisch an das eigentliche Hauptrecht (Referenzschuld) gebunden ist. Bei der Annahme einer Akzessorietät der Parallelverpflichtung mögen diese Einwände ausgeräumt werden, wenn berücksichtigt wird, dass akzessorische Sicherungsrechte am Ende der Kette letztlich der Parallelverpflichtung nur ein Rahmenrecht einräumen, das diese auszufüllen hat. Dass sie hierbei selbst gebunden ist und nur den Sicherungszweck der abermals übergeordneten Hauptschuld spiegelt, schließt diese Reihenschaltung nicht aus. Zwar mag die Konstruktion zweier verbundener Zweckgemeinschaften, die in sich gestuft sind, überdies aber auch gestuft nebeneinanderstehen, nicht ausgeschlossen sein. Aber eine Erklärung im Rahmen der Zweckgemeinschaftslehre räumt nicht bereits genannte Gegenargumente aus.[805] Wenn die Parallelverpflichtung selbst ein akzessorisches Recht wäre, ist nicht zu erklären, wie sie selbst die Referenzschuld im Falle ihrer eigenen Tilgung steuern kann. Außerdem ist die beabsichtigte Isolierung der Sicherungsrechte vor der Novation der Kreditverbindlichkeiten durch eine Akzessorietät nicht berücksichtigt, da die Parallelverpflichtung diese Verfügungswirkung mitvollziehen müsste.

Die Parallelverpflichtung muss deswegen nach dem Parteiwillen einen Einfluss auf den Sicherungszweck als die konkret zu sichernde Leistungserwartung des Gläubigers haben. Dies ist nach hier vertretener Ansicht nur durch ihre Qualifizierung als gleichrangiges Sicherungsrecht innerhalb einer Zweckgemeinschaft mit der Referenzschuld sicherzustellen, deren innere Regelungsgestaltung Gegenstand nachfolgender Ausführungen ist.

2. Vergleich des gleichstufigen Modells mit der herkömmlichen Führung eines Sicherungsrechts durch ein Hauptrecht

Während die nachrangige, gestufte Zweckgemeinschaft im Innenverhältnis nach dem gesetzlichen Leitbild der Akzessorietät (sofern es sich letztlich um akzessorische und nicht abstrakte Sicherungsrechte handelt) ausgestaltet ist, müssen die Beziehungen im gleichrangigen Verhältnis zwischen Referenzschuld und Parallelverpflichtung näher beleuchtet werden.

Wie *Becker-Eberhard* lehrreich darlegte, bedeutet die Führung des Sicherungsrechts durch die Forderung eine hohe Effizienz des Sicherungsmechanismus.[806] Wird eine Akzessorietät zwischen Referenzschuld und Parallelverpflichtung verneint, jedoch in der Parallelverpflichtung ein Sicherungsrecht gesehen, ist zu begründen, wie sich der Leistungsinhalt der Parallelverpflichtung ohne einseitige Steuerung eines Hauptrechts an den Umfang der Forderung anpasst. Dafür gibt es im Grunde zwei denkbare Alternativen. Entweder legt das Sicherungsrecht seinen Leistungsinhalt kraft eigener, autonomer Regelungsmacht fest (a)) oder es erlangt diesen durch ein drittes, übergeordnetes Element, das

805 Vgl. zu diesen S. 175 ff.
806 *Becker-Eberhard*, S. 203 f.

folglich nicht nur auf das Sicherungsrecht einwirken kann, sondern auch auf die Forderung, also gleichfalls auf beide bestimmenden Einfluss hat (b)).[807]

a) Eine gleichrangige Zweckgemeinschaft mit einer ihren eigenen Leistungsinhalt festlegenden Parallelverpflichtung als denkbarer Ansatz

Als Sicherungsrecht, das für sich selbst regelt, welche Veränderungen der in Bezug genommenen Forderung Anlass für Veränderungen im eigenen Leistungsgegenstand sind, müsste die Parallelverpflichtung selbstständig Regeln für ihre Anpassung treffen. Es genügt nicht, allein auf die Referenzschuld zu verweisen, sondern es bedürfte eigenständiger Regelungen, auch wenn Wirkungsvorgänge bei der Referenzschuld im Rahmen der Parallelverpflichtung gelten könnten. Es ist zu erreichen, wenn Vorschriften des Schuldrechts, nach denen sich die Forderung anpasst, gleichfalls für die Parallelverpflichtung anwendbar wären.[808] Die Parallelverpflichtung wäre mit der Fähigkeit zur selbstständigen Entwicklung ausgestattet, die wiederum aber nicht losgelöst und unabhängig ist, sondern nur im Gleichklang mit einer aufgrund des Sicherungszwecks so abzubildenden Entwicklung der Referenzschuld ausgeübt werden kann.[809] Die mangelnde Akzessorietät der Parallelverpflichtung muss dann durch Regelungen kompensiert werden, die nicht nur auf das zu sichernde Recht Bezug nehmen, sondern auf Grundlage des Sicherungszwecks die Einzelwirkungen benennen, welche durch das Sicherungsrecht mitvollzogen werden sollen und welche nicht. Demnach muss das Sicherungsrecht über Regelungen verfügen, die den Gleichklang herstellen. Hinsichtlich mancher bei der Referenzschuld sich einstellender Wirkungen aber bedarf es im Grundsatz Vorschriften, die analog zu den gesetzlich vorgegebenen „Versagensfällen" im Rahmen einer Akzessorietät eine Isolierung des Sicherungsrechts vor dem Schicksal der Referenzschuld einrichten.

Dass die gängigen Klauseln zur Parallelverpflichtung dies nicht eigens vorsehen, spricht noch nicht gegen dieses Modell einer sich selbst anpassenden Parallelverpflichtung. Zumindest eine ergänzende Vertragsauslegung könnte entsprechende Regelungen herleiten, da die Parteien mit der Schaffung der Parallelverpflichtung eine Isolierung von Sicherungsrechten intendieren. Die Parteien beabsichtigen mit der Parallelverpflichtung eine bestandswahrende Sicherung schon zum Zeitpunkt vor einer Valutierung zu etablieren, die auch im Falle einer Übertragung eines Kreditanteils mittels Novation bestehen bleibt.

807 *Becker-Eberhard*, S. 205 ff. und S. 214 ff.
808 *Becker-Eberhard*, S. 205.
809 *Becker-Eberhard*, S. 205.

Außerdem wird aufgrund des gewünschten Einwendungsdurchgriffs und der sonstigen Wirkungserstreckung davon auszugehen sein, dass von diesen speziellen Sicherungssituationen abgesehen, die zur Sicherung der Parallelverpflichtung bestellten Sicherheiten den gleichen Wirkungen unterliegen sollen, als wenn sie direkt zur Sicherung der Kreditschulden bestellt worden wären. Die Parallelverpflichtung soll nur zur Abwehr bestimmter ungewünschter Folgen der Akzessorietät bei einem Syndizierungsprozess führen, aber nicht grundsätzliche Wertentscheidungen forderungsgebundener Sicherungssysteme aushebeln. In diesen Fall aber würden die gesetzlichen Ausnahme- oder Versagensfälle der Akzessorietät – würden sie nicht wirksam abbedungen – ebenfalls Anwendung finden. Nach dem hier vertretenen Verständnis bedeutet dies, dass die *die gleichrangige Zweckgemeinschaft dominierende Zwecksetzung zwischen Referenzschuld und Parallelverpflichtung alle Einwirkungen auf das eine Recht an das andere weitergibt mit Ausnahme derer, die zweckwidrig wären*, also die Leistungserwartung des Kreditgläubigers gefährdeten. Die Schaffung der Parallelverpflichtung soll *nicht zu einer Einschränkung der Rechte aus dem „Anlehnungsdogma" akzessorischer Verknüpfungen führen*, die dem Gläubiger zustünden, wenn die Sicherheiten direkt auf die Kreditschuld bestellt worden wären.

Nach dieser Auslegung der betreffenden Vereinbarungen wäre eine ihren Leistungsinhalt selbst anpassende Parallelverpflichtung denkbar. Probleme ergeben sich erst durch die Wechselseitigkeit von intendierten Wirkungserstreckungen.

b) Die wechselseitige Wirkungserstreckung als Problem der ihren eigenen Leistungsinhalt bestimmenden Parallelverpflichtung innerhalb der Zweckgemeinschaft

Es ist zu fragen, ob dieses Modell der ihren Leistungsinhalt selbst bestimmenden Parallelverpflichtung in der Lage wäre, den Parteiinteressen zu dienen. Abermals wird in Ansehung der strukturellen Besonderheiten der Parallelverpflichtung eine vom Regelfall einer gleichrangigen Zweckgemeinschaft abweichende Schlussfolgerung zu ziehen sein. Die hier anzunehmende Gleichrangigkeit der Parallelverpflichtung bezieht sich nämlich eben nicht nur auf ihre selbstständige Bestimmung ihres Leistungsinhalts, die aus eigener Kraft erfolgte. Die Parallelverpflichtung unterscheidet sich bekanntlich von sonstigen Sicherungsrechten dadurch, dass auch sie eine Wirkungserstreckung erzeugen können soll. Nach dem Parteiwillen ist sie daher auch imstande, die zu sichernde Leistungserwartung des Kreditgläubigers zu gestalten. Es handelt sich demzufolge nicht nur um die autonome Bestimmung des eigenen Leistungsinhalts, sondern um die *Gestaltung des Inhalts der gesamten Zweckgemeinschaft*. Der Unterschied zu einem sonstigen, „reinen" Sicherungsrecht ist darin zu sehen, dass im Rahmen einer gleichrangigen Zweckgemeinschaft nicht nur Normen für eine Selbstanpassung des Sicherungsrechts gebildet werden müssen. Es müssen auch Regelungen für die Übertragung dieser zweckrelevanten Ereignisse auf die Forderung geschaffen werden. Konsequenterweise müsste dann auch die *Forderung ihrerseits über eigene Anpassungsmechanismen* verfügen, um bspw. auf eine Erfüllung der Parallelverpflichtung entsprechend reagieren zu können. Dies folgt nach der Logik der Gleichrangigkeit aus dem Umstand, dass die Forderung als solche nicht durch ihr Sicherungsrecht bestimmt werden kann, denn das Sicherungsrecht seinerseits wäre kein führendes Recht.

Dieser dann von der Referenzschuld selbst zu leistende Beitrag bezöge sich rein praktisch gesehen allerdings lediglich auf eine Minderung des eigenen Leistungsinhalts infolge einer Zahlung eines Schuldners der Parallelverpflichtung auf dieselbe. Da Zahlungen eines Kreditschuldners, der gleichzeitig auch Schuldner der Parallelverpflichtung ist, gewöhnlich zur Erfüllung seiner Verpflichtungen aus dem Darlehen dienen,[810] wird dies nur Zahlungen eines (wohl seltenen[811]) Drittsicherungsgebers, d. h. eines ausschließlichen Schuldners der Parallelverpflichtung, betreffen. Trotz der gewiss geringen praktischen Relevanz einer von der Parallelverpflichtung ausgehenden Führung innerhalb der Zweckgemeinschaft kann diese von den Parteien gewollte Eigenschaft bei der Beurteilung der rechtlichen Struktur des Parallelverpflichtungskonzeptes nicht unbeachtet bleiben.

Der Erklärungsansatz der sich aus eigener Kraft anpassenden Forderungen kann keinen Hinweis auf den konkreten Grund oder Anlass der Steuerung bieten. Infolgedessen muss nach anderen Deutungsansätzen gesucht werden, die die von den Parteien gewollte Folge in nachvollziehbarer Weise darlegen.

c) Die gleichrangige Zweckgemeinschaft unter der Führung eines verselbstständigten, dritten Elements

Denkbar wäre alternativ die Führung der Forderung und der Parallelverpflichtung durch einen *verselbstständigten Zweck*. Dieser Zweck wäre die Sicherung

---

810 *Willer*, AcP 209 (2009), 807, 815 mit dem zutreffenden Hinweis, dass mit dieser Leistungsbestimmung eine Weiterleitung der Zahlungseingänge durch den Sicherheitenverwalter an die Konsorten vermieden wird.

811 Die Konstellation eines Drittsicherungsgebers wird deshalb eher ungewöhnlich sein, da die Parallelverpflichtung eines Sicherheitengebers zumeist eine von diesem erklärte Garantie in Bezug auf die Erfüllung von Verbindlichkeiten aus dem Darlehensverhältnis flankiert.

der Leistungserwartung des Gläubigers der Kreditschuld, der gleichsam über beiden Forderungen steht, durch Valutierung oder Tilgung beeinflusst wird und entsprechende Veränderungen an die Zweckgemeinschaft weitergibt. Es handelte sich dabei nicht um eine eigene Forderung, sondern müsste ein rechtliche Wirkungen erzeugendes Gebilde sein.

Die Lehransätze, die eine Zweckgemeinschaft als Basis jedes Sicherungskonzeptes ansahen, verdeutlichen, dass sie *kein sich selbst anpassendes Sicherungsrecht voraussetzen*, das ohne jede Führung seinen Leistungsinhalt selbst zu bestimmen vermag.[812] Dies mag gerade vor dem Hintergrund überzeugen, dass das „eigentliche" Sicherungsrecht nur ein weiteres neben der Forderung bildete und somit nach dieser Vorstellung einer die Anpassung veranlassenden Einwirkung unterliegen müsste wie die Forderung selbst. Hierbei wurde die Anpassungsbewegung des Sicherungsrechts interessanterweise weniger als durch das Sicherungsrecht selbst erzeugte Rechtsfolge begriffen, sondern als eine Folge äußerer Einwirkung. Während *Heck* etwa von einer Leistungserwartung des Gläubigers sprach,[813] schuf *von Lübtow* darüber hinausgehend mit dem „*Anrecht*" ein mit eigener rechtlicher Bedeutung aufgeladenes drittes Element als selbstständiges subjektives Recht.[814] Jenes dritte, über Forderung und Sicherungsrecht stehende Element habe jeweils zu beiden Rechten eine akzessorische Verbindung, d. h., es führe diese beiden Forderungen, die untereinander jedoch nicht akzessorisch seien.[815] Das Anrecht selbst drückt demnach die Leistungserwartung des Gläubigers aus, die selbst sowohl durch die Forderung wie auch durch das Sicherungsrecht jeweils gesichert würde.

Das Anrecht (das „*Bekommen sollen*") kann dann seinem Bestand entsprechend den Inhalt der auf gleicher Stufe stehenden Rechte steuern. Es ist damit aus sich heraus ein sehr taugliches, weil flexibles, Instrument zur Erklärung einer gleichrangigen Zweckgemeinschaft. Jedoch wird durch diese These die Unklarheit über die Technik der wechselseitigen Einwirkungsmöglichkeit innerhalb einer gleichrangigen Zweckgemeinschaft im Grunde mit der Ungewissheit über die Beschaffenheit des führenden, übergeordneten Elements ersetzt. Das Führungselement ist gesetzlich nicht vorgesehen und ein offener Widerspruch zum Forderungsbegriff.[816] Das Anrecht als Recht, das über obligatorischen und ding-

---

812 *Becker-Eberhard*, S. 214.

813 *Heck*, S. 327.

814 *von Lübtow*, in FS Lehmann, I, S. 346 f.; *Becker-Eberhard*, S. 199, dessen Folgerung hier wiedergegeben ist.

815 *von Lübtow*, in FS Lehmann, I, S. 347.

816 Instruktiv und weiterführend *Becker-Eberhard*, S. 217 ff.

lichen Rechten stehe,[817] kann insofern nicht mehr eingeordnet werden, sodass fraglich bleibt, wie jenes Gebilde überhaupt rechtliche Qualität gewinnen und damit Wirkung entfalten kann.

Somit ist abermals in diesem Ansatz keine überzeugende Antwort auf die Frage zu finden, wie das Konzept der Parallelverpflichtung nach dem verlautbarten Willen der Parteien umgesetzt werden kann. Es bleibt somit gleichwohl nur der Ansatz einer zweigliedrigen Wechselbeziehung innerhalb der gleichrangigen Zweckgemeinschaft.

3. *Die wechselseitige Steuerung des Sollenselements der jeweiligen Forderung als vorzuschlagender Deutungsansatz für die Parallelverpflichtungskonstruktion*

Kann eine jeweilige Anpassung des eigenen Leistungsinhalts von Kreditschuld oder Parallelverpflichtung kraft eigener Rechtsmacht die Wechselbeziehung schlecht erklären und ist die Führung durch ein klassenloses Recht wie das Anrecht ausgeschlossen,[818] ist die Zulässigkeit der *Schaffung einer gegenseitigen Steuerung* die allein maßgebende Frage. Die von den Parteien gewünschte Wechselseitigkeit steht schließlich nach hier vertretener Ansicht nicht nur einer Akzessorietät zwischen Kreditschuld und Parallelverpflichtung entgegen. Sie konterkariert überdies auch die Klassifizierung der Parallelverpflichtung als allein seinen Leistungsinhalt festlegenden Rechts innerhalb einer gleichrangigen Zweckgemeinschaft.

a) Ausgangspunkt: Der Zweck als integraler Bestandteil der Forderung und führendes Element des forderungsgebundenen Sicherungsrechts

Die „Führungsfrage“ muss letztlich darüber entscheiden, ob die Parallelverpflichtung in ihrer Struktur mit dogmatischen Vorgaben der Steuerung von Leistungsinhalten übereinstimmt. Hierbei darf nicht übersehen werden, dass nicht die Maßstäbe akzessorischer Verknüpfungen gelten, da die grundsätzliche Möglichkeit der Begründung gleichrangiger Zweckgemeinschaften, wie festgestellt, nicht infrage steht und auch der Parallelverpflichtung zugrunde gelegt werden soll. Innerhalb dieses Modells muss aber der Mechanismus der wechselseitigen Wirkungserstreckung aufgeklärt werden.

Dabei soll abermals das durch *Becker-Eberhard* gebildete Modell Ausgangspunkt der Überlegung sein, auch wenn es nicht für eine gleichrangige

817 So *von Lübtow*, S. 330.

818 Vgl. zu beiden Varianten S. 213 f.

Zweckgemeinschaft, sondern als Erklärung forderungsgebundener Sicherungssysteme auf Grundlage der Lehre von der Zweckgemeinschaft entwickelt wurde.

Unter Wahrung des einheitlichen Forderungsbegriffs sieht *Becker-Eberhard* nicht die Forderung als solche in der Führungsrolle gegenüber dem Sicherungsrecht, sondern der ihr innewohnende Zweck, das „*Sollenselement*" der Forderung.[819] Dieses bilde mit dem „*Zwangselement*" der Forderung einen Dualismus, der allerdings durch die Forderung umschlossen werde. Beide Elemente seien *integrale Bestandteile* der Forderung und nicht etwa verselbstständigt.[820] Verändere sich das Sollenselement, also die Schuld im engsten Sinne, vollziehe das Sicherungsrecht diese Veränderungen mit; es diene ausschließlich dem Sollenselement der Forderung, nicht aber dem Zwangselement.[821] Mit dieser Theorie ist gewährleistet, dass kein drittes, außerhalb der Forderung stehendes Element die Führung des Sicherungsrechts übernimmt, sondern das Sollenselement der Forderung. Die zwischen Forderung und Sicherungsrecht gebildete Gemeinschaft erlangt nach *Becker-Eberhard* ihren gemeinsamen Zweck durch den Zweck der Forderung. Der Forderungszweck führe deshalb diese Gemeinschaft.[822]

Der Einklang mit der Lehre von der Zweckgemeinschaft ist darin zu erkennen, dass das Sicherungsrecht ein weiteres Mittel zur Realisierung der Leistungserwartung wird. Die *Anpassungsbewegungen des Leistungszwecks des Sicherungsrechts werden durch Veränderungen des Sollenselements veranlasst.* Entscheidendes Merkmal dieser Theorie ist, dass die Vorschriften, die Veränderungen bei der Forderung bewirken, entsprechend nicht direkt die Forderung betreffen, sondern lediglich das in ihr enthaltene Sollenselement. *Becker-Eberhard* sieht darin allerdings kein Problem, da die Vorschriften nach wie vor nach ihrem Wortlaut entsprechend auf Forderungen, Ansprüche und Verbindlichkeiten angewendet würden.[823] Hierfür wird auch sprechen, dass diese Vorschriften auch dann die Forderung selbst betreffen können, wenn ihre Regelungsmacht lediglich auf einen Bestandteil wirkt und die Veränderung dieses Elements reflexartig zu einer entsprechenden Veränderung der Forderung führt.

Der große Vorzug dieses Modells *Becker-Eberhards* liegt in seiner Fähigkeit der Erklärung der typischen Versagensgründe der Akzessorietät, da es

---

819 *Becker-Eberhard*, S. 222 ff.; ihm folgend *Brehm/Berger*, S. 251 f.

820 Vgl. dazu auch *Ernst*, in MünchKomm, BGB, Band 2, Einl., Rn 31 ff.; *Grüneberg*, in *Palandt*, BGB, Einl. vor § 241, Rn 10 f.; *Olzen*, in *Staudinger* (2009), Einl. zum Schuldrecht, Rn 235 f.

821 *Becker-Eberhard*, S. 222 f.

822 *Becker-Eberhard*, S. 223 f.

823 *Becker-Eberhard*, S. 224.

bekanntlich zwischen Sollens- und Zwangselement der Forderung trennt.[824] Jenen gesetzlich fixierten Fällen des Auseinandergehens von Forderung und Sicherungsrecht ist gemeinsam, dass die Forderung jeweils ihre Durchsetzbarkeit verliert und damit ihr Zwangselement untergeht. Da die beiden integralen Bestandteile der Forderung getrennte Wege gehen können, bleibt in diesen Fällen eben das Sollenselement bestehen und kann weiter das hierdurch ebenfalls fortbestehende Sicherungsrecht steuern, das heißt, es aufrechterhalten.[825] Fällt hingegen das Sollenselement weg, soll der Gläubiger die Leistung bereits nach der Rechtsordnung nicht mehr erhalten und der Schuldner hat sie nicht mehr zu erbringen, sodass auch eine Aufrechterhaltung des Sicherungsrechts nicht mehr erfolgen kann. Mit dem Sollenselement der Forderung endet die Führung und damit erlischt auch das Sicherungsrecht.

b) Keine einseitige Führung durch ein Sollenselement der Kreditschuld aufgrund der Gleichrangigkeit von Referenzschuld und Parallelverpflichtung

Mit der Betrachtung der Konstruktion der Parallelverpflichtung nach dem Modell *Becker-Eberhards* fallen zunächst die Unterschiede der Parallelverpflichtung gegenüber einem akzessorischen Sicherungsrecht auf. Nicht nur die Referenzschuld verfügt demzufolge über ein solches Sollenselement in ihrer Eigenschaft als eigenständige Forderung, sondern eben auch die Parallelverpflichtung. Dabei berechtigen die Sollenselemente unterschiedliche Gläubiger, das der Referenzschuld den Kreditgläubiger und das der Parallelverpflichtung den Sicherheitenverwalter. Eine Führung des jeweils anderen Rechts mag auf der Grundlage des vorstehend beschriebenen Modells zunächst unmöglich erscheinen, lässt sich allerdings unter Berücksichtigung der vorhandenen Besonderheiten nach hier vertretener Ansicht begründen.

Zu Anfang fällt auf, dass die Parallelverpflichtung streng genommen kein weiteres Realisierungsmittel der exakten Leistungserwartung aus der Referenzschuld bildet und demnach keiner Führung des Sollenselements der Kreditverbindlichkeit unterliegen kann. Die Parallelverpflichtung begründet vielmehr eine selbstständige, nach hiesiger Ansicht nicht akzessorische Forderung und räumt also nicht wie etwa ein Pfandrecht ein Verwertungsrecht in Bezug auf einen verpfändeten Gegenstand ein. Auch wenn die Parallelverpflichtung die

824 Eine Ausnahme bildet auch hier die Schaffung akzessorischer Rechte für künftige Forderungen, vgl. *Becker-Eberhard*, S. 226 f.

825 *Becker-Eberhard*, S. 224 f.

Höhe ihres Leistungsinhalts mittels Bezugnahme auf die Referenzschuld bestimmt, verfügt sie über einen grundsätzlich eigenen Leistungsgegenstand. Eine direkte Führung, wie sie bei akzessorischem Charakter der Sicherungskonzeption existiert, scheidet hier aber auch in umgekehrter Richtung aus. Denn auch die Parallelverpflichtung besitzt kein Sollenselement, das in der Lage wäre, das Sollenselement der Referenzschuld aus sich heraus quasi zu überstimmen oder im Falle einer von ihr ausgehenden Wirkungserstreckung außer Kraft zu setzen. *Die wechselseitige Steuerung der beiden Forderungen kann also nicht aus dem jeweiligen Recht* aus sich heraus erfolgen. Beide Rechte verfügen über *gleichwertige und gleichrangige Sollenselemente*, die jeweils nur ein Sicherungsrecht führen könnten, das seinen Leistungsinhalt eben aus diesem Recht als Hauptrecht erlangt. Das folgt nicht aus dem Umstand, dass die Sollenselemente verschiedene Gläubiger begünstigen, sondern aus der Eigenschaft der Gleichrangigkeit der Forderungen. Die Parallelverpflichtung verfügt prinzipiell über einen eigenen Forderungszweck und untersteht deshalb nicht einer Führung eines externen Forderungszwecks. Für eine Führung eines Rechts genügt es nicht, dass der vorgeformte, aus dem Recht selbst entstandene Leistungsgegenstand von dem anderen Recht lediglich überformt wird, wie es beim Konzept der Parallelverpflichtung eben der Fall ist. Vielmehr muss eine Hereingabe des gesamten Leistungsinhalts vorliegen und nicht lediglich eine Veränderung des vorhandenen.

Der Referenzschuld wie auch der Parallelverpflichtung gehören demnach jeweils Sollenselemente an, die sich bildlich gesehen gegenseitig an einer einseitigen Wirkungserstreckung behindern. Die wechselseitige Erstreckung beruht folglich nicht auf einer Führung herkömmlicher Prägung, da diese nach der Theorie von der gestuften Zweckgemeinschaft voraussetzt, dass dem Sicherungsrecht der Leistungsinhalt erst eingegeben wird. Dies ist bei der Parallelverpflichtung nicht der Fall, da sie als Forderung ein eigenes Sollenselement besitzt.

c) Die Parteiabrede der gegenseitigen Anrechnung als Verbindungsglied der Sollenselemente von Referenzschuld und Parallelverpflichtung

Die Verbindung der beiden Sollenselemente kann deshalb alleine eine wechselseitige Beziehung zwischen zwei Forderungen schaffen. Dabei rückt der Parteiwille in den Blickpunkt, der Veränderungen in der Höhe einer jeden Forderung auf die jeweils andere übertragen will. Es wird deutlich, dass beide Forderungen zusammen eine Tilgungsgemeinschaft in einer besonderen Gestalt formen sollen. Im Gegensatz zur Gesamtschuld, bei der dasselbe Gläubigerinteresse durch zwei Forderungen bedient wird, werden die *beiden verschiedenen Gläubigerinteressen von Kreditgläubiger und Parallelverpflichtungsgläubiger in einem übergeordneten, einheitlichen Leistungsinteresse fusioniert*. Dieses Leistungsinteresse steht aber nicht – und damit etwa auch nicht als Abkehr von der These *Becker-Eberhards*[826] – über den beiden Forderungen als dritte, steuernde Kraft, sondern es ist *Ausdruck der Verbindung der jeweiligen Sollenselemente* der beiden Forderungen, quasi ihr Resultat. Dieses *„gemeinschaftliche Leistungsinteresse"* des Kreditgläubigers als Leistungsinteresse aus der gesamten Zweckgemeinschaft wird demzufolge durch Referenzschuld und Parallelverpflichtung gemeinsam gebildet. Dabei bleiben aber die Sollenselemente von Referenzschuld und Parallelverpflichtung, die jeweils das Leistungsinteresse ihres jeweiligen Gläubigers abbilden, erhalten. Sie behalten auch das ihnen institutionell vorgegebene forderungsspezifische Leistungsinteresse, d. h. der *individuelle Forderungszweck als solcher bleibt bestehen* und wird nicht etwa vollständig durch einen höherrangigen Gemeinschaftszweck ersetzt.[827] Merkmal der durch die Parteien beabsichtigten Forderungsverbindung ist, dass die *Verbindung der beiden Forderungen und die damit behaftete Wechselwirkung nur partiell* eingreifen sollen. Während bekanntlich Veränderungen des Leistungsinhalts wie Tilgungszahlungen oder Valutierungen abgebildet werden sollen, hat eine Novation der Referenzschuld keinen Anpassungsimpuls zu geben.[828]

Die Verknüpfung der beiden Sollenselemente der besagten Forderungen und die daraus resultierende, wechselseitige Steuerung nimmt in diesem Sinne die Funktion der einseitigen Steuerung bei akzessorischen Forderungsverknüpfungen ein. Während bei diesen nur ein Sollenselement bei der Hauptforderung besteht, das sich frei gegenüber dem Sicherungsrecht entfalten kann und diesem seinen Leistungsinhalt oktroyiert, nimmt im Falle des beiderseitigen Bestehens eines Sollenselements deren Verknüpfung die Stelle der einseitigen Führung ein.

aa) Technik der Forderungsverknüpfung bei zwei gleichrangigen Sollenselementen der beteiligten Forderungen

Dieses hier vertretene Gebilde fußt in gleicher Weise auf den Grundlagen der Lehre von der Zweckgesellschaft wie das Modell *Becker-Eberhards*. Nach dem noch ursprünglichen Modell der Zweckgesellschaft im Sinne *Hecks* stehen zwar zwei gleichrangige und sich in wechselseitiger Abstimmung befindende Forderungen nebeneinander, die den gemeinsamen Zweck, nämlich die Leistungserwartung des Gläubigers, erfüllen sollen.[829] Auch soll dieses Ergebnis letzten Endes natürlich auch durch die Parallelverpflichtungsstruktur dargestellt

826 *Becker-Eberhard*, S. 223 ff.; vgl. hier auch S. 216 f.
827 Vgl. dazu S. 214 ff.
828 Vgl. dazu S. 233 f.
829 *Becker-Eberhard*, S. 181 f.

werden, jedoch erfordert der Umstand, dass die beiden Forderungen unmittelbar zwei verschiedenen Gläubigern dienen, die Bildung eines vereinenden Leistungsinteresses. Es muss die selbstständigen Wirkungen der beiden Sollenselemente der Einzelforderungen zwar grundsätzlich bestehen lassen, aber dennoch so überformen, dass aus ihnen ein einheitlicher Leistungsumfang angefertigt wird. Ein einheitlicher Leistungsinhalt kann hingegen nicht entstehen, da beide Forderungen selbstständig sind und unterschiedliche Gläubiger berechtigen. Die Verbindung zwischen beiden Sollenselementen ist gleichwohl in der Lage, den jeweils anderen Leistungsumfang der korrespondierenden Forderung an eigene Veränderungen anzupassen. Diese Wirkungserstreckung steht allerdings unter dem Vorbehalt der Zweckrelevanz. Betrifft eine Veränderung bei einer der beiden Forderungen demnach nicht das gemeinschaftliche Leistungsinteresse, indem es jenes erhöht oder reduziert, wird sie nicht weitergegeben.

Entscheidend ist allerdings auch hier, dass kein abstrahierter, gar übergeordneter Sicherungszweck in Anlehnung an die Lehre vom Anrecht *von Lübtows*[830] erzeugt werden soll. Stattdessen bleibt es beim zweigliedrigen System, da die von *Becker-Eberhard* entwickelte Struktur der Sollenselemente der Forderung in modifizierter Form eine geeignete Basis für eine Erläuterung bietet.

Die Parteien schaffen also eine Verbindung zwischen beiden Sollenselementen, die sich nur auf die *Schaffung eines gemeinschaftlichen Leistungsinteresses* beschränkt und sodann unter dessen Duktus steht. Das *gemeinschaftliche Leistungsinteresse wird nur durch die Erhöhung oder Tilgung einer der beiden verknüpften Forderungen tangiert*, also in Bezug auf den Leistungsumfang als solchen. Nur solche Veränderungen können entsprechend überhaupt einen Impuls eines Sollenselements auslösen, der über die Verbindung in ihrer Rolle als Transmitter an das andere Sollenselement übermittelt werden kann.

Die Fähigkeit der Sollenselemente zu einer derartigen Kommunikation erwächst aus ihrer Funktion. Wird nach dem gestuften Modell vor dem Hintergrund des Akzessorietätsbegriffs dem Sollenselement als integralem Forderungsbestandteil die Fähigkeit der Führung eines niederrangigen Sicherungsrechts zugewiesen, so wird ihm die Rechtsmacht attestiert, diesen Forderungszweck in abhängige Rechte zu implementieren, die institutionell für eine Hereingabe eines solchen Zwecks geschaffen sind. Diese *Eigenschaft des Sollenselements, seinen Inhalt der konkreten Leistungserwartung zu* übertragen, *wird bei der Parallelverpflichtung als gleichrangige Verknüpfung nutzbar gemacht* und nicht nur als Mittel einer einseitigen Vorgabe, wie es bei der Akzessorietät geschieht. Das

---

830 *von Lübtow*, in FS Lehmann, I, S. 346 ff.; vgl. dazu S. 214 ff.

Sollenselement der einen Forderung ist nach hier vertretener Ansicht nicht nur in der Lage, seinen gesamten Leistungsinhalt an untergeordnete Nebenrechte zu übersenden. Es vermag auch den Leistungsinhalt eines anderen Sollenselements im Rahmen einer gewillkürten Verknüpfung zu nivellieren, ihn also an den eigenen Umfang anzupassen.[831]

Die verbundenen Sollenselemente verfügen nach diesem Modell über die Möglichkeit zur *gegenseitigen Kommunikation*, um eigene Veränderungen weiterzugeben, sofern dies durch das die Verknüpfung erzeugte Gesamtleistungsinteresse zugelassen wird. Dieses entscheidet letztlich darüber, welche Wirkungen auf die andere Forderung übertragen werden und welche nicht. Sie übernimmt damit die Funktion eines Transmitters für die Übertragung zweckrelevanter Wirkungen.

Ist das Sollenselement auf Grundlage des Modells der gestuften Zweckgemeinschaft in der Lage, Sicherungsrechte an sich zu binden und zu steuern, besteht auch die Option der Koppelung an ein anderes Recht, das die Parteien – in der Sprache der Zweckgemeinschaft – als weiteres Sicherungsrecht erwählt haben. Die Möglichkeit der Weitergabe des eigenen Forderungszwecks, wie sie den Sollenselementen bei einer akzessorischen Verknüpfung eingegeben wird, ist bei der Parallelverpflichtung die Basis einer Verknüpfung der beiden Rechte. Die Verbindung der an sich nebeneinander und unabhängig voneinander begründeten Forderungszwecke erfolgt demnach durch eine Verbindung der beiden Sollenselemente kraft Parteivereinbarung.

bb) Partielle Zusammenführung der beiden Forderungszwecke zur Schaffung einer aus der Zweckgemeinschaft entspringenden Leistungserwartung

Die *Verbindung* sichert die Leistungserwartung des Kreditgläubigers und ist deshalb *nur auf diesen Zweck beschränkt*. Veränderungen, die bei einer der beiden

831 Die Nivellierung erfolgt bildlich gesprochen nicht wie bei kommunizierenden Gefäßen, wo eine homogene Flüssigkeit in zwei miteinander verbundenen und oben offenen Gefäßen immer aufgrund desselben äußeren Luftdrucks und konstanter Schwerkraft den gleichen Stand hat. Bei dieser Veranschaulichung erfolgt die Anpassung des Wasserstandes (korrespondierend: Forderungshöhe) durch Ab- bzw. Zufluss von einem zum anderen Gefäß (korrespondierend: Geldleistung). Die Angleichung der beiden Forderungen im Rahmen der Parallelverpflichtung vollzieht sich hingegen durch „Spiegelung" der jeweiligen Leistungserwartung „in das jeweils andere Sollenselement hinein". Da kein Ausgleich durch Zahlungsfluss (also Minderung der einen zwecks Erhöhung der anderen Forderung) von der einen zur anderen Forderung existiert, muss die Verknüpfung der beiden Forderungen folglich die Eigenschaft einer Anpassung eines Leistungsinhalts ohne Leistungstransfer besitzen.

Forderungen eintreten und *keinen unmittelbaren Einfluss auf den Umfang des Leistungsinteresses* des Kreditgläubigers haben, werden nicht weitergegeben. *Insoweit* besteht schon *keine gegenseitige Bindung der Sollenselemente* und daraus resultierend auch keine wechselseitige Überformung im Falle eines Anpassungsimpulses. Die Sollenselemente bleiben in diesen sonstigen Bereichen frei und erfüllen dort ihre originäre Aufgabe, nämlich indem sie der jeweiligen Leistungserwartung ihrer Forderung die rechtliche Kontur geben.

Die Verknüpfung zwischen beiden Sollenselementen schafft nach hiesigem Verständnis die Möglichkeit der Implementierung einer gemeinschaftlichen Zwecksetzung im Sinne einer vereinheitlichten Leistungserwartung. Sie steht nicht über den beiden Forderungen, sondern *wird durch die Verbindung der beiden Sollenselemente erst gebildet*. Sie findet allerdings nicht nur in der Verbindung der Sollenselemente ihren Ausdruck, sondern auch in der „Nachschaltung" der Treuhandvereinbarung zur Parallelverpflichtung, welche letztlich die durch die Verknüpfung erschaffene Kohärenz fortsetzt. Während die verbundenen Forderungen eine besondere Form einer Tilgungsgemeinschaft bilden,[832] um damit zwei an sich getrennte Forderungen in Bezug auf ihren jeweiligen Leistungsumfang anzugleichen, vollzieht die Treuhand die Verbindung beider Forderungen durch die Weiterleitung von Zahlungen auf die Parallelverpflichtung. Gleichwohl ist die Treuhandabrede an sich nur ein nachgeordneter Ausdruck der gemeinschaftlichen Leistungserwartung, zumal es nur das Innenverhältnis von Konsortium und Sicherheitenverwalter betrifft. Die Abführungsverpflichtung des Sicherheitenverwalters ist nicht konstitutiv für die gemeinschaftliche Zwecksetzung der Verknüpfung der besagten Sollenselemente. Deren Verbindung führt nämlich alleine schon dazu, dass bspw. die Erfüllung der Referenzschuld es dem Sicherheitenverwalter unmöglich macht, aus der Parallelverpflichtung gegenüber seinem Schuldner vorzugehen. Er muss aufgrund der Anlehnung desselben an den Bestand der Referenzschuld gerade diesen nachweisen können.[833] Die gemeinschaftliche Zwecksetzung als Resultat der Verbindung zweier selbstständiger und verschiedenen Gläubigern dienenden Forderungen kann vielmehr nur unter Einbeziehung aller Beteiligten der Schuldverhältnisse geschehen.

Da das Treuhandverhältnis nur auf Gläubigerebene Anwendung findet, ist sie eine interne Regelung zum Ausgleich, aber sie setzt gewissermaßen die Zweckgemeinschaft voraus und ist nur eine diesbezügliche Anschlussregelung. Die *Zweckgemeinschaft wird ihrerseits aber nur durch die Verbindung zwischen den*

832 Vgl. dazu noch S. 226 ff.

833 *Hoffmann*, WM 2009, 1452, 1455.

Forderungen geschaffen. Sie gibt dieser Verknüpfung die gemeinschaftliche Leistungserwartung ein, die wiederum selbst die Anpassungsbewegungen veranlasst.

(1) Überformung der Sollenselemente zur Schaffung eines gemeinsamen Leistungsinteresses

Innerhalb der gewillkürten Verbindung der beiden Sollenselemente muss eine Überformung der einzelnen Sollenselemente entstehen. Dabei ist anzunehmen, dass die *Verbindung der Sollenselemente von Referenzschuld und Parallelverpflichtung* zu einer Zusammenführung der an sich unabhängigen Sollenselemente hin zur Bildung einer *einheitlichen Leistungserwartung* führt. Diese *einheitliche Leistungserwartung resultiert aus der Verknüpfung der Sollenselemente.*

Die Bildung des einheitlichen Leistungsinteresses hat nicht zur Folge, dass die verbundenen Sollenselemente nicht mehr ihrem eigentlichen Zweck, nämlich die Leistungserwartung „ihres" Gläubigers zu bedienen, nachkommen. Die *Verbindung ändert an der Funktion und dem Ziel des Sollenselements nichts.* Sie tangiert lediglich den *Umfang dieser Leistungserwartung.* Statt eines Abschlusses einer ergänzenden Parteivereinbarung, die die Höhe einer Forderung neu bestimmt, haben die Parteien einen Mechanismus konstruiert, der fortlaufende Anpassungsvereinbarungen erübrigt und letztlich in ähnlicher Weise auf das den Leistungsinhalt bestimmende Sollenselement Einfluss hat wie eine Parteivereinbarung.

Ordnen die Parteien an, dass bestimmte Veränderungen auf die korrespondierende Forderung in Form eines solchen Anpassungsimpulses übertragen werden, handelt es sich hierbei um keine Rechtsfolgenerstreckung. Eine Erfüllung der Referenzschuld kann nicht die Wirkungen des § 362 Abs. 1 BGB auch bei der Parallelverpflichtung hervorrufen. Allerdings stünde es den Beteiligten frei, den Inhalt einer weiteren Forderung solchen Veränderungen anzupassen, die sie für relevant, also der Übertragung würdig, ansehen. Eine solche Parteivereinbarung kann folglich ohne Weiteres bestimmen, welche Verfügungen über das korrespondierende Recht das andere Recht widerspiegeln soll und welche nicht. So gesehen vermag der gesamte Anpassungsmechanismus, ja die gleichrangige Zweckgemeinschaft als solche als *Festlegung von zweckrelevanten Parametern* erscheinen, *die fortlaufende, bestimmte Veränderungen bei den jeweiligen Rechten gegenseitig und automatisch umsetzen.* Die Ausgestaltung des Anpassungsmechanismus ist deshalb eine Art Programmierung, die die Notwendigkeit späterer Parteivereinbarungen zur Vornahme von Wirkungserstreckungen wegfallen lässt.

Durch diesen Erklärungsansatz wird das jeweilige Sollenselement auch nicht zu einem einseitig führenden Recht; vielmehr lässt es ja ebenfalls eine eigene

Anpassung durch das verbundene Sollenselement zu, wenn jenes wiederum im Falle einer Tilgung eine Reduzierung des Gesamtleistungsinteresses bewirkt und diese weitergibt. Es existiert also nur eine *wechselseitige Weitergabe von Einwirkungen, die die Leistungserwartung des Kreditgläubigers betreffen*, also bildlich gesprochen von den durch die Parteien errichteten Parametern erfasst werden. Sonstige Veränderungen sind hingegen nicht relevant für das Leistungsinteresse und werden nicht an das Sollenselement des anderen Rechts übertragen.

(2) Disponibilität der Sollenselemente

Die Zulässigkeit der Verknüpfung der Sollenselemente ist entsprechend nicht zu bezweifeln. Die Sollenselemente sind zwar nicht als subjektive Rechte zu verstehen, aber sie sind beide feste Bestandteile der ihre Hülle bildenden Forderung. Aus ihrer Funktion heraus sind sie frei disponibel. Können die Parteien über die Schuld disponieren, dann ändern sie den Leistungsinhalt, den das Sollenselement bestimmt. Das bedeutet, dass sie im Grunde die Leistungserwartung und damit das Sollenselement anpassen. Wenn es den Parteien unbenommen ist, den Leistungsinhalt einer Forderung jenseits sachenrechtlicher oder sonstiger drittschutzbezogener Implikationen frei zu bestimmen, ist auch die gegenseitige Anbindung von Sollenselementen verschiedener Forderungen ohne Weiteres denkbar. Im Ergebnis besteht nämlich *kein Unterschied*, ob die Parteien das durch die Forderung gesicherte *Leistungsinteresse des Gläubigers mittels eigener Vereinbarung* ändern oder Bedingungen bzw. *Anpassungsmechanismen erzeugen*, die solche Anpassungsvereinbarungen antizipieren. Hier wird die Wirksamkeit der antizipierten Forderungsanpassung eher eine Frage der Bestimmtheit der durch die Parameter hervorzurufenden Wirkungen sein. Dies ist allerdings bei der Deckungsgleichheit zwischen Referenzschuld und Parallelverpflichtung kein Problem.

Können jene wechselseitigen Anpassungsbewegungen daher auch mittels (hier obsoleter) einzelner Parteivereinbarungen vorgenommen werden, weist kein Grund auf die Unzulässigkeit der Konstruktion hin. Gegenstand dieses automatisierten Anpassungsmechanismus sind eben selbstständige Forderungen und keine abhängigen Rechte. Die Parteien der beiden Forderungen sind überdies auch Beteiligte des Gesamtkreditverhältnisses, sodass die konkrete Abstimmung der beiden Sollenselemente durch alle Beteiligten festgelegt wird. Sie können deshalb statt einer separaten Vereinbarung zur Anpassung auch eine *für die ganze Zweckgemeinschaft geltende Leistungserwartung festlegen*. Dies erfolgt durch Schaffung einer *Tilgungsgemeinschaft* für eine der beiden, durch *die Sollenselemente jeweils verkörperten Leistungserwartungen* (also die des Kreditgläubigers und die des Sicherheitenverwalters).

Die kauteljarjuristische Schöpfung des Anpassungsmechanismus ist daher vor dem Hintergrund der Disponibilität der Sollenselemente[834] und der Beteiligung aller Parteien der betroffenen Forderungen unbedenklich. Es stünde den Parteien auch alternativ die Option zu, die Einwirkung auf den Leistungsinhalt der einen Forderung durch eine anschließende, inhaltsändernde Verfügung über die korrespondierende Forderung zu übertragen. Der vertragliche Anpassungsmechanismus erübrigt diese Notwendigkeit lediglich, da die konkrete Anpassungsbewegung stets nicht individuell zu bestimmen ist, sondern immer nach dem gleichen Muster erfolgt. Insofern können sowohl Vorgang als auch Umfang der betreffenden Anpassung automatisiert durchgeführt werden.

cc) Tilgungsgemeinschaft im weiteren Sinne trotz fehlender Gläubigeridentität

Nur scheinbar problematisch ist in diesem Zusammenhang die fehlende Gläubigeridentität, die bei gewöhnlichen Tilgungsgemeinschaften, wie sie bei der Gesamtschuld bekannt ist, identitätsstiftend vorliegt. Eine hier zu errichtende Tilgungsgemeinschaft ist darum nicht als Sicherung einer Leistungserwartung eines Gläubigers durch mehrere Ansprüche zu verstehen. Es handelt sich um eine Überformung eines Sollenselements dergestalt, dass es die *an den eigenen Gläubiger geschuldete Leistung bezogen auf den Umfang an die korrespondierende, verbundene Schuld anpasst*. Die einheitliche Leistungserwartung verfolgt also nicht die Vereinheitlichung der beiden verschiedenen Gläubiger, was überdies schon ohne Forderungsübertragung unmöglich wäre. Diese Tilgungsgemeinschaft zielt lediglich auf die *Schaffung eines deckungsgleichen Leistungsumfangs bei Aufrechterhaltung der Verschiedenheit der Leistungsinhalte* ab. Die Erfüllung der einen Schuld führt nicht deshalb zum Erlöschen auch der anderen Schuld, da etwa ein einheitliches Leistungsinteresse vorläge, wie es ein ungeschriebenes Tatbestandsmerkmal des § 421 BGB ist. Eine Identität des Leistungsinteresses in diesem Sinne scheitert bereits am Fehlen der Gläubigeridentität. Bei der Parallelverpflichtung existiert nicht ein Anspruch gegen mehrere Schuldner, sondern zwei selbstständige Forderungen, die unterschiedlichen Gläubigern zustehen.

Die im Rahmen der Parallelverpflichtung angedachte Tilgungsgemeinschaft richtet sich demgegenüber auf den *mittels Wirkungserstreckung des Sollenselements hergestellten Leistungsumfang*. Es handelt sich bei hiesiger Tilgungsgemeinschaft also nicht um die Verbindung zwecks Erfüllung eines Anspruchs des Gläubigers. Trotz Verknüpfung der beiden Sollenselemente werden immer noch die jeweiligen Gläubigerinteressen in Bezug genommen und bedient. Eine

---

834 Vgl. dazu S. 222.

gemeinschaftliche Tilgung existiert demgemäß nicht in Bezug auf einen einheitlichen Anspruch, sondern bezogen auf eine der *Zweckgemeinschaft zugrunde liegende, gemeinschaftliche Leistungserwartung.*[835] Sie schließt die mit der Einzelforderung verfolgte Leistungserwartung weder aus, noch gibt sie ihr einen anderen Inhalt. Vielmehr wirkt diese aus der Zweckgemeinschaft entspringende Leistungserwartung nur insofern auf das Sollenselement der jeweiligen Forderung ein, als *jenes den eigenen Leistungsumfang infolge der Einwirkung anpasst*, der gegenüber dem „eigenen" Gläubiger zu erbringen ist. Die gemeinsame Leistungserwartung wird bei dem hier vertretenen Modell also nicht in Form einer Identität des Leistungsinhalts bei einer Schuldnermehrheit vollbracht. Sie ergibt sich stattdessen aus der Gesamtstruktur, also auch unter Berücksichtigung des Treuhandverhältnisses zwischen Konsorten und Sicherheitenverwalter im Hintergrund der eigentlichen Parallelverpflichtung.

Wo bei einer Gesamtschuld eben diese Schuldnermehrheit bei Wahlfreiheit des Gläubigers eine Sicherung des Leistungsinteresses des Gläubigers darstellt, wird der Sicherungseffekt der Gesamtkonstruktion der Parallelverpflichtung anders erzeugt. Dies erlangt vor dem zunächst widersprüchlich erscheinenden Umstand einer gemeinschaftlichen Leistungserwartung trotz Verschiedenheit der Leistungsgegenstände infolge fehlender Gläubigeridentität besondere Bedeutung. Der wesentliche Unterschied zur Tilgungsgemeinschaft im Rahmen einer Gesamtschuld liegt im Zusammenspiel der jeweiligen Forderungsgemeinschaften. Die Identität des Leistungsinteresses bei der Gesamtschuld setzt eine an der Grenze zur inhaltlichen Gleichheit liegende, besonders enge Verwandtschaft voraus.[836] Sie unterstellt gleichwohl aber notwendigerweise einen Gläubiger eines Anspruchs bei mehreren Schuldnern. Hingegen wird *die gemeinsame Leistungserwartung zwischen Referenzschuld und Parallelverpflichtung nicht alleine durch die Gleichrangigkeit von auf dasselbe Leistungsinteresse gerichteten Verpflichtungen geschaffen.* Bei getrennter Betrachtung der Vorgänge schafft die beschriebene Verknüpfung der Sollenselemente von Referenzschuld und Parallelverpflichtung nur eine Angleichung des Leistungsumfangs als solchem. Dass die Leistungen, die zur Erfüllung von Verbindlichkeiten aus der Parallelverpflichtung erbracht werden, zwar unmittelbar der Leistungserwartung des Sicherheitenverwalters dienen, aber *darüber hinaus auch der Leistungserwartung des Kreditgläubigers*, vermag erst das zugeschaltete Treuhandverhältnis zu erklären.

---

835 Vgl. dazu direkt im Anschluss auf S. 228 f.
836 BGH NJW 1965, 1175, 1176.

Die Vereinbarungen aus dem Treuhandverhältnis zwischen Konsorten und Sicherheitenverwalter vervollständigen damit erst in Kombination mit der Betragsanpassungstechnik die Begründung eines gemeinschaftlichen Leistungsinteresses. Die *insoweit* nur verbundenen Sollenselemente von Referenzschuld und Parallelverpflichtung gewährleisten demnach die Betragsanpassung. Daneben begründet die Verpflichtung des Sicherheitenverwalters, sämtliche Zahlungen von Schuldnern der Parallelverpflichtung an die Konsorten (bzw. deren Konsortialführer) weiterzuleiten und ihnen alle Verwertungserlöse auszukehren, erst die gemeinschaftliche Leistungserwartung.

dd) Die Leistungserwartung des Kreditgläubigers als maßgebender Zweck der Gemeinschaft zwischen Referenzschuld und Parallelverpflichtung

Die Zulässigkeit der Verbindung der beiden Sollenselemente von Referenzschuld und Parallelverpflichtung rückt dann die durch die Verbindung der Sollenselemente entstehende, gemeinschaftliche Leistungserwartung als Zweck in den Fokus. Es handelt sich, wie erwähnt, nach hiesigem Modell nicht um ein drittes, verselbstständigtes und beide Sollenselemente führendes Element.[837] Ein drittes Element wäre schon nach dem hier vertretenen Ansatz auch nicht notwendig. Diese gemeinsame, durch die Verknüpfung geschaffene und nur insoweit auch geltende Leistungserwartung speist sich ausschließlich aus dem Kreditverhältnis. Es ist *allein die Leistungserwartung des Kreditgläubigers.*[838]

(1) Wirkungsbereiche der Leistungserwartung des Kreditgläubigers im Sollenselement der Referenzschuld und im Treuhandverhältnis

Das Leistungsinteresse des Gläubigers aus dem Kreditverhältnis ist nicht nur im Sollenselement der reinen Kreditbeziehung verkörpert, sondern wird auch bei der Parallelverpflichtung umgesetzt. Dies geschieht zum einen durch die mittelbare Berechtigung der Kreditgläubiger an Zahlungseingängen beim Sicherheitenverwalter, da dieser zu deren Weiterreichung verpflichtet ist. Auch wenn ein ausschließlicher Schuldner der Parallelverpflichtung nur auf die Parallelverpflichtung zahlt,[839] zeigt das Treuhandverhältnis, dass die Sicherungsstruktur der Parallelverpflichtung das Leistungsinteresse des Kreditgläubigers in den Vordergrund stellt. Jedoch entsteht hierdurch keine Führung jenes Sollenselements gegenüber dem der Parallelverpflichtung. Zwar muss der Gläubiger der gleichrangigen Parallelverpflichtung nachträglich seine Einnahmen abführen und erst

837 Vgl. dazu S. 214 f.

838 Vgl. bereits S. 226 ff.

839 Vgl. zu den entsprechenden Leistungsbestimmungen S. 213 f.

nach Erfüllung der Verpflichtungen aus der Parallelverpflichtung schmälert sich deshalb die Leistungserwartung aus dem Kreditverhältnis. Dies bedeutet aber nicht, dass die bei Bestehen der Parallelverpflichtung koexistierenden Sollenselemente ein gestuftes Verhältnis aufweisen. Es ist nicht ausgeschlossen, dass ein alleiniger Schuldner der Parallelverpflichtung durch Leistungen die Leistungserwartung des Sicherheitenverwalters erfüllt, wenn dieser die empfangene Leistung weiterleiten muss.

Die Verpflichtung des Sicherheitenverwalters zur Übertragung von Einnahmen aus dem Schuldverhältnis der Parallelverpflichtung gründet zwar auf dem Interesse des Gläubigers auf Sicherung seiner Leistungserwartung. Jedoch entspringen die Regelungen des Treuhandverhältnisses nicht dem Einfluss eines Sollenselements. Es steht in keiner Beziehung zu diesem rechtlich völlig unabhängigen Schuldverhältnis.

Gegen die hier gefundene Rolle des Sollenselements der Referenzschuld spricht nicht die prinzipielle Gleichrangigkeit der Forderungen. Die Sollenselemente der beiden Forderungen sind grundsätzlich „gleichberechtigt" und können zweckrelevante Veränderungen weitergeben. Sie bestimmen jede für sich den Leistungsinhalt der jeweiligen Forderungen.[840] Da allerdings gerade aufgrund der Gleichrangigkeit der Forderungen keine Führungsrolle existiert, ist durch die Parteien eigens zu bestimmen, welche Leistungserwartung der Zweckgemeinschaft als Zweck eingegeben wird. Bestimmt die Leistungserwartung das Sollenselement einer Forderung und damit auch deren Zweck, muss hinsichtlich der Verbindung der Sollenselemente ebenso eine Leistungserwartung geschaffen werden. Geschieht dies nicht, bleibt unbestimmt, welcher Leistungserwartung gerade durch die verbundenen Sollenselemente ein rechtlicher Rahmen verliehen wird. Auch wenn die gemeinschaftliche Leistungserwartung hinsichtlich des Umfangs identisch mit der Leistungserwartung der Referenzschuld ist, gilt die Feststellung, dass auch das Sollenselement der Parallelverpflichtung diese umsetzen kann.

Diese Überlegung besteht im Grunde auch den Vergleich mit einer herkömmlichen, zweigliedrigen und forderungsgebundenen Sicherungsstruktur. Ist der Gläubiger der Forderung dort auch Gläubiger des Sicherungsrechts, wird jenem der Forderungszweck durch das führende Recht eingegeben. Bei der Parallelverpflichtung ist die Verschiedenheit der Gläubiger zwar gerade Wesensmerkmal, jedoch soll dies mit einem möglichst geringen Verlust an Sicherheit für den Gläubiger der Forderung einhergehen.

---

840 *Becker-Eberhard*, S. 223.

Das Sollenselement der Hauptverbindlichkeit muss deshalb in ähnlicher Weise über Steuerungskraft verfügen. Es wird mangels Akzessorietät der Parallelverpflichtung nicht in diese implementiert, sondern nur bezogen auf Veränderungen des eigenen Leistungsumfangs in der Parallelverpflichtung verwirklicht. *Da aber die zur Erfüllung der Parallelverpflichtung erbrachten Leistungen dem Sicherheitenverwalter zunächst zur Verfügung stehen, muss dieser aus dem Sicherungsrecht entstehende Vermögenswert dem Gläubiger übermittelt werden.* Dies geschieht durch die Verpflichtungen des Treuhänders aus der Treuhandabrede. Während forderungsgebundene Sicherungsrechte das Sollenselement gewissermaßen von außen als Führungselement zur Verfügung gestellt bekommen, verwirklicht sich das Sollenselement der Kreditschuld nur in der Einwirkung auf die Parallelverpflichtung. Dennoch lässt die Gesamtstruktur der Parallelverpflichtung als Kombination der wechselseitigen Forderungsanpassung und des Treuhandverhältnisses einen äquivalenten Sicherungseffekt entstehen.

(2) Zusammenfassung der Rolle der Leistungserwartung des Kreditgläubigers

Es lässt sich konstatieren, dass die Leistungserwartung des Kreditgläubigers auch den die Forderungsgemeinschaft prägenden Zweck bildet. Sie bildet den Grund für die Schaffung des gesamten Parallelverpflichtungsgebildes und damit für deren beide Schuldverhältnisse, nämlich die Parallelverpflichtung als solche und das Treuhandverhältnis. Die Treuhandvereinbarung verschafft dem Kreditgläubiger den Zugriff auf Sicherungserlöse und eben auf Zahlungen zwecks Tilgung der Parallelverpflichtung. Sie kompensiert deshalb die fehlende Stellung des Kreditgläubigers als Sicherungsnehmer. Diese Leistungserwartung wird daneben auch im Sollenselement der Forderung verkörpert, das zwar die Parallelverpflichtung nicht so führt wie ein abhängiges Recht. Aber das Sollenselement ist in der Lage, solche Wirkungsimpulse an sein Pendant weiterzugeben, die den Umfang des Leistungsinteresses beeinflussen können. Im Wirkbereich der Parallelverpflichtung kann demzufolge die Leistungserwartung mittels des Sollenselements der Referenzschuld über die Verbindung zum anderen Sollenselement mittelbar den Bestand der Sicherheiten steuern. Sie kann wie ein Hauptrecht einer forderungsgebundenen Sicherung den eigenen Leistungsinhalt in bestellten Sicherungsrechten abbilden, auch wenn es hier auf andere Weise geschieht. Nicht der eigene Leistungsinhalt der Kreditschuld ist Bezugspunkt der Sicherung, sondern eine andere Forderung, in die das Sollenselement der Kreditschuld seinen eigenen Umfang projiziert. Das eigenständige Sollenselement der Parallelverpflichtung lässt dies zu, weil es mit dem Sollenselement der Referenzschuld eine gemeinschaftliche Leistungserwartung zum Ausdruck bringt.

(3) Das Verfahren zur wechselseitigen Anpassung der Sollenselemente

Konkret ausgelöst wird dann eine Wirkungserstreckung durch eine Einwirkung auf die Leistungserwartung. Zahlt der Kreditschuldner auf seine Schuld aus dem Kreditverhältnis, reduziert sich die Leistungserwartung des Kreditgebers entsprechend und unmittelbar. Zahlt der Schuldner hingegen auf die ihn ebenfalls bindende Parallelverpflichtung (oder zahlt ein Drittsicherungsgeber, der nur Schuldner der Parallelverpflichtung ist), so reduziert sich die Leistungserwartung des Kreditgläubigers mittelbar durch das Treuhandverhältnis. Es verpflichtet den Treuhänder, eingegangene Zahlungen an das Konsortium weiterzureichen.

Für den ersten Fall der Zahlung auf die Kreditschuld bedarf es einer Anpassung der Parallelverpflichtung. Das Sollenselement der Kreditschuld spiegelt dann den veränderten Stand der Leistungserwartung wider. Infolge der reduzierten Leistungserwartung aus der Kreditschuld reduziert sich auch die durch die Verbindung der Sollenselemente entstandene Leistungserwartung der Gemeinschaft zwischen Parallelverpflichtung und Referenzschuld. Da diese gemeinschaftliche Leistungserwartung eben der aus dem Kreditverhältnis entspricht, passt sie den Umfang der Leistungserwartung aus der Parallelverpflichtung an.

Im umgekehrten Fall (Erfüllung der Parallelverpflichtung) reduziert sich die gemeinschaftliche Leistungserwartung hingegen nicht schon mit der Erfüllung der Parallelverpflichtung, sondern erst infolge des Entstehens des Anspruchs gegen den Sicherheitenverwalter auf Weiterleitung. Durch die (teilweise) Erfüllung der Parallelverpflichtung kann der Kreditgeber vom Sicherheitenverwalter nun Auszahlung des Erlangten verlangen und seine Leistungserwartung aus der Zweckgemeinschaft sinkt. Nun wäre daran zu denken, dass in diesem Falle ggf. die Leistungserwartung aus dem Kreditverhältnis erst dann sinkt, wenn die Leistung durch den Sicherheitenverwalter tatsächlich übertragen wurde. Im Erklärungsmodell hieße dies, dass ein Impuls oder bei vollständiger Erfüllung ein Wegfall des Sollenselements der Parallelverpflichtung nicht nötig sei, um das Sollenselement der Referenzschuld zu beeinflussen. Hiergegen spricht allerdings der Wortlaut wie auch der Zweck der Parallelverpflichtung: Zum einen sollen beide Forderungen stets den gleichen Betrag aufweisen, was verzögerte Anpassung infolge einer Weiterleitung beinhaltet. Darüber hinaus würde dadurch ein Leistungsrisiko dem Kreditgläubiger aufgebürdet, obwohl dieser keinerlei Einfluss auf die Beziehung zwischen Konsortium und Sicherheitenverwalter hat.[841] Somit ist wiederum die Verbindung zwischen beiden Forderungen dann der Transmitter für Wirkungserstreckungen. Da der Kreditgläubiger die Aussicht auf Befriedigung seiner Leistungserwartung durch den

841 Vgl. dazu auch S. 183 f.

Anspruch gegen den Sicherheitenverwalter erhält, sinkt die Leistungserwartung aus der gesamten Forderungsgemeinschaft. Die durch die Verbindung erzeugte, gemeinsame Leistungserwartung leitet folglich die Reduktion des Sollenselements der Parallelverpflichtung an das der Referenzschuld weiter.

ee) Die konkrete Schaffung der Verbindung der Sollenselemente durch Anrechnungen

Infolge der Klärung der Zulässigkeit einer Verbindung wie auch des sie ausfüllenden Merkmals der gemeinschaftlichen Leistungserwartung muss sich der Blick auf die konkrete Schaffung der Verknüpfung richten.

Die beabsichtigte gegenseitige Anrechnung von Zahlungen wie auch das Übergreifen von Einwendungen gegen die Referenzschuld auf die Parallelverpflichtung ist damit die Grundlage dieses zur gestuften Zweckgemeinschaft modifizierten Modells. Solche Regelungen schaffen im engen Sinne weniger eine Abhängigkeit zwischen Referenzschuld und Parallelverpflichtung, als vielmehr eine Einheit in Bezug auf das zu sichernde Leistungsinteresse. Die unterschiedlichen Gläubiger von Referenzschuld und Parallelverpflichtung müssen sich Zahlungen an den jeweils anderen Gläubiger entgegenhalten lassen. In Verbindung mit der gegenseitigen Anrechnung begründet das Treuhandverhältnis eine Tilgungsgemeinschaft zwischen den beiden Forderungen. Während das Sollenselement der Referenzschuld unmittelbar das Gläubigerinteresse unterstützt, wird es im Rahmen der Parallelverpflichtung durch die Kombination von Sollenselement mit Treuhandvereinbarung gesichert.

Jene Tilgungsgemeinschaft ersetzt die einseitige Führung eines Sollenselements, die ihrerseits einen deutlich reduzierteren Regelungsbedarf aufweist, richtet sich doch das Sicherungsrecht ausschließlich – von den typisierten Versagensfällen einmal abgesehen – nach dem Schicksal der Hauptforderung. Es ist etwa keine umgekehrte Erstreckung zu regeln. Bei der Parallelverpflichtung stehen hingegen zwei an sich eigenständige und per se unabhängige Forderungen nebeneinander. Dass die Parallelverpflichtung in ihrem Entstehungszeitpunkt den gleichen Betrag aufweist wie die Referenzschuld, besagt zunächst allein noch nichts über die gegenseitige Verbindung der beiden Forderungen. Die bloße Festlegung des gleichen Leistungsinhalts eines zusätzlichen Anspruchs deutet noch nicht auf denselben Leistungsgegenstand hin. Es sagt gerade dann noch nichts über eine Verknüpfung zu jenem Recht aus, wenn die Gläubiger der beiden Rechte nicht identisch sind.[842]

---

842 Anders liegt es beim ursprünglich von *Heck* vertretenen Modell der gleichrangigen Zweckgemeinschaft vor, die er mit der passiven Gesamtschuld verglich, vgl. *Heck*, S. 328, 330.

Die Verbindung der beiden Forderungen ergibt sich alleine aus den Anpassungsregeln im Zusammenhang mit einer Änderung des Leistungsinteresses. Diese Wirkungserstreckung von Veränderungen des eigenen Leistungsgegenstands errichtet in Verbindung mit der Treuhandvereinbarung zwischen Sicherheitenverwalter und Konsorten die Deckungsgleichheit der jeweiligen Leistungserwartung. Durch die gegenseitige Anrechnung von Änderungen des Umfangs des Leistungsgegenstandes setzen die Parteien die beiden Forderungen in eine Beziehung und begründen aus zwei an sich unterschiedlichen Forderungszwecken einen Gesamtleistungszweck. Beide Sollenselemente zusammen dienen dem aus dem Kreditverhältnis entstehenden Gläubigerinteresse auf Leistungserhalt. Während das Sollenselement der Referenzschuld aus sich hieraus bereits den konkreten Forderungszweck innehat, verfolgt das Sollenselement der Parallelverpflichtung nur die Befriedigung des Sicherheitenverwalters als Gläubiger eben dieser Forderung. Der Betragsanpassungsmechanismus hat allerdings zur Folge, dass das Sollenselement der Referenzschuld den Umfang der Leistungserwartung des Sicherheitenverwalters aus der Parallelverpflichtung bestimmt.

ff) Die Parallelverpflichtung im Moment der Novation der Referenzschuld

Auf Grundlage einer solchen Betrachtung lässt sich dann der Fall der Novation der Referenzschuld bei unberührtem Fortbestand der Parallelverpflichtung wie folgt erklären:

Das Sollenselement der Referenzschuld geht infolge der Novation unter. Die Novation führt zu einem Erlöschen des Schuldverhältnisses und zur völligen Veränderung der Schuld,[843] weshalb sie wie ein rechtsvernichtendes Gestaltungsrecht anzusehen sein wird, das das Sollenselement der Forderung beseitigt.[844] Gleichwohl verlangt das hier vorgeschlagene Modell keine Ausnahme vom Dogma des Wegfalls des Sollenselements beim Untergang des Schuldverhältnisses. Vielmehr wird diese Veränderung dann durch das Sollenselement der Parallelverpflichtung schlicht ignoriert.

Die gemeinsame Sicherung der Leistungserwartung des Kreditgläubigers wird durch beide Sollenselemente gemeinschaftlich erfüllt. Jedoch erfolgt dies nicht in jeder Lage kumulativ, sondern im Falle der Novation der Referenzschuld alternativ. Die Valutierung der Referenzschuld wie Tilgungszahlungen auf jede der beiden Forderungen verlangen ein Zusammenspiel der verbundenen Rechte, da

843 Vgl. nur *Emmerich*, in MünchKomm, BGB, Band 2, § 311, Rn 15.

844 So wohl auch *Becker-Eberhard*, S. 226, der die Novation allerdings nicht explizit erwähnt.

hierdurch die Leistungserwartung des Kreditgläubigers aus der Zweckgemeinschaft betroffen ist. Die Lage gestaltet sich bei der Novation der Referenzschuld anders. Die Sollenselemente steuern sich wechselseitig nur bei einer jeweiligen Veränderung des eigentlichen Leistungsinhalts. Die Parteivereinbarung *sieht hingegen keine Wirkungserstreckung vor, wenn die Referenzschuld zwecks Neubegründung untergeht.* Hier ist eine nur partiell geschaffene Beziehung zwischen zwei gleichrangigen Forderungen möglich. Während der Novation der Referenzschuld repräsentiert folglich allein das Sollenselement der Parallelverpflichtung das Leistungsinteresse aus den Kreditverbindlichkeiten. Es bleibt entsprechend vom kurzzeitigen Wegfall des Sollenselements der Referenzschuld unberührt, weil durch diese Übertragung die Leistungserwartung als solche nicht tangiert wird. Dies resultiert aus der Gestaltung der Parallelverpflichtungsklausel, die keine globale Wirkungserstreckung anordnet, sondern nur wechselseitige, betragsspezifische Anpassungen. Der Untergang und die Neuschaffung des Sollenselements der Forderung berühren deshalb nicht die durch beide Forderungen gewährleistete Sicherung der Leistungserwartung und werden deshalb von der Parallelverpflichtung nicht reflektiert.

Vor dem hier zu betrachtenden Hintergrund zweier verbundener Sicherungsrechte folgt dann aus dem kurzfristigen Wegfall des Sollenselements der Referenzschuld bei deren Novation kein Wegfall des Sollenselements der Parallelverpflichtung. *Zwar erlischt das Sollenselement der Referenzschuld für einen Moment, aber dieser Untergang erstreckt sich nicht auf die Leistungserwartung, also auf das Leistungsinteresse aus dem Kreditverhältnis.* Die Novation führt nur dazu, dass ein anderer Gläubiger jenes Leistungsinteresse innehat, aber sie verändert das Leistungsinteresse nicht inhaltlich wie bspw. eine Erfüllung. Bilden die Sollenselemente von Referenzschuld und Parallelverpflichtung zusammen eine einheitliche Leistungserwartung, berührt die Novation der Referenzschuld nicht das Sollenselement der Parallelverpflichtung. Wenn die wechselseitige Verbindung beider Forderungen letztlich nur als rein technischer Mechanismus gewertet wird, um weitere Anpassungsvereinbarungen zu vermeiden, kann eine nur teilweise Wirkungserstreckung problemlos auf den hier völlig ungebundenen Parteiwillen gestützt werden.

Während die Kreditverbindlichkeit aus sich heraus bereits die Leistungserwartung durch ihr Sollenselement verkörpert, ergibt sich die Rolle der Parallelverpflichtung aus dem Modus der Anrechnung von Zahlungen, vor allem aber durch die Treuhandabrede zwischen Sicherheitenverwalter und Konsorten. Indem sich der Sicherheitenverwalter als Gläubiger der Parallelverpflichtung in den Dienst der Konsorten stellt, wenn er Zahlungen seiner Gläubiger genauso wie Verwertungserlöse weiterleitet und Veränderungen der Referenzschuld in der Parallelverpflichtung abbilden lässt, erfüllt die Parallelverpflichtung die Funktion einer Sicherung. Daneben dient sie der weiteren Bestätigung der von der Kreditschuld bereits inkorporierten Leistungserwartung des Kreditgläubigers. Sie bildet damit im Sinne der Lehre von der Zweckgesellschaft die charakteristische Funktion eines (zusätzlichen) Sicherungsrechts in der Weise, dass sie nicht nur ein weiteres rechtliches Mittel zur Realisierung des Leistungsinteresses verkörpert, sondern auch im Falle der Novation der Forderung gar zum einzigen solchen Mittel wird. Dies ist zwar in einem gestuften Zweckverhältnis nicht denkbar, wohl aber in einem gleichrangigen, da dort das „parallele" Recht über ein eigenes Sollenselement verfügt.

Wird die Kreditschuld demnach noviert, ist mangels Erfüllung die durch die Gesamtstruktur der Parallelverpflichtung gesicherte Leistungsanwartschaft des Kreditgläubigers nicht weggefallen. Wenn infolge der Novation der Referenzschuld deren Sollenselement für einen gedachten Moment erlischt, bleibt in dieser Situation das Sollenselement der Parallelverpflichtung bestehen. Es führt die nachrangigen Sicherungsrechte weiter und hält aufgrund der dienenden Funktion der Parallelverpflichtung die Leistungserwartung des Kreditgläubigers aufrecht.

4. *Fazit*

Auf Grundlage dieser Betrachtungen ist das Gebilde der Parallelverpflichtung nicht perplex, sondern prinzipiell klassifizierbar, wenn – wie hier – die Parallelverpflichtung als solche als abstraktes Schuldversprechen gemäß § 780 BGB eingeordnet, dann aber eine Akzessorietät zur Referenzschuld abgelehnt wird. Die mangels akzessorischer Verknüpfung fehlende Abhängigkeit der Parallelverpflichtung zur Kreditverbindlichkeit wird durch eine wechselseitig mögliche Anlehnung der beiden selbstständigen Forderungen vollzogen. Diese schafft unter Einbeziehung der Leistungserwartung des Kreditgläubigers als gemeinschaftlichen Zweck eine gleichrangige Zweckgemeinschaft beider Rechte. Die Verbindung und die wechselseitige Wirkungserstreckung beider Rechte erfolgen ausschließlich auf Grundlage und infolge der Leistungserwartung des Kreditgläubigers. Beeinflussen Faktoren, wie eine Erhöhung oder eine Reduzierung der Schuld, die Leistungserwartung, also die Einziehungsbefugnis des Kreditgläubigers, werden diese an das korrespondierende Recht mittels Einwirkung auf das Sollenselement der Forderung übertragen. Das Sollenselement des zu verändernden Rechts bestimmt zwar auch infolge der Einwirkung weiter den Leistungsinhalt jener Forderung und dient lediglich dem „eigenen" Gläubiger. Jedoch veranlasst gewissermaßen die Wirkungserstreckung durch das einwirkende Sollenselement das andere Sollenselement, den

Umfang des eigenen Leistungsinhalts zu ändern. Im Gegensatz zu einer akzessorischen Verbindung verfügt jedes der beiden Rechte der Zweckgemeinschaft über einen eigenen Leistungsinhalt, über den das eigene Sollenselement bestimmt. Statt wiederkehrender Anpassungsvereinbarungen schaffen die Parteien mit dem automatisierten Anpassungsmechanismus lediglich eine Technik, die nachfolgende Anpassungsvereinbarungen erübrigt.

Die Parallelverpflichtung lässt sich demzufolge als Modell zweier nachgeschalteter Zweckgemeinschaften mit Leitlinien forderungsgebundener Sicherungssysteme vereinbaren. Die Beziehung zwischen Referenzschuld und Parallelverpflichtung als gleichrangige Zweckgemeinschaft jenseits akzessorischer Sicherungsrechte unterliegt dabei bereits nicht den Bindungen forderungsgebundener Systeme. In der Beziehung zwischen Parallelverpflichtung und den auf sie bestellten Sicherungsrechten sind solche Vorgaben natürlich voll verwirklicht. Eine gleichrangige Zweckgesellschaft als Postulat kann im hiesigen Kontext die von den Parteien gewollte Gleichrangigkeit zwischen beiden Rechten erklären.

Der sie ausfüllende Zweck wird durch die Leistungserwartung des Gläubigers aus dem Kreditverhältnis gebildet. Er ist kein über den Forderungen angesiedelter Zweck, sondern entsteht erst durch die Verbindung der Sollenselemente durch besagten Anrechnungsmodus. Der gemeinschaftliche Zweck wird dann Auslöser einer Wirkungserstreckung.

E. Entstehungsgleichlauf zwischen Parallelverpflichtung und Referenzschuld

In Ansehung der Ausgestaltung der gängigen Vertragsklauseln zur Begründung der Parallelverpflichtung ist davon auszugehen, dass die Parteien beabsichtigen, eine gewisse Abhängigkeit im Entstehungsvorgang der Schuld zu begründen.[845] Ob hierbei allerdings, wie häufig, von einer „Entstehungsakzessorietät“ zu sprechen ist, lohnt in Ansehung des hier vertretenen Modells der nachgeschalteten Zweckgemeinschaften näherer Betrachtung.[846]

---

845 So findet sich folgende Formulierung sinngemäß häufig wieder: “*The obligor hereby irrevocably and unconditionally undertakes to pay to the security agent as creditor in its own right amounts equal to each amount payable by the obligor to each of the secured parties under any finance document* [...].”

846 Zutreffend, wenn auch gewiss nicht auf den Fall der Parallelverpflichtung bezogen, schlägt *Becker-Eberhard*, S. 11, Fn 20 vor, den Begriff der Akzessorietät nur im Falle solcher Rechte zu verwenden, denen die Anbindung an ein anderes Recht immanent ist, wie den gesetzlich geregelten Rechten zu eigen ist.

Eine Akzessorietät in der Entstehung, wie sie die hM bei der Parallelverpflichtung annimmt, verlangt, dass das führende Recht selbst wiederum als Entstehungsvoraussetzung des geführten Rechts entsteht.[847] Dies bedeutet, dass die Existenz des führenden Rechts, also der Hauptschuld, die Voraussetzung dafür ist, dass das geführte Recht überhaupt erst entstehen kann.[848] Innerhalb dieses Abhängigkeitsverhältnisses im Begründungsprozess ist zu unterscheiden zwischen einer Wirksamkeitsakzessorietät und der Entstehungsakzessorietät im engen Sinne. Während die Wirksamkeitsakzessorietät die Begründung der Hauptschuld als solche als Voraussetzung des Wirksamwerdens des Sicherungsrechts benennt, beschreibt die Entstehungsakzessorietät lediglich den Zustand des Bestehens einer gegenwärtigen Forderung als Voraussetzung eines Bestellungsaktes. Jedoch ist das Vorliegen einer Entstehungsakzessorietät in diesem Sinne keine zwingende Voraussetzung für die Rechtsbegründung, da das Gesetz die Bestellung akzessorischer Sicherungsrechte auch für künftige Forderungen zulässt. Kommt die zu sichernde, künftige Forderung nicht zur Entstehung, kann zwar der Bestellungsakt des akzessorischen Rechts an sich wirksam sein. Jedoch bleibt durch die fehlende Hauptrechtsbegründung der Gegenstand der Sicherung aus. So verstanden setzt das Gesetz keine Entstehungsakzessorietät voraus, sondern eine Wirksamkeitsakzessorietät.[849]

Wie bereits dargelegt, unterstreichen die Klauseln die Eigenständigkeit der Parallelverpflichtung gegenüber der Referenzschuld. Schon aus diesem Gesichtspunkt erscheint eine Entstehungsakzessorietät zwischen beiden Forderungen fraglich. Gleichwohl spricht eine verneinte Entstehungsakzessorietät nicht gegen einen Entstehungsgleichlauf kraft Parteivereinbarung, der nach der Darstellung anderer Ansätze auf Grundlage des hier vertretenen Modells aufzuzeigen sein wird.

I. Die Parallelverpflichtung als abstrakte, vor Entstehung der Darlehensrückzahlungsansprüche begründete Forderung nach *Schnauder*

Die Untersuchungen der Literatur im Hinblick auf den Entstehungszeitpunkt weisen bisher zwei grundlegende Richtungen auf. Die ganz überwiegende Zahl der Autoren sieht die Konstruktion der Parallelverpflichtung durch eine

847 Dazu begriffsprägend *Medicus*, JuS 1971, 497, 498.

848 *Becker-Eberhard*, S. 262 f.; *Medicus*, JuS 1971, 497, 498.

849 Zu diesem gesamten Absatz *Becker-Eberhard*, S. 265 f.

Entstehungsakzessorietät gekennzeichnet.[850] *Schnauder* beschreibt sie als eine bereits vor Entstehung der Rückzahlungsansprüche begründete, abstrakte Forderung, die schon zu diesem Zeitpunkt als Träger akzessorischer Sicherheiten taugt.[851] Sie wird nach diesem Verständnis also eigenständig begründet und findet ihre causa in einer Sicherungszweckvereinbarung zwischen Sicherungsnehmer und Sicherungsgeber, wobei Letzterem die Einrede der ungerechtfertigten Bereicherung zusteht, wenn der Sicherungszweck (Ausgabe des künftigen Darlehens) nicht erreicht wird.[852] Demzufolge wäre die Parallelverpflichtung nicht per definitionem von vorneherein wirkungslos, wenn die Kreditverbindlichkeit nicht bestünde.

Diese Deutung der den Vertragsklauseln zugrunde liegenden Vereinbarung, zu der *Schnauder* aufgrund der von ihm angenommenen Perplexität der gesamten Parallelverpflichtungskonstruktion im Wege einer geltungserhaltenden Auslegung gelangt, liegt unter diesem Blickwinkel nahe und korrespondiert mit bereits geläufigen Kreditsicherungsmethoden. Die Formulierungen in gängigen Klauseln seien demnach so auszulegen, dass diese Parallelverpflichtung als „*independent and separate obligation*" bereits mit Vertragsabschluss den Gesamtbetrag aller Kredite widerspiegelt, die dem Konsortialkreditverhältnis entstammen. Eine nennbetragslose Parallelverpflichtung sei hingegen schlecht umsetzbar.[853]

Dieses Ergebnis wird im Grundsatz den Sicherungsinteressen der Parteien entsprechen und gewährleistet, dass es bei der Bestellung der avisierten Sicherheiten zu keiner Übersicherungsproblematik kommt, was der Fall wäre, wenn theoretisch etwa ein fiktiver, denkbar niedriger Wert angenommen würde.[854] Entsteht die Referenzschuld im Folgenden nicht, könnte die Parallelverpflichtung auch als unabhängige und gleichfalls existierende Forderung nicht eigens durchgesetzt werden. Sie schließt eine Doppelzahlungsverpflichtung aus und der Sicherheitenverwalter hat bei der Geltendmachung der Parallelverpflichtung

850 Ausdrücklich *Apfelbaum*, S. 256 und *Danielewsky/Dettmar*, WM 2008, 713, 713; so wohl auch *Willer*, AcP 209 (2009), 807, 813, der von einer Abhängigkeit von einem führenden Recht spricht.

851 *Schnauder*, NJOZ 2010, 1663, 1668.

852 AaO.

853 *Schnauder*, NJOZ 2010, 1663, 1668. Bzgl. der sofortigen Entstehung ebenso *Förl*, RNotZ 2007, 433, 451.

854 Auch im Falle der Bestellung akzessorischer Pfandrechte zur Sicherung der Parallelverpflichtung wäre eine Übersicherung denkbar, selbst wenn sich der Umfang der Sicherheit nach dem Forderungsbestand richtete, vgl. dazu *Ganter*, in *Schimansky/Bunte/Lwowski*, Band II, 4. Aufl., § 90, Rn 349.

nachzuweisen, dass die korrelative Referenzschuld in gleicher Höhe besteht.[855] Ist der Rechtsgrund der Parallelverpflichtung eine Sicherungszweckvereinbarung der Parteien, muss bereits eine – die Wirkungen der §§ 1211, 1254 BGB erzeugende – peremptorische Einrede des Sicherungsgebers möglich sein, wenn der Sicherungszweck der Parallelverpflichtung mangels Valutierung des Darlehens nicht erfüllt wird oder später wegfällt.[856]

So besagen bereits manche Klauseln, dass sich der Sicherheitenverwalter gegenüber dem Schuldner der Parallelverpflichtung verpflichtet, seine Rechte aus der Parallelverpflichtung soweit nicht geltend zu machen, wie Verpflichtungen aus den Verbindlichkeiten der Kreditverträge erfüllt wurden. Diese Regelung lässt diese These einer entstehungsunabhängigen Forderung ebenso zu wie auch jene ebenfalls häufig anzutreffende Formulierung, nach der die eigenständige und unabhängige Parallelverpflichtung keinen Einfluss auf den Bestand der korrelativen Kreditschuld habe, was auch im umgekehrten Verhältnis gelte. Einen Entstehungszusammenhang mit der Referenzschuld verlangen diese besagten Klauseln nicht, sondern lediglich eine nachträgliche, betragsspezifische Angleichung der Forderungshöhen.

II. Einwendungen gegen die Lösung einer ab Vertragsabschluss entstehenden Parallelverpflichtung nach den gängigen Vereinbarungen

Unabhängig von der Frage des Entstehungszusammenhangs spricht jedoch gegen die Auslegung einer Entstehung der Parallelverpflichtung in Höhe eines Gesamtbetrags aller Kredite zum Abschluss des Vertrages der ausdrücklich anderslautende Parteiwille. Daneben tritt aber auch eine praktische Erwägung: Ein *Gesamt- oder Maximalbetrag wird gerade bei revolvierenden Krediten bei Vertragsschluss im Regelfall nicht feststehen* oder nicht eruierbar sein.

Die Annahme eines theoretischen Maximalbetrags widerspricht der gängigen Vereinbarung, wonach sich der Kreditnehmer verpflichtet, den *gleichen Betrag auch dem Sicherheitenverwalter zu schulden*, den er gegenüber dem Kreditgeber aus dem Kreditverhältnis zu erbringen hat. Die Verpflichtung zur Erbringung eines Maximalbetrages ab dem ersten Tage ist sicherlich möglich, jedoch entspricht sie nicht den üblichen Vereinbarungen. Sie mag deshalb nur dann Ergebnis der Auslegung sein, wenn entsprechend der Ansicht *Schnauders* das

855 *Förl*, RNotZ 2007, 433, 450.

856 *Schnauder*, NJOZ 2010, 1663, 1668, der dann die Vereinbarung über eine Gesamterfüllung von Zahlungen entsprechend für überflüssig hält.

ganze Konzept für perplex gehalten wird. Dies bedeutet jedoch nicht, dass die Parteien etwa bei festen Laufzeitkrediten, bei denen von vorneherein die Valutahöhe feststeht, nicht eine sofort wirksame Parallelverpflichtung im Umfang des Gesamtkreditvolumens vereinbaren könnten.

Darüber hinaus werden im Gegensatz zum Hypothekendarlehen auch die Besonderheiten von Konsortialkrediten in bestimmten Zusammenhängen zu beachten sein. Gerade bei Akquisitionsfinanzierungen sind die ganz maßgeblichen Sicherheiten Pfandrechte an Geschäftsanteilen an der vermögenslosen Erwerbsgesellschaft (Kreditnehmerin) und an der Zielgesellschaft. Die Investoren hingegen stellen im Regelfall selbst keine eigenen Sicherheiten.[857] Damit besteht schon kein Bedürfnis, Pfandrechte zur Sicherung einer existierenden abstrakten Schuld schon vor Valutierung zu erlangen. Der Erwerb eines Verwertungsrechts durch die Verpfändung von Geschäftsanteilen der Erwerbsgesellschaft zur Sicherung einer gegenwärtigen abstrakten Schuld bereits vor Valutierung des Darlehens hat für den Gläubiger keinen Vorteil. Die Geschäftsanteile haben vor dem Erwerb der Zielgesellschaft, der eben erst mit der Valuta finanziert wird, keinerlei Wert. Darüber hinaus entsteht ein Pfandrecht an den Geschäftsanteilen der Zielgesellschaft ebenso erst zum Erwerbszeitpunkt.[858] Vor diesem Hintergrund ist schon kein Interesse des Gläubigers zu erkennen, eine wirksame Parallelverpflichtung schon vom ersten Tage an als Sicherheitenträger zur Verfügung zu haben.

Letztlich beabsichtigen die Parteien der Parallelverpflichtung die an sie geknüpften Sicherheiten partiell den gleichen Wirkungen zu unterwerfen, wie wenn sie direkt zur Sicherung der Leistungserwartung aus den Verbindlichkeiten aus dem Kreditgeschäft errichtet worden wären.[859] Dies lässt sich auf Grundlage der hier vertretenen Meinung zur gleichrangigen Zweckgemeinschaft auch dadurch belegen, dass Referenzschuld und Parallelverpflichtung von derselben Leistungserwartung des Gläubigers bestimmt werden. Dieser Zusammenhang wird mit der Auslegung *Schnauders* aufgelöst. Jedoch ist nicht zu verkennen, dass mit der Begründung einer sofort wirksamen, abstrakten Schuld eine nur zum Zweck der Sicherung eines künftigen Darlehensanspruchs begründete Verpflichtung entsteht, die einer Kondiktion unterliegen kann. Gleichwohl entstünden mit einer unmittelbar wirksamen, abstrakten Schuld (wenn auch noch nicht fällige) Verwertungsrechte aus der Verpfändung, die dem Gläubiger nicht zustünden, wenn die Sicherheiten direkt

857 *Diem*, § 41, Rn 4.

858 Die vor dem Erwerb der Anteile erfolgte Pfandrechtsbestellung kann nur zur Folge haben, dass das Pfandrecht zum Zeitpunkt des Erwerbs entsteht, vgl. BGHZ 157, 350, 354 sowie *Damrau*, in MünchKomm, BGB, Band 6, § 1273, Rn 4,

859 Vgl. vorstehend auf S. 211 f.

auf die Referenzschuld bestellt würden. Dass dies gerade allgemein gebräuchliche Praxis bei Hypothekendarlehen ist, ist für sich genommen kein Grund, dass auch die Parallelverpflichtung diesem Beispiel folgen müsse.

Eine solche Folge der Auslegung wird dem Parteiwillen deshalb auch nur dann zugeschrieben werden können, wenn nach *Schnauder* die ganze Konstruktion der Parallelverpflichtung für perplex und deshalb für unwirksam gehalten wird. Konsequenterweise koppelt *Schnauder* dann auch im Rahmen seiner Lösung die Ausgestaltung der Parallelverpflichtung vom artikulierten Parteiwillen ab und kann deshalb einen theoretisch denkbaren Gesamtbetrag der Kreditverbindlichkeiten als „Ursprungshöhe" der Parallelverpflichtung zugrunde legen.[860]

III. Die Entstehungsakzessorietät nach der hM

Nach Ansicht der hM wird stattdessen eine Entstehungsparallelität im Sinne einer akzessorischen Verknüpfung der Referenzschuld und der Parallelverpflichtung rechtsgeschäftlich begründet. Die Entstehung der abstrakten Schuld steht nach dieser Ansicht unter der Bedingung der Auszahlung der Valuta.[861] Im Falle revolvierender Kredite setzt das wirksame Entstehen der Parallelverpflichtung die Begründung der Kreditverbindlichkeit als ihre künftige Hauptschuld voraus. Denn der Bestellungsakt eines akzessorischen Sicherungsrechts (und als solches müsste die Parallelverpflichtung verstanden werden) wird nämlich nur dann nachträglich wirksam, wenn dieses die zu sichernde Forderung nicht nur als gegenwärtig oder zur Sicherheitenbestellung bestehende, sondern auch als später entstehende erfasst.[862]

Wenn die Entstehung der Parallelverpflichtung dann nach hM der Auszahlung der Darlehensvaluta folgt, so wäre die Referenzschuld eine Forderung, die durch Valutierung des Darlehens entsteht und dadurch das Entstehen der Parallelverpflichtung als entstehungsakzessorisches Recht veranlasst. Da das die Parallelverpflichtung tragende Schuldverhältnis zu diesem Zeitpunkt auch schon besteht, ihr Rechtsgrund also angelegt ist, wäre nach diesem Verständnis die Parallelverpflichtung entsprechend als künftige Forderung im Sinne der § 765 Abs. 2, § 1113 Abs. 2 und § 1204 Abs. 2 BGB anzusehen. Sie ist wiederum dann das Hauptrecht, auf das akzessorische Sicherheiten bestellt werden.

860 Zu den Folgerungen *Schnauders* zur Beschaffenheit der Parallelverpflichtung in NJOZ 2010, 1663, 1668.

861 *Apfelbaum*, S. 256; *Danielewsky/Dettmar*, WM 2008, 713, 713.

862 *Becker-Eberhard*, S. 264 f.

Diese gestaffelte Entstehungsakzessorietät, die folglich mit Valutierung des Kredits die Parallelverpflichtung entstehen lässt und hierdurch auch das Verwertungsrecht in Bezug auf die akzessorischen Sicherheiten am Ende der Kette begründet, ist im Ergebnis zweifelsfrei denkbar. Selbst wenn nach hier vertretener Ansicht eine Akzessorietät, und damit auch eine Entstehungsakzessorietät, zwischen Referenzschuld und Parallelverpflichtung abgelehnt wird, ist die gleichzeitige Entstehung von Referenzschuld und Parallelverpflichtung keineswegs eine Folge, die sich nicht mit dem Zweck der Parallelverpflichtung vereinen ließe. Vielmehr ist dieses Ergebnis das wohl von den Parteien gewollte und verdeutlicht sich unter Berücksichtigung der Bestellungswirkungen.

IV. Bestellung akzessorischer Sicherheiten zur Sicherung der Parallelverpflichtung als künftige Forderung

Dies folgt gerade in Ansehung des Umstands, dass nach überwiegender Ansicht die auf eine künftige Forderung bestellten, akzessorischen Sicherheiten ihre Wirkungen nicht erst mit dem Entstehen der Hauptforderung, sondern bereits mit ihrer Bestellung erzeugen.[863] Für die Parallelverpflichtung als künftige Forderung bestimmt § 1209 BGB weiter, dass für den Rang des Pfandrechts ebenso der Zeitpunkt der Bestellung ausschlaggebend ist. Bei der (hier in Bezug auf Geschäftsanteile relevanten) Pfandrechtsbestellung muss die Entstehung der künftigen Forderung lediglich in Aussicht genommen werden und die Belastung für diesen Fall beabsichtigt sein.[864] In der Funktion eines das Pfandrecht führenden Hauptrechts[865] muss die Parallelverpflichtung lediglich nach ihrem Entstehungsgrund, aber gerade nicht nach einem Höchstbetrag oder ihrer Höhe bestimmbar sein.[866]

---

863 Für das Pfandrecht vgl. BGHZ 86, 340; 93, 71, 76; 346; *Bassenge*, in *Palandt*, BGB, § 1204, Rn 11; *v. Lübtow*, in FS Lehmann, I, S. 348; *Wiegand*, in *Staudinger* (2009), § 1204, Rn 24.

864 *Wiegand*, in *Staudinger* (2009), § 1204, Rn 24.

865 Anders wäre es hingegen bei einer Hypothek, wo die Forderung eindeutig der Höhe nach bestimmt sein muss, *Becker-Eberhard*, S. 260 ff.; *Wiegand*, in *Staudinger* (2009), § 1204, Rn 25. Die Bürgschaft stellt wiederum trotz der vom Gesetzeswortlaut geforderten Bestimmtheit (nicht nur Bestimmbarkeit) der zu sichernden Forderung im Ergebnis keine höheren Anforderungen auf, wenn man bedenkt, dass nach der Rechtsprechung alle gegenwärtigen und künftigen Forderungen eines Gläubigers gegen einen Schuldner aus einer bestimmten Geschäftsbeziehung Gegenstand des Bürgschaftsversprechens sein können, *Becker-Eberhard*, S. 258 f.

866 *Bassenge*, in *Palandt*, BGB, § 1204, Rn 11; *Wiegand*, in *Staudinger* (2009), § 1204, Rn 25.

Folglich ist die Parallelverpflichtung als künftige Forderung ein taugliches Vehikel sowohl für Bürgschaften als auch Pfandrechte. Ist ein globaler Verweis auf den Schuldgrund (Forderungen aus einer Geschäftsbeziehung) für die Bestimmbarkeit ausreichend,[867] ist damit erst recht die Parallelverpflichtung als einzelne, nur in ihrer jeweiligen Höhe nicht vorhersehbare Forderung in diesem Sinne bestimmbar.

Der Gläubiger der Kreditschuld als gleichzeitig Berechtigter aus der Treuhandvereinbarung mit dem Sicherheitenverwalter steht auch im Anschluss an vorstehend Gesagtes[868] nicht schlechter, wenn die Parallelverpflichtung zum selben Zeitpunkt wie die Referenzschuld entsteht. Da die Parallelverpflichtung nach hiesiger Auffassung alleine die Aufgabe wahrnimmt, der Leistungserwartung des Gläubigers aus dem Kreditverhältnis zu dienen, kommt ihr nicht die Funktion zu, dem Gläubiger eine vereinfachte Durchsetzungsmöglichkeit seiner Interessen zu bieten. Entgegen *Schnauders* Auffassung ist nicht zwingend aufgrund der Abstraktheit der Parallelverpflichtung auf eine intendierte Beweislastumkehr zu schließen.[869] Die Beweislastumkehr zugunsten des Gläubigers des abstrakten Schuldversprechens ist lediglich dann Folge der Abstraktion, wenn diese Unabhängigkeit des jene Forderung begründenden Rechtsgeschäfts vom eigentlichen Schuldgrund nicht durch die Parteien wieder eingeschränkt wird. Indem die Parteien jedoch regelmäßig vereinbaren, dass der Schuldner der Referenzschuld (oder ein Drittschuldner) dem Sicherheitenverwalter eine Schuld in der jeweiligen Höhe der Referenzschuld zu leisten habe, ist eine Beweislastumkehr ausgeschlossen.

Der Sicherheitenverwalter muss überdies zwangsläufig auf den Bestand der Referenzschuld verweisen, wenn er die Parallelverpflichtung durchsetzen wollte. Somit wirken sich Einwendungen gegen die Referenzschuld mittelbar auch auf die Referenzschuld aus. Ein abstraktes Schuldversprechen im Rahmen eines Hypothekenkredits ist hingegen schon aufgrund der Erfordernisse des § 1113 Abs. 2 BGB auf einen festgelegten Betrag gerichtet, was die Parallelverpflichtung nicht bieten kann. *Schnauders* These ist abermals nur dann zulässig, wenn die Parallelverpflichtung sofort in Höhe einer (hypothetischen) Gesamtkreditsumme entsteht. Wird dem allerdings auf Grundlage des eindeutig anders artikulierten Parteiwillens widersprochen und berücksichtigt, dass die Parteien die Parallelverpflichtung nicht in Form einer vollstreckbaren Urkunde gemäß § 794 Nr. 5 ZPO beschließen, muss die Bedeutung der Parallelverpflichtung auf ihre bloße Vehikelfunktion beschränkt werden.[870]

---

867 *Becker-Eberhard*, S. 257 f.

868 Vgl. S. 239 f.

869 So *Schnauder*, NJOZ 2010, 1663, 1668 f. Wie hier hingegen *Hoffmann*, WM 2009, 1452, 1454; *Willer*, AcP 209 (2009), 807, 824.

870 *Hoffmann*, WM 2009, 1452, 1454.

V. Folgerungen nach dem Modell der nachgeschalteten Zweckgemeinschaften

Im Gegensatz zur hM lässt sich der hier vertretene Entstehungsgleichklang von Referenzschuld und Parallelverpflichtung als Folge der Valutierung des Kredits nicht mit einer Entstehungsakzessorietät erklären. Aus dem hier *vertretenen Modell zweier nachgeschalteter Zweckgemeinschaften ergibt sich stattdessen keine unmittelbare Vorgabe für die Entstehung der Parallelverpflichtung.* Sicher hängt die gesamte Konstruktion in ähnlicher Weise wie bei akzessorischen Sicherungskonzepten vom Existieren beider Forderungen ab. Dies bedeutet allerdings nicht, dass die Parallelverpflichtung zeitlich nicht schon vor der Referenzschuld geschaffen werden könnte. Diese Folge wäre kategorisch ausgeschlossen, wenn zwischen Referenzschuld und Parallelverpflichtung eine Entstehungsakzessorietät angenommen wird.

Die die Zweckgemeinschaft charakterisierende, wechselseitige Beziehung der beteiligten Sollenselemente kann gewiss erst mit Bestehen der beteiligten Rechte entstehen. Dennoch folgt aus der Gleichrangigkeit von Referenzschuld und Parallelverpflichtung, dass die Existenz einer Forderung nicht die Voraussetzung für das Entstehen der anderen ist. So erlangt dann auch die Parallelverpflichtung erst ihre *Funktion der gleichlaufenden Forderung, wenn die Referenzschuld existiert.* Da eine hier vertretene gleichrangige Zweckgemeinschaft nicht die parallele Entstehung seiner beiden Bestandteile verlangt oder – anders gewendet – erst selbst zur Entstehung kommt, wenn die zweckverbundenen Forderungen wirksam werden, kann es *selbst keinen Entstehungszusammenhang erzeugen.* Damit ist eine bei Vertragsabschluss bereits begründete Parallelverpflichtung möglich. Ebenso ist die Ansicht der hM umsetzbar, die auf Grundlage des hier abgelehnten Verständnisses der akzessorischen Verbindung zu einem Entstehungsgleichlauf kommt. Das hier vorgeschlagene Modell der verbundenen Zweckgemeinschaften zwingt insofern nicht zum Ausschluss einer der beiden Varianten, kann andererseits aus sich heraus keine eigene Erklärung bieten. Gleichwohl sind auf Grundlage der vorstehend genannten Einwände gegen die vertretenen Ansätze gewisse Folgerungen zu ziehen.

1. Freie Vereinbarkeit des Entstehungszeitpunktes der Parallelverpflichtung

Die hier vertretene These der Begründung zweier Zweckgemeinschaften bietet einen Erklärungsansatz, der mit einer gleichzeitigen wie auch zeitlich getrennten Begründung der beiden Forderungen vereinbar ist. Daher besteht eine freie Wählbarkeit der Entstehungszeitpunkte beider Forderungen. Da hiernach die beiden Forderungen eine gleichrangige Zweckgemeinschaft bilden, entsteht diese erst, wenn beide Forderungen jeweils entstanden und nach dem Parteiwillen mittels ihrer Sollenselemente als Knotenpunkte miteinander verbunden sind. Dies setzt voraus, dass beide *Forderungen jeweils für sich selbstständig begründet* wurden. Eine Entstehungsabhängigkeit kann nur „von außen" an die Parallelverpflichtung herangetragen werden, da ihr Sollenselement einen eigenen Leistungsinhalt vorgibt, der mangels Gläubigeridentität nicht mit dem der Referenzschuld übereinstimmt. Eine Abhängigkeit der Parallelverpflichtung in der Entstehungsphase ist keine strenge akzessorische Form, sondern in der Parteivereinbarung zu finden, dass die Parallelverpflichtung *eben mit der Referenzschuld entstehen soll.* Dies ergibt sich aus dem Willen, dass der Schuldner die gleiche Summe eigens dem Sicherheitenverwalter schulden soll, wie er sie dem Kreditgeber schuldet. Der Gleichlauf folgt dann ausschließlich aus einer Parteivereinbarung, die nach hiesigem Modell auch problemlos getrennte Entstehungszeitpunkte vorsehen könnte.

Dies dürfte gleichfalls für das Modell sprechen. Die hM müsste zumindest dann eine Ausnahme von der Feststellung der Entstehungsakzessorietät der Parallelverpflichtung machen, wenn die Parteien einer sonst gleichlautenden Klausel den Passus zufügten, dass die Parallelverpflichtung schon mit Vertragsabschluss, also vor Ausgabe der Kreditsumme, entstehen und als gegenwärtige Forderung besichert werden soll. Das Verständnis der hM von der Akzessorietät der Parallelverpflichtung kann als Modell der nacheinander geschalteten, untereinander und jeweils für sich genommen gestuften Zweckgemeinschaften veranschaulicht werden.[871] Dies kann nicht erklären, warum innerhalb der erstrangigen Zweckgemeinschaft bei der Rechtsentstehung keine Führung der Referenzschuld gegenüber der Parallelverpflichtung existieren soll, wohl aber beim Untergang durch Erfüllung.[872]

Grundsätzlich ist es also unter Heranziehung des hiesigen Modells den Parteien unbenommen, die jeweiligen Entstehungszeitpunkte frei zu wählen.

2. *Vereinbarter Entstehungsgleichlauf statt Entstehungsakzessorietät*

Im Gegensatz zu der Annahme der Entstehungsakzessorietät resultiert nach hier vertretener Ansicht der anzunehmende Entstehungsgleichlauf jedoch nicht aus einer Führung der Kreditschuld als führendes Recht gegenüber der Parallelverpflichtung, sondern aus einer gesonderten Anordnung der Parteien. Das Zusammentreffen der beiden Entstehungszeitpunkte ist kein Ausdruck von

871 Vgl. dazu S. 209 f.

872 Gleiches gilt bei der Novation der Referenzschuld, die ebenfalls die Parallelverpflichtung bekanntermaßen unberührt lässt.

Entstehungsakzessorietät, sondern von einer darauf gerichteten Vereinbarung. Nach der hier vertretenen Meinung ordnen die Parteien durch die Bestimmung, der Schuldner habe dem Sicherheitengeber eine selbstständige Leistungspflicht zu erfüllen, die den jeweils aktuellen Bestand der Kreditschuld widerspiegelt, nicht nur die gegenseitige Anrechnung von Tilgungszahlungen oder Valutierungen an. Sie regeln zusätzlich implizit, aber für sich genommen, einen Gleichlauf der jeweiligen Entstehung der beiden Forderungen. Dieser ergibt sich nicht automatisch aus dem Anpassungsmechanismus, denn eine Wirkungserstreckung kann nur dann eingreifen, wenn eine andere Forderung überhaupt vorhanden ist. Indem die hM aus der Wechselbeziehung der beiden Forderungen infolge von Valutierung oder Erfüllung wohl auf eine Entstehungsakzessorietät schließt, setzt sie Veränderungen des Leistungsumfangs mit der Begründung des Leistungsinhalts unzulässigerweise gleich.

Auf Grundlage des Modells vom Sollenselement als Forderungsbestandteil nach *Becker-Eberhard*[873] ist dieser Unterschied hingegen zu erklären: Die Entstehung gleichrangiger Rechte muss unabhängig voneinander erfolgen, weil das jeweilige Sollenselement der Forderung erst erschaffen werden muss. Im Unterschied zu einem akzessorischen Nebenrecht, dem das Sollenselement des Hauptrechts erst einen Leistungsinhalt eingibt, muss jener bei einem selbstständigen Recht erst begründet werden. Eine Wirkungserstreckung über eine Verbindung zweier Sollenselemente setzt deshalb deren Existenz voraus, sie kann nicht eines der beiden erst errichten. Setzt die Wirkungserstreckung also beide Sollenselemente und damit zwei existierende Forderungen voraus, muss entsprechend ein Entstehungsgleichlauf beider Ansprüche anderweitig erzeugt werden, nämlich durch eine diesbezügliche Vereinbarung. Nach hiesiger Ansicht ist diese gesonderte Vereinbarung zum Entstehungsgleichlauf ebenso in der Regel des jederzeitigen Entsprechens der beiden Forderungshöhen zu sehen, wie es für die zweckrelevante Wirkungserstreckung der Fall ist.

Für die Lösung eines Entstehungsgleichlaufs spricht des Weiteren § 142 InsO, da mit der zeitlichen Verknüpfung von Referenzschuld und Parallelverpflichtung ein Bargeschäft in Sinne der genannten Vorschrift konstruiert wird. Zwischen der Ausreichung der Darlehensvaluta und der Bestellung der Sicherheiten auf die Parallelverpflichtung besteht dann der notwendige Zusammenhang, der das Sicherungsgeschäft als unmittelbare und wertäquivalente Gegenleistung charakterisiert.[874]

---

873 *Becker-Eberhard*, S. 222 ff.

874 *Schnauder*, NJOZ 2010, 1663, 1669; *Willer*, AcO 209 (2009), 807, 831.

3. Fazit

Nach hier vertretener Meinung entstehen also Referenzschuld und Parallelverpflichtung gleichzeitig. Die Entstehung der Parallelverpflichtung basiert weder auf einer Führung durch die Referenzschuld im Sinne des Akzessorietätsprinzips, noch auf einer wechselseitigen zweckrelevanten Wirkungserstreckung, die prägendes Merkmal einer gleichrangigen Zweckgemeinschaft ist. *Der Entstehungsgleichlauf der beiden selbstständigen Forderungen wird durch eine separate Vereinbarung der Parteien begründet.* Sie entstehen dann prinzipiell zunächst trotz des identischen Entstehungszeitpunktes als selbstständige Forderungen, werden allerdings unmittelbar mit ihrer Entstehung schon in die Wechselbeziehung gebracht. Die Vereinbarung der Parteien, der Schuldner möge an den Sicherheitenverwalter als eigenständige Forderung den stets aktuell aus der Kreditschuld erwachsenden Betrag leisten, erzeugt demnach einen Entstehungsgleichklang zwischen beiden Forderungen. Die Parallelverpflichtung entsteht infolge der Begründung der Referenzschuld. Außerdem wird eine Verknüpfung der beiden Sollenselemente der Forderungen erschaffen. Sie verbindet die Sollenselemente und damit die separaten Leistungsinhalte der Forderungen zu einer einmütigen Verfolgung eines gemeinschaftlichen Gläubigerinteresses.

6. Kapitel Die Folgen einer Insolvenz eines der Beteiligten

In den besonderen Blickpunkt rückt die sonst nur als Vehikel fungierende Parallelverpflichtung im Falle der Insolvenz von Sicherungsgeber oder auch Sicherheitenverwalter.[875] Die potenzielle Anfechtbarkeit von Rechtshandlungen im Sinne des § 129 Abs. 1 InsO durch den Insolvenzverwalter betrifft dabei nicht nur die Bestellung von Sicherheiten zur Sicherung der aus der Parallelverpflichtung erwachsenden Leistungserwartung des Sicherheitenverwalters, sondern die Gewährung der Parallelverpflichtung selbst.[876]

Die Rechtsverhältnisse zwischen den Beteiligten sind als Doppeltreuhand zu kennzeichnen.[877] Relevant wird die Rolle der Parallelverpflichtung sowohl in der Insolvenz des Sicherungsgebers (Schuldner der Parallelverpflichtung) als auch in der des Sicherheitenverwalters.

A. Die Insolvenz des Sicherungsgebers und Schuldners der Parallelverpflichtung

I. Grundsätzliche Rechte des Sicherheitenverwalters als Doppeltreuhänder

In der Insolvenz des Sicherungsgebers und Schuldners der Parallelverpflichtung kann ausschließlich der Sicherheitenverwalter Rechte geltend machen, da nur dieser in seiner Eigenschaft als Sicherungstreuhänder über eigene Rechte gegenüber dem Sicherungsgeber verfügt.[878] Die Insolvenz des Sicherungsgebers führt zum Erlöschen der Treuhandabrede der Sicherungstreuhand zwischen Sicherheitenverwalter und Sicherungsgeber gemäß § 115 InsO. Ein bei Verfahrenseröffnung noch bestehendes Absonderungsrecht des

875 Bereits umfassend dazu *Willer*, AcP 209 (2009), 807, 828 ff.

876 *Schnauder*, NJOZ 2010, 1663, 1669.

877 Vgl. dazu S.135 f.

878 *Willer*, AcP 209 (2009), 807, 828.

Sicherheitenverwalters aus §§ 49 f. InsO[879] wird nicht durch diese Vorschrift berührt, da sie nur das obligatorische Rechtsverhältnis betrifft.[880] Dem Sicherheitenverwalter stehen allerdings keine Aussonderungsrechte nach § 47 InsO zu, da die Sicherheiten auch bei Vorliegen einer Doppeltreuhand noch immer der Insolvenzmasse angehören und der Insolvenzverwalter die Sicherheiten aufgrund des Erlöschens des Treuhandvertrags zur Masse ziehen kann.[881] Die im Verhältnis zu den Gläubigern existierende Sicherungstreuhand des Sicherheitenverwalters entfällt nicht durch die Insolvenz des Sicherungsgebers, jedoch hätte der Gläubiger selbst auch nur ein Absonderungsrecht, wenn er selbst eigennütziger Treuhänder wäre. In diesem Falle aber führte die eigennützige Treuhand lediglich zu einem Absonderungsrecht an dem Treugut, da es dem Treuhänder dort nur um eine wirtschaftliche Absonderung geht.[882] Bei Rechten und Gegenständen, die zur Sicherheit abgetreten oder übereignet wurden, kann der Sicherungsnehmer lediglich ein Absonderungsrecht nach § 51 Nr. 1 InsO geltend machen. Die Errichtung einer (zusätzlichen) Verwaltungstreuhand mittels Einschaltung eines uneigennützigen Treuhänders kann die Gläubiger nicht besser stellen, als wenn die Sicherheiten den Gläubiger direkt berechtigen würden; in diesem Falle stünde ihm auch nur ein Absonderungsrecht zu.[883]

Jenes Absonderungsrecht nach § 49 f. InsO steht dem Sicherheitenverwalter in Bezug auf die dinglichen Sicherheiten hingegen zu.[884] Auch wenn die Parallelverpflichtung selbst kein dingliches Recht bildet, vermittelt sie doch zumindest die eigentlichen, dinglichen Sicherungsrechte im Sinne der §§ 47 ff. InsO. Sie wird mit den Verwertungserlösen der Sicherheiten erfüllt.[885]

II. Insolvenzfestigkeit des Konzepts der Parallelverpflichtung

Die Anfechtbarkeit der Parallelverpflichtung ist ebenfalls Gegenstand der Diskussion. Hierbei stehen die Einräumung der Parallelverpflichtung wie auch der

879 BGHZ 109, 47, 53 f. stellte klar, dass ein Absonderungsrecht eines Treuhänders auch dann existiert, wenn das treuhänderisch verwaltete Guthaben der Sicherung von Forderungen Dritter dient.

880 *Bork*, NZI 1999, 337, 341.

881 *Ganter*, in MünchKomm, InsO, Band 1, § 47, Rn 371; *Willer*, AcP 209 (2009), 807, 829.

882 *Boddenberg*, in *Haarmeyer/Wutzke/Förster*, § 47, Rn 17.

883 *Ganter*, in MünchKomm, InsO, Band 1, § 47, Rn 389.

884 *Schnauder*, NJOZ 2010, 1663, 1669, *Willer*, AcP 209 (2009), 807, 829.

885 *Willer*, AcP 209 (2009), 807, 829.

zu ihrer Sicherung bestellten Sicherheiten als grundsätzlich anfechtbare Rechtshandlungen gemäß den §§ 130 ff. InsO im Blickpunkt.

1. *Die Besicherung neu geschaffener Forderungen*

Dabei geht das Schrifttum von einer grundsätzlichen Unanfechtbarkeit der Konstruktion aus. Die Unanfechtbarkeit gilt danach nicht nur in Bezug auf die jeweils eigenen, vom artikulierten Parteiwillen abweichenden Auslegungsergebnisse. Sie wird auch hinsichtlich einer Parallelverpflichtung eingreifen, die als abstrakte Forderung in einem akzessorischen Abhängigkeitsverhältnis zur Kreditschuld steht, also tatsächlich rechtlich so umgesetzt wird, wie es die Parteien intendieren.[886] Die vorliegende Insolvenzfestigkeit des eigenen Konzepts dient im Grunde als Rechtfertigung der These. Nach hier vertretener Ansicht eines zumindest grundsätzlichen, weil nicht explizit anders geregelten Entstehungsgleichlaufs trotz fehlender Akzessorietät ist die Auszahlung der Valuta schon eine unmittelbare und gleichwertige Gegenleistung, die den Abfluss der Parallelverpflichtung kompensiert. Ein Bargeschäft nach § 142 InsO ist für diesen Fall zu bejahen, während eine Anfechtungsmöglichkeit nach §§ 142 Abs. 1, 133 Abs. 1 InsO regelmäßig wegen des Bestehens eines Anspruchs auf Besicherung der Rückzahlungsansprüche aus dem Kreditverhältnis scheitern wird.[887]

a) Das Fehlen einer inkongruenten Deckung nach § 131 InsO bei Entstehungsgleichlauf

Denkbar ist daneben eine Anfechtbarkeit gemäß § 131 InsO. Da inkongruente Leistungen keine Bargeschäfte im Sinne des § 142 InsO darstellen, können sie nicht nur nach § 133 InsO, sondern auch gemäß § 131 InsO angefochten werden. Weder rechtlich noch wirtschaftlich besteht ein Grund, Geschäfte in der Krise zu privilegieren, die abweichend von der Vereinbarung abgewickelt werden.[888] Die Gleichwertigkeit im Falle einer inkongruenten Deckung existiert erst dann, wenn

---

886 *Schnauder*, NJOZ 2010, 1663, 1669, der einen Entstehungsgleichlauf ablehnt, erkennt aber in der von den Parteien formulierten Regelung eine taugliche Form eines Bargeschäfts, das aus seiner Sicht allerdings an der Perplexität einer Kombination von Abstraktion und Akzessorietät scheitere. Nach *Willer*, AcP 209 (2009), 807, 831 ff. ist im Falle einer getrennten Entstehung der beiden Forderungen der Bargeschäftscharakter zweifelhaft, allerdings fehle ein Anfechtungsgrund nach §§ 131, 133 Abs. 1 InsO.

887 *Schnauder*, NJOZ 2010, 1663, 1669; *Willer*, AcP 209 (2009), 807, 832.

888 BGHZ 150, 122, 130; BGH NJW 2006, 2701, 2703; *Hirte*, in *Uhlenbruck*, InsO, § 142, Rn 4.

die Masse selbst auch eine Kompensation für die Abweichung in Zeitpunkt und Art der Leistung erzielt.[889] Eine nicht zu beanspruchende Sicherung liegt nur dann vor, wenn der Gläubiger eine andere Sicherung erhält als die, die er beanspruchen könnte. Im vorliegenden Fall wird aber der Anspruch auf Einräumung der Sicherheit regelmäßig in dem Vertrag begründet, der auch dem zu sichernden Rückzahlungsanspruch zugrunde liegt. Hiernach ist eine inkongruente Leistung ausgeschlossen.[890] Dies ist auch dann anzunehmen, wenn nicht der eigene Anspruch auf Besicherung mit dem eigentlichen Kreditvertrag begründet wird, sondern – wie nicht selten – in einem synchron abgeschlossenen Pfandvertrag, da dieser damit keine nachträgliche Besicherung darstellt. Die Sicherungsabrede begründet den Anspruch auf Besicherung. Ist dieser Anspruch mit der Sicherungsabrede im Pfandvertrag hinreichend umgesetzt und bleibt die Art der Sicherheit nicht offen,[891] bildet die durch Kredit- und Pfandvertrag erzeugte Besicherung eine kongruente Deckung. Wenn jedoch eine konkrete Sicherung für die Einräumung eines Kredites geschaffen wird, ist eine inkongruente Deckung ausgeschlossen.[892]

Die Kongruenz der Sicherung ist nicht deshalb zu verneinen, weil mit der Parallelverpflichtung neben den Rückzahlungsansprüchen aus dem Kreditverhältnis eine eigenständige Forderung begründet ist. Sie steht zwar quasi neben der Referenzschuld, bildet aber mit dieser eine Zweckgemeinschaft. Dabei kann der Parallelverpflichtung schon die Werthaltigkeit abgesprochen werden.[893] Mit der hier vertretenen Ansicht vermag die gemeinschaftliche Leistungserwartung von Referenzschuld und Parallelverpflichtung trotz Eigenständigkeit und eigenem Leistungsinhalt der Letztgenannten den Charakter einer inkongruenten Deckung ausschließen. Die Parallelverpflichtung ist zwar ein Sicherungsrecht, erfüllt allerdings dieselbe Leistungserwartung, die schon in den Kreditverbindlichkeiten zum Ausdruck kommt. Sie mag zwar einen eigenen Wert innehaben, jedoch stellt sie keine weitere wirtschaftliche Belastung für das Vermögen des Schuldners dar. Für das Haftungsvermögen des Schuldners sind lediglich die Kreditverbindlichkeiten und die Sicherheiten relevant, während die Parallelverpflichtung einen rein funktionalen, aber nicht deckungsrelevanten Zweck erfüllt.

Dieses Ergebnis des Bargeschäftscharakters des Konzepts der Parallelverpflichtung wäre auch dann gefunden, wenn sie nach *Willer* als kausales

---

889 *Becker*, Rn 659.

890 BGH NJW 1998, 1561, 1563.

891 *de Bra*, in *Braun*, InsO, § 131, Rn 19. Dies ist allerdings ein allgemeines Erfordernis und kein gesondertes Problem des Konzepts der Parallelverpflichtung.

892 *Nerlich*, in *Nerlich/Römermann*, InsO, § 131, Rn 40.

893 So *Willer*, AcP 209 (2009), 807, 832. Vgl. dazu hier schon S. 151 f.

Erfüllungsversprechen qualifiziert würde und nicht als abstraktes Schuldversprechen.[894] Neben den bereits erwähnten Einwänden gegen die Annahme eines kausalen Erfüllungsversprechens[895] ist die Möglichkeit des Fehlens eines zeitlichen Zusammenhangs zwischen Referenzschuld und Parallelverpflichtung nicht als durchgreifendes Argument gegen das Vorliegen eines abstrakten Schuldversprechens anzuführen.[896] Das abstrakte Schuldversprechen kann nämlich auch zum Zeitpunkt des Entstehens der Referenzschuld begründet werden, was regelmäßig auch der Fall sein wird.

Darüber hinaus zeigt das unmittelbar Folgende, dass auch ein fehlender zeitlicher Zusammenhang im Entstehungsprozess kein erhöhtes Insolvenzrisiko auslöst. Eine zeitliche Parallelität in der Entstehung wird auf Grundlage der untersuchten Parteivereinbarungen unter Berücksichtigung der wirtschaftlichen Interessen der Beteiligten vertreten, allerdings ist sie gewiss rechtlich nicht geboten. Die Parteien können selbstverständlich auch eine andere Regelung treffen.

b) Kongruente Deckung auch bei getrennten Entstehungszeitpunkten

Nach der Ansicht, die ein zeitgleiches Entstehen von Referenzschuld und Parallelverpflichtung verneint, liegt ein Insolvenzrisiko gleichfalls nicht vor. Eine Bardeckung scheidet zwar auf Basis dieser Ansicht aus, da der Sicherheitenverwalter die Parallelverpflichtung bereits vor der Valutierung erlangt, jedoch verneint *Schnauder* aus praktischen Gesichtspunkten ein Insolvenzrisiko. Erfolge nämlich die Bestellung von Sicherheiten auf die Parallelverpflichtung und bleibe die Valutierung des Darlehens aus, seien die Parallelverpflichtung selbst wie auch die auf sie gestützten Sicherheiten durch die Einrede gemäß § 821 BGB entkräftet.[897] Auf der anderen Seite weist auch diese Ansicht darauf hin, dass eine erst später erfolgende Valutierung nicht die Absonderungsrechte des Sicherheitenverwalters gefährdet, da die Kreditgeber durch den Kreditvertrag einen Anspruch auf Sicherung erlangt haben.[898]

c) Keine Unentgeltlichkeit gemäß § 134 InsO

Auch wenn der Bargeschäftscharakter der hiesigen Sicherungskonstruktion verneint wird, scheidet doch der Anfechtungstatbestand des § 134 InsO aus, da das

894 *Willer*, AcP 209 (2009), 807, 822 ff.; vgl. dazu hier S. 151 f.

895 Vgl. dazu S. 151 ff.

896 So hingegen *Willer*, AcP 209 (2009), 807, 825.

897 *Schnauder*, NJOZ 2010, 1663, 1669.

898 AaO.

Konsortium keine unentgeltliche Leistung des Schuldners erlangt.[899] Die Einräumung einer Sicherung für eine eigene, durch entgeltliche Gegenleistung begründete Verbindlichkeit ist nach § 134 InsO nicht anfechtbar.[900] Dass gegenüber dem Sicherheitenverwalter lediglich eine Sicherheitenbestellung erfolgt, dieser aber selbst keine Gegenleistung erbringt, ist irrelevant. Die Anfechtbarkeit dieser Verfügung bestimmt sich ausschließlich durch das Verhältnis der Parteien des Sicherungsvertrages.[901] Die Doppeltreuhand ist somit in Bezug auf eine Anfechtungsberechtigung so zu behandeln, als sei das Sicherungsgut unmittelbar vom Sicherungsgeber auf den Sicherungsnehmer übertragen worden.[902] Dies gilt auch im Falle einer Parallelverpflichtung, wo nicht nur Sicherheiten auf den Sicherheitenverwalter übertragen werden, sondern auch ein Trägervehikel geschaffen wird. Denn die Parallelverpflichtung erweitert eben gerade in Anbetracht des Verhältnisses zwischen Kreditgeber und Kreditnehmer wirtschaftlich gesehen nicht den Umfang der Verbindlichkeiten der Referenzschuld. Die Parallelverpflichtung schafft stattdessen nur die Möglichkeit, überhaupt akzessorische Sicherheiten zugunsten des Sicherheitenverwalters zu bestellen, sie sind allerdings durch die Sicherungsabrede an die Entwicklung der Referenzschuld gekoppelt. Beurteilt sich demnach auch hier die Frage der Unentgeltlichkeit nach dem Verhältnis zwischen den Parteien der Referenzschuld, bildet die Ausreichung der Darlehensvaluta einen gleichwertigen Ausgleich für die Übertragung der Sicherungsrechte.[903]

2. Die Besicherung von Altforderungen

Grundlegend anders wäre die nachträgliche Besicherung von Altforderungen durch die Konstruktion der Parallelverpflichtung zu beurteilen. Würden die betreffenden Klauseln so ausgestaltet, dass Forderungen, die in keinem Zusammenhang mit dem ausgereichten Kredit stehen, zusätzlich gesichert werden sollten, ist eine Insolvenzfestigkeit im Regelfall zu verneinen.[904] Die Erstreckung der zur Sicherung des Kredits bestellten Sicherungsrechte auf Altforderungen des Gläubigers verursacht regelmäßig die Aufhebung einer Wertäquivalenz und schließt ein Bargeschäft und damit die Privilegierung des § 142 InsO aus. Die

899 *Willer*, AcP 209 (2009), 807, 832.
900 BGH NJW-RR 2004, 1563, 1564 f.
901 *Bork*, NZI 1999, 337, 343.
902 OLG Karlsruhe ZIP 1991, 43, 44; *Bork*, NZI 1999, 337, 343.
903 *Willer*, AcP 209 (2009), 807, 832 f.
904 *Willer*, AcP 209 (2009), 807, 833.

Sicherheiten sind hinsichtlich des Neukredits angemessen, nicht aber bezogen auf zusätzliche Altforderungen.[905]

Indes wird die Parallelverpflichtung jedoch ohnehin insbesondere in Bezug auf die Sicherung von hinzutretenden Neukonsorten so auszulegen sein, dass sie generell keine Altforderungen in Bezug nehmen soll, sondern ausschließlich die Verbindlichkeiten aus dem Kreditverhältnis. Dies ergibt sich aus der stets eindeutig formulierten Bezugnahme auf die Verbindlichkeiten aus der Finanzierungsdokumentation. In diesem Sinne als Altforderungen sind auch Forderungen von Neukonsorten zu verstehen, die bereits vor Übernahme eines Kreditanteils in anderem Zusammenhang und unabhängig vom betreffenden Kreditvertrag entstanden sind. Sie fallen bereits nicht unter den Sicherungsmechanismus der Parallelverpflichtung, sodass sich die Anfechtung einer nachträglichen Besicherung durch den Kreditgläubiger nicht stellt. Eine Sicherung von Altforderungen durch besagtes Sicherungsmodell bedeutete hingegen, dass die Parallelverpflichtung eine vorrangige Sicherung der Altforderung durch bereits existierende akzessorische Sicherungsrechte ermöglichen würde.[906] Hierbei fehlte allerdings der Bezug zur eigentlichen Primärverbindlichkeit.

Auf Grundlage der hier vertretenen Sichtweise einer Zweckgemeinschaft zwischen Referenzschuld und Parallelverpflichtung ist abzuleiten, dass Altforderungen von Kreditgläubigern oder später hinzutretenden Neukonsorten erst gar nicht von der Parallelverpflichtung in Bezug genommen werden können. Sie sind nie Bestandteil der Zweckgemeinschaft geworden, können deshalb nicht die gemeinschaftliche Leistungserwartung prägen und damit auch keinen Einfluss auf das Sollenselement der Parallelverpflichtung haben. Eine nachträgliche Aufnahme der Altforderungen wäre nur mit einer Neubestimmung der gemeinsamen Leistungserwartung zu erreichen, die entsprechend auch den Leistungsinhalt der Parallelverpflichtung beträfe. Auch wenn nach dem hier vertretenen Modell die Leistungserwartung des Kreditgläubigers den maßgeblichen Zweck der Zweckgemeinschaft darstellt,[907] kann sie nicht nachträglich beliebig um weitere Leistungsinhalte erweitert werden. Die Parallelverpflichtung als gleichrangiges Gegenstück zur Referenzschuld steht über ihr Sollenselement nur mit der Referenzschuld in einer Zweckgemeinschaft. Der Anpassungsmechanismus ist nur auf das jeweilig andere Sollenselement ausgerichtet. Nachträglich hinzutretende Forderungen sind mittels ihrer Sollenselemente nicht in der Lage in die

905 *Riggert*, in *Braun*, InsO, § 142, Rn 6.
906 *Hoffmann*, WM 2008, 1452, 1456. Vgl. dazu ebenfalls S. 165 f.
907 Vgl. dazu S. 228 ff.

Wechselbeziehung einzugreifen, sofern die bisherige Zweckgemeinschaft nicht aufgelöst werden soll.

Eine Erstreckung der Parallelverpflichtung auf Altforderungen von Altgläubigern wird in der Konstellation möglich sein, wo ein Altgläubiger mit einem Rangrücktritt bei zu seinen Gunsten bestehenden Sicherungsrechten einen neuen Kredit eines neuen Kreditgebers ermöglicht. In diesem Falle wird eine Einbeziehung von Altforderungen in Betracht zu ziehen sein. In dieser Konstellation stimmt der Altgläubiger dem Rangrücktritt wegen einer Erstreckung der Parallelverpflichtung auf Altforderungen zu.[908] Dabei handelt es sich streng genommen um eine ursprüngliche Erweiterung der Referenzschuld um die Altforderungen, nicht um eine nachträgliche Aufnahme. Sofern die Mitwirkung des schon existierenden Gläubigers als nicht geschuldete Leistung angesehen wird, die als kongruentes Bargeschäft wirksam ist und durch die Berücksichtigung bei der Sicherheitenbestellung zu kompensieren ist,[909] steht einer solchen Praxis wohl prinzipiell nichts entgegen.[910]

B. Die Insolvenz des Sicherheitenverwalters

I. Rechte des Schuldners der Parallelverpflichtung und Sicherungsgebers

Mit der Insolvenz des Sicherheitenverwalters endet das Treuhandverhältnis zum Sicherheitengeber wie auch zu den Kreditgebern nach §§ 115, 116 InsO. Der Sicherungszweck im Verhältnis zum Sicherheitengeber erlischt mit der Insolvenz des Sicherheitenverwalters. Dies folgt aus § 103 InsO, wenn das Treuhandverhältnis zu diesem Zeitpunkt als beidseitig unvollständig erfüllten Vertrag auf entgeltliche Geschäftsbesorgung angesehen wird.[911] Die Folgen der Insolvenz des Sicherheitenverwalters werden aus dem Fortfall des Zwecks der doppelseitigen Treuhand veranlasst. Der insolvente Sicherheitenverwalter ist kein zuverlässiger Verwalter mehr für den Sicherheitengeber. Dieser hat deshalb grundsätzlich

908 *Willer*, AcP 209 (2009), 807, 834.

909 *Willer*, AcP 209 (2009), 807, 834.

910 *Willer*, AcP 209 (2009), 807, 834 empfiehlt gleichwohl eine Klarstellung in der Sicherungsabrede, welcher Teil der Parallelverpflichtung sich auf welche Forderung bezieht.

911 *Stürner*, KTS 2004, 259, 266; *Willer*, AcP 209 (2009), 807, 835, der darauf hinweist, dass andernfalls bei einem einseitigen oder unvollkommen zweiseitigen Vertrag das Treuhandverhältnis bei Eröffnung des Insolvenzverfahrens endet, aaO.

wegen des Fortfalls einer zuverlässigen Sicherheitenverwaltung einen Anspruch auf Rückgewähr der Sicherheiten an sich selbst oder auf Übertragung an einen neuen, wieder vertrauenswürdigen Treuhänder.[912]

Dem Sicherheitengeber steht dann grundsätzlich gemäß § 47 InsO ein Recht auf Aussonderung der Sicherheiten aus dem Vermögen des insolventen Sicherheitenverwalters zu, wenn das Sicherungsgut unmittelbar vom Treugeber auf den Treuhänder übertragen worden ist.[913] Im Verhältnis zwischen Sicherheitenverwalter und Treugeber, das sich als Sicherungstreuhand kennzeichnen lässt, ist das Sicherungsgut haftungsrechtlich weiterhin dem Treugeber und nur formal dem Treuhänder zugeordnet.[914] Der Treugeber kann aber im hiesigen Falle einer doppelseitigen Treuhand nicht an sich selbst aussondern, da eine solche Aussonderung sonst die Sicherungstreuhand zwischen Sicherheitenverwalter und Kreditgebern konterkarieren würde. Da das Treugut nicht in die Masse fallen soll, hat der Treugeber gegen den insolventen Sicherheitenverwalter einen mit Aussonderungskraft ausgestatteten Rückgewähranspruch auf Übertragung an einen neu bestimmten Treuhänder.[915] Die Abtretung des Rückgewähranspruchs in Bezug auf die Parallelverpflichtung wird mitsamt der auf sie gerichteten akzessorischen Nebenrechten nach §§ 398, 401 BGB und nicht akzessorischen Sicherungsrechten aufgrund des wechselnden Bestands des Konsortiums für undurchführbar gehalten. Aus diesem Grund rückt die Möglichkeit, vertraglich einen Ersatztreuhänder zu bestimmen, in den Blickpunkt. Dem Ersatztreuhänder kann im Falle der Insolvenz des Sicherheitentreuhänders besagter Rückgewähranspruch als künftiges Recht abgetreten werden. Er kann bei Entstehen dieses Rückgewähranspruchs das Treugut aus der Masse des insolventen Sicherheiteninhabers aussondern.[916]

912 *Ganter*, in MünchKomm, Band 1, § 47, Rn 390; *Stürner*, KTS 2004, 259, 265.

913 So RGZ 84, 214, 216, BGHZ 155, 227, 231. Inwiefern die Unmittelbarkeit und Offenkundigkeit allerdings taugliche Abgrenzungsmerkmale darstellen, hat der BGH in anderen Entscheidungen wiederum offen gelassen, BGH ZinsO 2005, 879, 880. Näher dazu *Brinkmann*, in *Uhlenbruck*, InsO, § 47, Rn 33a. Das Unmittelbarkeitsprinzip ablehnend *Ganter*, in MünchKomm, Band 1, § 47, Rn 357.

914 *Brinkmann*, in *Uhlenbruck*, InsO, § 47, Rn 35; *Andres*, in *Nerlich/Römermann*, InsO, § 47, Rn 40.

915 *Ganter*, in MünchKomm, InsO, Band 1, § 47, 390; *Stürner*, KTS 2004, 259, 265 f.; *Willer*, AcP 209 (2009), 807, 836.

916 *Schnauder*, NJOZ 2010, 1663, 1670; *Stürner*, KTS 2004, 259, 268.

II. Rechte des Sicherungsnehmers und Kreditgebers

1. *Der eigen- und fremdnützige Sicherheitenverwalter*

Ist der Sicherheitentreuhänder selbst ein Kreditgeber und deshalb nicht nur ein uneigennütziger Treuhänder wie ein *security agent*, sondern handelt er demnach auch eigennützig, ist nach der bisherigen Rechtsprechung im Ergebnis kein Aussonderungsrecht der übrigen Konsorten begründbar. Dabei hat der BGH zwar entschieden, dass es für das Bestehen eines Aussonderungsrechts genügt, wenn der Treuhänder nur ein einfaches Treuhandkonto führt.[917] In diesem Zusammenhang ist es überdies unschädlich, wenn der Treuhänder als Inhaber eines Anderkontos selbst Beträge bei einem Dritten einzieht oder Dritte selbst auf dieses Konto einzahlen.[918] Wiederum erforderlich ist allerdings die Entstehung der den Zahlungen zugrunde liegenden Forderung in der Person des Treugebers, die zudem nur aufgrund einer Ermächtigung in die Verfügungsmacht des Treuhänders gelangte.[919]

Dies ist bei der Parallelverpflichtung jedoch nicht gegeben. Der Sicherheitenverwalter erlangt sie direkt mittels Vereinbarung mit dem Sicherheitengeber. Der Sicherheitenverwalter handelt in Bezug auf die zur Sicherung der Parallelverpflichtung bestellten Sicherheiten nur verkürzt gesehen eigennützig. Die Parallelverpflichtung berechtigt ihn, sie ist aber in einem Gesamtzusammenhang mit der Referenzschuld zu sehen. Die Treuhandvereinbarung mit dem Konsortium und die Verpflichtung zur Abführung sämtlicher Einnahmen an die Konsorten stellt die Leistungserwartung aus dem Kreditgeschäft in den Vordergrund und die Parallelverpflichtung ist lediglich ein Instrument innerhalb des Treuhandverhältnisses.

Abermals lässt sich die Überlegung nutzen, dass nicht die Forderung als solche, sondern nur die durch die Forderung rechtlich verkörperte Leistungserwartung gesichert wird. Wie schon festgestellt, ist die mit der Parallelverpflichtung gesicherte Gesamtleistungserwartung gerade jene Leistungserwartung aus dem Kreditverhältnis zwischen Kreditgeber und Kreditnehmer.[920] Somit handelt der Sicherheitenverwalter, der auch selbst Konsortialkreditgeber ist, fremd- und eigennützig. Die Koppelung zwischen Parallelverpflichtung und Referenzschuld lässt die Sicherheiten wirtschaftlich den Konsorten zukommen und nicht dem

917 BGH DZWIR 2005, 472, 473 f.

918 *Andres*, in *Nerlich/Römermann*, InsO, § 47, Rn 38.

919 BGH NJW 1959, 1223, 1225; *Andres*, in *Nerlich/Römermann*, InsO, § 47, Rn 38; *Obermüller*, DB 1973, 1833, 1834.

920 Vgl. S. 228 ff.

Sicherheitenverwalter alleine in dieser Funktion. Ist demnach die Kreditschuld der Bezugspunkt der Sicherheiten, handelt der Sicherheitenverwalter, der gleichzeitig auch Konsortialkreditgeber ist, hinsichtlich seiner eigenen Forderungen aus § 488 Abs. 1 S. 2 BGB als eigennütziger und im Übrigen als fremdnütziger Treuhänder. Dann ist aber nicht klar erkennbar, welche Sicherheiten im eigenen und welche im fremden Interesse gehalten werden.[921]

Ohne eine solche offenliegende Trennung zwischen einem Treuhandkonto und eigenem Vermögen fehlt es nach der hM an einer Aussonderungsfähigkeit der Sicherungsrechte, da nicht eindeutig ist, in welcher Höhe der Treuhänder die Sicherheiten im eigenen Interesse hält.[922] Im Falle der Insolvenz des doppelseitigen Treuhänders und Konsorten sollen die Verwaltungstreugeber (sonstige Konsorten) dann die Abtretung des Rückgabeanspruchs des Sicherungsgebers auf Übertragung an einen neuen Treuhänder verlangen können. Er soll diesen Anspruch auf Aussonderung selbst geltend machen können bzw. befugt sein, das Sicherungsgut an einen anderen Treuhänder zu übertragen.[923]

2. *Der uneigennützige Sicherheitenverwalter* (security agent)

Anders wird hingegen die Beurteilung sein, wenn der Sicherheitenverwalter nicht auch gleichzeitig Konsortialkreditgeber ist. Gegenüber einem *security agent*, also einem nur uneigennützig handelnden Dritten, der nicht gleichzeitig Konsortialbank ist, soll den Konsorten jeweils ein Aussonderungsrecht nach § 47 InsO in Bezug auf die durch die Sicherungsgeber bestellten Sicherheiten zustehen. Dies gilt, obwohl sie selbst dem Sicherheitenverwalter keine Parallelverpflichtung schulden oder ihm Sicherheiten verschafft haben.[924] Es ist eine Ausnahme zu dem von der Rechtsprechung geprägten Prinzip, dass ein Aussonderungsrecht erst dann entstehen soll, wenn der Sicherungsnehmer dem Treuhänder die Sicherheiten unmittelbar übertragen hat. Grundlage der Ausnahme ist, dass auch schuldrechtliche Ansprüche Aussonderungsrechte begründen können, wenn das Rechtsverhältnis zwischen Treugeber und Treuhänder durch eine dingliche Komponente geprägt wird.[925]

---

921 *Diem*, § 54, Rn 14; *Kilgus*, BKR 2009, 181, 186; *Stürner*, KTS 2004, 259, 263.

922 *Ganter*, in MünchKomm, InsO, Band 1, § 47, 363; *Schnauder*, NJOZ 2010, 1663, 1670; *Willer*, AcP 209 (2009), 807, 837; vgl. auch *Brinkmann*, in *Uhlenbruck*, InsO, § 47, Rn 40 f.

923 *Stürner*, KTS 2004, 259, 268 f.; *Willer*, AcP 209 (2009), 807, 837.

924 *Schnauder*, NJOZ 2010, 1663, 1670; *Willer*, AcP 209 (2009), 807, 836 f.

925 *Ganter*, in MünchKomm, InsO, Band 1, § 47, 340; *Willer*, AcP 209 (2009), 807, 837.

Ein Aussonderungsrecht besteht folglich, wenn das Treuhandverhältnis offen ausgestaltet ist und kein Gläubiger, sondern ein Außenstehender als Treuhänder und Sicherungsnehmer auftritt.[926] Mit der hier hM ist vom Bestehen eines Aussonderungsrechts der Konsorten als Verwaltungstreugeber in der Insolvenz des uneigennützigen Sicherheitenverwalters auszugehen. Das Treuhandverhältnis ist im Falle der Parallelverpflichtung in diesem Sinne offen ausgestaltet, da der Kreditvertrag die Parallelverpflichtung als Sicherheitenvehikel und die Anlehnung an die Referenzschuld begründet. Die Zuordnung des Treuguts ist hinreichend bestimmt durch den Treuhandvertrag in Verbindung mit der Sicherungsabrede aus dem Kreditvertrag.[927] Wenn ein Dritter (hier der Sicherungsgeber) Sicherheiten zur Sicherung der Parallelverpflichtung bestellt, die Treuhandabrede zwischen Sicherheitenverwalter und Konsorten allerdings den Sicherheitenverwalter sowohl in seiner Verwertungsbefugnis beschränkt wie zur Auszahlung sämtlicher Einnahmen verpflichtet, ist von einer Ausnahme des besagten Unmittelbarkeitsgrundsatzes auszugehen. Dass das Treugut nicht von den Sicherungsnehmern auf den Sicherheitenverwalter übertragen wird, sondern von den Sicherungsgebern selbst, kann keinen relevanten Unterschied schaffen.[928] Durch die Treuhandabrede sind die Sicherheiten den einzelnen Konsorten wirtschaftlich zuzurechnen[929] und nicht erst durch den formalen Akt der Übertragung der Sicherheiten.

Aus diesem Grunde wird allenthalben empfohlen, stets einen unabhängigen Dritten, einen *security agent*, mit der treuhänderischen Verwaltung der Sicherheiten zu betrauen, der nicht Konsortialbank ist, wohl aber deren Tochtergesellschaft sein kann.[930]

---

926 *Ganter*, in MünchKomm, InsO, Band 1, § 47, 363; *Stürner*, KTS 2004, 259, 263.
927 *Willer*, AcP 209 (2009), 807, 838.
928 *Willer*, AcP 209 (2009), 807, 837 f.
929 *Willer*, AcP 209 (2009), 807, 838.
930 *Diem*, § 54, Rn 14; *Kilgus*, BKR 2009, 181, 186; *Willer*, AcP 209 (2009), 807, 837 f.

7. Kapitel Fazit und Thesen

Vorstehende Betrachtungen eines – gleich, welche Meinung als überzeugend gewertet wird – dogmatisch interessanten Vertragsinstruments mögen zunächst zwei Eindrücke hinterlassen. Der erste verdeutlicht, dass eine eher unscheinbare Klausel in Vertragswerken abermals eine lange Abhandlung über sich veranlasst hat, die zudem noch bezüglich der Verknüpfungstechnik dem bisherigen Kanon an unterschiedlichen Stimmen eine weitere Sichtweise hinzufügt. Ob sie und der hiesige Text überhaupt zum Verständnis der Parallelverpflichtung beitragen können, muss der Verfasser dem Urteil des Lesers überlassen. Gleichfalls muss er darauf verweisen, dass sich die Vertragspraxis im Finanzierungsbereich gewöhnlich ohnehin selten von Literaturmeinungen beeindrucken lässt, selbst wenn sie die Wirksamkeit der Parallelverpflichtung bestreiten oder ihr Sicherungskonzept umdeuten. Dieses Schicksal wird dem hiesigen Beitrag trotz gegenteiligem Ergebnis auch zuteilwerden.

Das Konzept der Parallelverpflichtung genießt trotz kritischer Stimmen in der Literatur regelmäßige Verwendung. Solange sich nämlich die Rechtsprechung zu dieser Sicherungsform nicht negativ äußert, wird der in der Literatur so diskutierten Parallelverpflichtung weiter die Funktion eines Sicherungsvehikels in hohe Beträge aufweisenden Kreditverträgen anvertraut.

A. These: Die Vertragsbestimmungen sind nicht korrigierend auszulegen

Der zweite Befund der vorstehenden Ausführungen ist demgegenüber ein Ausdruck der hier vertretenen Meinung und von einfachem Inhalt: Das Vertragsgebilde der Parallelverpflichtung ist wirksam und auch so umsetzbar, wie es die Parteien regelmäßig formulieren. Die regelmäßige Ausgestaltung der Klauseln und die intendierte Begründung einer abstrakten Schuld als Sicherheitenträgerin, die dennoch in einer Beziehung zu der zu sichernden Forderung steht, sind durch die gängige Fassung der Vertragsbestimmungen tatsächlich auch umsetzbar. Notwendig ist lediglich eine Regelung, wonach die Parallelverpflichtung als selbstständiger Anspruch des Sicherheitenverwalters stets den Umfang der Referenzschuld abbilden soll und sich Veränderungen im Leistungsumfang der Referenzschuld auf die Parallelverpflichtung auswirken. Eine automatische Anrechnung von Zahlungen ist nach hier vertretener Ansicht in beide Richtungen möglich[931] und kann ebenso Bestandteil der Klausel werden.[932] Eine Umdeutung des Parteiwillens ist aufgrund der hier vertretenen Standpunkte nicht notwendig, da die Bestimmungen so wortgetreu vereinbart werden können. Sie sind bereits nach dem verlautbarten Willen der Parteien voll wirksam und nicht erst nach einer ergänzenden oder gar korrigierenden Auslegung.

Das Ergebnis widerspricht insofern nicht nur mit der hM den Ansichten, die in der Parallelverpflichtung eine Verletzung sachenrechtlicher Typenbildungen und etwa eine Missachtung des Akzessorietätsprinzips sehen. Es erkennt damit in der Parallelverpflichtung ein abstraktes Schuldversprechen. Die hier gezogenen Schlussfolgerungen weichen darüber hinaus aber auch von der Ansicht der hM ab, als die Beziehung zwischen den besagten Forderungen nicht als „wirtschaftlich akzessorisch" oder „entstehungs- und untergangsakzessorisch" angesehen wird. Darin wäre nur dann kein eigentlicher Widerspruch zur hM zu sehen, wenn man ihrer Begrifflichkeit lediglich entnehmen sollte, dass nur irgendeine Form einer Abhängigkeit zwischen Kreditschuld und Parallelverpflichtung besteht, die ausschnittsweise eine akzessorische Verbindung aufweist. Diese Folgerung unterstellte aber der hM eine ungenaue Begrifflichkeit und wäre zudem auch nicht in deren Beurteilungen angedeutet. Sie wäre spätestens dann nicht mehr möglich, wenn man aus dem akzessorischen Charakter der Parallelverpflichtung die Konsequenz der Perplexität der Gesamtkonstruktion zieht und stattdessen eine von der Entwicklung der Referenzschuld losgelöste abstrakte Schuld befürwortet.[933] Da Parallelverpflichtung und Referenzschuld nach hier vertretener Ansicht nicht die Wesensmerkmale akzessorischer Verbindungen erfüllen, können (scheinbare) Widersprüche aus dem Zusammentreffen von Abstraktion und Akzessorietät nicht gegen das gewählte Gebilde sprechen.

---

931 Vgl. S. 171 ff.

932 Vgl. dazu *Diem*, § 42, Rn 2, der die vorherigen Bedenken gegen diese Lösung wohl aufgegeben hat, dazu noch *Diem*, 2. Aufl., § 42, Rn 2.

933 So *Schnauder*, NJOZ 2010, 1663, 1666 ff.; vgl. zur Ansicht *Schnauders* in Bezug auf die ergänzende *Vertragsauslegung* und zu den Gegenargumenten hier S. 237 ff.

B. These: Die Parallelverpflichtung ist ein abstraktes Schuldversprechen

Nach der auch hier vertretenen Ansicht ist die Parallelverpflichtung demnach als abstraktes Schuldversprechen gemäß § 780 BGB einzuordnen. Nur eine selbstständige Forderung im Sinne dieser Vorschrift vermag die Sicherungsinteressen der Beteiligten zu erfüllen. Wird die Kreditbeteiligung im Wege einer Schuldumschaffung des Schuldverhältnisses übertragen, kann nur eine solche Ausgestaltung des Sicherungsvehikels eine hinreichende Isolierung der Sicherheiten bieten. Gleiches gilt für die Pfandrechtbestellung vor Auszahlung des Geldbetrages an den Kreditnehmer. Nur eine Parallelverpflichtung als abstrakte Schuld bietet die Möglichkeit, dass Sicherungsrechte für den Sicherheitenverwalter unbeeinflusst vom weiteren Syndizierungsprozess bestellt werden können. Die Sicherheiten werden dann nach dem hier beschrittenen Weg auf eine künftig entstehende Parallelverpflichtung bestellt und aufgrund der synchronen Entstehung von Referenzschuld und Parallelverpflichtung im Zeitpunkt der Begründung des Rückgewähranspruchs gemäß § 488 Abs. 1 S. 2 BGB wirksam. Als abstraktes Schuldversprechen ist die Parallelverpflichtung auch geeignete Trägerin akzessorischer Sicherheiten. Insoweit ist sie ein führendes Hauptrecht und gibt ihren Leistungszweck in die geführten Nebenrechte ein. Dass Veränderungen des Leistungsumfangs der Parallelverpflichtung nicht nur durch deren Erfüllung, sondern auch durch eine Anpassung an den Umfang der Referenzschuld erzielt werden können, ist für die akzessorischen Nebenrechte irrelevant.[934]

C. These: Die Parallelverpflichtung gründet auf einem Konzept nachgeschalteter Zweckgemeinschaften

Wird demnach eine Akzessorietät zwischen Referenzschuld und Parallelverpflichtung abgelehnt und auch den Konzepten eines kausalen Erfüllungsversprechens[935] oder einer von der Referenzschuld unabhängigen Forderung[936] widersprochen, musste ein anderer Erklärungsansatz gefunden werden. Denn die hier vollzogene Ablehnung der Einwände alleine erklärte das Verhältnis nicht. Nach der hier vertretenen Meinung kann die Parallelverpflichtung in eine Gemeinschaft gleichrangiger Rechte mit der zu sichernden Kreditverbindlichkeit eintreten, um einem nicht übergeordneten, wohl aber verbindenden

934 Vgl. dazu S. 204 ff.

935 In diesem Sinne *Willer*, AcP 209 (2009), 807, 826 ff; dazu hier S. 151 ff.

936 So *Schnauder*, NJOZ 2010, 1663, 1668; dazu hier S. 176 ff.

Gesamtleistungszweck zu dienen. Der gemeinsame Sicherungszweck wird mittels Parteivereinbarung durch die Verbindung zweier Sollenselemente geschaffen, die nach der Lehre von Schuld und Haftung integrale Bestandteile einer jeden Forderung sind.[937] Während die gestufte Zweckgemeinschaft akzessorischer Verbindungen unter der Führung des Zwecks der gesicherten Hauptschuld steht, dieser also den gemeinsamen Zweck der Zweckgemeinschaft bildet,[938] formen beim Parallelverpflichtungsmodell beide Sollenselemente gemeinsam den Leistungszweck, dessen Umfang aber vom Leistungsumfang der Kreditschuld bestimmt wird.[939] Durch das Verwaltungstreuhandverhältnis zwischen Kreditgebern und Sicherheitenverwalter verdeutlichen die Parteien für die gleichrangige Zweckgemeinschaft die Maßgeblichkeit der Leistungserwartung aus dem Kreditverhältnis. Diese prägt dann die Leistungserwartung des Sicherheitenverwalters.

Gibt bei akzessorischen Sicherungssystemen die Hauptschuld dem Nebenrecht den Sicherungszweck ein, kann also nach der hier vorgeschlagenen Lösung ein gemeinsamer Sicherungszweck durch zwei selbstständige Forderungen gebildet werden. Er ermöglicht eine wechselseitige Wirkungserstreckung von Veränderungen der jeweiligen Forderung. Wenn der gemeinschaftliche Sicherungszweck eine Übertragung der einzelnen Veränderung von der einen auf die andere Forderung zulässt, passt sich der Leistungsumfang der einen Forderung dem der anderen Forderung an. Die besagten Sollenselemente übernehmen in diesem Modell quasi die Aufgabe von Synapsen, die eine Veränderung der eigenen Leistungserwartung nur weiterleiten, wenn sie die Leistungserwartung aus dem Kreditverhältnis als solche betreffen. Dies ist bei der Novation des Schuldverhältnisses zwecks Übertragung nicht der Fall. Entsprechend übermitteln sie aber Einwirkungen auf die eigene Leistungserwartung, da diese gleichzeitig auch für die gemeinschaftliche relevant werden sollen.

Im Einzelnen handelt es sich bei dem gesamten Vertragsinstrument um eine Nachschaltung zweier Zweckgemeinschaften, ausgehend von dem Erklärungsmodell der gestuften Zweckgemeinschaft bei akzessorischen Sicherungsrechten nach *Becker-Eberhard*.[940] Das Verhältnis zwischen Referenzschuld und Parallelverpflichtung wird nach der hier vertretenen Meinung durch eine Zweckgemeinschaft zweier gleichrangiger Forderungen geprägt, die im wechselseitigen Austausch stehen. Der Zweck der Gemeinschaft wird durch die Leistungserwartung

937 *Becker-Eberhard*, S. 222. Vgl. dazu hier S. 216 f.

938 *Becker-Eberhard*, S. 223 ff.; vgl. dazu hier S. 198 f.

939 Vgl. dazu S. 228 f.

940 *Becker-Eberhard*, S. 221 ff.; vgl. dazu hier S. 188 ff.

des Kreditgläubigers geprägt. Der gemeinsame Zweck entscheidet darüber, ob eine Wirkungserstreckung erfolgt.

Die Parallelverpflichtung erfüllt dabei eine Doppelfunktion. Sie ist Bestandteil einer gleichrangigen Zweckgemeinschaft und darüber hinaus auch das führende Hauptrecht innerhalb einer gestuften Zweckgemeinschaft mit den akzessorischen Nebenrechten.[941] Das Verhältnis zu den akzessorischen Nebenrechten, die folglich die Parallelverpflichtung besichern und nur mittelbar über die Parallelverpflichtung die Referenzschuld, lässt sich ausschließlich durch *Becker-Eberhards* Modell einer gestuften Zweckgemeinschaft deuten. Es entspricht dem gewöhnlichen Fall einer zweigliedrigen Sicherung. Existieren akzessorische Rechte, stellt die Parallelverpflichtung das Hauptrecht dar; sind nicht akzessorische Sicherungsrechte bestellt worden, erzeugt die Sicherungsabrede die notwendige Anbindung an die Parallelverpflichtung als zu sicherndes Recht. Die Parallelverpflichtung ist das Bindeglied zwischen beiden Zweckgemeinschaften und überträgt die aus der vorgeschalteten Zweckgemeinschaft sich ergebenden, zweckrelevanten Veränderungen der gemeinschaftlichen Leistungserwartung auf die nachgeschaltete, gestufte Zweckgemeinschaft.[942] Dort wirkt der Zweck der Parallelverpflichtung kraft seiner Führungsrolle mittels Sollenselement auf die untergeordneten Nebenrechte ein und vollzieht diese Veränderung der Leistungserwartung im Sicherheitenbestand.

D. Die Parallelverpflichtung als praktikable Lösung zur Isolierung der Sicherungsrechte vor unbeabsichtigten Einwirkungen der Kreditschuld

Diese Sichtweise lässt das hier untersuchte Sicherheitenvehikel folglich tauglich erscheinen, den von den Parteien intendierten Sicherungserfolg während des Syndizierungsprozesses zu gewährleisten. Dies gilt bei der Übertragung der Kreditbeteiligung (vor oder nach Valutierung) im Wege der Novation oder im rein deutsch-rechtlichen Kontext bei Übertragung der Kreditbeteiligung vor Valutierung.

So bleibt im Falle einer Übertragung der Kreditbeteiligung durch Novation das der Parallelverpflichtung zugrunde liegende Schuldverhältnis bestehen. Dies resultiert aus dem besonderen Charakter der Parallelverpflichtung als zwar abhängiges Sicherungsrecht. Aufgrund seiner Selbstständigkeit und der nur

941 Vgl. dazu S. 203 ff.

942 Vgl. dazu S. 200 ff.

teilweisen – zur Verfolgung des gemeinsamen Leistungszwecks existierenden – Verknüpfung werden Veränderungen der Referenzschuld nicht reflektiert, wenn sie nicht sicherungszweckrelevant sind.

In Syndizierungsverfahren, die keinen Auslandsbezug aufweisen, kann mithilfe der Parallelverpflichtung eine wirksame Pfandrechtbestellung für einen Sicherheitenverwalter erreicht werden, die nicht ins Leere geht, wenn der Kreditanteil auf einen neuen Konsorten übergeht. Die Parallelverpflichtung wird von diesem Vorgang mangels zweckrelevanter Wirkungserstreckung über die Verknüpfung der Sollenselemente nicht betroffen.

Die völlige Selbstständigkeit der Parallelverpflichtung als Sicherheitenvehikel und die Existenz des Sicherheitenverwalters zum Zeitpunkt der Sicherheitenbestellung ermöglichen die ranggleiche Beteiligung künftiger Kreditgeber. Insofern ist die Parallelverpflichtung dem Programm des *future pledgee* überlegen, wo eine Erklärung eines vollmachtlosen Vertreters für alle künftig noch auftretenden Pfandgläubiger gemäß § 184 Abs. 1 BGB nicht rückwirkend auf den Zeitpunkt des Abschlusses des Bestellungsgeschäfts vorgenommen werden kann. Der Neukonsorte erlangt damit etwa ein Pfandrecht, das nur einen Rang nach den Pfandrechten der Altkonsorten hat.[943]

Die Parallelverpflichtung findet als Reaktion auf drängende Bedürfnisse der Kreditgeber häufig ihren Platz in Konsortialkreditverträgen und ist auch in der Lage, die ihr anvertraute Sicherungsfunktion zu erfüllen. Dazu bedarf es aus dogmatischer Perspektive keiner Korrektur oder Ergänzung des verlautbarten Parteiwillens, sofern sich dieser eben auf eine Schaffung dieser Zweckgemeinschaft von gleichrangigen Rechten richtet.

Die Parallelverpflichtung belebt nach dem hier aufgezeigten Deutungsversuch einen im Kontext gesetzlich fixierter, akzessorischer Sicherungssysteme widerlegten Erklärungsansatz in einem anderen Zusammenhang neu. Sie belegt damit die grundsätzliche Tauglichkeit des Ansatzes zur Beschreibung der Verknüpfung von Forderungen auf Basis von Zweckgemeinschaften. Die Parallelverpflichtung fügt sich den Erfordernissen von Abstraktion, Akzessorietät und sachenrechtlicher Typenbildung, auch wenn sie gewiss auf bemerkenswerte Weise Vorteile aus den jeweiligen Bereichen geschickt vereint und dabei ein neuartiges, dreigliedriges Sicherungssystem im deutschen Recht schafft.

---

943 *Förl*, RNotZ 2007, 433, 449; vgl. dazu hier S. 111 f. und S. 121 f.

www.ingramcontent.com/pod-product-compliance
Ingram Content Group UK Ltd.
Pitfield, Milton Keynes, MK11 3LW, UK
UKHW021915290926
8980IPUK00015B/1279

9 783631 656440